中国国情读本

2025版

★★★★★

中华人民共和国年鉴社◎编

CHINA

新华出版社

图书在版编目（CIP）数据

中国国情读本：2025 版 / 中华人民共和国年鉴社编
-- 北京：新华出版社，2025.4
--ISBN 978-7-5166-7934-0

Ⅰ. K92

中国国家版本馆 CIP 数据核字第 2025GU5297 号

中国国情读本（2025 版）

作者：中华人民共和国年鉴社编
出版人：匡乐成
出版统筹：沈　建　王永霞
责任编辑：刘　芳　薛纯宇　孟子涵
编务：褚阳波　王　涵
出版发行：新华出版社有限责任公司
（北京市石景山区京原路 8 号　邮编：100040）
印刷：河北鑫兆源印刷有限公司

成品尺寸：170mm×240mm　1/16	印张：25　字数：433 千字
版次：2025 年 4 月第 1 版	印次：2025 年 4 月第 1 次印刷
书号：ISBN 978-7-5166-7934-0	定价：78.00 元

微店　　视频号小店　　抖店　　京东旗舰店　　请加我的企业微信

微信公众号　　喜马拉雅　　小红书　　淘宝旗舰店　　扫码添加专属客服

目 录

第五编　魅力国情　/147—356

文化篇

第六编 年度大事 /357—390

第一编 图说中国

➤ 新中国成立 75 年来，中国共产党团结带领全国各族人民不懈奋斗，创造了经济快速发展和社会长期稳定两大奇迹，中国发生沧海桑田的巨大变化，中华民族伟大复兴进入了不可逆转的历史进程。图为 2024 年 10 月 1 日清晨，隆重的升国旗仪式在北京天安门广场举行，庆祝中华人民共和国成立 75 周年。

新华社记者 陈钟昊 摄

▲ 2024 年 3 月 5 日，第十四届全国人民代表大会第二次会议在北京人民大会堂开幕。图为全国人大代表走向会场。

新华社记者 金立旺 摄

▲ 2024 年 3 月 4 日，中国人民政治协商会议第十四届全国委员会第二次会议在北京人民大会堂开幕。图为全国政协委员走向会场。

新华社记者 李鑫 摄

▲ 2024 年 12 月 4 日是第十一个国家宪法日，各地开展形式多样的活动普及宪法知识，宣传法治观念。图为 2024 年 12 月 3 日，山东省枣庄市台儿庄区人民法院的法官为学生讲解宪法知识。

新华社发（贾礼章 摄）

▲ "七一" 当日，来自全国各地的党员群众来到浙江嘉兴南湖，在红船起航地瞻仰红船，学习党史，庆祝中国共产党成立 103 周年。图为 2024 年 7 月 1 日，在浙江省嘉兴市南湖湖心岛，党员们与红船合影。

新华社发（成杰 摄）

▲ 守祖国安宁，保万家团圆。从北部边疆到南国海岛，从东部海岸到西南边陲，全军部队官兵在各自战位上默默坚守，以军人特有的方式庆祝新中国成立75周年。图为2024年9月29日，在喀喇昆仑高原腹地，新疆军区某陆航旅组织高原驻训部队进行演练。

新华社发（姬建涛 摄）

▲ 自2012年3月30日黑瞎子岛治安管理常态化以来，黑瞎子岛边境管理大队的民警伴随着日升日落，在这里坚守，踏遍了中方的171平方千米土地。图为2024年1月5日，在"中国东极"黑龙江省抚远市，黑瞎子岛边境派出所民警于瀚森、张鑫、李华、徐旭（从右至左）在巡逻过程中爬上一处陡坡。

新华社记者 陈益宸 摄

▲ 2024年6月29日全军部队组织多种活动庆祝党的生日。图为当日，驻守在海拔4676米的西藏军区某边防团标沙拉错哨所的官兵开展向党旗宣誓活动，庆祝中国共产党成立103周年。

新华社发（左宇 摄）

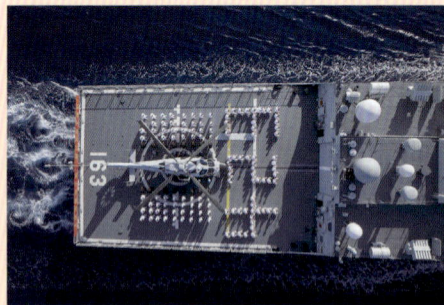

▲ 全国多地以多种形式庆祝人民海军成立75周年。图为2024年4月19日，海军第46批护航编队摆出"423"字样庆祝人民海军成立75周年。

新华社发（张大禹 摄）

▼ 我国第三艘航空母舰福建舰试航期间，完成了动力、电力等系统设备一系列测试，达到了预期效果。下一步，福建舰将按既定计划开展后续试验工作。图为2024年5月7日，我国第三艘航空母舰福建舰在首航试验中。

新华社发（丁子羽 摄）

CHINA

▲ 2024 年 7 月 7 日，纪念全民族抗战爆发 87 周年仪式在北京中国人民抗日战争纪念馆举行。图为首都学生代表参加纪念全民族抗战爆发 87 周年仪式。

新华社记者 李响 摄

▲ 2024 年 11 月 28 日，第十一批在韩中国人民志愿军烈士遗骸回国。图为在沈阳桃仙国际机场，礼兵将殓放志愿军烈士遗骸的棺椁从专机上护送至棺椁摆放区。

新华社记者 李杰 摄

▲ 2024 年 11 月 17 日，二十国集团（G20）领导人第十九次峰会国际媒体中心启用。图为记者在巴西里约热内卢的 G20 国际媒体中心内工作。

新华社发（克劳迪娅·马尔提尼 摄）

▲ 2024 年 9 月 24 日，第二十一届中国—东盟博览会、中国—东盟商务与投资峰会在广西南宁开幕。图为参观者在东盟商品展区选购商品。

新华社记者 黄孝邦 摄

▲ 2024 年 7 月 23 日，巴勒斯坦各派内部和解对话在北京闭幕。巴勒斯坦 14 个派别共同签署《关于结束分裂加强巴勒斯坦民族团结的北京宣言》。图为出席代表合影。

新华社记者 翟健岚 摄

▲ 中非是真实亲诚的友好兄弟和发展中国家团结合作的典范，中非命运共同体建设持续走在构建人类命运共同体的前列。图为 2024 年 9 月 5 日，中非合作论坛北京峰会在北京人民大会堂开幕。

新华社记者 燕雁 摄

▲ 2024年12月20日是澳门回归祖国25周年纪念日。图为当日，游客在澳门议事亭前留影。

新华社记者 姚琪琳 摄

▲ 2024年11月15日，来自香港汇基书院的学生和老师走进第十五届中国航展现场，近距离观摩了国家航空航天及国防领域的最新成果和技术，并以航空航天国防为主题开展科普研学活动。图为香港汇基书院的师生在珠海参加科普研学活动。

新华社发

▲ 2024年4月3日，马英九率台湾青年学生来到中山大学，与中山大学学生交流联谊。图为中山大学学生与台湾学生共同观赏节目。

新华社记者 洪泽华 摄

▲ 2024年6月15日，第十六届海峡论坛大会在福建厦门举行。图为第十六届海峡论坛大会现场。

新华社记者 魏培全 摄

▼ 近年来，澳门经济稳中向好，适度多元发展初见成效，越来越多的外国人看好澳门的潜力与机会。官方数据显示，截至2023年年底，澳门外地雇员总数已超17.5万人，较上一年增加2万余人。图为2024年7月6日拍摄的澳门风光。

新华社发（张金加 摄）

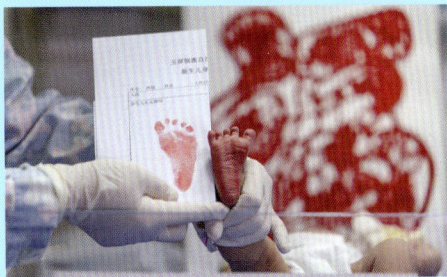

▲ 锦绣中国年，我是"龙宝宝"。图为2024年2月10日，农历大年初一，在贵州省铜仁市玉屏侗族自治县人民医院新生儿科，医务人员为一名刚出生的"龙宝宝"留下脚印。

新华社发（胡攀学 摄）

▲ 多年来，在贵州省黔东南苗族侗族自治州从江县西山镇的中寨教学点，教师孟荣达坚守乡村教育一线，守望着孩子们走出大山的梦想。图为2024年9月6日，孟荣达（后）与学生们在下课后走出教室。

新华社记者 杨文斌 摄

▲ 自华坪女子高中的学生2011年首次参加高考以来，张桂梅校长已连续送考14年。图为2024年6月7日，高考第一天，云南丽江华坪女高校长张桂梅组织走出考场的学生准备返回学校。

新华社记者 胡超 摄

▲ 我国首次为视障人士提供结婚登记无障碍格式文件。图为2024年3月12日，在北京市西城区婚姻登记服务中心，新人张女士和王先生提前熟悉无障碍版结婚誓言准备进行结婚宣誓。

新华社记者 才扬 摄

▼ 2024年春运首日，全社会跨区域人员流动量18935.2万人次，其中铁路客运量1106.3万人次。图为2024年1月26日，春运首日，旅客在湖北武汉汉口火车站出行。

新华社记者 杜子璇 摄

▲ 重庆轨道交通 4 号线二期是一条连接渝北区石船镇和市区的轨道交通线路，被大家亲切地称为"背篓专线"。图为 2024 年 3 月 27 日，菜农乘坐重庆轨道交通 4 号线，准备前往城区的菜市场售卖农产品。

新华社记者 王全超 摄

▲ 初秋时节，江西省宜春市铜鼓县乡村迎来丰收季节。南瓜、辣椒、苦瓜、笋干等农作物晾晒在农家房前屋后，与田园风光融为一体，呈现出五彩缤纷的丰收图景。图为 2024 年 8 月 26 日，江西省宜春市铜鼓县温泉镇禄田村村民在院落"晒秋"。

新华社发（周亮 摄）

▲ 2024 年"三夏"期间，河南计划投入各类农机 400 万台（套），联合收割机 20 万台。图为 2024 年 5 月 25 日，河南省周口市商水县汤庄乡吴楼村村民在抢收小麦。

新华社发（高建中 摄）

▲ 2024 年 3 月 26 日 15 时，雅江县森林火灾现场已无明火，经指挥部联合会商研判，火场全面进入清理看守阶段。图为 3 月 21 日，四川省森林消防总队消防员在扑救四川省甘孜藏族自治州雅江县"3·15"森林火灾。

新华社发（程雪力 摄）

◀ 2024 年 7 月 5 日下午，华容县团洲乡团北村团洲垸洞庭湖一线堤防发生决口。经过 44 小时奋战，抢险队员完成 226 米决口封堵。图为 7 月 8 日，湖南省岳阳市华容县团洲垸洞庭湖大堤决口完成封堵。

新华社记者 薛宇舸 摄

▲ 第七届中国国际进口博览会整体展览展示面积超过42万平方米，297家世界500强和行业龙头企业、来自多国近800个采购团体参展与会，数量创历届新高。图为2024年11月2日拍摄的第七届中国国际进口博览会的举办地——国家会展中心（上海）。
新华社记者 刘颖 摄

▲ 世界经济论坛第十五届新领军者年会（又称"夏季达沃斯论坛"）2024年6月25日至27日在大连举行。图为6月26日，世界经济论坛第十五届新领军者年会举行期间，两位嘉宾在主会场大连国际会议中心外交流。
新华社记者 姚剑锋 摄

▲ 截至2024年8月20日，中欧班列"东通道"满洲里、绥芬河、同江铁路口岸累计通行量突破30000列、发送货物291万标箱，实现连年增长，呈现量质齐升的良好态势，为服务高质量共建"一带一路"注入了新动能。图为8月9日，一列中欧班列驶出黑龙江同江北站。
新华社发（吴雨南 摄）

▲ 作为全球首个"智慧零碳"码头，天津港"智慧零碳"码头实现了真正基于AI的智能水平运输管理系统、车路协同的超L4级无人驾驶、"5G+北斗"融合创新全场景泛在智能以及码头运营全过程零碳排放的全领域深度融合。图为2024年2月2日，一艘集装箱货轮停靠在天津港"智慧零碳"码头。
新华社记者 赵子硕 摄

▼ 2024年12月11日，粤港澳大湾区又一重大交通工程黄茅海跨海通道正式通车。图为12月4日拍摄的夕阳下的高栏港大桥和黄茅海大桥。
新华社记者 刘大伟 摄

▲ 盛夏时节瓜果飘香，农民忙着采摘劳动果实。图为
2024 年 6 月 19 日，湖北省宜昌市秭归县泄滩乡陈家
湾村果农将刚收获的夏橙装车外运。

新华社发（郑家裕 摄）

▲ 清明节前，四川省泸州市纳溪区茶园景美如画，茶
农忙着采摘明前茶，供应市场。图为 2024 年 3 月 28
日清晨，村民在四川省泸州市纳溪区大渡口镇凤凰湖
村拂羽茶园采摘春茶。

新华社发（刘学懿 摄）

▲ 2024 年以来，河北省石家庄市正定县打造了一批特
色鲜明、业态多元、整洁卫生的城市夜经济地标，吸
引来自全国各地的游客，释放夜间消费潜力，培育出
新的经济增长点。图为 4 月 21 日，人们在河北省石家
庄市正定县小商品夜市品尝美食。

新华社发（武志伟 摄）

▲ 2024 年 8 月 28 日，中国国际航空公司和中国南方
航空公司在位于上海的中国商飞总装制造中心浦东基
地同时接收首架 C919 飞机。这标志着 C919 飞机即将
开启多用户运营新阶段。图为在中国商飞总装制造中
心浦东基地拍摄的国产大飞机 C919 交付仪式现场。

新华社记者 方喆 摄

◀ 2024 年春运从 1 月 26 日开始，
至 3 月 5 日结束，为期 40 天。图
为 1 月 26 日凌晨，动车组列车停
靠在南京动车段南京南动车运用所
存车线上。

新华社发（方东旭 摄）

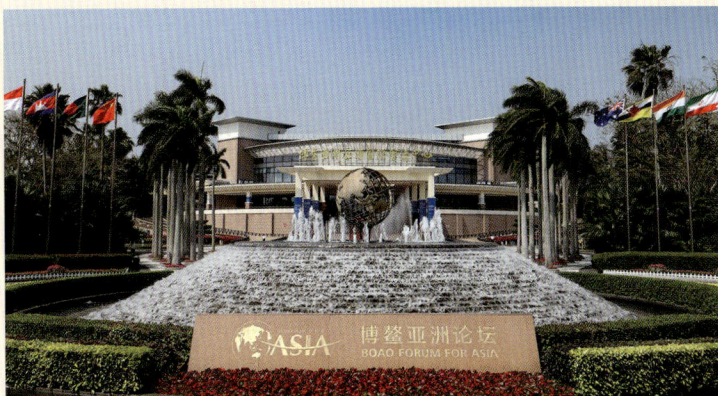

◄ 2024 年 3 月 26 日至 29 日，来自 60 多个国家和地区近 2000 名代表汇聚博鳌，交流思想，碰撞观点，凝聚起携手合作、共创未来的信心和力量。图为 3 月 25 日拍摄的博鳌亚洲论坛国际会议中心。

新华社记者 杨冠宇 摄

► 2024 年 9 月 12 日，中国国际服务贸易交易会在北京开幕，主题为"全球服务 互惠共享"。图为 9 月 12 日在 2024 年服贸会国家会议中心会场拍摄的机器人。

新华社记者 陈钟昊 摄

▲ 我国已建成近万家数字化车间和智能工厂，超 400 家已培育成国家级智能制造示范工厂，人工智能、数字孪生等技术在 90% 以上示范工厂得到应用。图为 2024 年 11 月 27 日在第二届中国国际供应链促进博览会先进制造链展区中信集团展台拍摄的"中信戴卡轻量化铝制汽车零部件一体化方案"。

新华社记者 张晨霖 摄

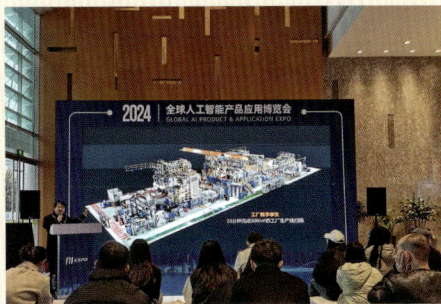

▲ 2024 全球人工智能产品应用博览会在苏州工业园区举办。本次智博会主题为"以智提质·向新而行"，聚焦大模型、AIGC、具身智能、工业 AI 等行业热点。图为 12 月 10 日，在江苏省苏州市举行的 2024 全球人工智能产品应用博览会上，企业在介绍产品。

新华社记者 蒋文茜 摄

◄ 扎龙国家级自然保护区是世界上面积最大的野生丹顶鹤繁殖栖息地、最大的丹顶鹤人工繁育种群再野化基地。图为2024年5月7日，丹顶鹤在黑龙江扎龙国家级自然保护区看护雏鹤和鹤蛋。

新华社发（王勇刚 摄）

▲ 在四川省阿坝藏族羌族自治州九寨沟县境内的四川白河国家级自然保护区里，生活着约1700只野生川金丝猴。这些川金丝猴的身后，是日夜守护着它们的巡护员们，时年56岁的保护区服务中心太平保护站川金丝猴研究中心监测队队长唐玉林就是其中的一员。图为2024年10月11日，唐玉林与川金丝猴互动。

新华社记者 王曦 摄

▲ 近年来，云南修复改造了一些大象栖息地，种植大象爱吃的植物，同时运用红外相机等技术手段，实现亚洲象位置信息的实时发布。图为2024年8月8日，"然然家族"和"短鼻家族"象群在云南省西双版纳傣族自治州景洪市大渡岗乡活动时，一辆复兴号列车从山脚下的中老铁路上驶过。

新华社记者 胡超 摄

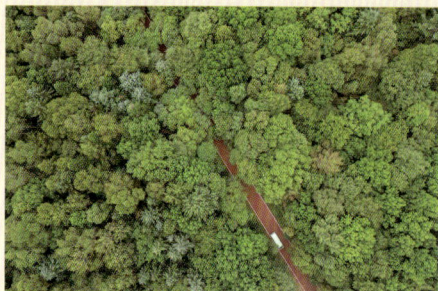

▲ 东北地区凭借生态资源和区位优势，遵循"保护生态和发展生态旅游相得益彰"的原则，积极打造多业态、沉浸式的旅游休闲场景，不断优化产品供给、提升服务质量，推进文旅深度融合发展。图为2024年8月27日，游客乘坐电瓶车在黑龙江伊春市上甘岭溪水国家森林公园内穿行。

新华社记者 张涛 摄

▲ 近年来，江苏连云港市立足临海资源优势，大力发展现代化海洋牧场，推动海域鱼类、紫菜、太平洋牡蛎等生态养殖，促进当地渔业增效和渔民增收。图为2024年12月22日，渔民在江苏省连云港市海州湾渔场养殖区收获紫菜。

新华社发（王健民 摄）

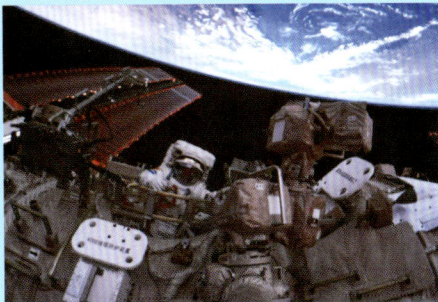

▲ 2024 年 7 月 3 日，神舟十八号航天员乘组圆满完成第二次出舱活动。图为在北京航天飞行控制中心拍摄的神舟十八号航天员李聪出舱的画面。

新华社记者 郭中正 摄

▲ 2024 年 6 月 25 日，嫦娥六号返回器携带来自月背的月球样品安全着陆在内蒙古四子王旗预定区域。图为 6 月 26 日，在中国航天科技集团五院举行的嫦娥六号返回器开舱仪式现场，科研人员取出月球样品容器准备称重。

新华社记者 金立旺 摄

▲ 2024 年 1 月 11 日 11 时 52 分，我国在酒泉卫星发射中心使用快舟一号甲运载火箭，成功将天行一号02 星发射升空，卫星顺利进入预定轨道，发射任务获得圆满成功。图为发射现场。

新华社发（王海霞 摄）

▲ 2024 年 11 月 17 日，我国自主设计建造的首艘大洋钻探船"梦想"号在广州正式入列。图为靠泊在广州海洋地质调查局科考码头的大洋钻探船"梦想"号。

新华社记者 刘大伟 摄

➤ 2024 年 9 月 25 日，"中国天眼"迎来落成启用 8 周年纪念日。"中国天眼"全称 500 米口径球面射电望远镜（英文缩写为 FAST），是我国独立自主设计并建造的世界最大的单口径射电望远镜。图为位于贵州省平塘县的"中国天眼"。

新华社记者 欧东衢 摄

◀ 埕北油田是中国海域第一个完全按照国际规范和标准建设的现代化油田，于1985年投产。图为2024年1月24日，工人在位于渤海湾的埕北油田平台欣赏升起的月亮。

新华社发（杜鹏辉 摄）

▲ 天山胜利隧道是新疆乌尉（乌鲁木齐至尉犁）高速公路的"咽喉"工程。通车后，穿越阻隔新疆南北的天山峻岭仅需20多分钟。图为2024年12月30日，世界最长高速公路隧道——天山胜利隧道全线贯通。

新华社记者 胡虎虎 摄

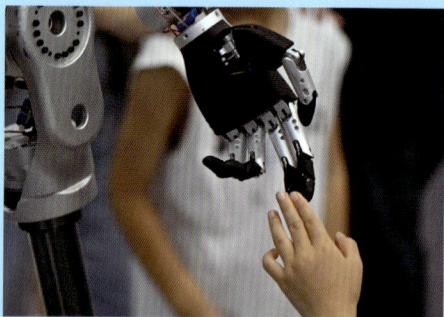

▲ 以"智行天下 能动未来"为主题的2024世界智能产业博览会20日在天津拉开帷幕，集中呈现全球智能科技领域最新成果。图为2024年6月22日，观众在世界智能产业博览会上触摸人形机器人。

新华社记者 李然 摄

▲ 由我国自主设计建造的亚洲首艘圆筒型"海上油气加工厂"——"海葵一号"是集原油生产、存储、外输等功能于一体的高端海洋装备，由近60万个零部件组成，总重达3.7万吨，最大储油量达6万吨，每天能处理约5600吨原油。图为2024年5月12日，"海葵一号"从中国海油青岛国际化高端装备制造基地离港启运。

新华社发（张进刚 摄）

▲ 2024年12月8日，执行中国第41次南极考察任务的"雪龙号"和"雪龙2号"在南极中山站区域开展卸货作业。图为考察队员的工作吸引了企鹅前来"围观"。

新华社记者 黄韬铭 摄

▲ 在中华彩灯大世界举办的第30届自贡国际恐龙灯会打造了华夏乐章、盛世欢歌、年味中国、浪漫中国4大板块，用上千个灯组将中华文化融入彩灯之中，让观众在赏灯的同时领略文化的魅力。图为2024年1月26日在四川省自贡市中华彩灯大世界拍摄的"非遗中国龙"灯组。

新华社记者 沈伯韩 摄

▲ 图为2024年2月21日拍摄的湖北省孝感市云梦县祥云湾文化旅游区雪后景色。

新华社发（胡学军 摄）

▲ 2021年，苗族"舞龙嘘花"习俗入选国家级非物质文化遗产名录。图为2024年2月23日晚，人们在贵州省黔东南苗族侗族自治州台江县参加苗族"舞龙嘘花"活动。

新华社记者 杨文斌 摄

▲ 近年来，南京市不断加大整合开发工业旅游资源力度，持续强化培育工业旅游示范企业，"工业＋旅游"日渐走红。图为2024年6月12日，游客在江苏省南京市雨花台区梅钢工业文化旅游区钢铁体验馆参观游览。

新华社记者 李博 摄

▲ 2024年7月27日，在印度新德里召开的联合国教科文组织第46届世界遗产大会通过决议，将"北京中轴线——中国理想都城秩序的杰作"列入《世界遗产名录》。图为2024年7月17日拍摄的北京天安门广场及建筑群。

新华社记者 陈钟昊 摄

▲ 在"过境免签"等系列便利外籍人士来华的政策推动下，外籍人士中国行持续升温。图为2024年7月9日，来自意大利的游客在北京天坛公园体验太极拳后合影留念。

新华社记者 鞠焕宗 摄

▲ 四川省理塘"八一"赛马会在多旺塘赛马场启幕，来自全县各乡镇近千名牧民汇聚一堂。赛马会上表演的拾哈达、马上射击、马上射箭、镫里藏身、五彩凌空等马术绝技，让当地牧民和游客享受了一场视觉盛宴。图为 2024 年 7 月 30 日，在四川省理塘县多旺塘赛马场，一名参加"八一"赛马会的康巴汉子展示马术绝技"镫里藏身"。

新华社记者 江宏景 摄

▲ 滑雪巡救员是人社部 2024 年公布的"新职业"之一。图为 2024 年 12 月 3 日，夕阳西下，26 岁的滑雪巡救员满德力在新疆阿勒泰地区禾木吉克普林国际滑雪度假区巡逻。

新华社记者 胡虎虎 摄

▲ 2024 年 12 月 21 日，第二十六届哈尔滨冰雪大世界正式开园。本届冰雪大世界以"冰雪同梦 亚洲同心"为主题，园区整体面积近 100 万平方米，总用冰用雪量 30 万立方米。园区设计和建设充分融入亚冬会元素。图为哈尔滨冰雪大世界园区。

新华社记者 王建威 摄

▲ 安徽省黄山市是古徽州的所在地，这里既有以黄山为代表的秀丽风光，也有充满诗情画意的徽派建筑、历久弥新的非遗技艺，形成了丰富多彩的地域文化。图为 2024 年 11 月 13 日拍摄的安徽省黄山市黟县卢村风景。

新华社发（施亚磊 摄）

▶ 近年来，广西梧州市积极推进民族传统体育进校园，将抛绣球、打陀螺、斗驹、板鞋竞速等数十种项目引入学校，在提升学生身体素质的同时，促进各民族青少年之间的交流。图为 2024 年 10 月 25 日，在梧州市平浪希望小学，五年级学生董钰轩（中）在体育大课间抛绣球比赛中。

新华社记者 黄孝邦 摄

▲ 2024 年 7 月 27 日，在法国沙托鲁举行的巴黎奥运会射击 10 米气步枪混合团体决赛中，中国选手黄雨婷 / 盛李豪夺冠，赢得巴黎奥运会首枚金牌。图为中国选手黄雨婷 / 盛李豪在比赛中。

新华社记者 鞠焕宗 摄

▲ 2024 年 2 月 4 日，在卡塔尔多哈举行的 2024 年世界游泳锦标赛花样游泳集体技巧自选决赛中，中国队以 244.1767 分的成绩获得冠军。图为中国队在比赛后庆祝。

新华社记者 杜宇 摄

▲ 2024 年 5 月 5 日，在四川成都举行的 2024 年尤伯杯羽毛球团体赛决赛中，中国队 3 比 0 战胜印度尼西亚队，夺得冠军。图为中国队选手何冰娇（下左）在女子单打比赛获胜后与队友庆祝。

新华社记者 贾浩成 摄

▲ 2024 年 3 月 17 日，在广东东莞举行的 2024 世界女子斯诺克锦标赛决赛中，中国选手白雨露 6 比 5 战胜泰国选手努查鲁特·旺哈鲁泰，夺得冠军。图为中国选手白雨露在颁奖仪式上捧杯庆祝。

新华社发（郑家雄 摄）

▲ 2024 年 7 月 26 日，第 33 届夏季奥林匹克运动会开幕式在法国巴黎举行。图为中国体育代表团旗手、乒乓球选手马龙在巴黎奥运会开幕式前挥舞国旗。

新华社记者 曹灿 摄

▲ 2024 年 9 月 6 日，在巴黎残奥会田径项目 4×100 米混合接力决赛中，由周国华、王浩、文晓燕和胡洋组成的中国队以 45 秒 07 的成绩夺冠，并打破该项目世界纪录。图为中国队选手王浩（右二）在赛后为队友点赞。

新华社记者 彭子洋 摄

◄ 2024 年 2 月 17 日，第十四届全国冬季运动会开幕式在内蒙古呼伦贝尔市海拉尔区内蒙古冰上运动训练中心举行。图为火炬手武大靖在开幕式上点燃主火炬。

新华社记者 黄伟 摄

► 2024 年 11 月 22 日，中华人民共和国第十二届少数民族传统体育运动会开幕式在海南省三亚市举行。图为中华人民共和国第十二届少数民族传统体育运动会会旗方阵在开幕式上入场。

新华社记者 晋美多吉 摄

▼ 2024 年 2 月 3 日是南方小年，2024 全国"村晚"示范展示活动暨贵州"村超村晚"在贵州省黔东南苗族侗族自治州榕江县拉开帷幕。活动包括"村超村晚"文艺展示、2024 龙年"村超"贺岁战等内容。图为音乐烟花秀在"村晚"上演。

新华社记者 刘续 摄

第二编　国情概略

概　貌

疆域和行政区划

位置和面积

中国位于北半球，赤道以北。中国幅员辽阔，最北端位于黑龙江省漠河市北端的黑龙江主航道中心线上（北纬53° 33′）；最南端位于南沙群岛的曾母暗沙（北纬3° 51′），南北跨纬度约50°，相距约5500千米。最东端位于黑龙江省抚远市黑龙江与乌苏里江交汇处的黑瞎子岛（东经135° 5′）；最西端位于新疆维吾尔自治区乌恰县乌兹别里山口（东经73° 40′），东西跨经度约62°，相距约5200千米。

中国位于亚洲东部、太平洋西岸，是背陆面海、海陆兼备的国家。这样的海陆位置，既有利于同众多陆上邻国的联系，也有利于同海外各国的交往；每年来自海洋上的湿润空气，带来丰沛的降水，是中国淡水资源的重要来源和发展农牧业生产的必要条件。沿海地区还利于海洋事业的发展。

中国是世界上纵跨温度带最多的国家之一。北起黑龙江省北部的寒温带，向南依次为中温带、暖温带、北亚热带、中亚热带、南亚热带、边缘热带和中热带以及赤道带。青藏高原因其地势高峻、面积广大，具有明显的垂直带性，又可划分为高原寒带、高原亚寒带和高原温带三个特殊类型。喜马拉雅山南坡的部分地区还出现了狭长的山地热带、亚热带地区。中国南北跨纬度范围广，光热充足，适合多种动植物的生长和发育。

中国陆地总面积约960万平方千米，占地球陆地面积的1/15。在世界各国中面积仅次于俄罗斯和加拿大，居世界第三位，差不多同整个欧洲面积相等。海域总面积约473万平方千米，其中，根据《联合国海洋法公约》的规定，中国主张管辖的海域面积约为300万平方千米，包括了内海、领海、毗连区、专属经济区和大陆架。

疆界和邻国

中国陆地边界长度约2.2万千米。陆地与14个国家接壤，从东北开始，按逆时针顺序，依次是朝鲜、俄罗斯、蒙古国、哈萨克斯坦、吉尔吉斯斯坦、塔吉克斯坦、阿富汗、巴基斯坦、印度、尼泊尔、不丹、缅甸、老挝、越南。中国在海上与8个国家相邻，分别是朝鲜、韩国、日本、菲律宾、马来西亚、文莱、印度尼西亚、越南。其中，朝鲜、越南既是中国的陆上邻国，又是中国的海上邻国，其余6个国家则与中国隔海相望。

中国大陆海岸线长度约1.8万千米。中国近海有五大海区，包括渤海、黄海、东海、南海及台湾以东太平洋海区，其中渤海为中国内海。中国海域分布着大小岛屿7600个，其中面积在500平方米以上的岛屿有6500多个，主要分布在东海和南海。面积最大的是台湾岛，面积35759平方千米，海南岛位列第二，面积33900平方千米。主要群岛有长山列岛、庙岛群岛、舟山群岛、澎湖列岛、钓鱼岛列岛以及南海中的东沙群岛、西沙群岛、中沙群岛和南沙群岛等。主要海峡自北往南有渤海海峡、台湾海峡、巴士海峡、琼州海峡。中国较大的半岛有辽东半岛、山东半岛和雷州半岛等。

中国领海的宽度为12海里，专属经济区宽度为200海里。辽东半岛和山东半岛环抱的渤海、雷州半岛和海南岛之间的琼州海峡是中国的内海，全部属于中国的领海。

行政区划

中国宪法规定，行政区划有省（自治区、直辖市）、县（自治县、市）、乡（镇、街道）三级。乡镇和街道是中国的基层行政单位。自治区、自治州、自治县是少数民族聚居地区的民族自治区域，它们都是祖国不可分割的部分。国家根据需要，可以设立特别行政区。此外，为了便于行政管理和经济建设，加强民族团结，国家可根据需要对行政区划作必要的调整和变更。

目前中国有34个省级行政区，包括23个省、5个自治区、4个直辖市、2个特别行政区。在历史上和习惯上，各省级行政区都有简称。省级人民政府驻地称省会（首府），中央人民政府所在地是首都。北京是中国的首都。

香港和澳门是中国领土的一部分。中国政府已于1997年7月1日对香港恢复行使主权，成立了香港特别行政区。于1999年12月20日对澳门恢复行使主权，成立了澳门特别行政区。

台湾是中国不可分割的一部分。

省级行政区划

名称	简称	人民政府驻地	名称	简称	人民政府驻地	名称	简称	人民政府驻地
北京市	京	北京	福建省	闽	福州	云南省	云或滇	昆明
天津市	津	天津	江西省	赣	南昌	西藏自治区	藏	拉萨
河北省	冀	石家庄	山东省	鲁	济南	陕西省	陕或秦	西安
山西省	晋	太原	河南省	豫	郑州	甘肃省	甘或陇	兰州
内蒙古自治区	内蒙古	呼和浩特	湖北省	鄂	武汉	青海省	青	西宁
辽宁省	辽	沈阳	湖南省	湘	长沙	宁夏回族自治区	宁	银川
吉林省	吉	长春	广东省	粤	广州	新疆维吾尔自治区	新	乌鲁木齐
黑龙江省	黑	哈尔滨	广西壮族自治区	桂	南宁	香港特别行政区	港	—
上海市	沪	上海	海南省	琼	海口	澳门特别行政区	澳	—
江苏省	苏	南京	重庆市	渝	重庆	台湾省	台	—
浙江省	浙	杭州	四川省	川或蜀	成都	—	—	—
安徽省	皖	合肥	贵州省	贵或黔	贵阳	—	—	—

人口与民族

人口大国

　　截至 2023 年年底，中国人口总数已达 14.0967 亿人（不含香港、澳门特别行政区和台湾省）。

　　中国人口分布极不均衡，从东南沿海向西北内陆人口逐渐减少，人口主要集中分布在东部和东南部地区，西部地区人口相对稀少，如果以黑龙江省的瑷珲和云南省的腾冲画一条直线，此线以东面积约占全国的 43%，人口却占全国人口的 95% 左右，该线以西面积约占全国的 57%，人口仅占 5% 左右。中国人口除在水平方向上不均衡外，在垂直方向上呈现平原地区人口密集、山地丘陵人口密度低、随地势增高人口密度递减的分布特点。

统一的多民族国家

中国是一个团结统一的多民族国家。在中国广大的土地上，居住着 56 个民族，它们共同组成了中华民族大家庭。在中国历史发展中，各民族共同发展了经济和文化，共同反抗阶级压迫和抵御外来侵略，为缔造和发展统一的多民族国家作出了自己的贡献。

在民族大家庭中，汉族人口最多，占全国总人口的 90% 以上。其他 55 个民族人口较少，称为少数民族。在 55 个少数民族中，人口在百万人以上的有 18 个民族，依次为壮族、维吾尔族、回族、苗族、满族、彝族、土家族、藏族、蒙古族、布依族、侗族、瑶族、白族、哈尼族、朝鲜族、黎族、哈萨克族、傣族，其中壮族人口最多，有 1900 多万人。人口在 1 万人以下的有 6 个民族，它们是鄂伦春、独龙、塔塔尔、赫哲、高山、珞巴族（按 2020 年实地普查区域的人数计算）。各民族虽然人数多少不同，但都是祖国大家庭中的亲密兄弟姐妹。

少数民族 2020 年人口普查汇总数及主要分布

民族	人口数（人）	主要分布地区	民族	人口数（人）	主要分布地区
蒙古族	6290204	内蒙古、辽宁、吉林、河北、黑龙江、新疆	纳西族	323767	云南
			景颇族	160471	云南
回族	11377914	宁夏、甘肃、河南、新疆、青海、云南、河北、山东、安徽、辽宁、北京、内蒙古、天津、黑龙江、陕西、贵州、吉林、江苏、四川	柯尔克孜族	204402	新疆
			土族	281928	青海、甘肃
			达斡尔族	132299	内蒙古、黑龙江
			仫佬族	277233	广西
藏族	7060731	西藏、四川、青海、甘肃、云南	羌族	312981	四川
维吾尔族	11774538	新疆	布朗族	127345	云南
苗族	11067929	贵州、湖南、云南、广西、重庆、湖北、四川	撒拉族	165159	青海
			毛南族	124092	广西
彝族	9830327	云南、四川、贵州	仡佬族	677521	贵州
壮族	19568546	广西、云南、广东	锡伯族	191911	辽宁、新疆
布依族	3576752	贵州	阿昌族	43775	云南
朝鲜族	1702479	吉林、黑龙江、辽宁	普米族	45012	云南

民族	人口数（人）	主要分布地区	民族	人口数（人）	主要分布地区
满族	10423303	辽宁、河北、黑龙江、吉林、内蒙古、北京	塔吉克族	50896	新疆
侗族	3495993	贵州、湖南、广西	怒族	36575	云南
瑶族	3309341	广西、湖南、云南、广东	乌孜别克族	12742	新疆
白族	2091543	云南、贵州、湖南	俄罗斯族	16136	新疆、黑龙江
土家族	9587732	湖南、湖北、重庆、贵州	鄂温克族	34617	内蒙古
哈尼族	1733166	云南	德昂族	22354	云南
哈萨克族	1562518	新疆	保安族	24434	甘肃
傣族	1329985	云南	裕固族	14706	甘肃
黎族	1602104	海南	京族	33112	广西
傈僳族	762996	云南、四川	塔塔尔族	3544	新疆
佤族	430977	云南	独龙族	7310	云南
畲族	746385	福建、浙江、江西、广东	鄂伦春族	9168	黑龙江、内蒙古
高山族	3479	福建	赫哲族	5373	黑龙江
拉祜族	499167	云南	门巴族	11143	西藏
水族	495928	贵州、广西	珞巴族	4237	西藏
东乡族	774947	甘肃、新疆	基诺族	26025	云南

　　中国民族的分布具有既集中又分散，大杂居、小聚居，交错分布的特点。汉族分布最广，主要集中分布在东部地区，少数民族聚居的地区主要集中在东北三省、内蒙古、新疆、西藏、云南、广西、四川、青海、甘肃、贵州和海南等省区，占全国总面积的1/2以上。少数民族的分布具有分布广又相对集中、相对聚居又互相杂居等特点。这样的分布既有利于各民族间经济、文化上的交流，又促进相互间的往来，形成了相互依存、密不可分的关系。

　　《中华人民共和国宪法》第一章总纲第四条规定：

　　中华人民共和国各民族一律平等。国家保障各少数民族的合法权利和利益，维护和发展各民族的平等团结互助和谐关系。禁止对任何民族的歧视和压迫，禁止破坏民族团结和制造民族分裂的行为。

国家根据各少数民族的特点和需要，帮助各少数民族地区加速经济和文化的发展。

各少数民族聚居的地方实行区域自治，设立自治机关，行使自治权。各民族自治地方都是中华人民共和国不可分离的部分。

各民族都有使用和发展自己的语言文字的自由，都有保持或者改革自己的风俗习惯的自由。

侨胞和侨乡

侨居在外国的中国人称作华侨，中国有很多侨胞分布在世界各地。有些华侨取得了居留国的国籍，就成为外籍华人。侨胞的原籍主要集中在东南沿海地区，以广东、福建两省最多，其中珠江三角洲、粤东的潮汕地区、梅州以及福建的泉州、厦门、漳州、莆田为著名的侨乡。广大侨胞热爱祖国、热爱家乡，大力支持祖国建设和家乡的经济文化发展，为发展中国与世界各国的友好关系，加强各国人民之间的往来，作出了许多贡献。

地　形

地形的主要特征

1. **地形复杂多样**。全球陆地上的 5 种基本地貌类型在中国境内均有分布，包括雄伟的高原、起伏的山地、低缓的丘陵、广阔的平原，以及四周群山环抱、中间低平的盆地。这为中国工农业的发展提供了多种选择和条件。

2. **山区面积广大**。山地、丘陵和高原统称为山区。中国山区面积占全国国土面积的 2/3。尽管山区给交通运输和农业发展带来一定困难，但其丰富的森林、矿产、水和旅游等资源，为改变山区面貌、发展山区经济提供了基础支撑。

3. **地势西高东低，大致呈三级阶梯状分布**。地势的第一级阶梯是青藏高原，平均海拔在 4000 米以上。其北部与东部边缘分布有昆仑山脉、阿尔金山脉、祁连山脉、横断山脉，它们的北、东缘是地势第一、二级阶梯的分界线。

地势的第二级阶梯平均海拔在 1000 ~ 2000 米，这里分布着大型的盆地和高原，包括内蒙古高原、黄土高原、云贵高原、塔里木盆地、准噶尔盆地和四川盆地。其东部边缘有大兴安岭、太行山脉、伏牛山、巫山、雪峰山等，它们的东麓是地势二、三级阶梯的分界线。

地势的第三级阶梯上主要分布着广阔的平原，间有丘陵和低山，海拔多在500米以下。

如果通过北纬32°线，自西向东作一幅中国地形剖面图，从西部的大高原，到中部的盆地，再到东部平原，西高东低，呈阶梯状逐级下降的地势特点十分明显。

从第三级阶梯继续向海面以下延伸，就是浅海大陆架，这是大陆向海洋自然延伸的部分，一般深度不大，坡度较缓，海洋资源丰富。中国近海大陆架比较广阔，渤海和黄海的海底全部、东海海底的大部分和南海海底的一部分，都属浅海大陆架。目前，开发海洋资源，尤其是石油资源主要在大陆架上进行。

西高东低的地势，有利于海洋上空湿润空气向中国陆地输送，也利于北方冷空气南下，为降水的形成提供条件。受地势影响，中国大多数河流东流入海，便于沿海与内地联系。随着地势逐级下降，河流在第一、二级阶梯的过渡地带形成巨大落差，蕴藏着丰富的水能资源。

各类地形占国土陆地总面积的比例（%）				
地形类别	山地	高原	盆地	丘陵	平原
比例	33.33	26.04	18.75	9.90	11.98
不同海拔高度占国土陆地总面积的比例（%）				
海拔高度	> 3000 米	2000 ~ 3000 米	1000 ~ 2000 米	500 ~ 1000 米	≤ 500 米
比例	25.94	6.07	24.55	15.86	27.58

各类地形的分布

1.**山脉**。山地呈脉状延伸即为山脉。山脉构成中国地形的骨架，常常是不同地形区的分界线，山脉延伸的方向称作走向，中国山脉的分布按其走向一般可分为以下5种情况。

东西走向的山脉主要有3列：北列为天山—阴山；中列为昆仑山—秦岭；南列为南岭。

东北—西南走向的山脉主要分布在中国东部：西列为大兴安岭—太行山—雪峰山；中列为长白山—武夷山；东列为台湾山脉。

西北—东南走向的山脉主要分布在中国西部，著名山脉有两条：阿尔泰山和祁连山。

南北走向的山脉主要有两条，分布在中偏西部，分别是横断山脉、贺兰山脉。

弧形山系由几条并列的山脉组成，其中最著名的山脉为喜马拉雅山脉，位于青藏高原南缘，绵延 2400 多千米，平均海拔 6000 米左右，其主峰珠穆朗玛峰，海拔 8848.86 米，是世界最高峰，坐落在中国与尼泊尔的边界上。

2. **高原。** 中国有四大高原，即青藏高原、云贵高原、黄土高原和内蒙古高原。它们集中分布在地势第一、二级阶梯上。由于位置、成因、海拔高度和外力侵蚀作用不同，高原的外貌特征各异。

3. **盆地。** 中国有四大盆地，即塔里木盆地、准噶尔盆地、柴达木盆地和四川盆地。它们主要分布在地势第二级阶梯上。

此外，著名的吐鲁番盆地也分布在地势第二级阶梯上，它是中国地势最低的盆地（最低处约为 –154.31 米）。

4. **平原。** 中国有三大平原，即东北平原、华北平原和长江中下游平原。它们分布在中国东部地势第三级阶梯上。三大平原南北相连，土壤肥沃，是中国最重要的农耕区。除此以外，中国还有成都平原、汾渭平原、潮汕平原、台湾西部平原等，它们也都是重要的农耕区。

5. **丘陵。** 中国丘陵众多，主要分布在东部地势第三级阶梯上，主要有辽东丘陵、山东丘陵和江南丘陵。

气　候

气温和温度带

1. **冬季气温的分布。** 1 月，中国等温线的分布大体与纬度平行。0℃等温线位于 35°~36°N 附近，10℃等温线位于 25°N 附近。其中东北北部在 –20℃以下，内蒙古东部和东北中南部为 –20℃~–10℃，辽宁南部、华北北部为 –10℃~–5℃，晋、冀中南部、豫北及山东大部为 –5℃~0℃；35°N 以南至长江以北地区一般为 0℃~5℃，长江以南至南岭以北为 5℃~10℃（其中四川盆地和长江中游谷地因受地形作用而较其东面的同纬度其他地区更为温暖一些），南岭以南地区达 10℃以上；广东、广西、台湾南部及海南岛超过 15℃，海南南部超过 20℃。在西部，等温线受地势影响

较大，其中内蒙古高原多在 –10℃以下，关中及黄土高原为 –10℃ ~ 0℃、祁连山地、河西走廊及北疆地区多在 –12℃，天山山地在 –15℃以上，但塔里木、吐鲁番等盆地为 –8℃以上；青藏高原北部为 –10℃以下，中部为 –10℃ ~ –5℃，南部为 –5℃ ~ 0℃，仅喜马拉雅山南麓的雅鲁藏布江河谷及藏东南的其他一些河谷地区达 0℃左右；而在云贵高原，贵州及云南北部多为 5℃ ~ 10℃、高山地区低于 5℃，云南中南部为 10℃ ~ 15℃、南部部分河谷地区达 15℃以上。

这一特征形成的原因主要有：

纬度位置的影响。冬季太阳直射点移向南半球，位于北半球的中国大部分地区从太阳辐射获得的热量少，同时中国南北纬度相差约 50°，北方与南方太阳高度差别显著，故造成北方大部地区冬季气温低，且南北气温差别大。

冬季风的影响。冬季，从蒙古、西伯利亚一带常有寒冷干燥的冬季风吹来，北方地区首当其冲，因此更加剧了北方严寒并使南北气温的差别增大。

2.夏季气温的分布。 夏季是中国南北温差最小的季节，且纬向分布特征极不明显。在东部，即使是在东北、内蒙古东部，大部分地区的夏季平均气温也可达 18℃ ~ 22℃，仅大兴安岭北部低于 18℃，而东北平原多高于 22℃；40°N 以南除云贵高原外的大部分地区均在 24℃以上，其中秦岭—淮河以南除一些高山外的大部分地区均达 26℃ ~ 28℃，甚至连豫东、冀南、鲁西南等也达 26℃以上；而云贵高原因地势悬殊使得夏季平均气温垂直差异较大，其中河谷与山间盆地多在 24℃以上，高原面上一般为 20℃ ~ 24℃，高山地区则低于 20℃。在西北，夏季平均气温除南北有差异外，主要受地势与下垫面的影响，其中内蒙古高原、黄土高原及北疆地区一般为 18℃ ~ 22℃，而祁连山、天山等山地一般低于 18℃，但海拔较低的沙漠、沙地、戈壁地区通常达 22℃以上，巴丹吉林沙漠腹地达 24℃ ~ 26℃，塔里木盆地和吐鲁番盆地中心地区甚至超过 28℃。而青藏高原大都低于 16℃，其中三江源地区低于 10℃，仅柴达木盆地和喜马拉雅南麓及藏东南的部分河谷地区高于 16℃。

其形成原因有：夏季太阳直射点移到北半球，中国各地从太阳辐射获得的热量普遍增多，加之北方纬度较高，白昼又比较长，获得的热量相对增多，缩短了与南方的气温差距，因而全国普遍高温。此外，夏季风将东南暖湿气流带到北方，也提高了北方地区气温。

3.中国的温度带。 以日平均气温稳定 ≥ 10℃的日数作为划分温度带的主要指标，以日平均气温稳定 ≥ 10℃的积温为参考指标。同时以 1 月平均气温作为划分温度带的辅助指标，以极端最低气温的多年平均值为其参考指标。由于青藏高原地势差异大，气候垂直差异显著，植物能否良好生长，不仅取决于其能否越冬，还取决于生长期间的热量强度，因此对青藏高原，还同时将 7 月平均气温作为辅助指标。在同一水平地带中，云贵地区（特别是云贵高原）因受地形影响，其温度带的划分标准较东部低海拔地区低。

降水和干湿地区

1. **年降水量的空间分布**。受距海洋远近的影响，年降水量由东南沿海向西北内陆递减，等雨量线大致呈东北—西南走向；400 毫米等降水量线自东北大兴安岭西侧起，经内蒙古东部、吉林西部、河北北部、山西北部、陕西北部、宁夏南部、甘肃东南部、青海南部、西藏东南部，至喜马拉雅山南麓止，将中国大致分为湿润区和干旱区两大部分。该线以东、以南降水相对丰沛，为主要农业区；其中东北大部年降水量为 400 ～ 600 毫米，小兴安岭达 600 毫米以上，长白山东南部更达 800 毫米以上；华北北部及汾、渭流域年降水多为 400 ～ 600 毫米，黄河以南区域年降水量一般为 600 ～ 800 毫米；秦岭山地及淮河流域 800 ～ 1000 毫米；四川盆地至长江中下游流域 1200 毫米左右；云贵高原因受地形影响，降水垂直差异大，河谷地区降水一般为 800 ～ 1000 毫米，山地一般为 1200 ～ 1600 毫米，高原南部甚至达 1600 毫米以上；东南和华南沿海及丘陵地区为 1600 ～ 2000 毫米，广东、广西和海南的部分地区年降水量超过 2000 毫米，广东的阳江、广西的东兴和海南的琼中超过 2400 毫米，是中国大陆年降水量最多的地区。该线以西除一些高山降水稍多外，降水匮乏，以牧业为主。其中内蒙古高原以东、河套、甘肃中部、青海中部及唐古拉山西段、冈底斯山及喜马拉雅中段年降水多为 200 ～ 400 毫米，仅雅鲁藏布江大峡谷地区达 600 毫米以上；祁连山地、天山的部分山地为 400 毫米左右；新疆天山以北地区为 100 ～ 300 毫米，以南（包括昆仑山）多不足 100 毫米，塔里木盆地、吐鲁番盆地和其东面的柴达木盆地中心年降水不足 50 毫米。此外，因降水分布还明显受地形影响，使得大多数多雨中心一般都位于与海洋有一定距离的山地丘陵区迎风坡，如闽浙赣交界的武夷山区、广东云开大山的南坡、广西十万大山的东南坡、海南五指山的东部、台湾山脉的东部均为高降水中心。

2. **降水量的时间变化**。降水量的时间变化包括季节变化和年际降水变率两个方面。

季节变化是指一年内降水量的分布状况。中国降水的季节分布特征是：全国大部分地区夏秋多雨，冬春少雨。南方雨季开始早，结束晚，雨季长，集中在5～10月；北方雨季开始晚，结束早，雨季短，集中在7、8月。

年际降水变率反映一地降水的稳定程度，是影响一地旱涝灾害的主要指标之一。一般是降水多的地区相对变率小，而降水少的地区相对变率反而大；除西北干旱区外，大部分地区年降水相对变率为10%～30%；其中河北中南部是一个高值中心，达30%～40%，是东部季风区降水变率最大的地方。西北干旱区降水量小，因而年降水相对变率较大，一般为30%～70%，其中塔里木盆地降水稀少，部分地区年降水相对变率超过70%，是中国年降水变率最大的地区。

3. 季风活动与季风区。中国降水空间分布与时间变化特征，主要是由季风活动影响形成的。影响中国降水的季风主要有来源于西太平洋热带海面的东亚季风和赤道附近印度洋上的南亚季风。这些季风把温暖湿润的水汽吹送到中国大陆上，成为中国夏季降水的主要水汽来源。

在夏季风正常活动的年份，每年4、5月暖湿的夏季风推进到南岭及其以南的地区。广东、广西、海南等省区进入雨季，降水量增多。

6月夏季风推进到长江中下游，秦岭－淮河以南的广大地区进入雨季。这时，江淮地区阴雨连绵，由于正是梅子黄熟时节，故称这种天气为梅雨天气。

7、8月夏季风推进到秦岭—淮河以北地区，华东、东北等地进入雨季，降水明显增多。

9月间，北方冷空气的势力增强，暖湿的夏季风在它的推动下向南后退，北方雨季结束。

9～10月，仍有西南气流不断沿青藏高原东侧向华西地区输送，而同时从北方南下的冷空气也开始活跃，冷暖空气交汇在华西地区形成了一条静止锋，从而在甘肃南部、陕西中南部、四川、重庆、贵州及两湖西部地区形成持续性降水，这便是华西秋雨。10月中下旬以后，随着华西秋雨结束，全国的夏季风雨带也随之消失。

在中国大兴安岭—阴山—贺兰山—巴颜喀拉山—冈底斯山连线以西以北地区，夏季风很难到达，降水量很少。习惯上把夏季风可以到达的地区称为季风区，夏季风势力难以到达的地区称为非季风区。

4. 中国的干湿地区。干湿状况是反映气候特征的标志之一，以年干燥度（最大可能蒸散多年平均与年降水量多年平均的比值）作为干湿区划分的主要指标，以年降水量作为辅助指标。干湿状况与天然植被类型及农业等关系密切。中国各地干湿状况差异很大，共划分为4个干湿地区：湿润区、半湿润区、半干旱区和干旱区。

气候的特征

1. **气候复杂多样**。中国幅员辽阔，跨纬度较广，距海远近差距较大，加之地势高低不同，地貌类型及山脉走向多样，因而气温、降水的组合差别很大，形成了各地多种多样的气候。从气候类型上看，东部属季风气候（又可分为热带季风气候、亚热带季风气候和温带季风气候），西北部属温带大陆性干旱气候，青藏高原属高寒气候。从温度带划分看，有热带、亚热带、暖温带、中温带、寒温带和高原气候带。从干湿地区划分看，有湿润区、半湿润区、半干旱区、干旱区之分。而且同一个温度带内，可含有不同的干湿区；同一个干湿区中又含有不同的温度带。因此在相同的气候类型中，也会有热量与干湿程度的差异。丰富的温度带与干湿气候类型，又与垂直气候分异类型相结合，使得中国境内的气候纷繁复杂、类型极为多样。

2. **季风气候显著**。中国季风气候特征极为明显，具有干冷同期、雨热同季，冬季南北气候差异大、夏季差异小，雨带进退明显等三大特点。由于中国位于世界最大的大陆——亚欧大陆东部，又在世界最大的大洋——太平洋西岸，西南距印度洋也较近，因而气候受大陆、大洋的影响非常显著。冬季盛行从大陆吹向海洋的偏北风，夏季盛行从海洋吹向陆地的偏南风。冬季风产生于亚洲内陆，性质寒冷、干燥，在其影响下，中国大部分地区冬季普遍降水少、气温低，北方更为突出。夏季风来自东南面的太平洋和西南面的印度洋，性质温暖、湿润，在其影响下，降水普遍增多，"雨热同季"。尽管降水还受到地形、下垫面物理性质等许多局地因素的影响，但中国大陆上主要降雨带的移动是同每年的冬夏季风进退与交替紧密相连的，具有与季风同步进退的特点，特别是一地集中降水的时段（通常称雨季）与夏季风的建立及进退是几乎同步发生的。中国受冬、夏季风交替影响的地区广，是世界上季风最典型、季风气候最显著的地区。和世界同纬度的其他地区相比，中国冬季气温偏低，而夏季气温又偏高，气温年较差较大，降水集中于夏季，这些又是大陆性气候的特征。因此中国的季风气候大陆性较强，也称作大陆性季风气候。

3. **气候条件的优势**。复杂多样的气候，使世界上大多数农作物和动植物都能在中国找到适宜生长的地方，因此中国农作物与动植物资源都非常丰富。例如玉米的故乡在墨西哥，引种到中国后却被广泛种植，已成为中

国重要的粮食作物之一。红薯最早引种在浙江一带，目前全国普遍种植。季风气候也为中国农业生产提供了有利条件，因夏季气温高，热量条件优越，这使许多对热量条件要求较高的农作物在中国的纬度分布远比世界上其他同纬度国家的更高，例如在中纬度地区，中国可以生长水稻、棉花等喜温作物，而同纬度其他海洋性气候强的地区只能种植麦类和马铃薯等适应温凉气候的作物，水稻甚至可在北纬52°的黑龙江省呼玛县种植。季风气候"雨热同期"的特点，还有利于农作物生长发育，例如中国长江中下游地区为亚热带季风气候，温暖湿润，因而物产富饶，而与之同纬度的非洲北部、阿拉伯半岛等地却多呈干旱、半干旱的荒漠景观。

中国气候虽然有许多方面有利于发展农业生产，但灾害性天气频发，对生产建设和人民生活也常常造成不利的影响。春季气象气候灾害发生种类多，频率高，其中主要灾害包括干旱、干热风、雨涝、冻害、低温连阴雨和冰雹等。夏季是气象气候灾害发生最为频繁的季节，其中干旱、暴雨洪涝、台风、冰雹及低温冷害等最为多见。秋季气象气候灾害主要为干旱、雨涝、寒露风、连阴雨和冻害。冬季主要气象气候灾害为干旱、冻害和牧区的雪灾。

河流和湖泊

中国河流湖泊众多。这些河流、湖泊不仅是中国地理环境的重要组成部分，而且还蕴藏着丰富的自然资源。中国的河湖地区分布不均，内外流区域兼备。中国外流区域与内流区域的界线大致是：北段大体沿着大兴安岭—阴山—贺兰山—祁连山（东部）一线，南段比较接近于200毫米的年等降水量线（巴颜喀拉山—冈底斯山）。这条线的东南部是外流区域，约占全国总面积的2/3，河流水量占全国河流总水量的95%以上；内流区域约占全国总面积的1/3，但是河流总水量还不到全国河流总水量的5%。

河流

河流是陆地表面汇集、宣泄水流的通道，是溪、川、江、河等的总称。中国江河众多，流域面积在50平方千米及以上的河流有45203条，总长度约为150.85万千米；流域面积在100平方千米及以上的河流有22909条，总长度约为111.46万千米；流域面积在1000平方千米及以上的河流有

2221 条，总长度约为 38.66 万千米；流域面积 10000 平方千米及以上的河流有 228 条，总长度约为 13.26 万千米。

十大河流基本情况

序号	河流名称	河流长度（千米）	流域面积（平方千米）	2023年水面面积（平方千米）	流经省份（自治区、直辖市）	多年平均径流深（毫米）
1	长江	6296	1796000	6151	青海、西藏、四川、云南、重庆、湖北、湖南、江西、安徽、江苏、上海	551.1
2	黑龙江	1905	888711	1773	黑龙江	142.6
3	黄河	5687	813122	3690	青海、四川、甘肃、宁夏、内蒙古、陕西、山西、河南、山东	74.7
4	珠江（流域）	2320	452000	1081	云南、贵州、广西、广东、湖南、江西	—
5	塔里木河	2727	365902	284	新疆	72.2
6	海河（流域）	73（干流）	320600	234	天津、北京、河北、山西、山东、河南、内蒙古、辽宁	—
7	雅鲁藏布江	2296	345953	682	西藏	951.6
8	辽河	1383	191946	365	内蒙古、河北、吉林、辽宁	45.2
9	淮河	1018	190982	384	河南、湖北、安徽、江苏	236.9
10	澜沧江	2194	164778	546	青海、西藏、云南	445.6

注：2023 年水面面积（不含滩地）根据丰水期遥感影像获取。

湖泊

湖泊是陆地上洼地积水形成的水体，是湖盆和湖水及其所含物质的自然综合体。中国湖泊众多，常年水面面积 1 平方千米及以上湖泊数量为 2865 个，总面积约为 78007.1 平方千米。

中国十大湖泊基本情况

序号	湖泊名称	水利普查水面面积（平方千米）	2023年水面面积（平方千米）	省级行政区域	平均水深（米）
1	青海湖	4233	4549	青海	18.4
2	鄱阳湖	2978	2683	江西	8.94
3	洞庭湖	2579	1110	湖南	—
4	太湖	2341	2390	浙江、江苏	2.06
5	色林错	2209	2353	西藏	—
6	纳木错	2018	2029	西藏	54
7	呼伦湖	1847	2159	内蒙古	—
8	洪泽湖	1525	1515	江苏	3.5
9	南四湖	1003	822	山东	1.44
10	博斯腾湖	986	1111	新疆	—

自然资源

土地资源

中国土地资源有四个基本特点：绝对数量大，人均占有量少；类型复杂多样，耕地比重小；利用情况复杂，生产力地区差异明显；地区分布不均，保护和开发问题突出。

（一）绝对数量大，人均占有量少

中国陆地总面积约960万平方千米，海域总面积473万平方千米。陆地面积居世界第3位，但按人均占有土地资源论，在面积居世界前12位的国家中，中国居第11位。中国人均占有的土地资源，只相当于澳大利亚的1/58、加拿大的1/48、俄罗斯的1/15、巴西的1/7、美国的1/5。按利用类型区分的中国各类土地资源也都具有绝对数量大、人均占有量少的特点。

（二）类型复杂多样，耕地比重小

中国地形复杂、气候多样，土地类型复杂多样，为农、林、牧、副、渔多种经营和全面发展提供了有利条件。但也要看到，有些土地类型难以开发利用。例如，中国沙质荒漠、戈壁合占国土总面积的12%以上，改造、利用的难度很大。而对中国食物安全至关重要的耕地，所占比重仅比10%多一点。各类土地资源情况如下表所示。

（三）利用情况复杂，生产力地区差异明显

土地资源的开发利用是一个长期的历史过程。由于中国自然条件的复杂性和各地历史发展过程的特殊性，中国土地资源利用的情况极为复杂。东北平原大部分是黑土，盛产小麦、玉米、大豆、亚麻和甜菜。华北平原大多是褐土，土层深厚，农作物有小麦、玉米、棉花、花生，水果有苹果、梨、葡萄、柿子等。长江中下游平原多为红黄壤和水稻土，盛产水稻、柑橘、油菜、蚕豆和淡水鱼，被称为"鱼米之乡"。四川盆地多为紫色土，盛产水稻、油菜、甘蔗、茶叶和柑橘、柚子等。

不同的利用方式，土地资源开发的程度也会有所不同，土地的生产力水平会有明显差别。例如，在亚热带山区，经营茶园、果园、经济林木会有较高的经济效益，而毁林毁草开垦种粮，不仅收益较低，还会造成水土流失，使土地资源遭受破坏。

（四）分布不均，保护和开发问题突出

分布不均主要指两个方面。其一，具体土地资源类型分布不均。如有限的耕地主要集中在中国东部季风区的平原地区，草原资源多分布在内蒙古高原的东部、新疆天山南北坡等。其二，人均占有土地资源分布不均。

不同地区的土地资源，面临着不同的开发利用与保护问题。中国林地少，森林资源不足。在东北林区力争采育平衡的同时，其西南部分林区却面临过熟林比重大、林木资源浪费的问题。中国广阔的草原资源利用不充分，畜牧业生产水平不高，有些地区的草原又存在过度放牧、草场退化的问题。

水资源

中国淡水资源总量为2.8万亿立方米，占全球水资源的6%，仅次于巴西、俄罗斯、加拿大、美国和印度尼西亚，居世界第六位，但人均只有2100立方米，不足世界人均水平的1/3。受气候和地形影响，淡水资源的地区分布极不均匀，大量淡水资源集中在南方，北方淡水资源只有南方淡水资源的1/4。河流和湖泊是中国主要的淡水资源赋存空间，河湖的分布、水量的大小，直接影响着各地人民的生活和生产。各大流域中，珠江流域人均水资源最多，长江流域稍高于全国平均数，海河、滦河流域是全国水资源最紧张的地区。

中国水资源的分布情况是南多北少，而耕地的分布却是南少北多。如中国农产品集中产区——华北平原，耕地面积约占全国的40%，而水资源只占全国的6%左右。水、土资源配合欠佳的状况，进一步加剧了中国北方地区缺水的程度。

中国水能资源理论蕴藏量近7亿千瓦，是世界上水能资源总量最多的国家。其中，经济可开发容量近4亿千瓦，年发电量约1.7亿千瓦时。中国水能资源的70%分布在西南四省市和西藏自治区，其中以长江水系为最多，其次为雅鲁藏布江水系。黄河水系和珠江水系也有较大的水能蕴藏量。目前，已开发利用的地区集中在长江、黄河和珠江的上游。

生物资源

植物资源 中国植被种类丰富，分布错综复杂。在东部季风区，有热带雨林，热带季雨林，南亚热带、中亚热带常绿阔叶林、北亚热带落叶阔叶—常绿阔叶混交林，温带落叶阔叶林，寒温带针叶林，以及亚高山针叶林、温带森林草原等植被类型。在西北部和青藏高原地区，有干草原、半荒漠草原灌丛、干荒漠草原灌丛、高原寒漠、高山草原草甸灌丛等植被类型。据统计，有种子植物300个科、2980个属、24600个种，兼有寒、温、热三带的植物。其中被子植物2946属（占世界被子植物总属的23.6%）。较古老的植物种属，约占世界种属总数的62%。有些植物，如水杉、银杏等，在世界上其他地区现代已经绝灭，现在是残存于中国的"活化石"。此外，中国还有丰富的栽培植物。从用途来说，有用材林木1000多种、药用植物4000多种、果品植物300多种、纤维植物500多种、淀粉植物300多种、油脂植物600多种、蔬菜植物80多种，是世界上栽培植物资源最丰富的国家之一。

动物资源 中国是世界上动物资源最为丰富的国家之一。全国陆栖脊椎动物约有2070种，占世界陆栖脊椎动物的9.8%。其中鸟类1170多种、兽类400多种、两栖类184种，分别占世界同类动物的13.5%、11.3%和7.3%。在西起喜马拉雅山—横断山北部—秦岭山脉—伏牛山—淮河与长江间一线以北地区，以温带、寒温带动物群为主，属古北界。以南地区以热带性动物为主，属东洋界。由于东部地区地势平坦，西部横断山南北走向，两界动物相互渗透混杂的现象比较明显。

矿产资源

中国幅员广大，地质条件多样，矿产资源丰富，已查明矿产171种，已探明储量的有157种。其中钨、锑、稀土、钼、钒和钛等的探明储量居世界首位。煤、铁、铅锌、铜、银、汞、锡、镍、磷灰石、石棉等的储量均居世界前列。

中国矿产资源分布的主要特点是，地区分布不均匀。如铁主要分布于辽宁、冀东和川西，西北很少；煤主要分布在华北、西北、东北和西南区，其中山西、内蒙古、新疆等省区最集中，而东南沿海各省则很少。而一些矿产则相对集中，如钨矿，虽然在19个省区均有分布，但储量主要集中在湘东南、赣南、粤北、闽西和桂东—桂中，有利于大规模开采。

区域地理

在中国辽阔的疆域内，各地自然条件各有特点，综合考虑自然条件的差异，全国可分为东部季风区、西北干旱区、青藏高寒区三个自然大区。其中东部季风区由于南北纬度跨度较大，以秦岭—淮河为界，又分为北方地区和南方地区。因此全国可分为北方地区、南方地区、西北地区、青藏地区四大部分。

北方地区

中国的北方地区指中国东部季风区的北部，主要是秦岭—淮河一线以北，大兴安岭、乌鞘岭以东的地区，东临渤海和黄海。包括东北三省、黄河中下游五省二市的全部或大部分，以及甘肃东南部，内蒙古东部与北部，江苏及安徽的北部，面积约为213.1万平方千米，约占全国陆地总面积的22.2%。中国的北方自东向西呈山地—平原—山地—高原盆地相间分布；在气候分区上，属温带大陆性季风气候和暖温带大陆性季风气候；区内植被北部以温带湿润森林和草甸草原为主，往南依次递变为暖温带森林草原、暖温带落叶阔叶林。区内河流多，河流冬季结冰。该区北端的大、小兴安岭还有冻土分布。该区北部有东北平原，南部有黄淮海平原，平原面积大，垦殖率很高，人烟稠密，阡陌相连，农业发达。区内人口约占全国总人口的40%，其中汉族占绝大多数，少数民族中人口较多的民族主要有居住在东北的满族、朝鲜族等。

南方地区

中国的南方地区指中国东部季风区的南部，秦岭—淮河一线以南的地区，西部为青藏高原，东部与南部濒临东海和南海，大陆海岸线长度占全国的2/3以上。行政范围包括长江中下游六省一市、南部沿海和西南四省市大部分地区。面积约251.8万平方千米，约占全国陆地总面积的26.2%。除长江中下游平原、珠江三角洲平原外，区内广布山地丘陵和河谷盆地。区内南部石灰岩分布广泛，为中国喀斯特地貌发育最广泛的地区。在川、赣、湘、浙、闽诸省的红色盆地多发育丹霞地貌。气候类型属于温暖湿润的亚热带季风气候和湿热的热带气候，常绿阔叶林广布，南部可见热带雨林和季雨林景观。河流冬不结冰，作物经冬不衰。区内人口约占全国总人口的55%，汉族占大多数。区内的少数民族有30多个，其人数有5000多万，主要分布在桂、云、贵、川、湘、琼等地，人数较多的为壮、苗、彝、土家、布依、侗、白、哈尼、傣、黎等族。

西北地区

中国的西北地区深居内陆，位于昆仑山—阿尔金山—祁连山和长城以北，大兴安岭、乌鞘岭以西，包括新疆维吾尔自治区、宁夏回族自治区、内蒙古自治区的西部和甘肃省的西北部等。这一地区国境线漫长，与俄罗斯、蒙古国、哈萨克斯坦、吉尔吉斯斯坦等国相邻。该区面积广大，约占全国陆地总面积的24.3%。东部是波状起伏的高原，西部呈现山地和盆地相间分布的地表格局。中国西北的中、西部居亚欧大陆的腹地，四周距海遥远，周围又被高山环绕，来自海洋的潮湿气流难以深入，自东向西，由大陆性半干旱气候向大陆性干旱气候过渡，植被则由草原向荒漠过渡。气候干旱、地面坦荡、植被稀疏、沙源丰富，风沙现象在大部分地区十分常见。中国是世界上沙漠、戈壁分布较多的国家之一。区内的塔克拉玛干沙漠是中国面积最大的沙漠，占全国沙漠总面积的43%，沙丘高大，形状复杂，景观多样。区内人口约占全国总人口的4%，是地广人稀的地区。西北地区是中国少数民族聚居地区之一，少数民族人口约占总人口的1/3，主要有蒙古族、回族、维吾尔族、哈萨克族等。

青藏地区

中国的青藏地区位于中国西南边陲，横断山脉以西，喜马拉雅山以北，昆仑山和阿尔金山、祁连山以南，与缅甸、不丹、尼泊尔、印度、巴基斯坦、阿富汗、塔吉克斯坦等国相邻。行政上包括青海省、西藏自治区的全部、四川省西部，以及新疆维吾尔自治区和甘肃省一隅，总面积约260万平方千米，约占全国国土面积的27%。青藏地区是一个强烈隆起的大高原，平均海拔近4400米，有多座海拔8000米以上的高峰，是全球海拔最高的高原，素称"世界屋脊"。区内气候独特，属特殊的高原气候，高大山体终年积雪，还有冰川分布，多年冻土和季节性冻土分布广泛。植被为高原寒漠、草甸和草原。青藏地区是亚洲许多大江大河如长江、黄河、怒江、澜沧江、雅鲁藏布江以及印度河等的发源地。这里还是全球海拔最高、数量多、面积大的高原内陆湖区。区内的湖泊总面积约占全国湖泊面积的一半。区内人口不足全国总人口的1%，以藏族为主。

来源：《中华人民共和国年鉴（2024）》

政　党

中国新型政党制度

（2021 年 6 月）

中华人民共和国国务院新闻办公室

前　言

政党制度是现代民主政治的重要实现形式，是国家政治制度的重要组成部分。一个国家实行什么样的政党制度，是由这个国家的历史传统和现实国情决定的。世界政党制度具有多样性，没有也不可能有普遍适用于各国的政党制度。

中国共产党领导的多党合作和政治协商制度是中国的一项基本政治制度。这一制度既植根中国土壤、彰显中国智慧，又积极借鉴和吸收人类政治文明优秀成果，是中国新型政党制度。《中华人民共和国宪法》规定："中国共产党领导的多党合作和政治协商制度将长期存在和发展。"

中国新型政党制度中包括中国共产党和八个民主党派，以及无党派人士。八个民主党派是中国国民党革命委员会（简称民革）、中国民主同盟（简称民盟）、中国民主建国会（简称民建）、中国民主促进会（简称民进）、中国农工民主党（简称农工党）、中国致公党（简称致公党）、九三学社、台湾民主自治同盟（简称台盟）。中国共产党同各民主党派长期共存、互相监督、肝胆相照、荣辱与共，形成了"共产党领导、多党派合作，共产党执政、多党派参政"的政治格局。

中国新型政党制度创造了一种新的政党政治模式，在中国的政治和社会生活中显示出独特优势和强大生命力，在推进国家治理体系和治理能力现代化中发挥了不可替代的作用，也为人类政治文明发展作出了重大贡献。

一、中国新型政党制度中各政党的基本情况

政党是国家政治生活中的重要力量。世界政党数量繁多、类型多样，具有不同的历史渊源、阶级基础、价值追求和政治主张，在国家中的地位作用也各不相同。在中国，中国共产党和各民主党派都是在探索救国救民

道路中产生和发展起来的，实现民族独立、人民解放和国家富强、人民幸福是中国新型政党制度中各政党的共同目标。

中国是世界上历史最悠久的国家之一，中华民族创造了光辉灿烂的文明。1840年鸦片战争后，由于西方资本主义列强的野蛮入侵和封建统治的腐朽衰败，中国逐渐成为半殖民地半封建社会。为了救亡图存，无数仁人志士进行了不懈探索，从太平天国运动到洋务运动，从戊戌变法到义和团运动，各种尝试都失败了。1911年，孙中山先生领导的辛亥革命，推翻了统治中国两千多年的君主专制制度，推动了中国社会的变革，但没有改变旧中国的社会性质，没有改变中国人民的悲惨境遇，没有完成实现民族独立、人民解放的历史任务。

在中华民族内忧外患、社会危机空前深重的背景下，1921年，中国共产党应运而生。自诞生之日起，中国共产党就把为中国人民谋幸福、为中华民族谋复兴作为初心和使命，将马克思主义基本原理同中国具体实际相结合，团结一切可以团结的力量，组成广泛的统一战线，推动党和人民事业沿着正确方向胜利前进，取得了举世瞩目的辉煌成就。在百年奋斗历程中，中国共产党团结带领中国人民完成新民主主义革命，建立了中华人民共和国，彻底结束了旧中国半殖民地半封建社会的历史，实现了民族独立和人民解放；完成社会主义革命，确立社会主义基本制度，推进社会主义建设，实现了中华民族有史以来最为广泛而深刻的社会变革；进行改革开放新的伟大革命，开辟了中国特色社会主义道路，使人民生活显著改善，综合国力显著增强，国际地位显著提高；推动中国特色社会主义进入新时代，统筹推进"五位一体"总体布局、协调推进"四个全面"战略布局，党和国家事业取得历史性成就、发生历史性变革，中华民族迎来了从站起来、富起来到强起来的伟大飞跃，迎来了实现中华民族伟大复兴的光明前景。中国共产党的领导地位是在中国革命、建设、改革的实践中形成并不断巩固的，是历史的选择、人民的选择。截至2019年年底，中国共产党党员总数为9191.4万名。

各民主党派是在中国人民反帝爱国、争取民主和反对独裁专制的斗争中产生和发展起来的，其社会基础是民族资产阶级、城市小资产阶级以及同这些阶级相联系的知识分子和其他爱国人士。在中国共产党领导下，各民主党派积极投身建立新中国、建设新中国、探索改革路、实现中国梦的伟大实践，共同致力于民族独立、人民解放和国家富强、人民幸福的宏图伟业。

民革是由原中国国民党民主派和其他爱国民主人士创建的政党。在反对蒋介石集团专制独裁统治的斗争中，国民党内部的爱国民主人士继承发扬孙中山先生爱国、革命、不断进步的精神，逐步发展和联合，于1948年1月在香港成立中国国民党革命委员会，提出"实现革命的三民主义，建设独立、民主、幸福之新中国为最高理想"，并制定了推翻国民党独裁政权、建立民主联合政府的行动纲领。目前，民革主要由同原中国国民党有关系的人士、同民革有历史联系和社会联系的人士、同台湾各界有联系的人士以及社会和法制、"三农"研究领域专业人士组成，现有党员15.1万余名。

民盟是由一批社会知名人士和追求民主进步的知识分子建立的政党。为争取抗战、团结、民主并保障自身生存权利，一些党派和团体决定联合起来，于1941年3月在重庆秘密成立中国民主政团同盟，提出"贯彻抗日主张""实践民主精神""加强国内团结"。1944年9月，中国民主政团同盟改组为中国民主同盟，主张"反对独裁，要求民主；反对内战，要求和平"。目前，民盟主要由文化教育以及相关的科学技术领域高、中级知识分子组成，现有盟员33万余名。

民建是由爱国的民族工商业者及有联系的知识分子发起建立的政党。抗日战争时期，一部分爱国的民族工商业者和所联系的知识分子开始由"实业救国"投身政治活动，积极参加抗日民主运动，要求实行政治民主和经济民主，于1945年12月在重庆成立民主建国会，主张"建国之最高理想，为民有、民治、民享"，提出"有民主的经济建设计划，与在计划指导下的充分企业自由"。目前，民建主要由经济界人士以及相关的专家学者组成，现有会员21万余名。

民进是由文化教育出版界知识分子及一部分工商界爱国人士发起建立的政党。抗日战争全面爆发后，一批文化教育界进步知识分子和工商界爱国人士坚持留在上海沦陷区进行抗日救亡斗争。抗战胜利后，他们利用掌握的报纸刊物，揭露控诉国民党反动政策，于1945年12月在上海成立中国民主促进会，以"发扬民主精神，推进中国民主政治之实践"为宗旨，提出结束一党专政、停止内战、还政于民等政治主张。目前，民进主要由教育文化出版传媒以及相关的科学技术领域高、中级知识分子组成，现有会员18.2万余名。

农工党是由坚持孙中山先生"联俄、联共、扶助农工"三大政策的国民党左派为主建立的政党。大革命失败后，为反抗蒋介石集团的迫害，国民党左派于1930年8月在上海成立中国国民党临时行动委员会，提出建立农工平民政权等政治主张。1935年11月改名为中华民族解放行动委员会。1947年2月改名为中国农工民主党，提出"全国同胞及民主党派共同推进团结，实现和平统一，建立独立富强之中国"的政治主张。目前，农工党主要由医药卫生、人口资源和生态环境以及相关的科学技术、教育领域高、中级知识分子组成，现有党员 18.4 万余名。

致公党是由华侨社团发起建立的政党。近代中国社会危机空前严重，许多中国人前往东南亚、美洲等地谋生，形成了众多华侨群体和社团组织。1925 年 10 月，华侨社团美洲洪门致公总堂在美国旧金山发起成立中国致公党，提出为争取国家独立、民族解放和维护华侨正当权益而奋斗的政治主张。1947 年 5 月，致公党在香港召开第三次代表大会，改组为新民主主义的政党。目前，致公党主要由归侨、侨眷中的中上层人士和其他有海外关系的代表性人士组成，现有党员 6.3 万余名。

九三学社是由部分文教、科学技术界知识分子建立的政党。1944 年底，一批文教、科学技术界学者为争取抗战胜利和政治民主，继承和发扬五四运动的反帝爱国与民主科学精神，在重庆组织了民主科学座谈会。1945 年 9 月 3 日，为纪念抗日战争和世界反法西斯战争的伟大胜利，民主科学座谈会更名为九三座谈会，1946 年 5 月 4 日在此基础上建立九三学社，提出"愿本'五四'的精神，为民主与科学之实现而努力"的政治主张。目前，九三学社主要由科学技术以及相关的高等教育、医药卫生领域高、中级知识分子组成，现有社员 19.5 万余名。

台盟是由从事爱国主义运动的台湾省人士为主建立的政党。抗战胜利后，台湾回到祖国怀抱。但国民党当局在台湾的专制统治和贪污腐败引起台湾人民强烈不满，1947 年台湾全省爆发"二二八"起义。起义失败后，起义领导人由台湾撤至香港，于同年 11 月成立台湾民主自治同盟，主张建立独立、和平、民主、富强和康乐的新中国，反对把台湾从中国分裂出去。目前，台盟主要由居住在祖国大陆的台湾省人士以及从事台湾问题研究的高、中级知识分子组成，现有盟员 3300 余名。

此外，还有一批具有较大社会影响的知名民主人士，他们虽然没有参加任何党派，但同样为民族独立、人民解放和国家富强、人民幸福作出了积极贡献。目前，把没有参加任何政党、有参政议政愿望和能力、对社会有积极贡献和一定影响的人士称为无党派人士，其主体是知识分子。

在长期的革命、建设、改革实践中，在为中国人民谋幸福、为中华民族谋复兴的伟大历史进程中，中国共产党历经重重考验，成为中国工人阶级的先锋队、中国人民和中华民族的先锋队，成为中国特色社会主义事业的领导核心。各民主党派逐步发展成为各自所联系的一部分社会主义劳动者、社会主义事业建设者和拥护社会主义爱国者的政治联盟，成为中国特色社会主义参政党。无党派人士成为中国政治生活中的重要力量。

二、中国新型政党制度是伟大的政治创造

中国新型政党制度是马克思主义政党理论与中国实际相结合的产物，是中国共产党、中国人民和各民主党派、无党派人士的伟大政治创造，是从中国土壤中生长出来的，是在中国历史传承、文化传统、经济社会发展的基础上长期发展的结果。

中国新型政党制度植根于中华优秀传统文化。在人类文明的历史长河中，中国人民创造了源远流长、博大精深的优秀传统文化，倡导天下为公、以民为本，崇尚和合理念、求同存异，注重兼容并蓄、和谐共存，为中华民族生生不息、发展壮大提供了强大精神支撑，也为中国新型政党制度的形成发展提供了丰富文化滋养。

中国新型政党制度孕育于近代以来中国民主革命的历史进程。辛亥革命后，中国效仿西方国家实行议会政治和多党制，各类政治团体竞相成立，多达300余个。1927年后，蒋介石集团实行一党专制，打击和迫害民主进步力量，激起中国共产党、中国人民和各界民主人士强烈反对。中国共产党提出新民主主义革命纲领，在共同抗击日本帝国主义侵略、反对国民党独裁统治的斗争中，与各民主党派建立了亲密的合作关系。

专栏1：民国时期议会制乱象

民国初年，中国照搬西方议会政党制度，自1912年唐绍仪组建第一届内阁开始，到1928年止，16年间十易国家元首，组阁45届，总理更迭59人次，任期最长者不超过一年，最短者不到一天。国会、宪法层出不穷，组成5届国会，颁布7部宪法。总统、内阁、国会、宪法变换频繁，造成严重的社会动乱。

中国新型政党制度形成于协商筹建新中国的伟大实践。1948年4月，中国共产党发布纪念"五一"劳动节口号，提出召开政治协商会议、成立民主联合政府的主张，得到各民主党派、无党派人士和社会各界热烈响应，标志着各民主党派、无党派人士公开自觉接受中国共产党的领导，揭开了中国共产党同各党派、各团体、各族各界人士协商建国的序幕，奠定了中国共产党领导的多党合作和政治协商制度的基础。1949年9月，中国人民政治协商会议第一届全体会议召开，通过《中国人民政治协商会议共同纲领》规定：在普选的全国人民代表大会召开以前，由中国人民政治协商会议的全体会议执行全国人民代表大会的职权。在普选的全国人民代表大会召开以后，中国人民政治协商会议得就有关国家建设事业的根本大计及其他重要措施，向全国人民代表大会或中央人民政府提出建议案。中国新型政党制度由此确立。

专栏2：民主党派响应"五一"口号，接受中国共产党领导

1948年4月30日，中共中央发布纪念"五一"劳动节口号，号召"各民主党派、各人民团体、各社会贤达迅速召开政治协商会议，讨论并实现召集人民代表大会，成立民主联合政府"。在短时间内，各民主党派、各人民团体、海外华侨团体和无党派人士，纷纷以发表通电、声明、宣言、告全国同胞书等方式，积极响应中国共产党的号召，并接受中国共产党的邀请和安排，克服重重困难，辗转北上解放区，共商建国大计，筹建新中国。这标志着各民主党派、无党派人士自觉、郑重地选择了中国共产党的领导和与中共团结合作的立场。

中国新型政党制度发展于社会主义革命、建设、改革的伟大进程。中华人民共和国成立后，中国共产党加强与各民主党派、无党派人士的团结合作，提出"长期共存、互相监督"的方针，之后进一步发展为"长期共存、互相监督、肝胆相照、荣辱与共"的方针，确立了中国新型政党制度长期存在和发展的格局。1989年，中共中央制定了关于坚持和完善中国共产党领导的多党合作和政治协商制度的意见，中国新型政党制度建设走上了制度化轨道。1993年，"中国共产党领导的多党合作和政治协商制度将长期存在和发展"载入宪法，中国新型政党制度有了明确的宪法依据。2005年，中共中央制定了关于进一步加强中国共产党领导的多党合作和政治协商制度建设的意见，2006年制定了关于加强人民政协工作的意见，中国新型政党制度进一步发展。

中国新型政党制度完善于中国特色社会主义新时代。中共十八大以来，以习近平同志为核心的中共中央大力推进多党合作理论、政策和实践创新，加强对多党合作事业的全面领导，推进多党合作制度建设，召开中央统一战线工作会议、中央政协工作会议，明确提出中国共产党领导的多党合作和政治协商制度是新型政党制度，是国家治理体系的重要组成部分，是对人类政治文明的重大贡献，推动多党合作事业发展进入新阶段；提出各民主党派是中国特色社会主义参政党，明确民主党派的基本职能是参政议政、民主监督、参加中国共产党领导的政治协商，为参政党更好发挥作用提供了广阔空间；发布加强社会主义协商民主建设的意见、加强人民政协协商民主建设的实施意见、加强政党协商的实施意见、加强中国特色社会主义参政党建设的意见、新时代加强和改进人民政协工作的意见等一系列重要文件，进一步提升了多党合作制度化规范化水平；提出中国特色社会主义进入新时代，多党合作要有新气象、思想共识要有新提高、履职尽责要有新作为、参政党要有新面貌，为新时代多党合作事业提供了根本遵循。各民主党派按照中国特色社会主义参政党的要求，不断加强自身建设，努力提升履职水平，在国家政治生活中发挥更加重要的作用。

三、中国新型政党制度中各政党形成了亲密合作的关系

长期以来，中国共产党同各民主党派风雨同舟、共同奋斗，一道前进，一道经受考验，形成了通力合作、团结和谐的新型政党关系。

中国共产党处于领导地位和执政地位。中国宪法规定："社会主义制度是中华人民共和国的根本制度。中国共产党领导是中国特色社会主义最本质的特征。"中国共产党是中国特色社会主义事业的坚强领导核心，各民主党派、无党派人士自觉接受中国共产党的领导，拥护中国共产党的领导地位和执政地位。中国共产党对各民主党派、无党派人士的领导，主要是政治领导，即政治原则、政治方向和重大方针政策的领导，中国共产党支持各民主党派、无党派人士独立自主地开展工作，充分履行职能、积极发挥作用。坚持中国共产党的领导是中国新型政党制度的鲜明特征和重要内容，也是多党合作事业健康发展的首要前提和根本保证。

各民主党派是中国特色社会主义参政党。民主党派不是在野党、反对党，也不是旁观者、局外人，而是在中国共产党领导下参与国家治理的参政党。民主党派参政的基本特点是，参加国家政权，参与重要方针政策、重要领导人选的协商，参与国家事务的管理，参与国家方针政策、法律法规的制定和执行。民主党派的参政地位和参政权利受宪法保护，这是人民民主的重要体现。民主党派围绕国家经济社会发展重大问题献计出力，是中国特色社会主义事业的亲历者、实践者、维护者、捍卫者。

中国共产党与各民主党派是亲密友党。中国共产党重视发挥各民主党派在国家政治和社会生活中的重要作用，尊重、维护和照顾同盟者利益。各民主党派认同中国共产党的基本理论、基本路线、基本方略，自觉做中国共产党的好参谋、好帮手、好同事。中国共产党与各民主党派、无党派人士真诚开展政治协商，广泛实行政治合作，不断夯实共同思想政治基础，协力巩固多党合作的政治格局。

中国国情读本

中国共产党与各民主党派互相监督。这种监督主要是对中国共产党的监督，是通过提出意见、批评、建议的方式进行的政治监督，是一种协商式监督、合作性监督。中国共产党处于领导和执政地位，自觉接受各民主党派的监督。中国共产党和各民主党派是知无不言的挚友、过失相规的诤友，互相监督不是彼此倾轧，不是相互拆台、相互掣肘，而是相互促进、共同提高。各民主党派监督中国共产党，主要是为了促进中国共产党实现科学执政、民主执政、依法执政。

四、中国新型政党制度具有鲜明特色和显著优势

在中国特色社会主义制度下，有事好商量、众人的事情由众人商量，找到全社会意愿和要求的最大公约数，是人民民主的真谛。中国新型政党制度以合作、参与、协商为基本精神，以团结、民主、和谐为本质属性，具有政治参与、利益表达、社会整合、民主监督和维护稳定的重要功能，实现了执政与参政、领导与合作、协商与监督的有机统一，是人民当家作主的重要实现形式和社会主义协商民主的重要制度载体。

中国新型政党制度能够实现利益代表的广泛性。这一政党制度真实、广泛、持久地代表和实现最广大人民的根本利益、全国各族各界根本利益，有效避免了旧式政党制度只能代表少数人、少数利益集团的弊端。作为一个人口大国，中国存在着不同的阶层和社会群体，在根本利益一致的基础上存在着具体利益的差别。中国新型政党制度既尊重多数人的意愿，又照顾少数人的合理要求，能够更好地代表不同阶层、不同社会群体的利益诉求，拓宽、畅通各种利益表达渠道，全面、真实、充分地反映各社会阶层人士的意见建议，具有统筹兼顾各方利益和协调各方关系的优势。

中国新型政党制度能够体现奋斗目标的一致性。这一政党制度把各个政党和无党派人士紧密团结起来，为着共同目标而奋斗，有效避免了一党缺乏监督或者多党轮流坐庄、恶性竞争的弊端。这一政党制度通过广泛协商凝聚共识、凝聚智慧、凝聚力量，有利于达成思想共识、目标认同和行动统一，有利于促进政治团结和有序参与。这一政党制度围绕坚持和发展中国特色社会主义、实现中华民族伟大复兴的中国梦，形成了共同的理想、共同的事业、共同的行动，汇聚起强大的社会合力，集中力量办大事、办好事。

中国新型政党制度能够促进决策施策的科学性。这一政党制度通过政党协商、参政议政、民主监督等制度化、规范化、程序化的安排，集中各方面意见和建议，推动决策科学化民主化，有效避免了旧式政党制度囿于党派利益、阶级利益、区域和集团利益决策施政时固执己见、排斥异己、导致社会撕裂的弊端。这一政党制度在民主集中的基础上求同存异，可以形成发现和改正错误、减少失误的机制，有效克服决策中情况不明、自以为是的弊端。这一政党制度将政治协商纳入决策程序，坚持协商于决策之前和决策实施之中，通过反复协商征求意见、理性审慎决策施策，增强决策的科学性和施策的有效性。

中国新型政党制度能够保障国家治理的有效性。这一政党制度以合作、协商代替对立、争斗，克服政党之间互相倾轧造成政权更迭频繁的弊端，能够有效化解矛盾冲突，维护和谐稳定。这一政党制度坚持在协商中求同，能够有效避免否决政治、议而不决、决而不行，保持政策的连续性和稳定性。这一政党制度着眼充分调动各方面的积极性，重视加强对各民主党派、无党派人士履职尽责的支持保障，能够优化政治资源配置，形成社会各界广泛参与国家治理的体制机制，推进国家治理体系和治理能力现代化。

专栏3：党外人士就经济工作资政建言

> 每年年底，中共中央总书记主持召开党外人士座谈会，就全年经济形势和下一年度经济工作听取各民主党派中央、无党派人士代表的意见建议。会后，中共中央办公厅会同中共中央统战部对党外人士的建议梳理汇总后交付相关部门研办，并向党外人士反馈。每年梳理汇总的意见建议很多得到采纳，转化为相关政策和措施。

五、中国共产党和各民主党派、无党派人士开展政党协商

政党协商是中国共产党同民主党派基于共同的政治目标，就国家重大方针政策和重要事务，在决策之前和决策实施之中，直接进行政治协商的重要民主形式，是社会主义协商民主体系的重要组成部分。无党派人士参加政党协商。

政党协商的内容。中国共产党同民主党派主要就中国共产党全国和地方各级代表大会、中共中央和地方各级党委有关重要文件的制定、修改；宪法的修改建议，有关重要法律的制定、修改建议，有关重要地方性法规的制定、修改建议；人大常委会、政府、政协领导班子成员和监察委员会主任、法院院长、检察院检察长建议人选；关系统一战线和多党合作的重大问题等开展政党协商。

政党协商的形式。政党协商有会议协商、约谈协商、书面协商三种形式。会议协商包括专题协商座谈会、人事协商座谈会、调研协商座谈会以

及其他协商座谈会等。约谈协商是中共党委负责同志不定期邀请民主党派负责同志就共同关心的问题开展小范围谈心活动，民主党派主要负责同志约请中共党委负责同志反映情况、沟通意见。书面协商是中共党委就有关重要文件、重要事项书面征求民主党派的意见建议，民主党派围绕重大问题以书面形式向中共党委提出意见建议。

政党协商的制度保障。政党协商基本形成了以相关法规为保障、以中共中央文件为主体、以配套机制为辅助的制度体系。中共中央每年委托民主党派中央就经济社会发展重大问题开展重点考察调研，支持民主党派中央结合自身特色开展经常性考察调研。有关部门向民主党派中央提供相关材料，组织专题报告会和情况通报会，邀请民主党派列席相关工作会议、参加专项调研和检查督导工作。

政党协商的显著成效。中共十八大以来，中共中央召开或委托有关部门召开政党协商会议170余次，先后就中国共产党全国代表大会和中央全会报告、修改宪法部分内容的建议、制定国民经济和社会发展中长期规划的建议、国家领导人建议人选等重大问题同党外人士真诚协商、听取意见，确保重大问题决策更加科学、民主。各民主党派中央、无党派人士深入考察调研，提出书面意见建议730余件，许多转化为国家重大决策。中共各级地方党委结合实际，就地方重大问题同民主党派各级地方组织进行协商，积极推动了当地经济社会发展。

专栏4：中共中央就"十四五"规划建议听取党外人士的意见建议

2020年8月25日，中共中央总书记习近平在中南海主持召开党外人士座谈会，就中共中央关于制定国民经济和社会发展第十四个五年规划和2035年远景目标的建议听取意见建议。各民主党派中央、无党派人士代表就优化区域经济布局，加快形成以国内大循环为主体、国内国际双循环相互促进的新发展格局，坚持创新引领、强化国家发展战略支撑，实施健康中国战略，加强规划的法治管理，深化开放合作等提出意见建议，对于制定好、实施好"十四五"规划发挥了积极作用。

六、中国共产党支持各民主党派、无党派人士开展民主监督

民主党派、无党派人士对中国共产党进行民主监督，是发挥中国新型政党制度优势的重要方式，是实现国家治理体系和治理能力现代化的必然要求，在中国特色社会主义监督体系中具有独特的、不可替代的重要作用。

民主监督的内容。主要包括国家宪法和法律法规的实施情况，中国共产党和政府重要方针政策的制定和贯彻执行情况，中共党委依法执政及中共党员领导干部履职尽责、为政清廉等方面的情况。

民主监督的形式。主要是民主党派、无党派人士在政治协商、调研考察，参与国家有关重大方针政策、决策部署执行和实施情况的监督检查，受中共党委委托就有关重大问题进行专项监督等工作中，提出意见、批评、建议。具体实施中，民主党派成员和无党派人士中的人大代表参与各级人大组织开展的执法检查。最高人民法院、最高人民检察院每年召开党外人士座谈会，听取各民主党派、无党派人士的意见建议。行政机关、监察机关、审判机关、检察机关聘请党外代表人士担任特约人员，对有关工作进行监督。目前，共有 12700 余名党外人士担任地市级以上有关部门特约人员。

民主监督的新实践。中共十八大以来，中共中央支持各民主党派加强对重大改革举措、重要政策贯彻执行情况和国家中长期规划中的重要约束性指标等的专项监督。自 2016 年起，中共中央委托各民主党派中央分别对口 8 个脱贫攻坚任务重的中西部省区，开展为期 5 年的脱贫攻坚民主监督工作，开辟了多党合作服务国家中心工作的新领域。各民主党派深入调研、坦诚建言，围绕贫困人口精准识别、精准脱贫等重点内容，提出一批有建设性的意见、批评、建议。据统计，各民主党派共有 3.6 万余人次参与脱贫攻坚民主监督工作，向对口省区各级中共党委和政府提出意见建议 2400 余条，向中共中央、国务院报送各类报告 80 余份，为打赢脱贫攻坚战作出重要贡献。

七、中国共产党和各民主党派、无党派人士在国家政权中团结合作

在中国国家政权中，中国共产党和各民主党派、无党派人士加强团结、合作共事，是中国新型政党制度的重要制度安排。中国共产党坚持平等相待、民主协商、真诚合作，支持各级人大、政府和司法机关中的民主党派成员和无党派人士发挥作用，共同推动国家政权建设。

人民代表大会是中国人民行使国家权力的机关，也是民主党派成员和无党派人士发挥作用的重要机构。民主党派成员和无党派人士在各级人大代表、人大常委会组成人员及人大专门委员会成员中均占一定数量。2018年第十三届全国人民代表大会第一次会议以来，民主党派成员和无党派人士共有 15.2 万余人担任各级人大代表。其中，全国人大常委会副委员长 6 人，全国人大常委会委员 44 人；省级人大常委会副主任 32 人，省级人大常委会委员 462 人；市级人大常委会副主任 364 人，市级人大常委会委员

2585 人。他们履行人民代表的职责，参与宪法、法律和地方性法规的制定和修改，参与选举、决定和罢免国家机构组成人员，参与审查和批准国民经济和社会发展计划和计划执行情况的报告、国家预算和预算执行情况的报告，参与视察和执法检查工作，反映人民意愿，提出议案和质询案。

民主党派成员和无党派人士担任政府和司法机关领导职务，积极履职尽责、担当作为。目前，在最高人民法院、最高人民检察院和国务院部委办、直属局担任领导职务 14 人；全国 31 个省（自治区、直辖市）中，担任副省长（副主席、副市长）29 人，担任副市（州、盟、区）长 380 人；有 45 人担任省级人民法院副院长和人民检察院副检察长，有 345 人担任地市级人民法院副院长和人民检察院副检察长。他们对分管工作享有行政管理的指挥权、处理问题的决定权和人事任免的建议权。

国务院和地方政府重视发挥各民主党派、无党派人士的作用。国务院和地方政府根据需要召开有民主党派负责人和无党派人士代表参加的座谈会，就拟提交人民代表大会审议的政府工作报告、有关重大政策措施和关系国计民生的重大建设项目征求意见，通报国民经济和社会发展的有关情况。政府召开全体会议和有关会议，视情况邀请民主党派负责人和无党派人士代表列席；政府组织的有关专项检查工作，根据需要邀请民主党派成员和无党派人士代表参加。

八、各民主党派、无党派人士为促进国家经济社会发展议政建言、发挥作用

各民主党派、无党派人士紧紧围绕国家中心工作，充分发挥人才荟萃、智力密集、联系广泛等优势，积极参政议政、建言献策，为推进国家各项事业发展作出了重要贡献。

围绕国家方针政策的制定和重大战略的实施献计出力。就国家政治、经济、社会生活中的全局性、战略性、前瞻性重大问题开展考察调研，提出意见建议，是各民主党派、无党派人士发挥作用的重要渠道。多年来，各民主党派中央、无党派人士围绕"一带一路"建设、京津冀协同发展、长江经济带发展、粤港澳大湾区建设、长三角一体化发展、创新驱动引领高质量发展、推进供给侧结构性改革等关系国计民生的重大问题深入考察调研，向中共中央、国务院提出的许多意见建议被采纳。中国共产党积极完善知情明政机制、考察调研机制、工作联系机制、协商反馈机制，为各民主党派、无党派人士知情出力创造条件。

拓展发挥作用的渠道和途径。各民主党派、无党派人士积极推动和实施智力支边、温暖工程、思源工程等活动，参与职业培训、兴教办学、捐

资救灾、扶危济困等公益事业，积极助力打赢脱贫攻坚战。团结各自成员和所联系群众，反映意见诉求，重点就教育体制改革、医疗体制改革、美丽中国建设、促进就业创业、加强社会保障体系建设等人民群众普遍关心的重点难点问题提出意见建议，发挥了桥梁纽带和凝聚共识作用。拓展与港澳同胞、台湾同胞、海外侨胞的联系，促进两岸关系和平发展，遏制"台独"分裂势力，推进祖国统一大业。

专栏5：各民主党派、无党派人士集中参与毕节试验区建设

毕节试验区是经国务院批准，于1988年在贵州毕节建立的以"开发扶贫、生态建设、人口控制"为主题的试验区。据不完全统计，截至2020年底，各民主党派、无党派人士向毕节试验区共投入资金21.88亿元，协调推动项目2665个，培训各类人才28.78万人次，新建改建扩建各类学校200余所，援建乡镇卫生院、村级卫生室235个。在各方的共同努力下，毕节试验区共减贫675.28万人，7个国家级贫困县、1981个贫困村全部脱贫，全市GDP突破2020亿元大关。

携手并肩应对重大风险挑战。2003年"非典"疫情期间，民主党派成员和无党派人士积极行动，捐款捐物、建言献策，许多成员奋战在抗疫第一线。2008年5月，汶川特大地震后不到一个月，各民主党派号召广大成员捐款捐物共计5亿多元，赢得社会各界广泛赞誉。2020年，面对突如其来的新冠肺炎疫情，各民主党派、无党派人士第一时间积极响应中共中央号召，与中国共产党想在一起、站在一起、干在一起，凝聚起同心战"疫"的强大力量，体现了中国特色社会主义参政党在关键时刻的责任担当。

专栏6：各民主党派、无党派人士助力新冠肺炎疫情防控

新冠肺炎疫情发生以来，各民主党派、无党派人士为打赢疫情防控阻击战出主意、想办法、干实事。据不完全统计，共有6万余名民主党派、无党派医务工作者投身抗疫一线，各民主党派中央、无党派人士向中共中央、国务院和有关部门报送意见建议近4000项，民主党派成员和所联系群众、无党派人士捐款捐物合计51.08亿元。

九、中国人民政治协商会议是实行中国新型政党制度的重要政治形式和组织形式

中国人民政治协商会议[①]是中国人民爱国统一战线的组织，是中国共产党领导的多党合作和政治协商的重要机构，是中国政治生活中发扬社会主义民主的重要形式，是社会主义协商民主的重要渠道和专门协商机构，是国家治理体系的重要组成部分和具有中国特色的制度安排。

中国人民政治协商会议全国委员会由中国共产党、各民主党派、无党派人士、人民团体、各少数民族和各界的代表，香港特别行政区同胞、澳门特别行政区同胞、台湾同胞和归国侨胞的代表以及特别邀请的人士组成，设若干界别。各民主党派、无党派人士是人民政协的重要界别，在人民政协中发挥重要作用。

人民政协组织构成具有鲜明特色。民主党派、无党派人士等党外代表人士在各级政协中占有较大比例，换届时委员不少于60%，常委不少于65%；各级政协领导班子中副主席不少于50%（不包括民族自治地方）。2018年全国政协十三届一次会议时，党外代表人士担任政协委员的有1299人，占委员总数的60.2%；担任政协常委的有195人，占常委总数的65%；担任全国政协副主席的有13人，占副主席总数的54.2%。全国各级政协组织中，共有41万余名党外代表人士担任政协委员。政协各专门委员会主任、副主任及委员中的党外代表人士占有适当比例。

尊重和保障各民主党派以本党派名义在政协发表意见、提出建议的权利。重视健全发挥中国新型政党制度优势的机制，在中国人民政治协商会议全国委员会协商工作规则、专门委员会通则、重点提案遴选与督办办法、大会发言工作规则等制度文件中，对各民主党派以本党派名义在政协提出提案、提交大会发言、反映社情民意信息等作出机制性安排。2013年以来，各民主党派以本党派名义提交提案近3000件；提交大会发言525篇，其中口头发言81次；报送社情民意信息3万余篇，为发挥中国新型政党制度优势、促进政党关系和谐、服务新时代国家事业发展作出了积极贡献。

为各民主党派、无党派人士开展政治协商、民主监督、参政议政搭建平台。中共十八大以来，全国政协推进专门协商机构建设，支持各民主党派、无党派人士在政协平台参与广泛多层制度化协商，参与协商式监督，提出意见、批评、建议。2018年以来，围绕重点协商议题，全国政协专门委员会与各民主党派中央开展联合调研22次、共同举办协商活动24场。完善重点关切问题情况通报会等制度，为各民主党派、无党派人士知情明政、协商履职创造条件。

积极做好凝心聚力工作。坚持发扬民主和增进团结相互贯通、建言资政和凝聚共识双向发力，通过学习座谈、谈心交流、视察考察、调查研究、协商履职等，凝聚参加人民政协的各党派团体、各族各界人士的共识，夯实团结奋斗的共同思想政治基础。组织各民主党派、无党派人士参与委员讲堂、重大专项工作委员宣讲团等，面向社会各界讲解国家重大决策部署，团结引导服务所联系界别群众，协助做好协调关系、理顺情绪、化解矛盾、凝心聚力的工作。

结束语

实践证明，中国新型政党制度具有历史的必然性、伟大的创造性、巨大的优越性和强大的生命力，体现了中华优秀传统文化的精髓，反映了社会主义制度的本质要求，符合中国国情和国家治理需要，是有利于国家发展、民族振兴、社会进步、人民幸福的基本政治制度。

经过七十多年的发展，中国新型政党制度日渐成熟，为当代世界政党政治的发展贡献了中国智慧，也成为人类政治文明的新模式。中国将继续积极借鉴和吸收人类政治文明的有益成果，但绝不会照搬照抄别国政党制度模式，也不会将中国政党制度模式强加于其他国家；中国尊重世界其他国家选择的符合本国国情的政党制度，本着彼此平等、相互尊重的原则，加强交流互鉴，促进世界民主政治发展，推动构建人类命运共同体。

在中国共产党百年华诞的重大时刻和"两个一百年"历史交汇的关键节点，展望未来，中国将坚定不移坚持中国共产党的领导，坚定不移走中国特色社会主义政治发展道路，坚定不移坚持和完善中国新型政党制度。中国将结合新的时代条件，不断推进新型政党制度丰富理论内涵、健全制度体系、激发制度效能，使这一政党制度在全面建设社会主义现代化国家、实现中华民族伟大复兴的新征程中焕发更加旺盛的生机与活力。

注：① 中国人民政治协商会议，简称人民政协。

经济社会

2024年经济运行稳中有进
主要发展目标顺利实现

（2025年1月17日）
国家统计局

2024年，面对外部压力加大、内部困难增多的复杂严峻形势，在以习近平同志为核心的党中央坚强领导下，各地区各部门深入贯彻落实党中央、国务院决策部署，坚持稳中求进工作总基调，完整准确全面贯彻新发展理念，加快构建新发展格局，扎实推动高质量发展，国民经济运行总体平稳、稳中有进，高质量发展取得新进展，特别是及时部署出台一揽子增量政策，推动社会信心有效提振、经济明显回升，经济社会发展主要目标任务顺利完成。

初步核算，全年国内生产总值1349084亿元，按不变价格计算，比上年增长5.0%。分产业看，第一产业增加值91414亿元，比上年增长3.5%；第二产业增加值492087亿元，增长5.3%；第三产业增加值765583亿元，增长5.0%。分季度看，一季度国内生产总值同比增长5.3%，二季度增长4.7%，三季度增长4.6%，四季度增长5.4%。从环比看，四季度国内生产总值增长1.6%。

一、粮食产量再上新台阶，畜牧业生产稳定增长

全年全国粮食总产量70650万吨，比上年增加1109万吨，增长1.6%。其中，夏粮产量14989万吨，增长2.6%；早稻产量2817万吨，下降0.6%；秋粮产量52843万吨，增长1.4%。分品种看，小麦产量14010万吨，增长2.6%；玉米产量29492万吨，增长2.1%；稻谷产量20753万吨，增长0.5%；大豆产量2065万吨，下降0.9%。全年猪牛羊禽肉产量9663万吨，比上年增长0.2%；其中，猪肉产量5706万吨，下降1.5%；牛肉产量779万吨，增长3.5%；羊肉产量518万吨，下降2.5%；禽肉产量2660万吨，增长

3.8%。牛奶产量 4079 万吨，下降 2.8%；禽蛋产量 3588 万吨，增长 0.7%。全年生猪出栏 70256 万头，下降 3.3%；年末生猪存栏 42743 万头，下降 1.6%。

二、工业生产增势较好，装备制造业和高技术制造业增长较快

全年全国规模以上工业增加值比上年增长 5.8%。分三大门类看，采矿业增加值增长 3.1%，制造业增长 6.1%，电力、热力、燃气及水生产和供应业增长 5.3%。装备制造业增加值增长 7.7%，高技术制造业增加值增长 8.9%，增速分别快于规模以上工业 1.9、3.1 个百分点。分经济类型看，国有控股企业增加值增长 4.2%；股份制企业增长 6.1%，外商及港澳台投资企业增长 4.0%；私营企业增长 5.3%。分产品看，新能源汽车、集成电路、工业机器人产品产量分别增长 38.7、22.2、14.2%。四季度，规模以上工业增加值同比增长 5.7%。12 月份，规模以上工业增加值同比增长 6.2%，环比增长 0.64%。1—11 月份，全国规模以上工业企业实现利润总额 66675 亿元，同比下降 4.7%。

三、服务业持续增长，现代服务业发展良好

全年服务业增加值比上年增长 5.0%。其中，信息传输、软件和信息技术服务业，租赁和商务服务业，交通运输、仓储和邮政业，住宿和餐饮业，金融业，批发和零售业增加值分别增长 10.9%、10.4%、7.0%、6.4%、5.6%、5.5%。四季度，服务业增加值同比增长 5.8%。12 月份，服务业生产指数同比增长 6.5%；其中，租赁和商务服务业，金融业，信息传输、软件和信息技术服务业，交通运输、仓储和邮政业生产指数分别增长 9.5%、9.3%、8.8%、8.3%。1—11 月份，规模以上服务业企业营业收入同比增长 8.2%。其中，租赁和商务服务业，信息传输、软件和信息技术服务业，交通运输、仓储和邮政业企业营业收入分别增长 11.5%、9.5%、8.3%。

四、市场销售保持增长，网上零售较为活跃

全年社会消费品零售总额 487895 亿元，比上年增长 3.5%。按经营单位所在地分，城镇消费品零售额 421166 亿元，增长 3.4%；乡村消费品零售额 66729 亿元，增长 4.3%。按消费类型分，商品零售额 432177 亿元，增长 3.2%；餐饮收入 55718 亿元，增长 5.3%。基本生活类和部分升级类商品销售增势较好，全年限额以上单位家用电器和音像器材类、体育娱乐用品类、通讯器材类、粮油食品类商品零售额分别增长 12.3%、11.1%、9.9%、9.9%。全国网上零售额 155225 亿元，比上年增长 7.2%。其中，实物商品网上零售额 130816 亿元，增长 6.5%，占社会消费品零售总额的比重为 26.8%。四季度，社会消费品零售总额同比增长 3.8%。12 月份，社会消费

品零售总额同比增长 3.7%，环比增长 0.12%。全年服务零售额比上年增长 6.2%。

五、固定资产投资规模扩大，高技术产业投资增长较快

全年全国固定资产投资（不含农户）514374 亿元，比上年增长 3.2%；扣除房地产开发投资，全国固定资产投资增长 7.2%。分领域看，基础设施投资增长 4.4%，制造业投资增长 9.2%，房地产开发投资下降 10.6%。全国新建商品房销售面积 97385 万平方米，下降 12.9%；新建商品房销售额 96750 亿元，下降 17.1%。分产业看，第一产业投资增长 2.6%，第二产业投资增长 12.0%，第三产业投资下降 1.1%。民间投资下降 0.1%；扣除房地产开发投资，民间投资增长 6.0%。高技术产业投资增长 8.0%，其中高技术制造业、高技术服务业投资分别增长 7.0%、10.2%。高技术制造业中，航空、航天器及设备制造业，计算机及办公设备制造业投资分别增长 39.5%、7.1%；高技术服务业中，专业技术服务业、科技成果转化服务业投资分别增长 30.3%、11.4%。12 月份，固定资产投资（不含农户）环比增长 0.33%。

六、货物进出口较快增长，贸易结构持续优化

全年货物进出口总额 438468 亿元，比上年增长 5.0%。其中，出口 254545 亿元，增长 7.1%；进口 183923 亿元，增长 2.3%。对共建"一带一路"国家进出口增长 6.4%，占进出口总额的比重为 50.3%。机电产品出口增长 8.7%，占出口总额的比重为 59.4%。12 月份，货物进出口总额 40670 亿元，同比增长 6.8%。其中，出口 24099 亿元，增长 10.9%；进口 16570 亿元，增长 1.3%。

七、居民消费价格总体平稳，核心 CPI 小幅上涨

全年居民消费价格（CPI）比上年上涨 0.2%。分类别看，食品烟酒价格下降 0.1%，衣着价格上涨 1.4%，居住价格上涨 0.1%，生活用品及服务价格上涨 0.5%，交通通信价格下降 1.9%，教育文化娱乐价格上涨 1.5%，医疗保健价格上涨 1.3%，其他用品及服务价格上涨 3.8%。在食品烟酒价格中，鲜果价格下降 3.5%，粮食价格下降 0.1%，鲜菜价格上涨 5.0%，猪肉价格上涨 7.7%。扣除食品和能源价格后的核心 CPI 上涨 0.5%。12 月份，居民消费价格同比上涨 0.1%，环比持平。全年工业生产者出厂价格和购进价格比上年均下降 2.2%；12 月份，工业生产者出厂价格和购进价格同比均下降 2.3%，环比均下降 0.1%。

八、就业形势总体稳定，城镇调查失业率下降

全年全国城镇调查失业率平均值为 5.1%，比上年下降 0.1 个百分点。12 月份，全国城镇调查失业率为 5.1%。本地户籍劳动力调查失业率为

5.3%；外来户籍劳动力调查失业率为 4.6%，其中外来农业户籍劳动力调查失业率为 4.5%。31 个大城市城镇调查失业率为 5.0%。全国企业就业人员周平均工作时间为 49.0 小时。全年农民工总量 29973 万人，比上年增加 220 万人，增长 0.7%。其中，本地农民工 12102 万人，增长 0.1%；外出农民工 17871 万人，增长 1.2%。

九、居民收入继续增加，农村居民收入增速快于城镇

全年全国居民人均可支配收入 41314 元，比上年名义增长 5.3%，扣除价格因素实际增长 5.1%。按常住地分，城镇居民人均可支配收入 54188 元，比上年名义增长 4.6%，扣除价格因素实际增长 4.4%；农村居民人均可支配收入 23119 元，比上年名义增长 6.6%，扣除价格因素实际增长 6.3%。全国居民人均可支配收入中位数 34707 元，比上年名义增长 5.1%。按全国居民五等份收入分组，低收入组人均可支配收入 9542 元，中间偏下收入组 21608 元，中间收入组 33925 元，中间偏上收入组 53359 元，高收入组 98809 元。全年全国居民人均消费支出 28227 元，比上年名义增长 5.3%，扣除价格因素实际增长 5.1%。全国居民人均食品烟酒消费支出占人均消费支出的比重（恩格尔系数）为 29.8%，与上年持平；全国居民人均服务性消费支出增长 7.4%，占人均消费支出的比重为 46.1%，比上年提高 0.9 个百分点。

十、人口总量有所减少，城镇化率继续提高

年末全国人口（包括 31 个省、自治区、直辖市和现役军人的人口，不包括居住在 31 个省、自治区、直辖市的港澳台居民和外籍人员）140828 万人，比上年末减少 139 万人。全年出生人口 954 万人，人口出生率为 6.77‰；死亡人口 1093 万人，人口死亡率为 7.76‰；人口自然增长率为 –0.99‰。从性别构成看，男性人口 71909 万人，女性人口 68919 万人，总人口性别比为 104.34（以女性为 100）。从年龄构成看，16—59 岁人口 85798 万人，占全国人口的比重为 60.9%；60 岁及以上人口 31031 万人，占全国人口的 22.0%，其中 65 岁及以上人口 22023 万人，占全国人口的 15.6%。从城乡构成看，城镇常住人口 94350 万人，比上年末增加 1083 万人；乡村常住人口 46478 万人，减少 1222 万人；城镇人口占全国人口的比重（城镇化率）为 67.00%，比上年末提高 0.84 个百分点。

总的来看，2024 年国民经济运行总体平稳、稳中有进，高质量发展扎实推进，中国式现代化迈出新的坚实步伐。但也要看到，当前外部环境变化带来不利影响加深，国内需求不足，部分企业生产经营困难，经济运行仍面临不少困难和挑战。下阶段，要坚持以习近平新时代中国特色社会主

义思想为指导，全面贯彻落实党的二十大和二十届二中、三中全会精神，按照中央经济工作会议部署，坚持稳中求进工作总基调，完整准确全面贯彻新发展理念，加快构建新发展格局，扎实推动高质量发展，进一步深化改革开放，实施更加积极有为的宏观政策，扩大国内需求，推动科技创新和产业创新融合发展，稳定预期、激发活力，推动经济持续回升向好。

来源：国家统计局官网

https://www.stats.gov.cn/sj/xwfbh/fbhwd/202501/t20250117_1958332.html

第三编　国情特载

乘长风破万里浪

——以习近平同志为核心的党中央
引领中国式现代化迈出新的坚实步伐

历史长河奔腾不息，时间洪流滚滚向前——

2024 年，中华人民共和国迎来 75 周年华诞，实现"十四五"规划目标任务进入关键一年，全面深化改革扬帆再启航，以中国式现代化全面推进强国建设、民族复兴伟业走过关键一程。

这一年，习近平总书记赴十余个省区市和澳门特别行政区考察视察，四次出访国外，主持召开一系列重要会议，出席一系列重大活动，发表一系列重要讲话，作出一系列重要指示，推动治国理政理论和实践取得崭新成果。

这一年，面对复杂严峻形势，以习近平同志为核心的党中央团结带领全党全国各族人民，攻坚克难、锐意进取、砥砺奋斗，取得很不平凡的发展成绩，我国经济实力、科技实力、综合国力持续增强，中国式现代化迈出新的坚实步伐。

乘长风破万里浪。当历史掀开新的一页，复兴的曙光喷薄而出。

（一）守正创新　开拓奋进——"把中国式现代化蓝图变为现实，根本在于进一步全面深化改革"

"遵道而行，但到半途须努力；会心不远，要登绝顶莫辞劳"。

在庆祝中华人民共和国成立 75 周年招待会上，习近平总书记引用了一副南岳衡山的对联，形容今日之中国在历史进程中的方位。

人到半山路更陡，船到中流浪更急。

当时间行进到 2024 年，中国发展的内外环境发生复杂深刻变化：百年变局加速演进，世界进入新的动荡变革期，正经历大调整、大分化、大重组。与此同时，我国改革发展稳定任务艰巨繁重，经济运行仍面临不少困难和挑战。

这是一个大变局的时代，更是一个大有可为的时代。

此时，距离"划时代"的党的十一届三中全会，已过去40多年；距离"划时代"的党的十八届三中全会也有10年多时间。

党的二十大明确了新时代新征程党和国家的中心任务，"当前和今后一个时期是以中国式现代化全面推进强国建设、民族复兴伟业的关键时期"。

时代给出新的命题，继往开来的关键时刻，呼唤再启新局的关键担当。

2024年4月底，一则新华社消息通过电波，传遍大江南北——

"中共中央政治局4月30日召开会议，决定今年7月召开党的二十届三中全会，重点研究进一步全面深化改革、推进中国式现代化问题。"

不到一个月，5月22日至24日，习近平总书记深入山东考察调研，就进一步全面深化改革听取意见建议。

2024年12月4日，在山东日照港港口煤炭泊位，货轮停泊卸煤（无人机照片）。

新华社记者 郭绪雷 摄

日照港，海天辽阔，碧波荡漾。习近平总书记驻足码头边，临海迎风，远眺凝思。

40多年来，正是改革开放的伟大力量，让眼前这座曾经沉寂无闻的港口，迅速成长为"最年轻"的5亿吨级港口，年货物吞吐量居世界第七位。

习近平总书记感慨系之："从中，我们应当坚定一种信念，中国的改革开放之路一定可以成功。"

新时代新征程,靠什么凝心聚力?靠什么推动发展?靠什么应对挑战?

"党的二十大之后,我一直在思考进一步全面深化改革问题。""中国式现代化是在改革开放中不断推进的,也必将在改革开放中开辟广阔前景。"

面对纷繁复杂的国际国内形势,面对新一轮科技革命和产业变革,面对人民群众新期待,以习近平同志为核心的党中央作出历史性的战略抉择,以进一步全面深化改革,为中国式现代化注入强大动力。

从 2023 年隆冬之时,到 2024 年的盛夏时节,历时 7 个多月。习近平总书记亲自担任党的二十届三中全会文件起草组组长,全程擘画、组织调研、精心指导、把脉定向。

2024 年 7 月 18 日下午,人民大会堂二层宴会厅,灯光璀璨,党的二十届三中全会第二次全体会议在此举行。

"通过!"

随着习近平总书记的庄严宣布,全场响起热烈掌声。一份标注时代的改革新蓝图诞生了,中国改革开放矗立起新的里程碑。

2 万余字的文件,勾勒出一幅气象万千的新征程改革"全景图"——

锚定 2035 年,重点部署未来 5 年改革任务;以"六个坚持",指明进一步全面深化改革的重要遵循;以"七个聚焦",囊括推进中国式现代化的战略重点;300 多项重要改革举措,牵住经济体制改革"牛鼻子",又统筹推进其他各领域改革……

当这份宏大而务实的改革新蓝图公布后,外媒纷纷评价,中国"即将到来的是一个更全面、更深刻的改革阶段","显示出未来发展的新方向"。

这既是党的十八届三中全会以来全面深化改革的实践续篇,也是新征程推进中国式现代化的时代新篇。

蓝图已经绘就,关键在于落实。

"全党上下要齐心协力抓好《决定》贯彻落实,把进一步全面深化改革的战略部署转化为推进中国式现代化的强大力量。"习近平总书记把推动全会精神贯彻落实作为治国理政的关键抓手,引导全党全国人民坚定改革信心,更好凝心聚力推动改革行稳致远。

2024 年 10 月,在学习贯彻党的二十届三中全会精神热潮中,习近平总书记开启了一次行程密集的考察调研,从东南沿海到江淮大地,四天时间,两省四市,看大潮正起、千帆竞发。

2024 年 9 月 4 日拍摄的厦门港海天码头（无人机照片）。

新华社记者 林善传 摄

在福建厦门，对经济特区、自贸试验区建设提出明确要求；在安徽合肥，察看重大科技创新成果集中展示，要求加快科技创新和产业转型升级。

2024 年 11 月 29 日拍摄的安徽合肥滨湖科学城局部（无人机照片）。

新华社记者 张端 摄

考察中，习近平总书记强调："今天，抓改革开放，无论深度还是广度，都比过去要求更高了""在全面深化改革、扩大高水平开放上奋勇争先"。

从福建、安徽考察后回京不久，习近平总书记在省部级主要领导干部学习贯彻党的二十届三中全会精神专题研讨班开班式上发表重要讲话，深刻阐明进一步全面深化改革需要处理好的四对关系，要求领导干部"增强政治责任感、历史使命感"，切实做到"直面矛盾问题不回避，铲除顽瘴痼疾不含糊，应对风险挑战不退缩，奋力打开改革发展新天地"。

以上率下，只争朝夕。

党的二十届三中全会召开以来，习近平总书记多次主持召开重要会议、研究部署重大改革举措、深入基层考察调研，凝聚改革共识，激发改革动力，推动改革落实。

《中共中央 国务院关于加快经济社会发展全面绿色转型的意见》发布，"按照自愿、弹性原则稳妥有序推进渐进式延迟法定退休年龄改革"落地，民营经济促进法草案提请全国人大常委会会议审议……

一系列事关全局、备受瞩目、含金量足的重磅改革举措密集出台，进一步全面深化改革风生水起，进一步激发了中国经济社会发展新动能，一幅中国式现代化的更新画卷铺展开来。

（二）迎难而上 坚定信心——"紧紧抓住高质量发展这个首要任务，全面推进中国式现代化"

2024 年 9 月 26 日，北京中南海。习近平总书记主持召开中共中央政治局会议，分析研究经济形势。新闻报道中一句"切实增强做好经济工作的责任感和紧迫感"，备受海内外关注。

从一季度实现良好开局，到二、三季度下行压力逐渐加大，此时中国经济正进入关键时刻、重要节点。

降准降息，提振楼市股市，帮助企业渡过难关……针对经济运行出现的新情况新问题，会议及时果断部署一揽子增量政策。

实施大规模设备更新和消费品以旧换新，有效降低全社会物流成本，促进外贸稳定增长，激发冰雪经济活力……各方面政策"组合拳"协同配合、精准发力。

进入 10 月，社会预期和信心增强，中国经济明显回升，经济运行呈现"前高、中低、后扬"走势，预计全年经济增长 5% 左右。

正视困难、准确研判，沉着应变、综合施策，以习近平同志为核心的党中央高瞻远瞩、审时度势，彰显驾驭中国经济的非凡智慧和能力。

回首过去一年中国经济走过的不平凡道路，质的有效提升和量的合理增长统一于高质量发展全过程。

2024 年 11 月 14 日，在湖北武汉拍摄的 2024 年中国新能源汽车产量 1000 万辆达成活动现场。

新华社记者 肖艺九 摄

2024 年 11 月 14 日，随着一辆新车驶出生产线，我国新能源汽车产量首次突破年度 1000 万辆，中国由汽车大国向汽车强国迈进走出坚实一步。

一年来，从新兴产业积厚成势，到传统产业焕新升级，新质生产力展示出对中国经济发展的强劲推动力、支撑力。

什么是新质生产力？习近平总书记作出深刻阐释："特点是创新，关键在质优，本质是先进生产力。"

怎样发展新质生产力？习近平总书记提出明确要求："不能大呼隆、一哄而起、一哄而散，一定要因地制宜，各有千秋。"

武汉产业创新发展研究院，打造"政产学研金服用"科技成果转化体系，成立两年多来成功孵化赋能 200 多家科技企业，集聚创新创业人才 700 余人。

2024 年 11 月 5 日，习近平总书记在这里考察，同科研人员和企业负责人交流时指出："实现高水平科技自立自强、发展新质生产力，对科技创新和产业创新融合提出了更为迫切的需求。"

"科技＋产业"，习近平总书记一年间反复强调这一发展新质生产力的重要路径。

2024 年 12 月 12 日，在位于浙江省湖州市德清县雷甸镇的浙江省建设工程机械集团有限公司德清精益智能工厂，工人赶制履带式轻型组塔装置产品。

新华社发（谢尚国 摄）

体制机制上，强化企业科技创新主体地位、促进科技成果转化应用；产业布局上，人工智能、低空经济等新业态开辟新赛道，生物制造、量子科技等未来产业勇闯无人区……创新驱动发展势头正劲，中国经济的动力活力竞相迸发。

世界知识产权组织发布的 2024 年全球创新指数报告显示，中国创新力排名较上年上升一位至第 11 位，10 年间上升了 18 位，是上升最快的经济体之一。

高质量发展主旋律中，全国一盘棋的大合唱更加响亮。

3 月，长沙，聚焦新时代推动中部地区崛起；4 月，重庆，研究新时代推动西部大开发；9 月，兰州，部署全面推动黄河流域生态保护和高质量发展……

一年间，习近平总书记接连主持召开 3 场专题座谈会，以战略和全局之谋，擘画区域协调发展新图景："这些会议一届开一次，一个一个抓起来，一轮一轮抓下去，久久为功、步步深入，必有所成……"

中央层面出台文件推动东北地区冰雪经济高质量发展，长三角地区发布一体化发展三年行动计划，雄安新区首家落户央企总部中国星网竣工交付……中国大地上一个个区域板块相得益彰、相连成势，构成一盘大棋局。

"坚持全国一盘棋，相互帮助，特别是沿海地区要帮助西部地区，发达地区要帮助欠发达地区，都要找准角色。"2024 年 6 月，习近平总书记在青海考察时指出。

"积极融入全国统一大市场建设""更好发挥经济大省对区域乃至全国发展的辐射带动力""不是什么都能做的，要有选择性地有所作为"……在习近平总书记指引部署下，各地立足自身所长奋勇争先，在大棋局中一一落子。

下好这盘大棋，统筹发展和安全至关重要。

为"关键少数"上"开年第一课"，习近平总书记强调"要着力防范化解金融风险特别是系统性风险"；中共中央政治局集体学习时，总书记指出"要统筹好新能源发展和国家能源安全"；在地方考察时来到田间地头，总书记叮嘱"粮食安全必须靠我们自己保证"……

推出近年来力度最大化债举措，有力推进保交房攻坚战，进一步提升基层应急管理能力……一年来我国重点领域风险化解有序有效。

2024 年 12 月 10 日，习近平主席会见来华出席"1＋10"对话会的主要国际经济组织负责人。外方代表高度评价中国经济发展成就，看好中国发展前景，认为中国始终是世界经济增长的重要引擎和稳定锚。

"这些都更加坚定了我们在新时代新征程开拓进取、攻坚克难、扎实推进中国式现代化的决心和信心。"12 月举行的中央经济工作会议上，习近平总书记这样总结全年成绩。

（三）人民至上 矢志不渝——"中国式现代化，民生为大"

青石板、红砖房、黄桷树……在重庆九龙坡区谢家湾街道民主村社区，敞亮的社区会客厅、功能齐全的党群服务中心、饭菜飘香的社区食堂……都是社区居民的好去处。

曾经远近闻名的"老破小"，经过城市更新，蝶变为传统新潮交融的新家园。

2024 年 4 月，习近平总书记在重庆考察时来到民主村社区，同大家唠起家常："多少钱一份饭菜？""运营方是哪里的？实现盈利了吗？""一定要可持续。"

"中国式现代化，民生为大。党和政府的一切工作，都是为了老百姓过上更加幸福的生活。"总书记语重心长。

就业是最基本的民生，事关人民群众切身利益，事关经济社会健康发展，事关国家长治久安。

2024 年 5 月 27 日，习近平总书记带领中共中央政治局同志就促进高质量充分就业进行第十四次集体学习。

稳增长、稳就业的压力始终存在，结构性就业矛盾不断凸显，提升就业质量已经成为劳动者的迫切愿望……针对就业工作面临的突出矛盾和问题，习近平总书记强调，促进高质量充分就业，是新时代新征程就业工作的新定位、新使命。

9月，《中共中央 国务院关于实施就业优先战略促进高质量充分就业的意见》发布，从中央层面为促进高质量充分就业作出顶层设计。12月，中央经济工作会议进一步对保持就业总体稳定作出部署，提出实施重点领域、重点行业、城乡基层和中小微企业就业支持计划，促进重点群体就业。

一系列稳预期、稳增长、稳就业政策支撑下，2024年前11个月全国城镇调查失业率平均值为5.1%，比上年同期下降0.1个百分点。

民生为大，民生为要。

2024年11月5日拍摄的湖北省咸宁市嘉鱼县潘家湾镇四邑村养老服务驿站一角。

新华社记者 肖艺九 摄

从民生工程、基层治理到保供稳价，从托幼养老、入学就医到低收入人口救助帮扶……跋山涉水、走村入户，这一年，老百姓的事情，习近平总书记看得细、问得深、想得周全。

从全国教育大会强调牢牢把握教育的政治属性、人民属性、战略属性，到中央社会工作会议为走中国特色社会主义社会治理之路指明方向，从全面实施个人养老金制度到加快完善生育支持政策体系……百姓的身边事、关切事、贴心事在党和国家发展的顶层设计中不断得到回应。

中国式现代化，乡村振兴是个大课题。

冬日的湖北省嘉鱼县潘家湾镇，十里蔬菜长廊满目青绿、生机勃勃。2024年11月，习近平总书记来到这里，沿田埂走进菜地深处，细问蔬菜生长期、收割存储、销量价格。总书记最牵挂的，还是乡亲们的获得感："不能忘了农民这一头，要让农民得到实惠。"

聊起收入，菜农叶祥松一五一十跟总书记"报账"。临走时，总书记微笑着探身向前，伸出手来。叶祥松迈前一步，紧紧握住总书记的手。

紧紧相握的手，连接的是人民领袖与人民的心。

这一年，大棚里、田埂上、果林间、渔村内，习近平总书记围绕如何实现农业更强、农村更美、农民更富深入调研；

看账本、话家常、聊困难、问需求，"带领乡亲们做好'海'的文章""抓住种子和耕地两个要害""聚焦现阶段农民群众需求强烈、能抓得住、抓几年就能见到成效的重点实事，抓一件成一件"……总书记的殷殷嘱托，转化成推动乡村全面振兴的强大动力。

城乡融合发展是中国式现代化的必然要求，是满足人民对美好生活的向往、促进共同富裕的内在要求。

着眼城乡融合发展，习近平总书记多次作出重要指示。党的二十届三中全会《中共中央关于进一步全面深化改革、推进中国式现代化的决定》（简称《决定》）对完善城乡融合发展体制机制作出部署，新型城镇化战略五年行动计划落地实施，壮大县域经济，健全基本公共服务体系，巩固拓展脱贫攻坚成果，坚决防止发生规模性返贫……

2024 年 10 月 13 日，在黑龙江省绥化市北林区双河镇，村民驾驶收割机进行卸粮作业（无人机照片）。

新华社记者 张涛 摄

2024 年全国粮食总产量首次迈上 1.4 万亿斤新台阶，乡村全面振兴与新型城镇化有机结合进一步强化，努力缩小城乡差距、地区差距、收入差距，推动全体人民共同富裕不断取得更为明显的实质性进展。

"老百姓的事情是最重要的事情。"2024年春节前夕，习近平总书记来到天津市西青区第六埠村。

2023年海河发生流域性特大洪水时，第六埠村也遭了灾。在村民杜洪刚家，习近平总书记同一家人亲切交谈，一笔一笔算灾情损失和灾后生产发展、就业增收账。

听说杜洪刚一家在党和政府帮助下很快渡过了难关，总书记很是感慨："国泰民安，民安才能国泰，党中央和各级党委、政府时刻记挂着大家的安危冷暖，也希望乡亲们依靠自己的双手重建美好家园，创造幸福生活。"

战洪水、抗干旱，守住兜牢民生底线，坚持在发展中保障和改善民生……风雨中，党和人民想在一起、干在一起，拼搏在一起、奋斗在一起。

"必须始终坚持以人民为中心，一切为了人民，一切依靠人民，努力让全体人民在共同奋斗中共享改革发展成果。"庆祝中华人民共和国成立75周年招待会上，习近平总书记再次郑重宣示。

（四）自信自立 彰显担当——"在和平发展、合作共赢中不断拓展中国式现代化的广度和深度"

2024年12月12日，北京人民大会堂。习近平主席接受28国新任驻华大使递交国书，并同他们一一合影。

"中国式现代化不是中国独善其身的现代化。"在展现北京中轴线壮观气象的画作前，习近平主席对使节们说："中方愿同各国分享中国发展机遇，实现美美与共、相互成就，为实现和平发展、互利合作、共同繁荣的世界各国现代化而携手奋斗。"

现代化，是中国人民孜孜追求的目标，也是世界各国人民的普遍愿望。

2024年，习近平主席密集开展元首外交，出席系列主场外交活动，展开欧洲、中亚、金砖、拉美之行，同各国各界人士密切往来，不断拓展中国式现代化的广阔国际空间。

在动荡变革的国际形势中主动塑造于我们有利的外部环境——

大国关系事关全球战略稳定。一年来，习近平主席同美国总统拜登在利马会晤，向美国当选总统特朗普致贺电，在重要节点为中美关系发展提供战略指引；同俄罗斯总统普京三度会晤，持续巩固中俄战略互信；同法国总统马克龙续写"高山流水"佳话，同德国总理朔尔茨漫步钓鱼台，同英国首相时隔6年再次会晤……着力推动中欧关系行稳致远。

讲信修睦、亲仁善邻是中华文明一贯的处世之道。习近平主席分别会见印度、日本领导人，中国同地区大国之间不断增信释疑；越南、印尼领导人就任后首访中国，中国同中亚五国的全面战略伙伴关系提质升级，周边命运共同体建设深入推进。

团结协作而非零和博弈、互利共赢而非"脱钩断链"，越来越成为世界各国发展对华关系的普遍共识。

在全球南方群体性崛起的历史大势中勇立潮头引领航向——

2024 年 9 月 5 日，在北京国家会议中心附近拍摄的 2024 年中非合作论坛峰会标识。

新华社记者 李鑫 摄

2024 年 9 月 4 日至 6 日，中非合作论坛北京峰会举行，这是近年中国举办的最大规模主场外交。习近平主席同 53 个非洲国家的国家元首、政府首脑、代表团团长以及非盟委员会主席、联合国秘书长等，盛大团聚。

当习近平主席宣布中非关系整体定位提升至新时代全天候中非命运共同体，中非携手推进"六个现代化"、实施"十大伙伴行动"，热烈的掌声一次次响起，表达着中非在新征程上共逐现代化之梦的共同心声。

"只要 28 亿多中非人民同心同向，就一定能在现代化道路上共创辉煌，引领全球南方现代化事业蓬勃发展，为构建人类命运共同体作出更大贡献。"习近平主席的讲话，传递着中非携手同行现代化之路的深远意义。

从双边外交活动到多边国际会议，习近平主席旗帜鲜明引领全球南方国家自信自立、联合自强。

11 月 18 日上午，巴西里约热内卢，二十国集团领导人峰会围绕"抗击饥饿与贫困"议题展开讨论。习近平主席情真意切的讲话，引发会场内外强烈共鸣。

"中国脱贫历程表明，本着滴水穿石、一张蓝图绘到底的韧性、恒心和奋斗精神，发展中国家的贫困问题是可以解决的，弱鸟是可以先飞、高飞的。中国可以成功，其他发展中国家同样可以成功。这是中国成功打赢脱贫攻坚战的世界意义。"

在和平共处五项原则发表 70 周年纪念大会上，倡导全球南方共同做"四大力量"、宣布支持全球南方合作的八项举措；在"大金砖"峰会上，提出把金砖打造成促进全球南方团结合作的主要渠道、推动全球治理变革的先锋力量；在亚太经合组织工商领导人峰会书面演讲中，呼吁不断提升全球南方的代表性和发言权……

2024 年，在习近平主席元首外交引领下，中国同广大发展中国家在现代化之路上的团结合作，成为国际关系中一道亮丽的风景线，有力引领世界大变局演进方向。

在"同球共济"的时代呼唤中不懈推动构建人类命运共同体——

百年变局加速演进，人类再一次走到历史的十字路口。开放还是封闭、合作还是对抗、团结协作还是以邻为壑，考验各方勇气与智慧。

"中国古人讲'同舟共济'，我看现在需要'同球共济'。"习近平主席以生动的话语，讲述命运与共、和合共生的道理。

2024 年 11 月 4 日拍摄的第七届中国国际进口博览会举办场地——国家会展中心（上海）外景。

新华社记者 王翔 摄

75

高质量共建"一带一路"不断取得新成果，进博会、广交会、服贸会、链博会、消博会等接连举办；免签政策和便利化措施持续优化，"中国游"成为全球热词；北京中轴线、春节成功申遗，全球发展倡议、全球安全倡议、全球文明倡议深入人心……世界见证着开放包容的中国，为人类文明进步事业不断作出新贡献。

"对习近平主席领导中国人民取得的伟大成就非常钦佩，愿学习借鉴中国共产党的经验""将继续致力于深化同中国的合作，积极参与中国式现代化进程""习近平主席为人民谋福祉，维护社会公平正义，倡导和平而非战争、合作而非对抗、创造而非破坏，为世界做出了榜样"……

这是中国式现代化的时代回响，这是今日之中国创造的人类文明新形态的世界意义。

（五）同心协力 一往无前——"凝聚起以中国式现代化全面推进强国建设、民族复兴伟业的磅礴力量"

2024 年 6 月 30 日，伶仃洋上碧波浩荡。继港珠澳大桥后粤港澳大湾区又一超大型交通工程——深圳至中山跨江通道建成开通，见证"中国之治"创造的又一个奇迹。

2024 年 7 月 3 日，车辆行驶在深中通道上（无人机照片）。

新华社记者 毛思倩 摄

"全体参与者用辛勤付出、坚强毅力，高质量完成了工程任务。这充分说明，中国式现代化是干出来的，伟大事业都成于实干。"习近平总书记专门发来贺信，令广大干部群众深受鼓舞。

长龙腾海，天堑通途。一项项"当惊世界殊"的超级工程，在华夏大地拔节生长，汇聚起中华民族同心协力、一往无前的磅礴力量。

力量，来源于中国共产党的坚强领导。

"我们要始终坚持党总揽全局、协调各方的领导核心作用，坚决维护党中央权威和集中统一领导，持之以恒推进全面从严治党，努力以党的自我革命引领伟大社会革命。"

庆祝中华人民共和国成立75周年招待会上，习近平总书记谈推进中国式现代化，第一条就是"必须坚持中国共产党领导"。

办好中国的事情，关键在党。

首次以党纪为主题在全党开展集中性教育，强化严的基调、严的措施、严的氛围；印发《整治形式主义为基层减负若干规定》，以作风建设保障改革促进发展；推进二十届中央巡视，精准有力开展政治监督……

一年来，全面从严治党向纵深发展，党在自我革命中不断焕发蓬勃生机，始终是中国特色社会主义事业的坚强领导核心。

庆祝全国人民代表大会成立70周年、庆祝中国人民政治协商会议成立75周年、召开全国民族团结进步表彰大会、持续深化国防和军队改革……全党全国各族人民在党的旗帜下团结成"一块坚硬的钢铁"，心往一处想、劲往一处使，迸发出奋进新征程的磅礴伟力。

力量，来源于伟大精神的引领召唤。

金秋九月，人民大会堂金色大厅，国家勋章和国家荣誉称号颁授仪式。一身整齐绿军装、93岁的革命老兵黄宗德坐着轮椅，在工作人员推扶下来到授勋台中央。

习近平总书记俯身，双手紧紧握住黄宗德的手，为他佩挂上共和国勋章："您老保重好身体。"

"人民卫士""人民艺术家""人民科学家""人民教育家""人民医护工作者"……国家以最高规格表彰英雄模范。一枚枚勋章奖章熠熠生辉，铭记着不可磨灭的卓越功勋，激励着亿万国人奋勇前进。

民族复兴需要精神引领，国家发展需要信念导航。

接见第33届奥运会中国体育代表团，赞许奥运健儿的精彩表现"让中华民族精神和时代精神交相辉映";烈士纪念日向人民英雄敬献花篮，表达对人民英雄的无尽思念和崇高敬意；参观福建省东山县谷文昌纪念馆，叮嘱"人民心里有一本账，金杯银杯不如老百姓的口碑"；深入"英雄的城市"湖北武汉考察，强调"大力弘扬大别山精神、抗洪精神、抗疫精神"……

在习近平总书记引领推动下，全社会敬仰英雄、学习英雄、争做英雄的良好氛围日益形成，社会主义核心价值观广泛传播，全体中华儿女赓续伟大精神、阔步新的征程。

力量，来源于中华文明的滋养哺育。

秦岭脚下，高台门阙式的陕西宝鸡青铜器博物院气势恢宏。

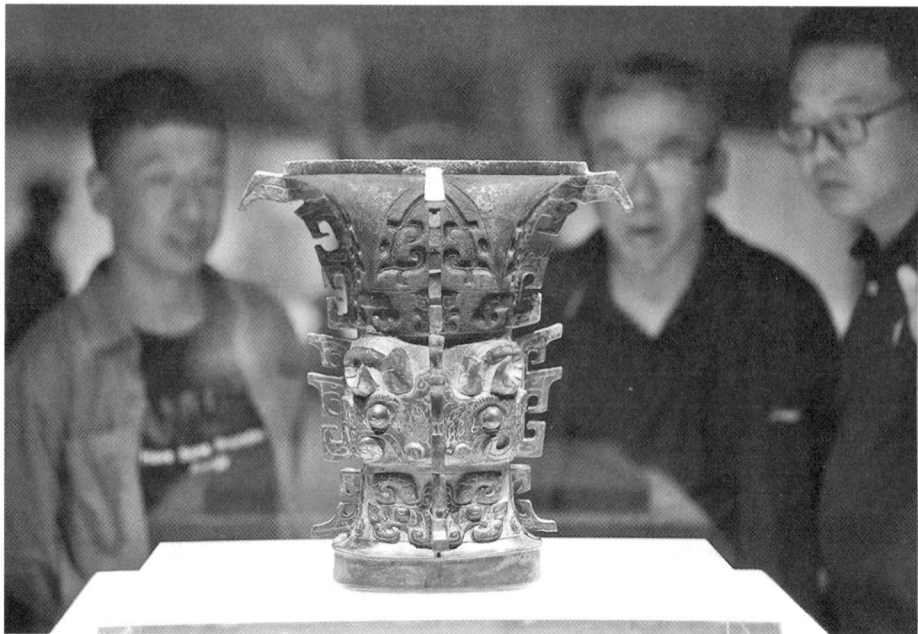

2024 年 5 月 9 日，游客在陕西宝鸡青铜器博物院参观西周文物何尊。

新华社记者 邵瑞 摄

镌刻着迄今为止"中国"一词最早文字记录的国宝级青铜器何尊前，习近平总书记停下脚步，沿着玻璃展柜缓缓环绕一周，久久注视。

"中华文明五千年，还要进一步挖掘，深入研究、阐释它的内涵和精神，宣传好其中蕴含的伟大智慧，从而让大家更加尊崇热爱，增强对中华

文明的自豪感，弘扬爱国主义精神，把中华优秀传统文化一代一代传下去。"习近平总书记嘱托殷殷。

2024 年 2 月 14 日，民间艺人在河南省洛阳市 2024 隋唐河洛文化庙会上表演打铁花。
新华社发（李卫超 摄）

中华文脉绵延不绝，文化创造日新月异。

"北京中轴线——中国理想都城秩序的杰作"成功申遗，老城的市井烟火和现代的生活方式相融共生；"春节——中国人庆祝传统新年的社会实践"列入联合国教科文组织人类非物质文化遗产代表作名录，赓续不绝的中华传统文化符号进一步走向世界；《习近平文化思想学习纲要》出版发行，进一步筑牢强国建设、民族复兴的文化根基……

放眼中华大地，新时代中国特色社会主义文化不断焕发更加强大的思想引领力、精神凝聚力、价值感召力、国际影响力，中国人的志气、骨气、底气空前增强，全民族创新创造活力充分涌流。

力量，来源于全体中华儿女的共同奋斗。

2024 年 12 月 20 日，澳门特别行政区政府隆重举行升旗仪式，庆祝澳门回归祖国 25 周年。

新华社记者 朱炜 摄

盛世莲花，灼灼绽放。2024 年 12 月 18 日至 20 日，澳门回归祖国 25 周年之际，习近平总书记亲临澳门，擘画濠江故事的崭新篇章。

天际线上，层楼隔海相望；海岸线旁，百舸排浪而行。"一国两制"创新实践的生动缩影，中国式现代化的万千气象，在南海之滨徐徐铺展。

"以中国式现代化全面推进强国建设、民族复兴伟业，一定会有澳门更为精彩的篇章！"习近平总书记的深情寄望，鼓舞着澳门社会各界满腔热忱奋力打开发展新天地。

坚守"一国"之本、善用"两制"之利，港澳与国家同发展、共繁荣的道路越走越宽广；促进两岸经济文化交流合作，深化两岸各领域融合发展，更多台胞台企共享祖国大陆发展进步成果。画出最大同心圆、凝聚奋进正能量，海内外中华儿女筑梦前行、共襄伟业。

道阻且长，行则将至；行而不辍，未来可期。

两个月前，省部级主要领导干部学习贯彻党的二十届三中全会精神专题研讨班上，习近平总书记的深切寄语犹在耳畔——

"当下是世界百年未有之大变局，这样一个时代，更多孕育的是中华民族复兴的曙光。"

第四编　专题国情

坚定不移高举改革开放旗帜、紧紧围绕推进中国式现代化进一步全面深化改革

——中共中央举行新闻发布会解读党的二十届三中全会精神

2024 年 7 月 15 日至 18 日，党的二十届三中全会在北京召开。此次全会是在新时代新征程上，中国共产党坚定不移高举改革开放旗帜、紧紧围绕推进中国式现代化进一步全面深化改革召开的一次十分重要的会议。

7 月 19 日，中共中央举行新闻发布会，介绍和解读党的二十届三中全会精神。

全会最重要的成果是审议通过了《中共中央关于进一步全面深化改革、推进中国式现代化的决定》

中央政策研究室副主任唐方裕介绍说，全会最重要的成果，就是审议通过了《中共中央关于进一步全面深化改革、推进中国式现代化的决定》。全会《决定》的起草，是在党中央领导下进行的。习近平总书记亲自担任文件起草组组长，全程擘画、组织调研、精心指导、把脉定向，发挥了决定性作用。

"把进一步全面深化改革、推进中国式现代化作为全会主题，抓住了事业发展的核心和关键，意义十分重大。"唐方裕说。

"党中央确定以此为全会主题，是经过深思熟虑的。"唐方裕表示，一方面，推进中国式现代化面临许多复杂矛盾和问题，必须克服种种困难和阻力，需要通过进一步全面深化改革，推动生产关系和生产力、上层建筑和经济基础、国家治理和社会发展更好相适应，为中国式现代化提供强大动力和制度保障。另一方面，中国式现代化作为新时代新征程党的中心任务，包括进一步全面深化改革在内的党和国家一切重大战略部署，都必须紧紧围绕推进中国式现代化来谋划和展开。

"全会召开期间，与会同志对《决定》稿讨论热烈，给予高度评价。普

遍认为,《决定》既是党的十八届三中全会以来全面深化改革的实践续篇,也是新征程推进中国式现代化的时代新篇,是我们党历史上又一重要纲领性文献。"他说。

党中央总结新时代以来全面深化改革重大成就作出重要判断

全国政协副主席、中央改革办分管日常工作的副主任穆虹介绍说,《决定》开篇指出,党的十一届三中全会是划时代的,开启了改革开放和社会主义现代化建设新时期。党的十八届三中全会也是划时代的,开启了新时代全面深化改革、系统整体设计推进改革新征程,开创了我国改革开放全新局面。

"这是党中央总结新时代以来全面深化改革重大成就作出的重要判断。"他表示,这些历史性成就的取得,根本在于以习近平同志为核心的党中央领航掌舵,在于习近平新时代中国特色社会主义思想科学指引。

穆虹说,党的十八届三中全会以来,习近平总书记亲自领导、亲自部署、亲自推动全面深化改革,以思想理论创新引领改革实践创新,在改革使命、改革方向、改革目标、改革策略、改革动力、改革方法等方面作出系统阐述,提出一系列关于全面深化改革的新思想、新观点、新论断,科学回答了在新时代举什么旗、走什么路,为什么要全面深化改革、怎样全面深化改革等重大理论和实践问题,在指导新实践、引领新变革中展现出强大的真理魅力和实践伟力,也为进一步全面深化改革提供了强有力思想武器。

《决定》提出,进一步全面深化改革,必须贯彻好坚持党的全面领导、坚持以人民为中心、坚持守正创新、坚持以制度建设为主线、坚持全面依法治国、坚持系统观念等重大原则。

"这六条原则集中体现了习近平总书记关于全面深化改革重要论述的核心要义,是对改革开放以来特别是新时代全面深化改革宝贵经验的科学总结,我们必须在进一步全面深化改革中严格遵循、长期坚持。"穆虹说。

明确进一步全面深化改革的总目标　共提出 300 多项重要改革举措

穆虹介绍说,《决定》站在新的历史起点上,明确了进一步全面深化改革的总目标:继续完善和发展中国特色社会主义制度,推进国家治理体系和治理能力现代化。到二〇三五年,全面建成高水平社会主义市场经济体制,中国特色社会主义制度更加完善,基本实现国家治理体系和治理能力现代化,基本实现社会主义现代化,为到 21 世纪中叶全面建成社会主义现代化强国奠定坚实基础。

穆虹表示，这一总目标既同党的十八届三中全会提出的全面深化改革总目标一脉相承，又同党的二十大作出的战略部署相衔接，为进一步全面深化改革明确了目标导向。

《决定》共15个部分、60条，分三大板块。第一板块是总论，主要阐述进一步全面深化改革、推进中国式现代化的重大意义和总体要求。第二板块是分论，以经济体制改革为牵引，全面部署各领域各方面的改革。第三板块主要讲加强党对改革的领导、深化党的建设制度改革。

据唐方裕介绍，《决定》共提出300多项重要改革举措，都是涉及体制、机制、制度层面的内容，其中有的是对过去改革举措的完善和提升，有的是根据实践需要和试点探索新提出的改革举措。

坚持把高质量发展作为全面建设社会主义现代化国家的首要任务

中央财办分管日常工作的副主任、中央农办主任韩文秀说："党的二十届三中全会通过的《决定》，坚持把高质量发展作为全面建设社会主义现代化国家的首要任务，对经济和民生领域改革作出全面部署，分量很重。"

他从7个方面对此进行介绍：构建高水平社会主义市场经济体制，健全推动高质量发展体制机制，健全宏观经济治理体系，完善城乡融合发展体制机制，推进高水平对外开放，健全保障和改善民生制度体系，深化生态文明体制改革。

对深化教育科技人才体制机制一体改革作出重要部署

科技是第一生产力，人才是第一资源，创新是第一动力。科技创新靠人才，人才培养靠教育。

"世界百年变局加速演进，新一轮科技革命和产业变革深入发展，围绕高素质人才和科技制高点的国际竞争空前激烈。"教育部党组书记、部长怀进鹏说，"这就迫切要求我们走好人才自主培养之路，实现高水平科技自立自强。为此，全会《决定》对深化教育科技人才体制机制一体改革作出了重要部署。"

一是深化教育综合改革。从教育大国到教育强国是一个系统性跃升和质变，《决定》强调加快建设高质量教育体系，统筹推进育人方式、办学模式、管理体制、保障机制改革。

二是深化科技体制改革。坚持"四个面向"的战略导向，着力激发科技创新创造活力，《决定》强调要优化重大科技创新组织机制，加强国家战略科技力量建设，统筹强化关键核心技术攻关。

三是深化人才发展体制机制改革。着眼加快形成人才培养、使用、评价、服务、支持、激励的有效机制，《决定》强调实施更加积极、更加开放、更加有效的人才政策，完善人才自主培养机制。

在法治轨道上深化改革、推进中国式现代化

改革和法治如同鸟之两翼、车之两轮。

全国人大常委会法工委主任沈春耀介绍说，全会强调法治是中国式现代化的重要保障，必须坚持依法治国，在法治轨道上深化改革、推进中国式现代化，做到改革和法治相统一，重大改革于法有据、及时把改革成果上升为法律制度。

他说，全会重点围绕深化立法领域改革、深入推进依法行政、健全公正执法司法体制机制、完善推进法治社会建设机制、加强涉外法治建设等方面，提出了法治领域改革任务要求。

"我们要全面贯彻党的二十届三中全会精神，积极适应新形势新要求，着力处理好改革和法治的关系。"在回答记者提问时，沈春耀表示，《决定》部署的重要举措和任务要求，许多涉及法律的制定、修改、废止、解释、编纂以及相关授权、批准等工作，对立法工作提出了许多新课题新要求，需要通过深化立法领域改革作出新的回答。《决定》在相关部分明确提出了一些重要立法修法任务，包括制定民营经济促进法、金融法、民族团结进步促进法、反跨境腐败法，修改监督法、监察法，编纂生态环境法典。

沈春耀表示，全会强调发展全过程人民民主是中国式现代化的本质要求，对"健全全过程人民民主制度体系"作出重要部署，对加强人民当家作主制度建设、健全协商民主机制、健全基层民主制度、完善大统战工作格局等提出了改革任务。

中国继续深化改革、扩大开放的坚定决心和信心不受影响

"当前，世界百年未有之大变局正在加速演进，外部不确定性增加，但不会影响中国继续深化改革、扩大开放的坚定决心和信心。"穆虹在回答记者提问时表示。

他说，坚持对外开放是中国的基本国策。改革和开放相辅相成，以开放促改革、促发展是中国改革发展的成功实践。这次全会《决定》就对外开放作了专门部署，涉及扩大制度型开放、外贸体制改革、外商投资和对外投资管理、优化区域开放布局、完善推进高质量共建"一带一路"机制等，释放了扩大高水平对外开放的明确信号。

回答记者提问时，韩文秀表示："外资企业是中国经济发展的重要参与者、积极贡献者。受国际环境变化等因素影响，当前我国实际利用外资出现下降。这是暂时的现象。随着营商环境持续改善、市场机遇持续增多，我国利用外资还将持续扩大。"

坚持老百姓关心什么、期盼什么，改革就抓住什么、推进什么

韩文秀介绍说，《决定》坚持老百姓关心什么、期盼什么，改革就抓住什么、推进什么。强调要健全高质量充分就业促进机制，健全灵活就业人员、农民工、新就业形态人员社保制度，促进优质医疗资源扩容下沉，推动建设生育友好型社会，完善发展养老事业和养老产业政策机制。

"这些举措的落实见效，必将进一步增强人民群众的获得感、幸福感、安全感。"他说。

在回答记者提问时，韩文秀表示，要加强普惠性、基础性、兜底性民生建设，完善劳动者工资决定、合理增长、支付保障机制，多渠道增加居民财产性收入，有效增加低收入群体收入，稳步扩大中等收入群体规模，增强居民消费能力和意愿。完善扩大消费长效机制。健全高质量充分就业促进机制，支持和规范发展新就业形态。

当前，群众对"上好学"的需要越来越高。

在资源配置上，突出扩优提质，加大优质教育资源供给；在教育教学上，突出学生为本，加强素质教育，促进全体学生全面发展；在保障机制上，突出尊师重教，建设高素质专业化教师队伍；在新路径开辟上，突出数字赋能，发挥智慧教育新优势……怀进鹏在回答记者提问时说："我们将把高质量发展作为各级各类教育的生命线，把促进公平融入深化教育综合改革的各方面各环节，推动实现从'有学上'到'上好学'的根本性转变。"

专门用一个部分部署党的领导和党的建设制度改革

办好中国的事情关键在党。唐方裕表示，正是基于党的领导和党的建设的极端重要性，全会《决定》在总结经验、阐述意义、提出原则、部署举措中，都把党的领导和党的建设作为重要内容。

他介绍说，《决定》专门用一个部分来部署党的领导和党的建设制度改革，主要有坚持党中央对进一步全面深化改革的集中统一领导、深化党的建设制度改革、深入推进党风廉政建设和反腐败斗争3个方面。

这些部署，"充分体现了持之以恒推进全面从严治党的坚定和清醒。我们坚信，在以习近平同志为核心的党中央坚强领导下，进一步全面深化改革一定能蹄疾步稳，中国式现代化一定能阔步向前"。唐方裕说。

奋发进取谱新篇　开辟中国式现代化广阔前景

——各地干部群众掀起学习贯彻党的二十届三中全会精神热潮

连日来，各地干部群众深入学习贯彻党的二十届三中全会精神，畅谈新时代以来全面深化改革的成功实践和伟大成就，认真领悟党的二十届三中全会就进一步全面深化改革、推进中国式现代化作出的战略部署，结合实践谋划落实举措。

大家一致表示，要更加紧密地团结在以习近平同志为核心的党中央周围，凝心聚力、锐意进取，求真务实、真抓实干，在进一步全面深化改革中开辟中国式现代化广阔前景。

伟大成就凝聚奋进力量

浦江潮涌，东方风来。作为我国首个自由贸易试验区，上海自贸试验区自 2013 年挂牌成立以来，一系列制度创新从这里走向全国，发挥了改革开放试验田的作用。

"新时代以来，上海自贸试验区大胆试、大胆闯，用实践印证了'必须自觉把改革摆在更加突出位置'的重大意义。"上海市浦东新区发展改革委体制改革处处长郑海鳌感慨地说，"浦东新区将认真贯彻落实党的二十届三中全会精神，不断推进更深层次改革、更高水平开放，在全面建设社会主义现代化国家、推进中国式现代化中更好发挥示范引领作用。"

山东省农业科学院小麦遗传育种创新团队的实验室里，研究团队正在对 2024 年夏收收回的上万份育种材料进行籽粒鉴定、品质分析等工作。2013 年 11 月，习近平总书记在山东考察时指出，解决好"三农"问题，根本在于深化改革，走中国特色现代化农业道路。牢记总书记嘱托，创新团队潜心种业振兴，不断取得新进展。

团队学术带头人刘建军感触深刻："新时代以来全面深化改革的成功实践和伟大成就，根本在于以习近平同志为核心的党中央领航掌舵，在于习近平新时代中国特色社会主义思想科学指引。面对纷繁复杂的国际国内形势，面对新一轮科技革命和产业变革，面对人民群众新期待，农业科技工作者要紧跟着党走，把握进一步全面深化改革的时代机遇，为保障国家粮食安全、端牢中国饭碗贡献更大力量。"

党的十八大以来，地处科尔沁沙地北缘的吉林省白城市，依托河湖连通工程、"三北"防护林工程等，不仅改善了当地生态环境，还在促进农民增收、保障粮食稳产高产等方面取得显著效益。

"全会以'六个坚持'深刻总结改革开放以来特别是新时代全面深化改革的宝贵经验，我们要在实践中继续用好宝贵经验，把生态优势不断转化为发展优势。"白城市荒漠化土地治理中心主任纪凤奎说。

组建经济林果专业合作社、开展结对帮扶……地处喜马拉雅山脉腹地的西藏阿里地区札达县底雅乡底雅村不断探索巩固拓展脱贫攻坚成果与乡村振兴有效衔接工作机制，村容村貌焕然一新，边防更加巩固。

底雅村党支部书记负责人激动地说："底雅村将立足边境兴、边防固这个着力点，认真贯彻落实党的二十届三中全会精神，带领群众把日子越过越好。"

中国式现代化是在改革开放中不断推进的，也必将在改革开放中开辟广阔前景。

叠加成渝地区双城经济圈、西部陆海新通道、长江经济带发展、共建"一带一路"等改革开放红利，重庆市迎来巨大发展机遇。"我们将进一步强化西部陆海新通道物流和运营组织中心功能，促进通道与贸易、产业深度融合，用实际行动把全会精神贯彻落实好。"重庆市政府口岸物流办主任杨琳干劲十足。

宏伟蓝图指引前进方向

设备调试、数据运算……在位于江苏南京的紫金山实验室内，科研人员正在紧张有序地开展6G无蜂窝广域低空覆盖、广域确定性光电融合网络等前沿技术攻关。

"全会明确了进一步全面深化改革的总目标，强调了改革任务聚焦的七个方面，为继续把改革推向前进指明了方向。"紫金山实验室科研部部长齐望东倍感振奋，"全会提出要健全因地制宜发展新质生产力体制机制，将为我们在未来网络等领域攻克更多关键核心技术、推动科研成果应用转化提供强有力的制度保障。"

强调构建高水平社会主义市场经济体制，健全推动经济高质量发展体制机制，构建支持全面创新体制机制……全会对进一步全面深化改革作出系统部署。

"激发企业创新活力，需要公平竞争的市场环境。"沈阳新松机器人自动化股份有限公司总裁张进说，全会强调高水平社会主义市场经济体制是中国式现代化的重要保障，这将为创新型企业成长提供更加优良的土壤。

老百姓关心什么、期盼什么，改革就抓住什么、推进什么。全会提出"解决好人民最关心最直接最现实的利益问题"，福建三明市沙县区总医院党委书记万小英深感重任在肩。

"三明医改的出发点和立足点，就是把人民健康放在优先地位。我们将持之以恒推动'三医'协同发展和治理，努力将医改红利转化为人民群众的健康福祉。"万小英说。

推进国家治理体系和治理能力现代化，社区治理只能加强、不能削弱。从事社区工作近9年，天津市南开区向阳路街道昔阳里社区党委书记张燕霞深切体会到社区是基层治理的"底盘"。"社区党组织作为距离群众最近的基层党组织，就是要不断创新工作方法，推动健全社会治理体系，守护百姓'稳稳的幸福'。"张燕霞说。

近年来，广西北流市积极推进"农地入市"，城乡融合发展动能不断增强。

全会关于城乡融合发展的部署，让北流市委书记刘启更加坚定改革信心："北流将进一步统筹好新型工业化、新型城镇化和乡村全面振兴，破解产业发展梗阻问题，通过加大资金支持、加强县域人才培养、强化土地要素保障、发展新质生产力等，持续提升县域经济竞争力。"

南海之滨，海南自由贸易港正在全力备战封关运作。海口海关自贸区和特殊区域发展处处长何斌说，全会提出，开放是中国式现代化的鲜明标识。"海口海关将坚持以制度集成创新为主线，高标准完成封关运作各项准备工作，推动自贸港在建设更高水平开放型经济新体制上不断取得新成果。"

统筹部署推进改革落实

盛夏的雄安，涌动着创新的活力。5月9日正式启动运行以来，雄安高新区充分发挥高新区与自由贸易试验区"双区叠加"优势，吸引一批高新技术企业加速落地。

"党的二十届三中全会吹响了进一步全面深化改革的号角，我们要坚持走好改革发展谋创新之路。"雄安高新区管委会副主任宋力勋说，"党的领导是进一步全面深化改革、推进中国式现代化的根本保证。我们要完整、准确、全面贯彻落实党中央战略部署，敢担当、勇创新、善作为，高标准高质量推进雄安新区建设。"

绘蓝图、定目标、明方向。认真学习了全会精神，湖南湘江新区经济发展局发展战略规划处处长郭丁文说，下一步在研究地方发展规划思路时，要用好系统观念，加强统筹协调，确保各方面改革举措配套衔接，推动改革规划一步步转化为发展硕果。

正值暑假，山西国民师范旧址革命活动纪念馆里，参观的游客络绎不绝。副馆长杨芸表示："中国式现代化是物质文明和精神文明相协调的现代化。我们将贯彻落实好全会对深化文化体制机制改革的重要部署，加快适应信息技术迅猛发展新形势，创造更多优质文化产品，为凝聚民族复兴精神伟力贡献力量。"

眼下，正是新疆棉花生长的关键期，一个个饱满的棉桃已挂上枝头。新疆生产建设兵团第一师阿拉尔市十团八连职工王刚忙得不亦乐乎。得益于农业技术水平提高，去年他种植的棉花亩产达 500 公斤。

"随着兵团改革不断深化，兵地持续融合，大家也从种植特色农作物中尝到了增收致富的甜头。"王刚说，要深入领会全会精神，发挥好党员模范带头作用，带动身边更多人共同致富。

云南省文山壮族苗族自治州西畴县莲花塘乡纪委书记班国婷表示："作为基层纪检干部，我们要永葆'赶考'的清醒和坚定，将求真务实的作风贯穿到基层监督执纪中。"

必须自觉把改革摆在更加突出位置

——从党的二十届三中全会部署看进一步
全面深化改革走向

2024 年 7 月 15 日至 18 日，党的二十届三中全会在北京举行。全会听取和讨论了习近平总书记受中央政治局委托所作的工作报告，审议通过了《中共中央关于进一步全面深化改革、推进中国式现代化的决定》。习近平总书记就《决定（讨论稿）》向全会作了说明。

全会要求，到二○三五年，全面建成高水平社会主义市场经济体制，中国特色社会主义制度更加完善，基本实现国家治理体系和治理能力现代化，基本实现社会主义现代化，为到本世纪中叶全面建成社会主义现代化强国奠定坚实基础。

站在新的历史起点上，进一步全面深化改革，吹响奋进新征程的号角，必将为中国式现代化提供强大动力和制度保障。

一以贯之全面深化改革

从"落后时代"到"赶上时代"再到"引领时代"，改革开放深刻改变了中国面貌，成为当代中国最显著的特征、最壮丽的气象。

党的十八届三中全会以来，以习近平同志为核心的党中央开启了气势如虹、波澜壮阔的全面深化改革进程，实现改革由局部探索、破冰突围到系统集成、全面深化的转变。

全会指出，面对纷繁复杂的国际国内形势，面对新一轮科技革命和产业变革，面对人民群众新期待，必须自觉把改革摆在更加突出位置，紧紧围绕推进中国式现代化进一步全面深化改革。

中央党校（国家行政学院）党的建设教研部副主任祝灵君认为，推进中国式现代化是一项开创性事业，还有许多未知领域，需要继续大胆探索、改革创新。中国式现代化将在不断的改革开放中实现，一以贯之全面深化改革，将为中国式现代化不断开辟广阔前景。

制度是关系党和国家事业发展的根本性、全局性、稳定性、长期性问题。

"继续完善和发展中国特色社会主义制度，推进国家治理体系和治理能力现代化。"全会明确提出进一步全面深化改革的总目标，要求"到二〇二九年中华人民共和国成立八十周年时，完成本决定提出的改革任务"。

"'继续'二字，意味着在党的十八届三中全会以来各项改革事业取得巨大成就的基础上不断深入推进，且越难越进。强调总目标有助于明确前进方向、更多凝聚全社会的正能量和共识。"中国宏观经济研究院产业经济与技术经济研究所所长刘泉红表示，这体现了压茬推进改革的毅力和定力，更具操作性，也将为后续的改革发展奠定更坚实的基础。

改革实践得到的宝贵经验，是破解改革发展稳定难题的规律性认识和重要抓手。

全会强调，进一步全面深化改革要总结和运用改革开放以来特别是新时代全面深化改革的宝贵经验，贯彻坚持党的全面领导、坚持以人民为中心、坚持守正创新、坚持以制度建设为主线、坚持全面依法治国、坚持系统观念等原则。

"'六个坚持'进一步深化了我们党对改革规律的认识，是新征程上进一步全面深化改革的重要遵循。要运用好'六个坚持'的宝贵经验，同时在进一步全面深化改革中贯彻好这些原则。"中国社会科学院中国式现代化研究院院长张翼说。

坚持科学改革方法

发展无止境,改革有章法。习近平总书记强调:"改革开放是前无古人的崭新事业,必须坚持正确的方法论,在不断实践探索中推进。"

全会明确提出,更加注重系统集成,更加注重突出重点,更加注重改革实效。

构建高水平社会主义市场经济体制,健全推动经济高质量发展体制机制,构建支持全面创新体制机制,健全宏观经济治理体系,完善城乡融合发展体制机制,完善高水平对外开放体制机制,健全全过程人民民主制度体系……全会对进一步全面深化改革做出系统部署。

中南财经政法大学国家治理学院社会治理法学学科带头人徐汉明说,这些部署体现了全局观念和系统思维,统筹国内国际两个大局,统筹推进"五位一体"总体布局,协调推进"四个全面"战略布局,必将进一步解放和发展社会生产力、激发和增强社会活力。

"完善国家战略规划体系和政策统筹协调机制""统筹新型工业化、新型城镇化和乡村全面振兴""协同推进降碳、减污、扩绿、增长"……

"全会的一系列部署,突出了进一步全面深化改革的系统性、整体性、协同性。"刘泉红分析,坚持科学的改革方法,处理好经济和社会、政府和市场、效率和公平、活力和秩序、发展和安全等重大关系,将更好推动各领域各方面改革举措同向发力,形成合力。

进一步全面深化改革,必须牵住"牛鼻子"。"以经济体制改革为牵引",全会明确了进一步全面深化改革的重要方向。

高水平社会主义市场经济体制是中国式现代化的重要保障,全会提出"实现资源配置效率最优化和效益最大化"等;高质量发展是全面建设社会主义现代化国家的首要任务,全会明确"完善推动高质量发展激励约束机制""健全因地制宜发展新质生产力体制机制"等;科学的宏观调控、有效的政府治理是发挥社会主义市场经济体制优势的内在要求,全会强调"完善宏观调控制度体系""增强宏观政策取向一致性"等。

"全会部署的重点任务中,经济体制改革位序靠前、分量很重,凸显其'牵引'作用。"刘泉红表示,一系列部署体现了党中央从现实需要出发、从最紧迫的事情抓起推动经济体制改革的重要导向。以经济体制改革为牵引,政治、文化、社会、生态文明等领域改革协同发力,将进一步推动改革突出重点、全面深化。

守正创新保持改革定力

守正创新，是全面深化改革的鲜明特色。习近平总书记强调，"改革无论怎么改，坚持党的全面领导、坚持马克思主义、坚持中国特色社会主义道路、坚持人民民主专政等根本的东西绝对不能动摇"。

党的领导是进一步全面深化改革、推进中国式现代化的根本保证。全会明确提出，提高党对进一步全面深化改革、推进中国式现代化的领导水平。

祝灵君表示，全会做出"完善党的自我革命制度规范体系""深化党的建设制度改革"等一系列部署，体现了坚持和加强党的全面领导特别是坚决维护党中央权威和集中统一领导的特殊重大意义，必将有力确保党始终是中国特色社会主义事业的坚强领导核心。

全会提出，必须坚定不移走中国特色社会主义政治发展道路，坚持和完善我国根本政治制度、基本政治制度、重要政治制度，丰富各层级民主形式，把人民当家作主具体、现实体现到国家政治生活和社会生活各方面。

"从发展全过程人民民主，到推进国家安全体系和能力现代化，再到持续深化国防和军队改革等，进一步全面深化改革有方向、有立场、有原则，志不改，道不变。"祝灵君表示，全会对进一步全面深化改革的部署，紧紧围绕继续完善和发展中国特色社会主义制度，推进国家治理体系和治理能力现代化这一总目标，确保改革在正确道路上前进。

守正才能不迷失方向、不犯颠覆性错误，创新才能不错失机遇、把握引领时代潮流。进一步全面深化改革，将紧跟时代步伐，顺应实践发展，突出问题导向，在新的起点上推进理论创新、实践创新、制度创新、文化创新和其他各方面创新。

"比如，全会明确提出统筹推进教育科技人才体制机制一体改革，健全新型举国体制，提升国家创新体系整体效能，这将有效破除人才成长的体制机制障碍，推动构建支持全面创新体制机制。"张翼说。

中国式现代化是物质文明和精神文明相协调的现代化。全会提出，必须增强文化自信，发展社会主义先进文化，弘扬革命文化，传承中华优秀传统文化，加快适应信息技术迅猛发展新形势，培育形成规模宏大的优秀文化人才队伍，激发全民族文化创新创造活力。

"建设文化强国，离不开守正创新的正气和锐气。"张翼表示，进一步全面深化改革突出问题导向，更加体现与时俱进，必将在披荆斩棘中推动中国式现代化行稳致远。

把牢改革价值取向

为了人民而改革，改革才有意义；依靠人民而改革，改革才有动力。

全会提出，在发展中保障和改善民生是中国式现代化的重大任务。必须坚持尽力而为、量力而行，完善基本公共服务制度体系，加强普惠性、基础性、兜底性民生建设，解决好人民最关心、最直接、最现实的利益问题，不断满足人民对美好生活的向往。

张翼表示，在发展中保障和改善民生，需要政府的责任担当和主动作为，需要充分考虑特定发展阶段的现实条件，从保障群众基本权益出发，稳中求进、循序渐进、锲而不舍、持续发力。

公平正义是人民所求、民心所向。

全会提出，必须全面贯彻实施宪法，维护宪法权威，协同推进立法、执法、司法、守法各环节改革，健全法律面前人人平等保障机制，弘扬社会主义法治精神，维护社会公平正义，全面推进国家各方面工作法治化。

"坚持人民至上，维护社会公平正义至关重要。"徐汉明认为，要坚持在法治轨道上深化改革，努力让人民群众在每一项法律制度、每一个执法决定、每一宗司法案件中感受到公平正义。要更好发挥法治在进一步全面深化改革中的固根本、稳预期、利长远保障作用。改革越深入，越要强调法治，越要营造更加公开透明、规范有序、公平高效的法治环境。

以促进社会公平正义、增进人民福祉为出发点和落脚点，体现了以人民为中心的改革价值取向。

全会提出，必须统筹新型工业化、新型城镇化和乡村全面振兴，全面提高城乡规划、建设、治理融合水平，促进城乡要素平等交换、双向流动，缩小城乡差别，促进城乡共同繁荣发展。

"人是城乡融合发展中最核心的要素，无论是推进新型城镇化还是推进乡村全面振兴，都要注重让城乡居民更公平地享有改革发展成果，促进城乡要素平等交换和公共资源均衡配置，形成城乡互惠互利的良性循环。"张翼说。

中国国情读本

澳门回归25周年

续写"一国两制"成功实践崭新篇章

—— 写在澳门回归祖国25周年之际

　　濠江溢彩，莲花绽放。在以中国式现代化全面推进强国建设、民族复兴伟业的关键时期，我们迎来澳门回归祖国25周年。

　　这是属于澳门和全体中华儿女的光辉日子。25年前，中国政府恢复对澳门行使主权，中华人民共和国澳门特别行政区成立，饱经沧桑的游子终于回到祖国母亲怀抱，开启崭新的历史纪元。25年来，在中央和祖国内地大力支持下，澳门特别行政区政府和社会各界接续奋斗，具有澳门特色的"一国两制"实践取得举世公认的成功，宪法和澳门基本法确立的特别行政区宪制秩序牢固树立，澳门各项事业全面进步，国际影响力显著提升，屹立于南海之滨的澳门特别行政区更加生机勃勃，祖国的"盛世莲花"焕发出前所未有的绚丽光彩。

2024年12月17日，行人经过澳门科技大学校园内的一处庆祝海报。

新华社记者 姚琪琳 摄

廿五载意气风发，廿五载春华秋实。回归祖国后，澳门迈入历史上发展速度最快、发展质量最高、居民幸福感获得感最强的时期。从制定实施维护国家安全法，到顺利完成维护国家安全法修订，完善了维护国家安全法律制度和执行机制，进一步夯实维护国家安全的制度根基。2023 年澳门本地生产总值（GDP）达到 3794.8 亿澳门元，自 1999 年以来年均增长 4.9%；人均 GDP 为 55.9 万澳门元，年均增长 2.9%。经济适度多元发展加快推进，产业结构逐步优化。全面实施从幼儿园到高中的 15 年免费教育，教育质量持续提升。建立涵盖生命全周期、覆盖生活各领域的民生保障体系，医疗保障水平不断增强，居民平均预期寿命 83.1 岁，位居世界前列。如今的澳门，维护国家安全屏障更加坚实，爱国爱澳社会基础更加巩固，社会大局和谐稳定，发展动能更具韧性，国际美誉度和影响力显著提升。

方向决定前途，道路决定命运。回归祖国 25 年来，澳门之所以能谱写"一国两制"成功实践的华彩篇章，根本在于做到了习近平主席总结的 4 点重要经验：始终坚定"一国两制"制度自信，始终准确把握"一国两制"正确方向，始终强化"一国两制"使命担当，始终筑牢"一国两制"社会政治基础。25 年来，中央全面准确、坚定不移贯彻"一国两制""澳人治澳"、高度自治的方针，坚持依法治澳，维护宪法和基本法确定的特别行政区宪制秩序，落实中央全面管治权，落实"爱国者治澳"原则，全力支持行政长官和特区政府团结带领社会各界，抓住国家发展带来的历史机遇，不断推进具有澳门特色的"一国两制"成功实践。

背靠祖国就有强大的底气，融入大局就有澎湃的动力。澳门回归祖国 25 年来，与内地互利合作、共同发展，以自身所长服务国家所需，为促进区域协调发展、推动国家改革开放和现代化建设作出贡献，在深度融入国家发展大局中实现澳门更大更好发展。澳门全面参与和助力"一带一路"建设，积极参与粤港澳大湾区建设，切实加强"一中心、一平台、一基地"建设，大力推进横琴粤澳深度合作区建设，巩固和拓展与葡语国家的合作和联系，以更大作为推进经济适度多元发展，不断增强澳门畅通国内大循环和联通国内国际双循环的功能。中央始终关心澳门的发展和进步，《内地与澳门关于建立更紧密经贸关系的安排》及有关补充协议有力拉动澳门经济发展，港珠澳大桥等跨境重大基础设施项目为澳门内引外联架设更加便捷通道，《横琴粤澳深度合作区建设总体方案》为澳门经济发展注入强劲动能。中国共产党二十届三中全会对进一步全面深化改革、推进中国式现代化作出系统部署，强调要发挥"一国两制"制度优势，健全香港、澳门在国家对外开放中更好发挥作用机制。这为澳门砥砺奋进、阔步向前指明了方向，提供了新的历史机遇。

澳门好，祖国好；祖国好，澳门会更好。"一国两制"在澳门的成功实践有力证明："一国两制"是符合国家、民族根本利益，符合澳门根本利益的好制度，其强大生命力和巨大优越性日益彰显；广大澳门同胞完全有智慧、有能力、有办法管理好、建设好、发展好澳门；伟大祖国始终是澳门的坚强后盾，祖国日益昌盛为澳门繁荣发展不断注入新活力。

澳门地方虽小，但在"一国两制"实践中作用独特。面向未来，习近平主席指出，中央将继续全面准确、坚定不移贯彻"一国两制""澳人治澳"、高度自治的方针，确保不会变、不走样。我们坚信，在中央的坚强领导下，澳门特区政府和澳门同胞居安思危、谋划长远，通过更好融入和服务国家发展大局，提升公共治理能力和管治水平，加快推进经济适度多元发展，大力改善民生，定能推动澳门各项事业全面发展。我们坚信，有伟大祖国作坚强后盾，新一任行政长官和新一届特别行政区政府定能团结带领澳门社会各界，切实做到勠力同心、守正创新，担当进取、善作善成。我们坚信，只要充分发挥"一国两制"的制度优势，敢于拼搏、勇于创新，澳门一定能创造更加美好的明天。

澳门，镜海扬帆风正劲

入夜时分，身披华灯的澳门大桥如一条蛟龙，蜿蜒于古称"镜海"的海面之上。这座于 2024 年通车的澳门第四座跨海大桥，不仅是澳门半岛与氹仔的交通枢纽，更是助力澳门深度融入粤港澳大湾区、迈向繁荣未来的最新通道。

1999 年 12 月 20 日，中国政府恢复对澳门行使主权，澳门重新纳入国家治理体系，开启了历史发展的新纪元。澳门也成为世界观察"一国两制"伟大创举的窗口。

劲帆归海澳，门迎万里风。回归 25 年来，澳门以祖国为坚强后盾，在向阳而生中华丽转身，在风雨历练中走向成熟，向世界展示具有澳门特色的"一国两制"成功实践的华彩篇章。

2024 年 12 月 1 日拍摄的澳门大桥。

本固根深才能枝荣叶茂

澳门回归纪念亭旁，一株白玉兰亭亭玉立、枝荣叶茂。这是澳门特区首任行政长官何厚铧于 2000 年亲手所植。

"一国"是根，根深才能叶茂；"一国"是本，本固才能枝荣。"'一国两制'方针如同澳门四季常青的绿树，充满着生机和活力。"回归祖国之初，澳门知名人士马万祺老先生曾有感而发。

如今，"一国两制"这棵常青之树已深深扎根于澳门的沃土，茁壮成长。

澳门特别行政区成立后，以宪法和澳门基本法为基础的宪制秩序牢固确立，治理体系日益完善。在中央的全力支持下，澳门发展成为物阜民丰、政通人和的国际知名都市，开创了历史上最好的发展局面。

2024 年 11 月 23 日拍摄的澳门一景（无人机照片）。

新华社记者 王益亮 摄

99

坚守"一国"之本，善用"两制"之利，澳门获得了源源不断的前进动力，取得多项令世人惊叹的成绩单：

——回归后澳门本地生产总值由1999年的519亿元（澳门元，下同）增长到2019年的4445亿元，保持年均11%的增长率，在发达经济体中位居前列。疫情防控平稳转段后，澳门2023年GDP增长高达80.5%；

——1999年至2023年，澳门人均GDP由1.5万美元增至6.9万美元；

——1999年至2023年，澳门失业率从6.3%降至2.7%；

——澳门就业人口月工作收入中位数，由回归之初的约5000元升至2023年的约2万元。

"25年前我曾来澳门旅游，2018年再度来到澳门时，我发现这座城市的变化堪称奇迹。"澳门大西洋银行行政总裁、葡萄牙人区伟时说，得益于"一国两制"的优势，一些国际公司将港澳视为进入中国内地市场的桥梁。反之，一些内地公司如果想要国际化，也会首选在港澳试水。

25岁的澳门特区摘下多项引以为傲的国际桂冠：

——在2024年《福布斯》杂志公布的最富有国家（地区）排名中，澳门居全球第二、亚洲第一；

——2023年和2024年，澳门因会展业突出表现，分别被评选为"最佳亚洲会议城市"和"最佳会议商务城市"；

2024年11月22日，学生在澳门教业中学操场举行升国旗仪式。

新华社记者 王益亮 摄

——在由中日韩三国共同发起的文化城市命名活动中，澳门特区获得2025年"东亚文化之都"殊荣。

"'一国两制'是一项开创性事业。"澳门特区行政长官贺一诚说，25年来，在中央的坚强领导和伟大祖国的支持下，在澳门社会各界和广大居民的共同努力下，在澳门特区历届政府的接续奋斗下，澳门在政治、经济、社会、民生各个领域创造了令世界瞩目的发展成就。

爱国爱澳铸就情怀底色

早晨8时，澳门教业中学操场，十名少年分列两队昂首阔步走到升旗台前，在国歌声中仰望着五星红旗冉冉升起。

"每次望着国旗升起，我都为自己身为中国人、为国家强大而骄傲。"国旗队成员、高一学生袁召骏说。

1949 年 10 月 1 日，濠江中学的杜岚校长带领全体师生，在校园升起了澳门第一面五星红旗。今天，澳门所有学校升挂国旗全覆盖。大中小学各个教育阶段都有基本法教育的相关内容，宪法和基本法被列为大学必修课。

澳门特区政府教育及青年发展局局长龚志明表示，澳门设立家国情怀馆、青少年爱国爱澳教育基地等场所，丰富学生对国家、澳门历史的多元学习体验。

25 年来，澳门社会各界在爱国爱澳的旗帜下实现广泛团结，爱国爱澳力量在社会政治生活中始终占据主导，为特区政府依法有效施政、确保"一国两制"在澳门成功实践奠定了坚实的基础。

2009 年澳门率先履行基本法第 23 条规定的宪制责任，制定澳门维护国家安全法；2018 年设立由行政长官担任主席的特别行政区维护国家安全委员会；2021 年设立国家安全事务顾问和技术顾问；连续 7 年举办"全民国家安全教育展"……澳门特区始终将维护国家主权、安全、发展利益放在首要位置，维护国家安全法律体系不断完善，广大居民和青少年的家国意识稳步提升。

国情教育（澳门）协会自 2009 年以来每年组织青少年国情知识竞赛，参赛人数屡创新高。"澳门虽小，但心系家国，下一代也一定会传承下去。"国情教育（澳门）协会会长王海涛相信，澳门人对祖国了解越多，认同感会越强。

这是 2024 年 8 月 8 日拍摄的澳门半岛景色（无人机照片）。

新华社发（张金加 摄）

背靠祖国擦亮澳门"金名片"

浩瀚宇宙中,有一颗以"澳门"命名的星。首颗内地与澳门合作研制的空间科学卫星——"澳门科学一号",时刻监测着地球磁场的变化。

"'澳科一号'在全球地磁科学领域具有极大影响力,是澳门一张硬核高科技名片。"澳门科技大学协理副校长、澳门空间技术与应用研究院院长张可可说,这也是"一国两制"下澳门与内地合作的成功典范。

香港《亚洲周刊》文章说,早在 1582 年,利玛窦就来到澳门,也带来了西方当时最先进的科学研究,善用这个小城的独特地位,开启中西方的文化交流。到了 21 世纪,澳门正探索最现代的科技前沿。

澳门回归祖国后,国家科技部先后批准澳门成立 4 所国家重点实验室。如今,澳门在中药质量研究、太空科学、健康科学等领域已经有了相当扎实的基础,高水平科研成果不断涌现,科技创新成为澳门的崭新名片。

"一业独大"长期困扰澳门经济社会发展,经济发展如何从"博彩"走向"多元",一直是摆在澳门人面前的一道考试题。

"澳门特区贯彻落实中央要求,以更大作为做好经济适度多元发展这道必答题。"澳门特区政府经济财政司司长李伟农说。

2023 年 11 月 1 日,《澳门特别行政区经济适度多元发展规划(2024—2028 年)》公布。这是澳门首个全面系统的产业发展规划,立足"一中心、一平台、一基地"定位,以"1+4"经济适度多元发展策略为依据,对接国家"十四五"规划和澳门特区"二五"规划。

"1+4"中,"1"是按照建设世界旅游休闲中心的目标要求,促进旅游休闲多元发展,做优做精做强综合旅游休闲业;"4"是持续推动大健康、现代金融、高新技术、会展商贸和文化体育等四大重点产业发展。

当前,澳门正努力逐步提升新兴产业在经济结构中所占的比重。"澳门特区必定会继续巩固并用好各项独特优势,全力推动经济适度多元发展,并把澳门国际大都市'金名片'擦得更亮,推动经济社会高质量发展。"李伟农说。

融入国家发展大局谱写新篇章

关闸,是澳门最繁忙的陆路口岸。连接关闸和拱形马路之间的狭长道路,处于莲花山下,古称"莲花茎"。

如今,关闸口岸人流依旧如潮,但不再一枝独秀。

港珠澳大桥口岸、横琴口岸 2024 年出入境人次总数双双突破 2000 万,创下历史新高;开通逾 3 周年的青茂口岸通关仅需 30 秒,截至 2024 年 9月已有约 6800 万人次"丝滑"过关。"澳车北上""深合区效应"带动珠澳各口岸欣欣向荣。

　　"因为澳门在大湾区，又有'一国两制'的支持，始终看好澳门发展。"在澳门大学执教十几年的美国人申大德说。2023年，澳门大学连接横琴口岸通道桥正式开通，申大德从澳大到横琴只需几分钟。

　　建设横琴粤澳深度合作区，是澳门融入大湾区的着力点和大舞台。2019年2月，《粤港澳大湾区发展规划纲要》出台，明确澳门作为大湾区四大中心城市之一和区域发展核心引擎。2021年9月，横琴粤澳深度合作区挂牌成立，打开"琴澳一体化"发展新篇章。

　　在中央大力支持下，澳门莲花口岸分阶段搬迁到横琴，并实行24小时通关，"合作查验、一次放行"的新型通关模式让通关时间从半小时缩至1分钟，粤港澳大湾区宜居宜业宜游"一小时生活圈"的梦想从这里照进现实。

　　2024年3月1日，横琴粤澳深合区正式实施分线管理，实行货物"一线"放开、"二线"管住，人员进出高度便利，为澳门经济适度多元发展，支持澳门更好融入国家发展大局，不断丰富"一国两制"新实践注入更强大动能。

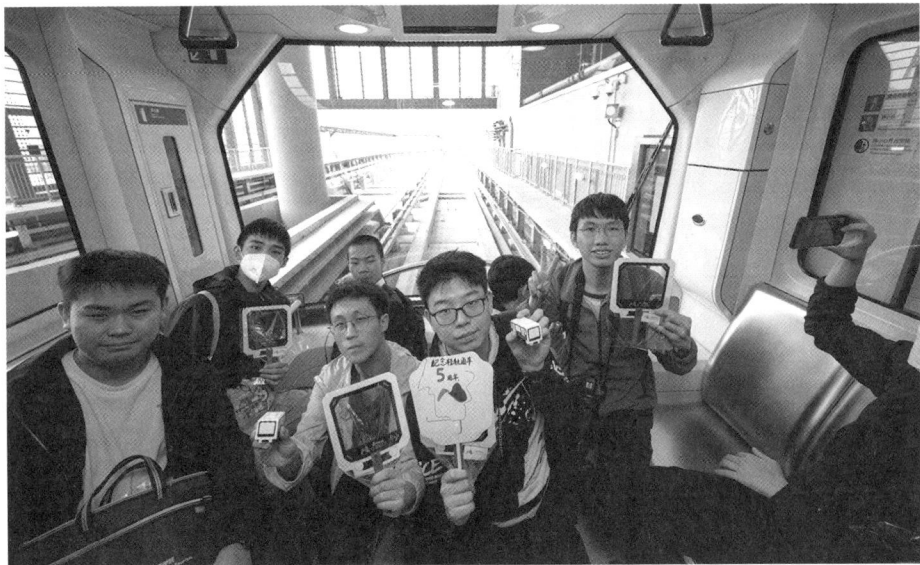

2024年12月2日，市民搭乘澳门轻轨前往横琴站。

新华社发（张金加 摄）

　　如今，科创企业实践着"科研在澳门、转化在横琴"，澳门居民享受着"居住在澳门、工作在横琴"的便利，逐步建成"澳门平台＋国际资源＋横琴空间＋成果共享"的琴澳联动发展新模式。

截至 2024 年 7 月，合作区澳企总数达 6365 户，比 3 年前增长 37.27%。今年上半年，合作区澳资产业增加值 18.81 亿元人民币，增长 125.9%。

横琴"澳门新街坊"项目已吸引首批澳门居民。这是粤澳两地携手合作、首个为澳门居民建设的综合民生工程。琴澳重点跨境民生工程——澳门轻轨横琴线于 12 月 2 日正式通车，为琴澳两地居民提供更加舒适、便捷的跨境出行。

南海春潮涌，风劲好扬帆。在强国建设、民族复兴的新征程上，回归祖国 25 载的"澳门号"列车驶入平稳发展的快车道，鸣笛奏响新时代的濠江之歌。

劲帆归海澳，门迎万里风

——澳门特色"一国两制"成功实践纪事

海风萦绕过中国南海之滨一座座崭新的城市高塔，轻拂澳门碎石路上的每一道沟褶，如时光展开缱绻画卷。

1999 年 12 月 20 日，中国政府恢复对澳门行使主权，"孤苦亡告，眷怀祖国"的游子终于回到母亲怀抱。那是刷新中华民族历史的高光时刻——澳门翻开"一国两制""澳人治澳"、高度自治的历史新页。

廿五载濠江奔涌、奋楫扬帆，"一国两制"这一中国特色社会主义的伟大创举在澳门得到全面准确贯彻落实，"充满喜和乐"的南海古城搭上国家发展的高速列车，擦亮国际大都市的金名片，书写了"祖国好，澳门会更好"的精彩故事。

劲帆归海澳，门迎万里风。国家主席习近平指出，澳门经济社会发展取得历史性成就、发生历史性变化，得益于"一国两制"方针的全面贯彻，得益于中央政府和祖国内地的大力支持，得益于特别行政区政府的积极作为和澳门社会各界的团结奋斗。

悲喜大三巴——穿越历史之门，共享盛世荣光

当晨辉倾洒在大三巴牌坊斑驳的花岗石墙上，澳门迎来新的一天。世界各地游客踩着葡式碎石路聚拢而来，在雕刻着异国神龛的石门上探寻这座城市的历史。400 多年前，来自地球另一端的冒险者踏足于此，澳门有了

Macao 的名字。后来，澳门与祖国母亲离散，成为哭泣的"七子"之一。

回归祖国前，澳门经济衰败，失业率高，社会治安混乱……那时有人说，香港电影里出现澳门大三巴的镜头，一定是要有坏事发生了。

2024 年 12 月 7 日，游客在澳门大三巴牌坊前拍照。

新华社发（张金加 摄）

1999 年 12 月 20 日，历史终于迎来反转，重回祖国大家庭的澳门开启时代新页。从此，大三巴的镜头伴随越来越多喜事盛事。

如果说回归是一道门，那么透过历史的取景框，人们看到的是澳门居民当家做主的欣喜，是共享收获的欢愉，是人生更加广阔的可能性。

76 岁的姚鸿明是澳门街坊会联合总会原负责人。"回归祖国让澳门人得以真正自己管理澳门。各街坊代表一致同意，在工作方针里加一句'共建特区'。"他说，回归后街坊总会这个有全澳门最大"居委会"之称的社团组织，通过不同渠道向特区政府提出各方面意见建议，为澳门发展贡献"草根力量"。

"共建特区"体现的正是"澳人治澳"的方针与精神，这是回归祖国后澳门居民感受最大的变化，在特区治理的不同场景中得以反复实践。

"我们接触了 200 多个社团、4700 多名市民，汇总了方方面面意见，集中起来就成为了我们的参选政纲。""我们有非常可爱的爱国爱澳社团，有非常亲近、平和、健康而且体谅人的百姓……我有信心和团队一起把澳门发展好。"澳门特别行政区候任行政长官岑浩辉谈到参选过程时说。

回归祖国后，澳门特别行政区保持原有资本主义制度和生活方式不变，法律基本不变，依法实行高度自治，享有行政管理权、立法权、独立的司法权和终审权，广大澳门同胞依法享受前所未有的广泛权利和自由。作为祖国大家庭的成员，拥有参与管理国家事务的民主权利；作为澳门的主人翁，承担建设特别行政区的历史责任。

上了年纪的澳门居民很多有这样的经历：在澳葡管治时期，华人领身份证要用葡文填写资料。但多数华人不会写葡文，请葡萄牙的工作人员代写要额外花钱。花不起钱的人就只好不领身份证，成为"没有身份的人"。

2023 年年底，特区政府因应电子政务发展推出新一代澳门居民身份证，居民可在 24 小时自助服务机上轻松办理更换。

印有金莲花的澳门身份证，背后是特区政府给予居民的幸福保障——出生津贴、15 年免费教育、医疗补贴、现金分享，以及相关的就业保障和创业资助……

2024 年 12 月 2 日，市民在澳门金莲花广场散步。

新华社发（张金加 摄）

回归祖国后，在中央政府和祖国内地的大力支持下，澳门经济高速发展。统计显示，特区政府财政储备由回归时的 130 亿澳门元增长到近期的近 6170 亿澳门元。政府"钱袋子"鼓了，把经济发展成果转化为社会福利分享给全体市民。

澳门回归前夕，医科毕业的张昊任被派往北京交流学习，因此爱上北京的她在回归后北上创业，专注于当时在内地刚起步的大健康产业。2023年，张昊任带着被国家药监局认定为"国内首创"的数字医疗技术，回到横琴粤澳深度合作区落户。一年后，公司被评为国家级专精特新"小巨人"企业。

澳门回归祖国成就了张昊任的精彩人生。她说，吸收了"两制"营养的横琴是中国最有活力的地方之一，现在要抓住机会，乘势而上。"把握国家发展带来的历史机遇，随着澳门国际知名度和影响力大幅提升，越来越多澳门人投身创业，去实现更大的梦想。"

25 年来，祖国始终把澳门作为掌上明珠，始终是澳门保持繁荣稳定的最坚强后盾，始终为澳门发展提供最大机遇。

"澳门回归祖国 25 年来的成功实践，充分证明了'一国两制'的强大生命力和巨大优越性。站在新起点，我们要总结经验，更好推进'一国两制'实践，体现'一国两制'优势。"岑浩辉表示。

妈阁望故乡——这扇心门朝向责任、朝向国家

位于澳门半岛内港的妈阁庙历尽沧桑，祈求平安的香火从未中断。鲜为人知的是，在妈阁庙身后有条细长的陡坡，在澳门的地理志中叫"万里长城"。

"这里有澳门人的家国情怀，也是对国家的集体记忆。"澳门科技大学社会和文化研究所所长林广志说。

在澳门，爱国是最大的政治共识。

澳门 2009 年完成维护国家安全的本地立法。法律利剑高悬，确保了国家对澳门行使主权，也维护了澳门社会和谐稳定。

2023 年 5 月 18 日，顺应澳门维护国家安全新的形势需要，《修改第 2/2009 号法律〈维护国家安全法〉》在悬挂着国徽的澳门特别行政区立法会全体会议厅获得全票通过。配合国安法修改，澳门相继完成行政长官选举法和立法会选举法的修改，让"爱国者治澳"原则更加有法可依。

"修订民生方面的法律时，各个阶层、领域，不同的利益群体会有不同的要求。但在落实维护国家安全法方面，我们基本上没有争议。因为都有一个共识——国家好，澳门就好。"澳门特别行政区立法会主席高开贤如是说。

"澳门居民爱不爱国？看看 2008 年、2020 年这两年的新闻，就知道什么是血浓于水。"澳门红十字会主席助理鲁凡常常发出这样的感慨。

2008 年 5 月 12 日汶川发生特大地震后，澳门特区政府、澳门基金会和社会各界积极支持救援、赈灾和重建工作，累计援助资金逾 56 亿澳门元。在当时人口不到 55 万人的澳门，相当于每位居民支援了一万多元。

2020 年 2 月 6 日出版的《澳门日报》刊载了这样的消息：澳企向内地捐赠的一批疫情防控物资——口罩 5600 只、防护衣 2000 件、护目镜 800 副，青茂口岸快速验放，"零延时"通关。几乎同时，澳门归侨总会募集近百万个医用口罩，交付内地抗疫前线。当时，内地网民深情回应："澳门，等疫情结束，我一定去撑你！"

在澳门，爱国是对祖国清澈的情怀和深刻的理解。

"当我看到国旗上熠熠生辉的星星和漂亮的红旗时，它就成了我心中挥之不去的那一抹中国红。"澳门教业中学小国旗手石芷函把这样的情感写进了作文。

如今，澳门所有学校升挂国旗全覆盖。"国旗手"意味着在品德、学习、综合素质等方面成绩突出，学做、争当国旗手在校园中蔚然成风。

澳门回归祖国后颁布的《非高等教育制度纲要法》明确将爱国爱澳、厚德尽善、遵纪守法定为澳门教育的总目标之一，并依此制定各学科"基本学力要求"。"正确认识国家和澳门的历史以及中华传统文化"纳入为学生必须掌握的能力，中国历史已被列为澳门基础教育阶段学生的必修课程。

"在大学阶段，宪法、基本法、国家安全等课程列入通识必修课，教学时数须达 45 小时。"澳门大学法学院教授骆伟建说，特区政府在公务员录用考试中也引入宪法、基本法、国家安全等内容，合格者才能成为管治团队一员。

在澳门学子的升学、求职简历中，有赴内地实习的经历常被突出呈现，了解国情被视为"更有竞争力"的体现。

曾参加"澳门青年人才上海学习实践计划"的澳门青年杨骏说，在上海了解到百姓诉求和愿望如何转化为国家政策，进而落实到地区、部门具体工作中。这样的经历对他后来投入澳门青年社团工作助益匪浅。

联通十字门——面向未来敞开机遇之门

搭乘新开通的澳门城市轻轨，从古老的妈阁庙到新横琴口岸只需二十几分钟。车窗外，横琴十字门中央商务区的摩天大楼与澳门新兴建筑群交替闪现。流动变换的城市天际线下，"一国两制"创新实践生动展开。

澳门特区政府行政会委员杨道匡认为，回归后澳门海岸线与天际线的巨大变化，是"一国两制"制度安排下，中央政府支持澳门打通发展瓶颈的生动体现。中央为澳门增加土地面积、明确海域面积，不断改善营商环境，为澳门跨越式发展释放更广阔空间。

从批准澳门填海造地建设新城区，到划定澳门85平方公里海域，再到横琴粤澳深度合作区分线管理封关运行，用以探索"一国两制"下粤港澳合作新模式……中央支持澳门经济适度多元发展的初心从未改变，力度持续加大。

漫步横琴粤澳深度合作区，新的写字楼拔地而起，新的景观大道花香四溢，新的道路、车站、隧道、桥梁展现"未来之城"的动人英姿。这些景象背后，还有更多喜人的探索，从软硬环境支撑的多元新产业到"澳味"十足的新家园，从粤澳一体化高水平对外开放的新体系到共商共建共管共享的新体制，共构出生机勃勃的发展图景。

走进横琴澳门青年创业谷，淡淡的咖啡香混着雨后青草的气息，这里是很多澳门青年"梦开始的地方"。纳金科技董事长雷震办公室的窗外，近景是横琴"天沐琴台"地标，远景是澳门氹仔金光灿灿的建筑群。

2014年，雷震在珠海注册纳金科技，主攻柔性透明导电材料创新与应用，核心产品是纳米银线。2018年，该项目获得阿里巴巴全球诸神之战创客大赛全球总冠军。3年后，雷震携纳金科技有限公司落户横琴。

雷震说，公司研发的柔性屏触控材料获得了数百万片量产规模，实现了"打破国外垄断、做中国自己的材料"的梦想。更让他欣慰的是，与早年澳门青年创业集中于手信店、早餐档、咖啡馆相比，越来越多新一代创青登上了高科技赛道。

"世界旅游休闲中心""中国与葡语国家商贸合作服务平台""建设以中华文化为主流、多元文化共存的交流合作基地"——这是澳门参与国家深化改革开放战略的任务单。

完成建设世界旅游休闲中心的目标要求，着力推动中医药大健康、现代金融、高新技术、会展商贸及文化体育产业的发展——被称为"1＋4"的澳门经济适度多元发展规划，是特区转型升级的必答题。

香港中文大学（深圳）公共政策学院院长、前海国际事务研究院院长郑永年说，"一国两制"成功实践不是澳门的尽头，而是新的发展开端和起点。"一国两制"是需要与时俱进的制度安排，要从发展角度展望澳门的未来。

25 年来，澳门"一国两制"的生动实践不断化为普通居民的日常生活场景——

以 20 秒通关速度穿越两种制度、两种货币区、两个关税区，坐上舒适的通勤巴士抵达办公室时，手上的早餐依然热乎；开着右舵的澳门牌照车辆驶入左舵车流的马路，自如安心如本地司机；住进"横琴新街坊"的澳门老街坊们，生活安乐，温情如常……

澳门城市大学副校长叶桂平认为，深合区建设正在重塑澳门青年的地域观念和职业规划，年轻一代更加关注内地广阔市场发展潜力，而跨地域发展机遇激发青年的上进心，推动青年积极提升专业技能及综合素质。

"2020 年，我从国外留学回到澳门。一天经过西湾大桥，横琴闯入我的视线，就像横空出世的一座新城。"澳门青年艺术家官宏滔说，澳门与横琴的紧密联系带给他灵感，日后创作出了《连城》系列艺术作品。

"我用小时候折纸的方法，把两个城市的平面图像结合成为一个圆，这恰好可以形容我眼中横琴与澳门相融相交、共赢合作的关系。"官宏滔说。

2024 年 7 月 5 日拍摄的澳门旅游塔和横琴、珠海景色（无人机照片）。

新华社发（张金加 摄）

十多年前，十字门水域是一道夜景分界线，澳门一边灯火璀璨，横琴一边漆黑暗淡。而今，这道浅浅水湾两侧早已灯火同辉、灿若银河，从一个侧面定格了中国式现代化的万千气象。

湾区之夜，点点星光辉映万家灯火。横琴澳门青年创业谷的写字楼

里，"90后"企业家黄茵正和团队制定方案，要赶在圣诞节假期前向巴西客户推介中国内地企业的产品。澳门大学教室中，思考的火花不断进发，首批获大湾区执业律师资格的黄景禧正在给学生上一节生动的案例教学课……

在更遥远的宇宙星河里，澳门首颗科学与技术试验卫星"澳科一号"正在观测南大西洋上空地球磁场。普通而安详的日日夜夜汇聚成振奋人心的伟大时代，澳门同胞正以昂扬之姿扛起大国公民的责任，擦亮"中国澳门"的骄傲姓名。

新中国成立75周年

生日快乐，新中国

2024 年 10 月 1 日是新中国成立 75 周年。

生日快乐，新中国！

中华民族是一个有时间感、历史感的民族，在重要时日讲究慎终追远，以缅怀先烈事迹，秉承先辈遗志，续接时代薪火。

历史回眸，刹那永恒。1949 年 9 月 30 日，人民英雄纪念碑在北京天安门广场奠基。走近这座英雄的丰碑，150 字简短碑文以"三年以来""三十年以来""由此上溯到一千八百四十年"三个时间坐标，高度概括了中国一百多年来革命历史的完整全貌，全面系统地勾勒出中华民族从沉沦中奋起、穿越百年沧桑迎来新生的伟大斗争历程。

在新中国成立前夜，以英雄的气概、人民的名义为崭新的政权奠基，这样的国家注定不凡！

从 9 月 30 日到 10 月 1 日，一日之程，百年梦想。一代一代中国人的奋斗，是光阴的故事。

北京中轴线最北端，钟鼓楼。曾以暮鼓晨钟，报送 600 多年"北京时间"的最新一处世界文化遗产，正重焕生机。鸡鸣、平旦、日出……"大时"十二时辰计时法，这一中华文化瑰宝，凝结着民族的智慧与骄傲，也诠注着中国人朝乾夕惕的每一天。

从 9 月 30 日到 10 月 1 日，十二时辰，百年跨越。一辈一辈中国人的足迹，是历史的刻度。

回望来时路，新中国的诞生何等艰辛；眺望未来时，新中国的成长不惧挑战。当前，世界百年未有之大变局加速演进，中华民族伟大复兴行至关键一程。昨天、今天、明天，串起个人、家庭、国家的同心圆。天下为公、克己奉公、天下兴亡、匹夫有责、和衷共济、风雨同舟——任时光变迁、世界变幻，推动历史车轮前进的民族精神从未改变，中国人家国一心、团结奋进的质朴情怀不会改变。

今天，我们庆祝共和国华诞的最好行动，就是把中国式现代化的伟大事业不断向前推进。任何困难都无法阻挡中国人民前进的步伐！

到 2029 年中华人民共和国成立八十周年时，完成党的二十届三中全会提出的改革任务，要在 1800 多天里，完成 300 多项改革任务；到 2035 年，基本实现社会主义现代化；到 21 世纪中叶，建成富强民主文明和谐美丽的社会主义现代化强国……还有更多"雪山""草地"要跨越，还有更多"娄山关""腊子口"要征服。我们一定会跨越，我们一定能征服。

新中国，欣欣向荣。

75 周年华诞！这一抹中国红闪耀华夏

每一次升旗仪式都承载着亿万人的梦想。2024 年 10 月 1 日，是新中国成立 75 周年，14 亿多中国人在国旗下，正豪情满怀开创明天的中国。

4 时许，华灯相伴，12.3 万人聚集在首都北京天安门广场，共同等待着那一抹升起的"中国红"，炽热的期盼紧贴着祖国的心房。

2024 年 10 月 1 日清晨，隆重的升国旗仪式在北京天安门广场举行，庆祝中华人民共和国成立 75 周年。

新华社记者 陈钟昊 摄

1949年10月1日，第一面五星红旗在天安门广场徐徐升起。至今，国庆节升国旗——这个中国人最深情的浪漫仪式，始终在心中澎湃。

从天南地北赶来的群众，他们甚至凌晨一两点就已抵达，心有信仰，眼中有光，只为能站得更前，靠得更近。

"妈妈，怎么还没开始呀？他们是在做准备吗？"7岁的小朋友侯少为手里举着一面小国旗问妈妈。

"是啊，他们时刻准备着，我们也在准备呢。"

"快看，国旗护卫队来了！"6时7分，一阵铿锵有力的脚步声传来。96名国旗护卫队队员从天安门中心拱形城门踏步而来，迈着整齐的步伐，沿着中轴线，踏上金水桥，穿过长安街，气势如虹，英姿飒爽。

"向——国旗——敬礼！"6时11分，全场肃静。军乐团奏响雄壮的旋律，旗手振臂扬起国旗，《义勇军进行曲》响彻天安门广场，国旗冉冉升起，全场观众紧紧注视，眼神中满是骄傲、激动与自豪。

"起来，起来，起来，我们万众一心……"全场群众自发高唱国歌，天安门广场上回荡着激昂澎湃的歌声。

此刻，五星红旗闪耀华夏。

此刻，我们可以告慰革命先辈，他们憧憬的美丽中国，盛世如所愿。

2024年10月1日清晨，隆重的升国旗仪式在北京天安门广场举行，庆祝中华人民共和国成立75周年。这是少先队员向国旗敬礼。

新华社记者 任超 摄

75 载峥嵘岁月，中国人民筚路蓝缕：从 1949 年全国居民人均可支配收入的 49.7 元，到 1978 年改革开放初期的 171 元，再到 2023 年全国居民人均可支配收入达到 3.92 万元。2013 年至 2023 年，中国经济对世界经济增长平均贡献率超过 30%，是世界经济增长的最大动力源。

75 载奋斗征途，今天的中国波澜壮阔！嫦娥六号月球背面采样、绿水青山大美场景、活力盎然的商业图景、新时代的乡村风貌……从科技强国到生态文明，再到乡村振兴，每一天都展现着中国的新样貌。

江山就是人民，人民就是江山。

75 年，光辉历程里，刻画着每一个人奔波拼搏的身影；峥嵘岁月中，承载每一个人追梦奋进。攻坚克难路上，任何困难都无法阻挡中国人民前进的步伐。

70 岁老人伊再全和老伴昨天从湖北黄冈来到北京，他们仰望着五星红旗，提起现在的日子越过越好，脸上露出温暖的笑容。

五年前，北京建筑大学学生王子彦参加了新中国成立 70 周年游行方阵。再次走进天安门广场，他说："中国发展日新月异，没变的是初心，是每个中国人心向一面旗的信仰。"

"日新月异的中国，背后是每个人奋进的脚步。"香港北京社团总会会长施荣怀说，有幸见证中国一步一个脚印地向前走。作为中国人，深感在国际上腰杆真的硬起来了！

以中国式现代化全面推进强国建设、民族复兴，是新时代新征程党和国家的中心任务。庆祝共和国华诞的最好行动，就是把这一前无古人的伟大事业不断推向前进。

北京航空航天大学大科学装置研究院研一新生刘明睿，志愿用青春续写飞天揽月传奇："拿到录取通知书的那一刻，我就决定国庆节看升旗，许强国之志！"

"拥有着 5000 年文明的中国，今天文化复兴、民族团结，迈着坚定的步伐走向明天。"刚刚获得全国民族团结进步模范个人的柏群说。

在人民英雄纪念碑北侧，18 米高的"祝福祖国"花篮喜庆夺目，"普天同庆""1949—2024"字样格外耀眼。万羽和平鸽腾空飞起，彩色气球迎风飘扬，带着每个人的希望放飞在首都上空。

征程万里风正劲，重任千钧再出发。

此时，金色的朝阳照亮整个天安门广场，伴随着《歌唱祖国》悠扬的旋律，群众放声歌唱、欢笑、蓬勃向上。

千里之外，甘肃积石山受灾群众领到集中安置住房第一批房屋钥匙，即将开启新的生活；西南地区规模最大的水资源配置工程、滇中引水项目的建设者，正对重难点工程香炉山隧洞展开攻坚……

今天，中国式现代化已经展开壮美画卷并呈现出无比光明灿烂的前景。中华儿女勠力同心，与新中国共同迈向更加光明未来。

让明天的中国更美好

——写在中华人民共和国成立 75 周年之际

时光不语，于记忆深处镌刻苦难辉煌；梦想无垠，在天地之间绘就万千气象。

今天的中国，江山壮丽，人民豪迈，前程远大。在中国共产党的坚强领导下，中华民族迎来了从站起来、富起来到强起来的伟大飞跃，中华民族伟大复兴进入了不可逆转的历史进程。

此时，或许你正忙碌于田间地头，奋斗在厂矿车间，或许你正穿梭于城乡街道，流连于名山大川……无论身处何地，相隔多远，14 亿多中华儿女，都在为着同一种情愫激荡共鸣，为着同一个主题振奋不已。

此刻，铺展新时代中国的壮丽画卷，循着习近平总书记的足迹，那些激情满怀的回望，那些奔赴梦想的憧憬，都融入深深感念，化作磅礴力量。

奋斗新时代，为人民的生活更幸福！

奋进新征程，让明天的中国更美好！

75 载沧桑巨变，梦想接连实现的中国豪迈自信

日出东方，叩启苍穹。

鲜艳的五星红旗迎风飘扬——

在长江黄河奔流的大地上，在天风海涛激荡的国门边，在千家万户洋溢的欢笑中，它是壮美的情怀，是温暖的力量。

9 月 30 日上午，北京天安门广场，人民英雄纪念碑巍然耸立。

习近平等党和国家领导人出席烈士纪念日向人民英雄敬献花篮仪式。

雄壮的《义勇军进行曲》，奏响历史的号角，拉开回忆的闸门。

"起来！不愿做奴隶的人们！把我们的血肉，筑成我们新的长城……"

97岁的卫小堂依然清晰记得作为中国人民政治协商会议第一届全体会议代表参加开国大典的情形："大家唱啊，欢呼啊，激动得流泪啊！"

从一名衣不蔽体、食不果腹的放羊娃成长为身经百战、九死一生的战斗英雄，卫小堂的传奇人生，仿佛就是脚下这片土地脱胎换骨、涅槃重生的写照。

如果不能理解中华民族自鸦片战争以来所经历的苦难有多么深重，就难以理解新中国的成立，对于中华民族具有何等重要的历史意义，就难以理解国强民富的梦想，在中国人的心中为何如此强烈而持久。

金色秋日里，天水市麦积区南山花牛苹果基地，习近平总书记专门听取甘肃引洮供水工程情况汇报，真切地回忆起2013年初来施工现场考察、指导解决施工难题的情景。

陇中自古苦瘠甲天下。千百年来，人们翻山越岭，找水盼水……

半个多世纪，沟壑纵横的黄土地一朝梦圆，甘甜的洮河水惠及近600万群众。祖祖辈辈靠天吃饭的父老乡亲，成了爱农业、懂技术、善经营的新型农民。

斗转星移，日月新天。

今天的中国，"乘风好去，长空万里，直下看山河"！

2024年9月13日拍摄的中国星网雄安总部办公楼（无人机照片）。

新华社记者 牟宇 摄

117

2024 年 3 月 13 日，集装箱货轮在海南洋浦国际集装箱码头装卸货物（无人机照片）。

新华社记者 郭程 摄

南水北调，西气东输，发达路网纵横九州，高铁营业里程世界第一，港珠澳大桥凌空飞架，雄安新区拔节生长，海南自由贸易港扬帆起航……

穿越革命和建设的洪流，激荡改革与发展的风云，中国号巨轮乘风破浪，在新时代闯关夺隘、行稳致远。

从新中国成立初期到今天，中国经济总量从 600 多亿元增长到超过 126 万亿元，按不变价计算，增长 223 倍。我们已成为全球制造业第一大国、货物贸易第一大国、商品消费第二大国以及外汇储备第一大国，是世界经济增长的重要引擎和稳定力量。

平畴沃野，碧水绕田。

第七个"中国农民丰收节"到来之际，湖南常德市鼎城区谢家铺镇港中坪村的"80 后"种粮大户戴宏，从手机新闻中得知习近平总书记向广大农民致以的节日祝贺。

2024 年春天，正在湖南考察的习近平总书记来到这里，戴宏自豪地介绍："从过去一家人最多种 50 亩地到如今承包 480 多亩水田，一家的综合年收入已超过 60 万元。"

建立家庭联产承包责任制，打赢脱贫攻坚战，加快推进农业农村现代化……中国粮食生产"二十连丰"，绿水青山成色更足，乡村振兴展现新气象。

75年，于历史长河不过弹指一瞬，但对中国人民和中华民族而言，却是沧桑巨变、换了人间。

"无论是在中华民族历史上，还是在世界历史上，这都是一部感天动地的奋斗史诗。"

2024 年 5 月 25 日，在山东省日照市东港区石臼街道日照幸福护理院，老人在工作人员的陪护下做填图游戏。

新华社记者 郭绪雷 摄

曾被称为"东亚病夫"的中国人，人均预期寿命从35岁增长到78.6岁；受教育程度从文盲占八成到高等教育规模位居世界第一；建成世界上规模最大的社会保障体系、医疗保障网络、养老保险体系……

今天，生活在这片土地上的每个人，共同享有人生出彩的机会，共同享有梦想成真的机会，共同享有同祖国和时代一起成长和进步的机会。

人类最高境界的梦想，总是表现为关于社会进步的理想。

从废除封建剥削的土地制度、完成"三大改造"，到取消延续 2600 余年的农业税；从建立人民当家作主的新型政治制度，到 14 亿人整体进入全面小康；从打破横亘在城乡之间的户籍二元化壁垒，到积极推进以人为本的新型城镇化……

始终在"赶考"的中国共产党，用一个个梦想的接连实现，书写着让人民满意的答卷，传承着领航人民共和国的基因和密码。

中国梦归根到底是人民的梦。

党的十八大以来，习近平总书记提出的中国梦，唤醒了中华民族最深刻的集体记忆，更照亮了亿万人民最渴盼的幸福愿景。

方志敏烈士陵园，高大的铜像前花团锦簇，人流如织。留言板上，有人写下：当今的可爱中国如您所愿，正屹立在世界的东方。

有可亲可敬的人民，有日新月异的发展，有赓续传承的事业……

今天的中国，欣欣向荣、蒸蒸日上。

今天的你我，芳华绽放、梦想生花！

挽民族之沉沦，建崭新之国家！多少仁人志士百余年来的求索，已化作中国共产党引领亿万中华儿女铸就的人间奇迹。

75 载春华秋实，充满生机活力的中国勇立潮头

9 月 10 日 13 时，身"披"国旗的 CA1523 航班从北京首都国际机场飞抵上海虹桥机场，这是国航首架 C919 国产大飞机投入运营。

浩瀚蓝天见证飞跃。

谁能想象，75 年前的开国大典，参与阅兵的飞行编队只有 17 架飞机，没有一架"中国造"。为了飞出气势，这支飞行编队不得不绕回来再飞一圈。

百废待兴，毛泽东同志曾感慨道："现在我们能造什么？……一辆汽车、一架飞机、一辆坦克、一辆拖拉机都不能造。"

这是 2024 年 8 月 28 日在位于上海的中国商飞总装制造中心浦东基地拍摄的国产大飞机 C919 交付仪式现场。

新华社记者 方喆 摄

1950 年 8 月，邓稼先冲破重重阻挠，回到祖国。5 年后，钱学森终于冲破软禁，踏上归途。

从原子弹到氢弹，法国用了 8 年、美国用了 7 年、苏联用了 4 年、中国仅仅用了 2 年 8 个月……

多少百折不挠，多少奋起直追。那些激情燃烧的岁月，积蓄起创新创造的中国力量。

1970 年 4 月 24 日，我国第一颗人造地球卫星"东方红一号"发射成功，拉开了中华民族探索宇宙奥秘、和平利用太空、造福人类的序幕。习近平总书记曾深情回忆："我当时在延川县梁家河村当知青，听到了发射成功的消息，非常激动！"

难忘惊雷般的"发展才是硬道理"，犹记让人热血沸腾的"团结起来，振兴中华"……改革开放的伟大变革，打开助力民族腾飞的动力引擎，让每个人追赶着时间，发现着自己。

"谁率先取得突破，谁就将在后续的研究和应用中占得先机！"清华大学的薛其坤院士带领团队分秒必争，历时 4 年，终于在实验中观测到量子反常霍尔效应，引领了量子物理等世界前沿领域的发展。

"中国科技又迎来新的春天。"2024 年 6 月 24 日，当薛其坤从习近平总书记手中接过国家最高科学技术奖证书，他不禁联想起 1977 年国家恢复高考后，自己从山东沂蒙山区走向世界学术舞台的人生际遇。

从"跟跑""并跑"再到"领跑"，一个曾经连铁钉和火柴都要进口的国家，用几十年时间走完了西方发达国家几百年走过的工业化历程，建成全球最完整、规模最大的研发体系和工业体系，进入创新型国家行列。

"不能总是用别人的昨天来装扮自己的明天。"党的十八大以来，以习近平同志为核心的党中央统筹把握中华民族伟大复兴战略全局和世界百年未有之大变局，"把中国发展进步的命运牢牢掌握在自己手中"，开辟了坚持走中国特色自主创新道路的新境界。

布局一条条产业链，高质量发展蓄势跃升：

"复兴号"一列动车组 4 万多个零部件，带动国内 20 余个省区市的 2100 余家配套企业；"手撕钢"攻克 452 个工艺难题、175 个设备难题，连续突破"世界极限"；今天，全球每销售 3 辆新车就有一辆"中国造"，平均每 10 辆电动汽车就有 6 辆车的电池来自中国……

展开一幅幅规划图，新质生产力孕育勃发：

从北京中关村到武汉"光谷"，178 家国家高新区重塑区域发展新版图，开辟新兴产业、未来产业新赛道；从京津冀到长三角、珠三角，"一小时经济圈"将时空缩短，让发展延伸；从东北地区到粤港澳大湾区，"天空之城"
竞相发展"低空经济"，"蓝海"的水开始沸腾……

突破一个个"卡脖子"问题，"中国制造"与"中国创造"惊艳世界：

2024 年 1 月 1 日，国产首艘大型邮轮"爱达·魔都号"停靠在上海吴淞口国际邮轮
港（无人机照片）。

新华社记者 丁汀 摄

2024 年 3 月 22 日在印度尼西亚雅加达丹戎不碌港停靠的"探索一号"科考船上拍
摄的"奋斗者"号全海深载人潜水器。

新华社记者 徐钦 摄

国产大型邮轮出海远航，神舟家族太空接力，"奋斗者"号极限深潜，国产手机"一机难求"……

瑞士日内瓦，世界知识产权组织总部大楼内，中国东汉科学家张衡发明的地动仪复制品引人驻足。

如今，中国是 10 年来创新力上升最快的经济体之一；中国拥有 26 个全球百强科技创新集群，连续两年位居世界第一……翻阅《2024 年全球创新指数（GII）报告》，世界知识产权组织总干事邓鸿森感到，"中国的创新不仅表现在文化和传统知识上，也越来越多地体现在科学技术上"。

"综合国力竞争说到底是创新的竞争。"今日中国迸发的巨大能量，与时代的浪潮同频共振。

国家邮政局统计显示，截至 8 月 13 日，我国 2024 年快递业务量突破 1000 亿件，相当于每天有 4.4 亿件快递在神州大地上流动。

一条条昼夜不息的分拣线，奔涌千城百业的活力；一架架繁忙穿梭的无人机，搭载向"新"而行的动力。

千帆竞发，百舸争流。每一个人的努力奔跑，汇成一个国家的浩荡前行。

无论是年近八旬的图灵奖获得者姚期智，还是"80 后"创业者袁玉宇，当年选择回国的理由不约而同："生逢其时，当不负盛世！"

今天的中国，有超过 130 万名留学人员遍布在全世界 100 多个国家。党的十八大以来，留学回国人数占同期出国留学人数的比例超过八成。

2024 年 8 月 22 日，在山东港口日照港集装箱码头，轮船在停泊作业（无人机照片）。

新华社记者 郭绪雷 摄

2024 年 5 月 22 日，山东日照港。习近平总书记来到这里，驻足码头岸边，远眺凝思。

茫茫天海间，一字排开的万吨货轮气势雄浑。改革开放的时代潮流，让这座港口从沉寂无闻到连通四海。

"就是要向世界宣示中国改革不停顿、开放不止步，中国一定会有让世界刮目相看的新的更大奇迹。"

从历史深处奔涌而来，向着民族复兴澎湃而去。坚信"时与势在我们一边"，终将改变历史的潮汐！

75 载砥砺奋进，赓续民族精神的中国挺直脊梁

9 月 29 日上午，北京人民大会堂，这座见证过新中国无数荣光的人民殿堂，又一次聆听掌声如潮。

踏着激昂的旋律，习近平总书记同国家勋章和国家荣誉称号获得者一同步入会场。

岁月如碑，铭刻他们为国分忧、为国尽忠的功勋。

赵忠贤为高温超导研究扎根中国并跻身国际前列矢志奋斗，年逾八旬还在培养学生；巴依卡·凯力迪别克一家三代接力护边和他儿子舍己救人的英雄故事，传遍帕米尔高原；许振超填补多项国际技术空白，屡次刷新集装箱装卸世界纪录……

在峥嵘岁月中初心如磐，在使命召唤下勇攀高峰。无数平凡的中国人，成就极不平凡的新中国。

有志青年的救亡图存，革命先烈的前仆后继，投身建设的奉献牺牲，改革开放的敢为人先，新时代的自立自强、创新创造……一路走来，中华民族的精神炬火愈发炽热，熠熠生辉。

这炬火，饱含浓烈的家国情——

宁夏银川，长城花园社区，邻里和睦，其乐融融。

2024 年 6 月 19 日，习近平总书记走进这个多民族聚居的幸福家园。

激动的各族群众把习近平总书记簇拥在中间。总书记亲切地同大家握手，微笑着轻拍孩子们的肩膀。

习近平总书记深情地说："五十六个民族凝聚在一起就是中华民族共同体，中华民族是一个大家庭。我们共同奋斗，一起推进中国式现代化，实现中华民族伟大复兴！"

这炬火，映照真挚的中国心——

在香港回归、澳门回归的庄严时刻，在"清澈的爱，只为中国"的战士眼中，在追求极致的"大国工匠"手中，在阖家团圆、祈祷国泰民安的

焰火升腾中……

　　20多年来，林顺潮等香港眼科医生发起"亮睛工程"，带领团队深入内地偏远地区，为数以十万计患者免费施行白内障手术，让光明照进骨肉同胞的心田。

2024年7月26日，在法国巴黎举行的第33届夏季奥林匹克运动会开幕式正式开始前，中国体育代表团旗手挥舞国旗。

新华社记者 曹灿 摄

　　这炬火，熔铸奋斗的旗帜——

　　1932年，太平洋彼岸洛杉矶，刘长春孤身一人出征奥运会。彼时报纸刊文："此刻国运艰难，愿诸君奋勇向前，愿来日我等后辈远离这般苦难！"

　　而今，巴黎奥运会上，游泳运动员潘展乐打破世界纪录后感言："我的这块金牌，献给伟大的祖国！"

　　百年奥林匹克，见证华夏向前，民族不屈！

　　打破封锁围堵，战胜地震洪水，抗击严重疫情，应对金融危机……新中国成立75年来，中华民族就是这么栉风沐雨走过来的，中国道路就是这么披荆斩棘闯出来的。

　　正如习近平总书记指出："我们的国家，我们的民族，从积贫积弱一步一步走到今天的发展繁荣，靠的就是一代又一代人的顽强拼搏，靠的就是中华民族自强不息的奋斗精神。"

这炬火，激荡丰伟的正能量——

那是《我的祖国》传唱不衰，《雷锋日记》历久弥新；是"小平你好"的热情问候，是"强国有我"的铿锵誓言；是"文博热"对"何以中国"的仰望，是"村超""村晚"对"热辣滚烫"的追求……

"文化自信是更基本、更深沉、更持久的力量。"

这炬火，照亮我们的精神底色，涵养我们的民族气质。

金秋时节，陕西宝鸡青铜器博物院，镇院之宝何尊铭文"宅兹中国"，诉说着"中国"一词蕴藏的博大文明。

伫立其前，习近平总书记溯古言今："中华文明五千年，还要进一步挖掘，深入研究、阐释它的内涵和精神，宣传好其中蕴含的伟大智慧，从而让大家更加尊崇热爱，增强对中华文明的自豪感，弘扬爱国主义精神，把中华优秀传统文化一代一代传下去。"

泱泱中华，历史何其悠久，文明何其博大，这是我们的自信之基、力量之源。

中华优秀传统文化传承发展工程深入实施，中国国家版本馆盛世修文，春节列入联合国假日，构建人类命运共同体理念载入联合国安理会决议……

黄河九曲，长江奔流。

我们赓续伟大精神，挺起民族的脊梁！

75 载人间正道，与世界携手的中国笃志前行

"中华人民共和国万岁""世界人民大团结万岁"——庄严雄伟的天安门城楼，两行巨幅标语格外醒目。

它昭示着共和国缔造者的雄心壮志："中国应当对于人类有较大的贡献。"

也宣示着新时代领航者的庄严承诺："中国共产党是为中国人民谋幸福、为中华民族谋复兴的党，也是为人类谋进步、为世界谋大同的党。"

人间正道是沧桑。今日之中国，已是世界之中国。

2024 年中国国际服务贸易交易会上，主宾国法国国家馆内人头攒动。与会者一边品鉴香槟，一边洽谈合作。

这些香槟，从法国兰斯山脚的葡萄庄园出发，搭乘中欧班列长安号，来到万里之遥的中国，成为服贸会的"座上宾"。

"经过 75 年艰苦卓绝的奋斗，中国的国家面貌和人民生活发生了翻天覆地的变化，但有一点从未改变，那就是我们和平良善的本性、博大包容的胸襟和对公平正义的追求，它根植于 5000 多年的中华文明，生长于中国人民的灵魂深处。"

2024 年 5 月，习近平总书记访欧期间，以饱含深情的"文明自述"，让外国元首又一次领略真实、立体、全面的中国。

"志合者，不以山海为远。"这句充满智慧的中国古语，成为今天的中国与世界"双向奔赴"的生动写照。

2024 年 8 月 8 日，在上海举行的第七届进博会技术装备、汽车展区展前供需对接会现场，展商工作人员（右）向采购商介绍企业产品。

新华社发（陈浩明 摄）

"China Travel"火遍全球，广交会、进博会、消博会等"展会矩阵"高朋满座，从被西方世界拒之门外到与全球 183 个国家建交、与 150 多个国家和 30 多个国际组织签署共建"一带一路"合作文件……

"中国之约"应者云集，越来越多的老伙伴、新朋友搭上"中国快车"。

"住在同一颗星球，仰望同一片天空。远和近，都是家人；你和我，命运与共……"中非合作论坛北京峰会欢迎宴会上，来自中国与非洲的少年儿童齐声歌唱。

"在人类追求幸福的道路上，一个国家、一个民族都不能少。"

立己达人的新时代中国，正与世界携手同行。

面对世界百年未有之大变局，百年大党展现宏图壮志与历史担当：

"我们党把马克思主义基本原理同中国具体实际结合起来，在古老的东方大国建立起保证亿万人民当家作主的新型国家制度，使中国特色社会主义制度成为具有显著优越性和强大生命力的制度，保障我国创造出经济快速发展、社会长期稳定的奇迹，也为发展中国家走向现代化提供了全新选择，为人类探索建设更好社会制度贡献了中国智慧和中国方案。"

这是震古烁今的伟大事业——

当今世界，完成工业化的发达国家和地区的人口总和不到 10 亿人，中国实现现代化的"惊人一跃"，将超过几个世纪以来全世界所有国家和地区现代化人口的总和。

这是指引征程的宏伟蓝图——

"到二〇三五年，全面建成高水平社会主义市场经济体制，中国特色社会主义制度更加完善，基本实现国家治理体系和治理能力现代化，基本实现社会主义现代化，为到本世纪中叶全面建成社会主义现代化强国奠定坚实基础……"2 万多字的《中共中央关于进一步全面深化改革、推进中国式现代化的决定》，连接的是每个人的当下与未来。

这是给人类文明进步以启迪的价值追求——

中国的现代化，不仅是"物"的现代化，更是"人"的现代化；不仅要实现国家的富强，更要实现人的全面发展、社会全面进步；不仅要以更加开放的姿态拥抱世界，还要以更有活力的文明成就贡献世界。

2024 年 9 月 1 日，全国中小学生同上"开学第一课"，玄武岩"织就"的五星红旗在月球背面展开的画面，"燃"起无数颗青春的心。

中国红，又一次闪耀在太空！中国，正向着更辽阔的时空进发。

"只有敢于走别人没有走过的路，才能收获别样的风景。"

笃志前行，虽远必达。

我们已踏上充满光荣和梦想的远征！

我们将创造更加光明而壮阔的未来！

共同谱写中国式现代化建设新篇章

——热烈庆祝中华人民共和国成立 75 周年

岁月如歌，征途如虹。在以中国式现代化全面推进强国建设、民族复兴伟业的关键时期，我们迎来中华人民共和国 75 周年华诞。天安门广场花团锦簇，五星红旗迎风飘扬，各族人民共同欢庆伟大祖国生日。此时此刻，爱国主义热情在亿万中华儿女心中澎湃，万众一心的豪情在山河间升腾，激荡起向着民族复兴宏伟目标砥砺奋进的铿锵足音。

历史见证壮阔征程。75年过去，弹指一挥间。我们党团结带领人民，用几十年时间走完西方发达国家几百年走过的工业化历程，创造了经济快速发展和社会长期稳定的奇迹，书写了中华民族几千年来最为恢宏的史诗。曾经一穷二白的国家走向繁荣富强，稳居世界第二大经济体；曾经温饱不足的中国人民已实现全面小康，人均可支配收入增长75.8倍。一个坚韧不拔、欣欣向荣的东方大国日益走近世界舞台中央，一个不屈不挠、生生不息的古老民族迎来伟大复兴的光明前景。

时间镌刻奋斗足迹。反贫困、建小康，战疫情、斗洪峰，稳经济、促发展，化危机、应变局……党的十八大以来，以习近平同志为核心的党中央统筹中华民族伟大复兴战略全局和世界百年未有之大变局，团结带领全党全国各族人民采取一系列战略性举措，推进一系列变革性实践，实现一系列突破性进展，取得一系列标志性成果，攻克了许多长期没有解决的难题，办成了许多事关长远的大事要事，经受住了来自政治、经济、自然界等方面的风险挑战考验，创造了新时代中国特色社会主义的伟大成就，推动我国迈上全面建设社会主义现代化国家新征程，实现中华民族伟大复兴进入不可逆转的历史进程。

往昔已展千重锦，明朝更进百尺竿。75年取得的伟大成就，为我们再创辉煌奠定了坚实基础。要清醒看到，新征程上仍有许多"险滩"要涉、"难关"要闯。面对风高浪急甚至惊涛骇浪，必须保持"乱云飞渡仍从容"的定力，激发"越是艰险越向前"的干劲，汇聚起共襄强国建设、民族复兴伟业的磅礴力量。

办好中国的事情，关键在党。新时代党和国家事业取得历史性成就、发生历史性变革，根本在于有习近平总书记作为党中央的核心、全党的核心掌舵领航，在于有习近平新时代中国特色社会主义思想科学指引。新征程上，要深刻领悟"两个确立"的决定性意义，增强"四个意识"、坚定"四个自信"、做到"两个维护"，深入推进新时代党的建设新的伟大工程，确保党始终是中国特色社会主义事业的坚强领导核心，确保中国式现代化建设始终沿着正确方向扎实推进。

道路决定命运。中国特色社会主义道路是党和人民历经千辛万苦、克服千难万险取得的宝贵成果和根本成就。历史和现实深刻昭示，中国特色社会主义道路是实现社会主义现代化的必由之路，是指引中国人民创造自己美好生活的必由之路。新征程上，坚定志不改、道不变的决心，沿着中国式现代化这条康庄大道勇毅笃行，就一定能够战胜各种艰难险阻，在新的历史条件下继续夺取中国特色社会主义伟大胜利。

推进中国式现代化，是新征程上凝聚全党全国人民智慧和力量的旗帜。党的二十大擘画了全面建设社会主义现代化国家的宏伟蓝图。党的二十届三中全会对进一步全面深化改革、推进中国式现代化作出系统部署。新征程上，唯有自觉把改革摆在更加突出位置，把全面深化改革作为推进中国式现代化的根本动力，以钉钉子精神抓好改革落实，一锤接着一锤敲，一茬接着一茬干，才能为中国式现代化提供强大动力和制度保障。

为了人民而发展，发展才有意义；依靠人民而发展，发展才有动力。现代化的本质是人的现代化，中国式现代化是亿万人民自己的事业。新时代的伟大成就是党和人民一道拼出来、干出来、奋斗出来的。充分发挥人民的主人翁精神和创造伟力，让现代化建设成果更多更公平地惠及全体人民，不断实现人民对美好生活的向往，集众智、聚合力，为推进中国式现代化建设注入不竭动力。

梦想召唤，使命催征。从 20 世纪 50 年代党中央提出关于"四个现代化"的构想，到改革开放之初聚焦"中国式的四个现代化"新命题，再到新时代以习近平同志为核心的党中央郑重宣示"到本世纪中叶把我国建成富强民主文明和谐美丽的社会主义现代化强国"，大道之行，一以贯之。新征程上，让我们更加紧密地团结在以习近平同志为核心的党中央周围，以习近平新时代中国特色社会主义思想为指导，撸起袖子加油干，勠力同心向前进，共同谱写中国式现代化建设新篇章。

逐梦九天再出征

——写在神舟十九号载人飞船发射成功之际

凌晨4时的西北大漠，墨色罩大地，苍茫寂静寒。

大漠深处的酒泉卫星发射中心载人航天发射场，却是灯火通明，正静静地等待着又一次举世瞩目的飞行——

2024年10月30日4时27分，搭载着神舟十九号载人飞船的长征二号F遥十九运载火箭点火发射，将3名航天员送入太空。

25年前，我国第一艘神舟飞船从这里升空，在太空遨游一天顺利返回，成功实现天地往返的重大突破；

25年后，神舟十九号载人飞船又从这里奔赴中国空间站，"70后""80后""90后"航天员齐聚"天宫"，实现中国人在太空的第5次"会师"。

逐梦九天，英雄出征。胡杨金黄的这个深秋，东风航天城的这个不眠之夜，注定在载人航天史册上留下永恒绚烂的一笔。

问天出征在子夜

10月30日凌晨，东风航天城问天阁。

"宇航东路"和"航天路"交会处，圆梦园广场上红旗招展，早早来到这里的欢送人群在道路两侧排成两条长龙。

1时37分，神舟十九号载人飞行任务航天员乘组出征仪式在这里举行，蔡旭哲、宋令东、王浩泽3名航天员身着乳白色舱内航天服从问天阁南侧门缓缓走出。

他们边行进边向欢送人群挥手致意，欢送人群也喊出了"向航天员学习、向航天员致敬""祝你们成功、等你们凯旋"的口号。

这是中国人第14次出征太空。

指令长蔡旭哲走在中间。2022年，他首次实现自己的飞天梦想返回地球后，信心满怀地表示"希望有朝一日重返太空家园"。

2024 年 10 月 30 日，神舟十九号载人飞行任务航天员乘组出征仪式在酒泉卫星发射中心问天阁圆梦园广场举行。这是航天员蔡旭哲（右）、宋令东（中）、王浩泽在出征仪式上。

新华社记者 李志鹏 摄

仅仅过去 22 个月，他的愿望便又成真。他深情地说："有祖国和人民的托举，我才能一次又一次征战太空。"

走在蔡旭哲两侧的，是他的两名"90 后"战友。

宋令东入选前是空军战斗机飞行员，是我国首个飞天的"90 后"男航天员。从翱翔天空到遨游太空，他期待着不辱使命，"将祖国的荣耀写满太空"。

王浩泽入选前是航天科技集团有限公司航天推进技术研究院的高级工程师，是我国目前唯一的女航天飞行工程师，也是继刘洋、王亚平之后，我国第三位执行载人航天飞行任务的女性。

从科研人员到航天员，从托举飞天到自己飞天，王浩泽说："虽然身份在变，但航天报国的初心和使命不变。"

"五星红旗迎风飘扬，胜利歌声多么响亮……"当《歌唱祖国》的旋律响起，86 岁的敦煌研究院名誉院长樊锦诗挥舞起手中的国旗跟着合唱起来。

为给神舟十九号航天员出征送行，这位有"敦煌的女儿"之誉的老人在家人陪同下，专程从敦煌驱车来到出征仪式现场。接受新华社记者专访时，老人说："我研究的是画在洞窟里的飞天，航天员们才是真正的飞天，我非常敬佩他们。"

从敦煌到酒泉，只有几百公里。

从飞天到飞天，已经过去千年。

"出发！"

1时38分，中国载人航天工程总指挥、空间站应用与发展阶段飞行任务总指挥部总指挥长许学强下达命令，3名航天员领命出征。

从2003年杨利伟首次飞天至今，从"60后"到"90后"，24位飞天英雄都是从这里一次又一次踏上了飞天之路。

每一次的挥手道别，都是中国载人航天事业的全新突破；每一次对太空的叩问，都绘成了建设航天强国的坚实足迹。

送君逐梦探九霄

3名航天员登车离开问天阁时，6公里外的酒泉卫星发射中心载人航天发射场，发射程序已经进入倒计时工作状态。

发射场内，在探照灯光的映衬下，长征二号F遥十九运载火箭和神舟十九号载人飞船组合体在夜色中愈显明亮。

"5，4，3，2，1，点火！"

2024年10月30日，搭载神舟十九号载人飞船的长征二号F遥十九运载火箭在酒泉卫星发射中心点火发射。

新华社记者 李鑫 摄

4 时 27 分，0 号指挥员赵磊的口令响彻发射场区。长征火箭拖曳着长长的尾焰拔地而起，直刺苍穹。

和面前指控中心屏幕上的实时画面相比，他听到的轰鸣声来得要稍慢几秒。

这是赵磊 2024 年第二次担任载人飞行任务 0 号指挥员。从进入发射程序到点火，他需要下达上百个口令。

从发射前 30 分钟开始，他就是发射场整个任务执行团队的指挥员，既要清楚各系统技术状态、测试机理，又要善于力量调配、精于计划协调，还要高效稳妥科学处置突发状况，不允许有任何差错。

"'0 号'不是一个人，而是一个团队。"赵磊说，大家分工明确，配合默契，像一台精密的机器一样有条不紊地自主运行。

火箭轰鸣，震颤大地。塔架不远处的东风发射场数智中心，显示屏上实时显示着塔架、人员状态和设备运行参数等。

"在这里，我们能够实时掌握、集中监控所有资源的状态和任务流程，实现航天发射任务自动规划和日常工作填报，增强装备的可靠性安全性。"工程师胡永刚说。

无论是产品状态检查和质量复查，还是转运吊装、气密性检查和加注，数智中心都有实时监控设备和无人机巡航充当发射场"千里眼"，对发射场进行全面监测，为技术区测试人员转接实时高清画面，辅助发射场工作高效稳妥开展。

"青山 USB 雷达跟踪正常。"

火箭点火起飞后，也是工程师王录最为繁忙的时候。他所在的测控站，距离发射场只有 7 公里，是神舟十九号测控任务链条上的第一棒。

1994 年大学毕业，王录就来到这里，这些年参加了神舟一号任务以来的所有载人航天发射任务，是单位里的技术大拿，每次任务都要在机房里不停忙碌。

30 年扎根于此，王录对每一型测控设备如数家珍，却从未现场看过发射。"我在岗位上，心里才踏实。"

这也正是无数航天人的常态。任务来临时，他们大多没有机会感受现场发射时的震撼。对他们而言，发射只是屏幕上的一个光标，或者是头顶上的一阵轰鸣。

与此同时，3000 多公里之外的文昌航天发射场，受超强台风"摩羯"影响，天舟八号任务正按新的计划稳步推进，将于 11 月中旬择机发射。担负登月任务的发射场、测控通信、着陆场等地面系统正在开展研制建设。

我国第四批预备航天员面向未来载人登月任务，正进一步训练从操控飞行器到驾驶月球车、从天体辨识到地质科考、从太空失重漂浮到月面负重行走的能力。

梦想，是无关距离的同频共振。

2024年10月30日在北京航天飞行控制中心拍摄的神舟十九号载人飞船和空间站天和核心舱前向端口对接过程的画面。

新华社发（韩启扬 摄）

从大漠酒泉到滨海文昌，从嫦娥奔月到莫高窟飞天壁画，从神舟一号成功发射到神舟五号飞天梦圆，从中国空间站如期建成到载人登月进展顺利……千百年来，中国人对太空的向往和探索从未停止。

星辰征途永向前

火箭隐入墨色夜空，化作星光一点，渐渐从人们的视野中消失。距离发射塔架1.5公里的总装测试厂房前，观看发射的人群迟迟不肯离去。

此时此刻，长征二号F遥二十运载火箭与神舟二十号载人飞船已经进入待命状态。

"人类载人航天活动始终充满风险与挑战。"中国载人航天工程新闻发言人、中国载人航天工程办公室副主任林西强说，中国载人航天工程全线始终坚持质量第一、安全至上，始终把确保航天员安全摆在首要位置。

从神舟十二号任务开始，我国载人飞船发射采用"发一备一"的滚动备份模式。一旦出现突发状况，备份的运载火箭与载人飞船可以迅速从待命状态转入发射状态，执行空间站应急救援任务。

执行这次发射任务的长征二号 F 运载火箭，是我国现役唯一一型执行载人任务的运载火箭，也是目前我国所有运载火箭中系统最复杂的，享有"神箭"美誉。

相较于非载人任务火箭，长征二号 F 所特有的故障检测处理、逃逸救生系统，都是为了在紧急情况下帮助航天员安全返回。

外观上看，长征二号 F 顶端多了一个类似避雷针的尖塔状装置，那是用于载人飞船逃逸飞行的逃逸塔——在载人航天论证之初，逃逸系统就被提上日程，"只要载人就必须有这个系统"。

"遥十九火箭的逃逸系统进行了持续的技术改进，我们对逃逸系统的可靠性追求是永无止境的。"中国运载火箭技术研究院魏威说。

我国首位航天员杨利伟就曾在神舟五号任务中经历共振。他在《太空一日》一文中写道："共振以曲线形式变化着，痛苦的感觉越来越强烈，五脏六腑似乎都要碎了。我几乎难以承受，觉得自己快不行了。"

这种情况在神舟六号飞行时，有了很大改善，在后来的航天飞行中没有再出现过。神舟六号航天员聂海胜说："我们乘坐的火箭、飞船都非常舒适，几乎感觉不到振动。"

一直以来，火箭优化改进的脚步，从未停止。

"经过持续不断地消除薄弱环节、优化技术状态，长征二号 F 遥十九运载火箭可靠性评估值已提升至 0.9904。"中国运载火箭技术研究院陈牧野说。

在确保发射可靠性、安全性的前提下，长征二号 F 火箭团队不断梳理优化发射场流程，提升测发效率。陈牧野表示，神十九任务的测发流程已经优化至 30 天。

我国的运载火箭，以"长征"命名。

"对于这个名字，大家的意见高度一致。"中国运载火箭技术研究院原副院长冬春，回忆 20 世纪 60 年代为运载火箭命名的过程时曾这样说道，"天高路长，太空任务的艰巨性，似乎只有红军长征能够相比。"

红军长征时期率领"十七勇士"强渡大渡河的营长孙继先，就是酒泉卫星发射中心前身——中国第一个导弹综合试验靶场的第一任司令员。

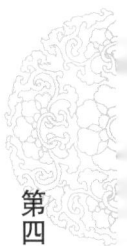

在这片大西北的戈壁滩中，孙继先看着石岭和荒滩，留下了"干在戈壁滩，埋在青山头"的誓言。仅用两年多时间，茫茫戈壁上便建起了我国第一个导弹综合试验靶场。

斗转星移。

2024年10月30日在北京航天飞行控制中心拍摄的神舟十九号航天员乘组和神舟十八号航天员乘组交流的画面。

新华社发（韩启扬 摄）

2024年是中央红军长征出发90周年，神舟十八号、十九号载人飞船相继从这里升空，再探寰宇。

2025年，中国载人航天工程计划实施神舟二十号、神舟二十一号、天舟九号3次飞行任务。

长征十号运载火箭、梦舟载人飞船、揽月月面着陆器、登月航天服、载人月球车……锚定2030年前实现中国人登陆月球的目标，各项研制建设工作正在全面推进。

我们的目标是星辰大海，从未止步。

中国载人航天，永远值得期待。

神舟夜泊东风城　神州再迎游子归

——写在神舟十八号航天员平安归来之际

神舟夜泊东风城
神州再迎游子归

写在神舟十八号航天员平安归来之际

新华全媒头条

2024 年 11 月 4 日凌晨，浩渺星河泛舟 192 天后，神舟十八号载人飞船返回舱划过夜幕，成功抵达东风着陆场，3 名航天员叶光富、李聪、李广苏全部安全顺利出舱，健康状态良好。

在轨期间，这个全部由"80 后"组成的乘组，刷新了中国航天员单次出舱活动时间纪录，完成了空间站空间碎片防护装置安装和多次货物出舱任务，进行了多个领域的大量空间科学实（试）验。指令长叶光富刷新中国航天员在轨驻留时间纪录，成为我国首位累计飞行时长超过一年的航天员。

此时，东风航天城秋色正浓；归来，神舟十八号乘组收获亦丰。

再踏层峰辟新天

8 月 8 日，一场趣味"天宫运动会"在中国空间站拉开帷幕。

微重力环境下，01 号选手叶光富一个背越式跳高，跳到了离地面 400 公里的"高度"；02 号选手李聪上演"水花消失术"，向前翻腾一周；03 号选手李广苏以跳远中的"挺身式"传递火炬，这个在地面只能维持一瞬的动作，在太空可以任意保持。

与此同时，第三十三届夏季奥运会在法国巴黎举办。中国体育代表团

斩获 40 金 27 银 24 铜，创造夏季奥运会境外参赛最佳战绩。闭幕前一天，国乒女团实现五连冠，为中国代表团斩落夏季奥运会第 300 金。

体育与航天，一个是人类向内的极限挑战，一个是人类向外的无限探索，却凝聚着共同的精神：超越自我、敢于拼搏。

5 月 28 日，神十八乘组密切协同完成首次出舱活动，用时约 8.5 小时，刷新了中国航天员单次出舱活动时间纪录，叶光富再度漫步太空，李广苏第一次体验"太空行走"。

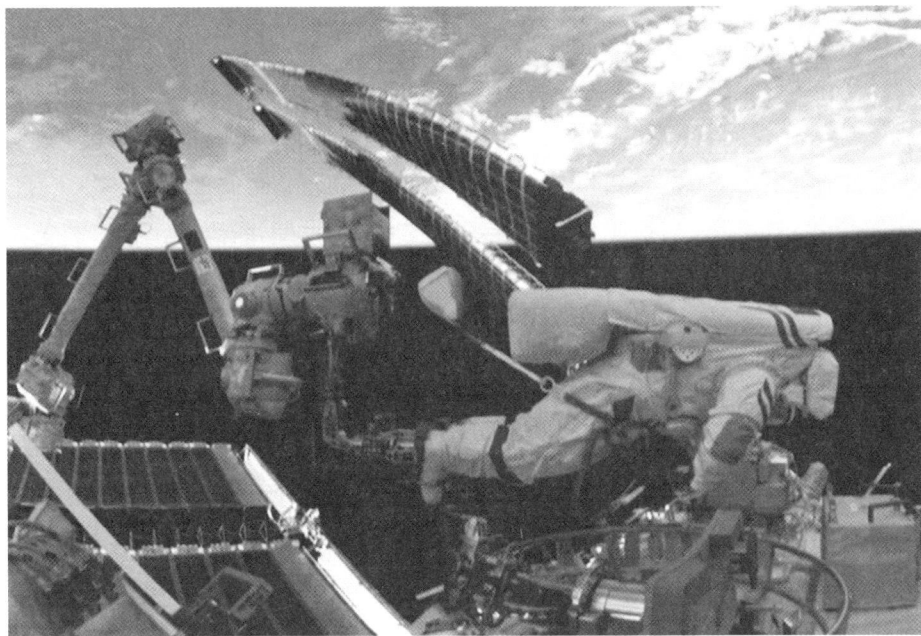

2024 年 5 月 28 日在北京航天飞行控制中心拍摄的神舟十八号航天员叶光富在空间站组合体舱外作业的画面。

新华社记者 李杰 摄

"体验了没有翅膀也能自由飞翔的感觉。"李广苏在茫茫宇宙中感叹。

"你在舱内不就感受过了吗？"叶光富问。

"不一样。"李广苏说。

他们二人身着我国新一代"飞天"舱外航天服，上面的航天员签名见证了中国航天一个又一个纪录——

景海鹏成为我国首位四度飞天的航天员，也是我国迄今为止飞天次数最多的航天员；神舟十二号航天员聂海胜、刘伯明、汤洪波相互配合完成空间站阶段首次出舱活动；王亚平成为我国首位进行出舱活动的女航天员……

7月3日，神十八乘组圆满完成第二次出舱活动。当李聪在舱外航天服上签下自己的名字时，中国航天员已圆满完成17次出舱活动。

2024年，是我国自主研制的第一艘飞船神舟一号飞入太空25周年。从无人到有人，从舱内到舱外，再到全构型的中国空间站，中国载人航天不断书写新的历史——

杨利伟代表中国人圆了千年飞天梦；刘洋是我国第一个进入太空的女性；神十四、神十五两个乘组"太空会师"，中国空间站开启了长期有人驻留模式……这一次，叶光富成为我国首位累计飞行时长超过一年的航天员。

进入空间站应用与发展阶段以来，神舟飞船"一年两发"已成为常态，更多纪录不断刷新。同时，"国家太空实验室"功能不断凸显，科学的无人区也迎来了更多攀登者。

随神舟十八号上行的斑马鱼—金鱼藻二元生态系统，在轨稳定运行40余天，实现我国在空间培养脊椎动物的突破；西北工业大学魏炳波院士团队的高性能难熔合金研究，取得具有国际影响的重要科学发现……

"自空间站建造以来，空间应用系统已在轨开展了百余项科学实验和应用试验。"载人航天工程空间应用系统总师吕从民介绍。我国载人航天工程1992年立项实施至今，已有4000余项空间应用成果广泛应用于各行各业，服务国计民生。

永无止境，再踏层峰。

10月29日，中国载人航天工程新闻发言人、中国载人航天工程办公室副主任林西强在神舟十九号载人飞行任务新闻发布会上表示："锚定2030年前实现中国人登陆月球的目标，工程全线正在全面推进各项研制建设工作。"

无疑，这是中国航天的新高度，也是中华民族的新高度。

笃行何患不成功

"推返分离。"11月4日凌晨，神舟十八号载人飞船返回制动发动机点火，返回舱和推进舱分离。

蓝色星球已近在眼前，但在回家之前，飞船返回舱还要经受穿越黑障的考验——与大气层发生剧烈摩擦，温度剧增，导致气体分子与飞船表面被烧蚀的材料均发生电离，形成等离子体鞘套。

这一阶段，飞船返回舱内部与外界的无线电通信异常乃至中断，地面对其跟踪测量是世界公认的难题。

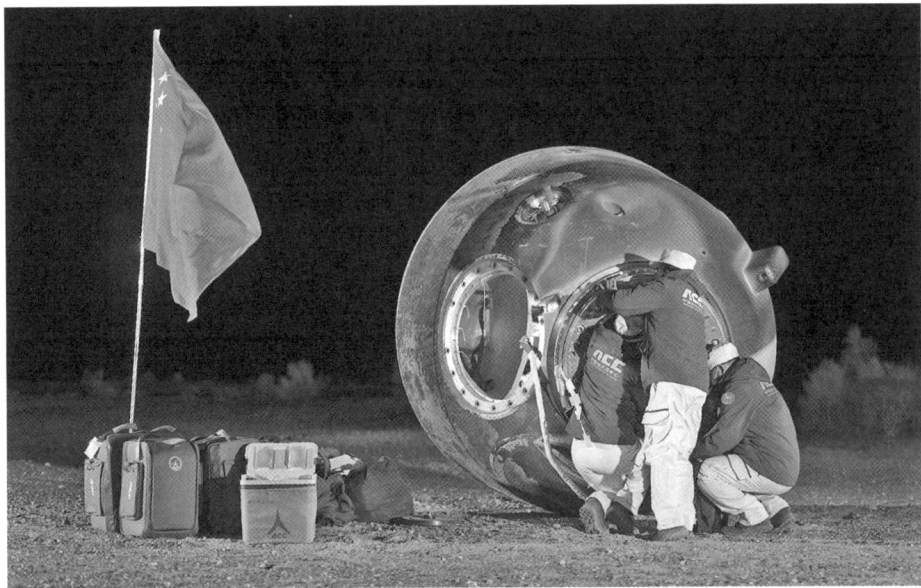

2024 年 11 月 4 日，神舟十八号载人飞船返回舱在东风着陆场着陆。

新华社记者 李志鹏 摄

"发现目标，跟踪正常！"神舟十八号飞船返回舱刚进入黑障区，敦煌测控区光学组组长李生涛便准确捕捉到返回舱的实时高清图像。

神舟十五号任务时，敦煌测控区聚合雷达和光学两种手段，第一次实现在黑障区稳定跟踪飞船。自中国载人航天工程立项以来，我国测控系统不断积累技术潜力，跟测手段越来越可靠多样。

"青山发现目标。"1 时 07 分，飞船飞出黑障。

"青山双捕完成。"东风测控站负责人罗嘉宇清亮的口令，意味着已第一时间与飞船建立双向话音通道，实时接收飞船信息。

"为了让航天员回家之路更稳，在神舟十八号搜救回收任务准备阶段，我们团队进行了 20 余次全流程演练，对设备的检查维护，细致到每一根线缆、每一个接口、每一块控制板。"罗嘉宇说。

"第三次预报落点。"北京航天飞行控制中心总调度的口令，瞬间传到东风着陆场。

巴丹吉林沙漠腹地，由 1 支直升机搜救分队、1 支载有伞降队员的固定

141

翼飞机搜救分队、1支地面搜救分队组成的整张立体搜救网迅速收拢。漆黑的夜幕里，点点光亮向同一个经纬度坐标汇聚、流动。

此夜无月，气温已低至零下。暗夜低温使得目标搜索发现难、到达着陆现场难、救援现场保障要求高。为此，各分队都做了充足准备——

"按照使救援现场亮如白昼的思路，我们筹措了各种照明器材4型18套，在神舟十四号夜间搜救基础上进一步完善了着陆现场照明保障手段。"酒泉卫星发射中心王正军说。

航天员医疗救护队为航天员准备了睡袋、盖毯等御寒物资。同时对医监医保车进行维护，确保低温条件下也能够温度适宜。医疗救护队队长马海鑫提到："为防止夜间登车出现意外，我们在医监医保车尾板贴上了荧光反光贴。"

空中分队胡承贤介绍，他们进场以来已组织10余个场次的飞行训练。任务机组配备了双机长、双机械师，每架机增强配备了领航员，飞行员人均飞行3100小时以上，且都有多次搜救回收任务经历。

脚踏实地迎暖阳

2024年11月4日1时24分，返回舱安然落地。"神舟十八号报告，已经安全着陆！"指令长叶光富的声音传来。

几百公里外，玉门关应急备降搜救队石小强，转头与队友开玩笑道："又'白跑'一趟！"很少有人知道，从神舟十四号任务起正式设立的玉门关应急备降场，还有一群默默守护航天员的人。他们从未见过返回舱着陆，但每次搜救回收任务都对标东风着陆场演练出动。

宁可备而无用，不可用时无备。中国航天的"双保险"体现在很多方面。

神舟五号任务备份航天员翟志刚、聂海胜，陪伴杨利伟完成出征仪式。时至今日，备份航天员乘组也是惯例。神舟十二号任务起，我国载人飞船发射采用"发一备一"的滚动备份模式。一旦出现突发状况，备份的运载火箭与载人飞船可以执行空间站应急救援任务。

仰望星空，脚踏实地。中国载人航天一步一个脚印，笃行不怠。

直升机搭载神十八乘组起飞，飞向附近某机场。在那里，一架专机正等候着把他们平安送到北京。

一轮红日喷薄而出，戈壁滩迎来晴朗的一天，中国航天人又踏上新的征程。

中国空间站第七批空间科学实验样品顺利返回

2024年11月4日，中国空间站第七批空间科学实验样品随神舟十八号载人飞船返回舱顺利返回。

本次下行的科学实验样品共55种，涉及空间生命科学、空间材料科学、微重力燃烧科学等领域，总重量约34.6公斤。其中，生命类实验样品已于4日上午转运至北京并交付科学家，材料类和燃烧类实验样品后续将随神舟十八号载人飞船返回舱运抵北京。

生命类实验样品包括斑马鱼培养基、氨基酸、寡肽、产甲烷古菌、耐辐射微生物等24种。后续，科研人员将重点开展水生生态系统在空间环境下物质循环机制、厌氧古菌对地外环境的适应能力、极端环境微生物的生存极限和耐受性评估等研究，探讨地球生命发生星际传播的可能性。

材料类实验样品包括高温难熔铌合金、复合润滑材料、光纤和光学薄膜等30种。科研人员后续将重点研究重力对材料生长、成分偏析、凝固缺陷及性能的影响规律，推动长寿命空间润滑材料、精密电子设备中子屏蔽材料、隔声隔热金属多孔材料等的空间应用。

本次下行的燃烧类实验样品为基于甲烷燃烧合成的纳米颗粒材料。科学家将开展颗粒粒径、形貌、晶格结构等分析，助力地外环境气相合成关键颗粒材料相关技术发展。

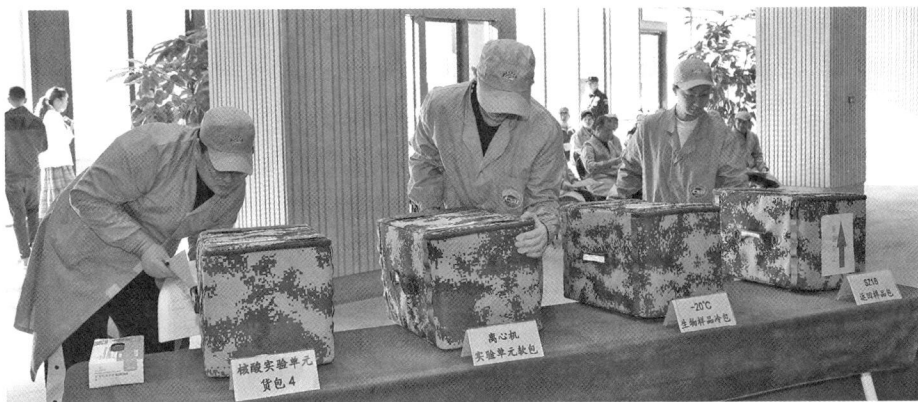

2024年11月4日，在位于北京的中国科学院空间应用工程与技术中心，工作人员检查返回实验样品转运包状态。

新华社发（中国科学院空间应用工程与技术中心供图）

天舟月夜逐天宫

——天舟八号货运飞船飞天记

2024 年 11 月 15 日 23 时 13 分，长征七号遥九运载火箭搭载天舟八号货运飞船，从中国文昌航天发射场点火发射。

月圆之夜，南海之滨，天舟飞逐天宫去。海面上，火箭尾焰的倒影与月影交叠，似星河璀璨。

神舟十九号航天员乘组正在中国空间站静待天舟八号到来。半个多月前，神舟十九号载人飞船发射成功。本次货运补给任务首次以"人船先行、货船后行"的模式执行。

这是中国载人航天 2024 年收官之战，是工程立项实施以来的第 34 次发射任务，也是长征系列运载火箭的第 546 次飞行。

（一）

11 月 15 日傍晚时分，长征七号遥九运载火箭完成推进剂加注，天舟八号整装待发。

人们很难想象，秩序井然的文昌航天发射场，不久前刚经历了超强台风的考验。

2024 年 9 月，超强台风"摩羯"在海南文昌登陆，登陆时风力在 17 级以上。当时，天舟八号正在文昌航天发射场开展技术测试相关工作。预判台风动向、做好防护措施，成为发射场工作的重心。

气象系统工程师张晓杰、林浩钦、张瑞林主动请缨，组成值班小组，时刻关注云图、回波、风力等相关情况。狂风暴雨中，他们每 1 小时巡视一次机房、每 2 小时汇报一次信息，确保设备设施安全和气象信息及时发布。

这不是超强台风第一次造访文昌。10 年前，2014 年 7 月，超强台风"威马逊"登陆海南，彼时正在建设的发射场通信站内一片焦灼——通信系统工程停工，可能影响文昌航天发射场建成投用。

台风一停，通信系统人员立即加班加点走线路、装设备，检查通信线缆有没有损坏，进线间里有没有蓄水受潮，同时检测高温高湿环境对设备的影响，发现问题后迅速解决。

艰难困苦，玉汝于成。2016 年 6 月，中国新一代航天发射场文昌航天发射场正式投入使用。

"这一次，'摩羯'过境后，我们按预案和经验，迅速进行修复工作，抢进度、保质量，高效完成航天发射通信保障任务。"文昌航天发射场宫翔说。

10月29日，在神舟十九号载人飞行任务新闻发布会上，有记者提问超强台风"摩羯"对文昌航天发射场和工程任务的影响。中国载人航天工程新闻发言人、中国载人航天工程办公室副主任林西强回答——

发射场和各试验队做了应对台风的充分准备，保障了人员和飞行产品的安全。台风过后，大家充分发扬"四个特别"的载人航天精神。目前，天舟八号任务的各项准备工作正按新的计划稳步推进。

（二）

一宵当皎洁，四海尽澄清。

11月15日深夜的文昌航天发射场，乳白色的长征七号遥九运载火箭静静矗立在发射塔架上。总长度53.1米的它，采用3.35米直径芯级，捆绑4枚2.25米直径的助推器，显得身材颀长匀称。

这是长征七号运载火箭第9次出征太空，第8次送天舟货运飞船入轨。

作为我国新一代高可靠、高安全、绿色无污染的中型运载火箭，长征七号近地轨道运载能力达14吨，能够满足天舟货运飞船与运行中的空间站对接的入轨精度需求。

中国航天科技集团马忠辉介绍："本次发射是文昌航天发射场经历超强台风'摩羯'考验后的首次发射任务，为确保台风过境后地面设备满足任务要求，型号队伍开展了两轮地面设备恢复工作，按加严状态全面测试验证，确保万无一失。"

为了万无一失，研制团队进一步优化火箭零窗口发射技术，开展了多轮针对预案的细化工作，完成了发射前负10分钟推演及演练，不断增强预案适用性和应急处突能力。

为了万无一失，试验队将台风期间滞留在发射场的部分产品进行了更换，以确保火箭不带任何隐患上天，并基于数字化平台开展火箭质量管控、矩阵状态检查。

23时13分，伴随着响彻海天的轰鸣，长征七号遥九运载火箭稳稳地托举着天舟八号飞赴"天宫"。此时，中国空间站正以每秒7.8千米的速度在距离地球400多千米的轨道上高速运行。

约10分钟后，天舟八号货运飞船与火箭成功分离并精准入轨，之后飞船太阳能帆板顺利展开，发射取得圆满成功。

这是中国航天又一个高光时刻，也是中国航天人迈出又一稳健步伐。

"为适应载人航天工程应急发射专项要求，本次任务起，执行空间站货运飞船发射任务的长七火箭都将设置一枚备用箭。一旦需要，长七火箭可在3个月内再次完成一次发射任务，确保空间站正常运行。"马忠辉说。

（三）

11月16日2时32分，发射3个多小时后，天舟八号成功对接于空间站天和核心舱后向端口。

从6.5小时到2小时，再到现在的3小时标准模式，中国的空间交会对接技术在一次次经验积累、试验验证的基础上，完成了一次次"万里穿针"、探索升级。

"2小时创下航天器最快交会对接的世界纪录，但3小时并不是倒退，相较而言，3小时模式降低了对火箭入轨条件、测控精度、敏感器及导航精度、制导控制精度等方面的要求，使得任务执行的灵活性和可靠性得到提升。"航天科技集团有关专家说。

本次"太空快递"包含了神舟十九号航天员乘组在轨驻留的消耗品、推进剂、应用实（试）验装置等物资，还有蛇年春节"年货"。

空间应用系统随天舟八号上行了涉及空间生命科学与生物技术、空间材料科学、微重力流体物理与燃烧以及空间应用新技术试验等领域的36项空间科学实验，80余件产品总重量约458千克。

引人注目的是，继斑马鱼后，果蝇也来到太空。利用生命生态科学实验柜，航天员和地面科研人员将共同完成空间站首次研究亚磁-微重力对果蝇基因、行为和生存繁衍的影响。

"随神舟十八号上行的斑马鱼，实现了我国在太空培养脊椎动物的突破，有助于开展空间环境对脊椎动物生长发育与行为的影响研究。"中国科学院上海技术物理研究所研究员郑伟波说，"而果蝇的任务，是帮助我们探索深空环境对生命活动的影响，为人类健康及未来深空探测等提供理论支撑。"

自中国空间站建造以来，空间应用系统已在轨开展了百余项科学实验和应用试验，阶段性研究成果持续产出，为空间科学高质量发展作出贡献。

这其中，忙碌的"快递小哥"天舟货运飞船功不可没。

2017年4月20日，天舟一号货运飞船飞入太空，完成空间站货物运输系统的首次飞行试验。

此后，天舟二号和天舟三号，为空间站关键技术验证阶段提供了强有力的物资保证；天舟四号与天舟五号，助力空间站建造；天舟六号至天舟八号，把空间站应用与发展阶段所需物资源源不断运往"天宫"。

"空间站长期有人驻留对货运飞船的保障及时性提出了进一步要求。团队通过多种手段，让发射时间的选择变得更加自由。"航天科技集团五院李志辉介绍。

第五编　魅力国情

时政篇

001. 外交部：中国已成为知识产权大国

2024 年是中国加入《专利合作条约》（PCT）30 周年。1 月 3 日，外交部发言人汪文斌在例行记者会上应询介绍中方推进专利国际合作和知识产权全球治理相关举措时表示，中国高度重视国际专利合作和知识产权保护，已经成为名副其实的知识产权大国和世界创新版图的重要一极。

汪文斌说，中方高度重视国际专利合作和知识产权保护。加入 PCT30 年来，中方积极参与相关国际规则的修订完善，不断完善国内知识产权法律制度，与世界知识产权组织开展了卓有成效的合作。中国申请人通过 PCT 提交的国际专利申请量连续四年位居世界第一。"中国已经成为名副其实的知识产权大国和世界创新版图的重要一极。"

汪文斌表示，知识产权保护是创新发展的重要支撑。中国以专利技术为支撑，不断提升知识产权质量效益，加速释放创新活力。目前，中国太阳能电池全球专利申请量 12.64 万件，排名世界第一，中国新能源汽车销售排名前 10 位的重点企业全球有效专利量超 10 万件，领跑绿色低碳产业，助力世界经济复苏。

"中国不断扩大知识产权领域对外开放，持续营造市场化、法治化、国际化一流营商环境，国外申请人在华开展商业活动和知识产权布局意愿不断增强。"汪文斌说，数据显示，近 10 年共有 115 个共建"一带一路"国家来华申请专利 25.3 万件，年均增长 5.4%。截至 2022 年底，国外在华发明专利有效量达 86.1 万件，同比增长 4.5%，充分体现了外资企业对中国知识产权保护的认可。

"展望未来，中国将继续坚持开放包容、平衡普惠的原则，加强与各国在知识产权领域的国际交流与合作，推动全球知识产权治理向着更加公正合理的方向发展，让创新更多惠及各国人民，推动构建人类命运共同体。"汪文斌说。

002. 我国首次对社会组织名称进行统一规定

据新华社 1 月 17 日报道，《社会组织名称管理办法》（以下简称办法）公布，自 2024 年 5 月 1 日起施行。办法首次对社会组织名称进行统一规定。

民政部相关负责人介绍，我国有近 90 万家社会组织，包括社会团体、基金会和民办非企业单位三类。当前，我国对基金会和民办非企业单位的名称管理有具体规定，社会团体名称立法仍是空白。此次出台的办法首次对社会团体名称作出规范表述，有利于形成社会组织统一的名称管理制度。

办法明确，国务院民政部门登记的社会组织名称按照国家有关规定经过批准的，可以冠以"中国""全国""中华"等字词。县级以上地方人民政府的登记管理机关登记的社会组织名称中间含有"中国""全国""中华""国际""世界"等字词的，该字词应当是行（事）业领域限定语，并且符合国家有关规定。社会组织名称中的行（事）业领域不得使用"第一""最高""国家级"等具有误导性的文字，但具有其他含义的除外。

办法还对社会组织名称中使用自然人姓名等方面进行了规范。办法规定，社会团体名称一般不以自然人姓名命名，确有需要的，仅限于在科技、文化、卫生、教育、艺术领域内有重大贡献、在国内国际享有盛誉的杰出人物。基金会、民办非企业单位名称以自然人姓名作为字号的，需经该自然人同意。使用已故名人的姓名作为字号的，该名人应当是在相关公益领域内有重大贡献、在国内国际享有盛誉的杰出人物。

此外，近年来，多地实践中陆续出现社会组织将内部设立的办事机构命名为"专业委员会""专家委员会"的情况，混淆了办事机构与分支机构，引起了公众误解，一定程度上存在风险隐患。为此，办法明确，社会组织内部设立的办事机构名称，应当以"部""处""室"等字样结束，且区别于分支机构、代表机构名称，便于公众更加清晰识别社会组织内部治理结构。

003. 首次表彰！"国家工程师奖"来了

1 月 19 日，"国家工程师奖"表彰大会在北京召开，大会对 81 名"国家卓越工程师"和 50 个"国家卓越工程师团队"进行了表彰。

为何设立这个专门面向工程技术人才的"国家级大奖"？

党中央、国务院决定，首次开展"国家工程师奖"表彰，这是我国工程技术领域的最高荣誉，为的是表彰工程技术领域先进典型，激发引领广大工程技术人才埋头苦干、勇毅前行，作出新的更大贡献。

神舟飞天、高铁飞驰、巨轮远航……党的十八大以来，我国重大工程不断"开张"、大国重器接连"刷屏"，背后的"功臣"正是千千万万名一线工程师。

从国家科学技术奖、国家工程师奖等国家级表彰奖励，到未来科学大奖、科学探索奖等民间科学技术奖项，不断丰富多元的各类奖项，激励着广大科研工作者和工程科技人员向科技创新要答案。

此次受表彰的 81 人、50 个团队都是谁？

他们中，有大工程、大装置的核心骨干，也有新技术、新发明的领军人物；有年过七旬依然奋战一线的"老工匠"，也有"初生牛犊不怕虎"的"90后"……他们都是创新路上不停歇的领跑者，坚持把论文写在祖国的大地上。

从建筑、能源与化工领域到装备制造领域，从信息电子领域到农医与环境领域……这些受表彰的卓越工程师们覆盖了很多重点工程领域。来自企业的个人和团队占比较大，凸显了企业科技创新的主体地位。

受表彰的个人和团队会获得什么奖励？

本次表彰对受表彰的个人颁发奖章、证书，授予"国家卓越工程师"称号；对受表彰的团队颁发奖牌、证书，授予"国家卓越工程师团队"称号。

值得一提的是，庄重大气的奖章，可谓是颇具深意、细节满满——

奖章章体通径为 60 毫米，银镀金材质，约重 115 克，以红、金为主色调，中央的五角星和天安门元素，彰显国家级荣誉的崇高地位和模范引领作用；外圈铺满高铁、大桥等代表性工程技术成果元素，象征我国科技事业发生的历史性、整体性、格局性重大变化。

创新路上，继续奔跑！在科技飞速发展的今天，广大工程技术人员将以这些卓越工程师为榜样，攻坚克难、创新争先，加快实现高水平科技自立自强。

004. "双向奔赴"，中国同 23 国全面互免签证

1 月 28 日，中国与泰国签署互免持普通护照人员签证协定，协定于 3 月 1 日正式生效。届时，泰国 2023 年 9 月开始面向中国游客实施的阶段性单方面免签政策，正式变为"双向奔赴"的长期安排。

泰国是继新加坡、安提瓜和巴布达之后，2024 年第三个同中国签署互免签证协定惠及持普通护照人员的国家。截至目前，同中国有这样全面互

免签证安排的国家已增至 23 个，遍及五大洲。

缔结互免签证协定的两个国家或地区，只要本国公民持协定规定的有效护照或国际旅行证件，便可以在对方国家或地区享有通常为 30 天的免签证停留；但如果停留时间超过 30 天，或在当地学习、居住、工作等，仍需在入境前向对方签证机关或主管部门提出申请。

全面互免签证的范围不仅包括外交护照、公务护照、公务普通护照等，也包括普通护照。

随着免签安排的生效，出国人员出行前无需再一趟趟跑使领馆，不必再准备五花八门的签证材料，不用再焦虑什么时候下签、能不能赶上出行时间，出境游将更方便，贸易往来也更顺畅。

从事跨境贸易的浙江商人陈先生表示，得知中泰互免签证的消息，自己第一时间就把相关新闻链接发给了泰国客户。"他们以后想来随时就能来，合作起来更方便了。"

实际上，签证便利举措并不局限于全面互免签证这一项。目前，中国已与 157 国缔结了涵盖不同护照种类的互免签证协定，与 44 个国家达成简化签证手续协定或安排。此外，还有 60 多个国家和地区给予中国公民免签或落地签便利。

一系列签证便利举措无疑拉近了中国同各国之间的距离。与此同时，越来越多的国家为中国公民提供各种形式的签证便利。

法国政府近来宣布中国有在法学习经历的硕士文凭持有者可获 5 年签证；瑞士将为中国公民和赴瑞投资的中国企业提供更多签证便利；爱尔兰表示愿积极考虑为中国公民访爱提供更多便利，欢迎更多中国企业到爱投资兴业……

"新加坡是世界发达经济体和国际金融中心。"谈及中新互免签证一事，新加坡立杰律师事务所驻上海代表处主任乔丽娜表示，这传递了新方对中国的强烈信心，也向其他国家尤其是东南亚国家发出了一个非常重要的信号。

根据联合国世界旅游组织（现联合国旅游组织）近日公布的《世界旅游业晴雨表》报告，国际旅游人数将在 2024 年恢复到新冠疫情前的水平。报告预计中国出境和入境旅游市场将在 2024 年快速发展。

从 2023 年 12 月开始，中方陆续推出多项来华签证优化措施，进一步便利中外人员往来：对法国、德国、意大利、荷兰、西班牙、马来西亚试行单方面免签政策；中国驻外使领馆采取阶段性措施减免来华签证费，按现行收费标准的 75% 收取费用；正式施行便利外籍人员来华 5 项措施，进一步打通外籍人员来华经商、学习、旅游等方面的堵点……

数据显示，2023年，中国有4.24亿人次出入境，同比上升266.5%，其中，外国人同比上升693.1%。

外交部领事司相关负责人表示，中国推进高水平对外开放的信心与决心从未改变，中方欢迎世界各国朋友来华旅游、经商、投资、学习，也将继续努力为中国公民出境提供更多便利。

005. 国务院印发《关于进一步规范和监督罚款设定与实施的指导意见》

据新华社2月19日报道，为贯彻落实党的二十大决策部署，维护公平竞争市场秩序，优化营商环境，推动高质量发展，国务院印发《关于进一步规范和监督罚款设定与实施的指导意见》（以下简称《意见》），首次对行政法规、规章中罚款设定与实施作出全面系统规范。

《意见》提出，要依法科学行使罚款设定权。政府立法要严守罚款设定权限，科学适用过罚相当原则，新设罚款和确定罚款数额时，该宽则宽、当严则严，避免失衡；能够通过教育劝导、责令改正、信息披露等方式管理的，一般不设定罚款。合理确定罚款数额，规定处以一定幅度的罚款时，罚款的最低数额与最高数额之间一般不超过10倍。定期评估清理罚款规定，重点评估设定时间较早、罚款数额较大、社会关注度较高、与企业和群众关系密切的罚款规定。及时修改废止罚款规定，国务院决定取消行政法规、部门规章中设定的罚款事项的，自决定印发之日起暂时停止适用相关行政法规、部门规章中的有关罚款规定。

《意见》明确，要严格规范罚款实施活动。任何行政机关都不得随意给予顶格罚款或者高额罚款，不得随意降低对违法行为的认定门槛，不得随意扩大违法行为的范围。符合行政处罚法规定的从轻、减轻、不予、可以不予处罚情形的，要适用行政处罚法依法作出相应处理。制定罚款等处罚清单或者实施罚款时，要确保过罚相当、法理相融。坚持处罚与教育相结合。持续规范非现场执法，2024年12月底前县级以上地方人民政府有关部门、乡镇人民政府（街道办事处）要完成执法类电子技术监控设备清理、规范工作。

《意见》要求，要全面强化罚款监督。深入开展源头治理，对社会关注度较高、投诉举报集中、违法行为频繁发生等罚款事项，要综合分析研判，优化管理措施。坚持系统观念，推动从个案办理到类案管理再到系统治理，实现"办理一案、治理一类、影响一域"。持续加强财会审计监督，坚决防止罚款收入不合理增长，强化对罚款收入异常变化的监督，同一地区、同一部门罚款收入同比异常上升的，必要时开展实地核查。充分发挥监督合力，健全和完善行政执法监督、规章备案审查、行政复议等制度机制。

《意见》强调，各地区、各部门要将规范和监督罚款设定与实施，作为提升政府治理能力、维护公共利益和社会秩序、优化营商环境的重要抓手，认真贯彻实施行政处罚法等规定。司法部要加强统筹协调监督，组织推动完善行政处罚制度、做好有关解释答复工作，指导监督各地区、各部门抓好贯彻实施。

006. "一国两制" 新实践！ 横琴正式封关运行

3月1日零时作为中国实施高水平制度型开放的重大探索，横琴粤澳深度合作区正式实施封关运行，这标志着构建与澳门一体化高水平开放新体系迈出关键一步，有助于丰富"一国两制"实践探索，更好推动澳门融入国家发展大局。

2021年9月，中共中央、国务院印发《横琴粤澳深度合作区建设总体方案》明确，合作区实施范围为横琴岛"一线"和"二线"之间的海关监管区域，其中横琴与澳门特别行政区之间设为"一线"；横琴与中华人民共和国关境内其他地区之间设为"二线"，合作区实施货物"一线"放开、"二线"管住的税收政策，人员进出高度便利的分线管理政策。

横琴粤澳深度合作区实施封关运行后，货物方面，符合条件的货物经"一线"进入合作区免税，其他情形予以保税；经"二线"进入内地按规定征收进口税收，符合条件的可享受加工增值免关税。物品方面，个人行李和寄递物品经"一线"进入合作区，以自用、合理数量为限且符合有关规定予以免税，"二线"进入内地参照自澳门进入内地的进境物品适用的有关规定监管、征税。

"新政策是合作区实施高水平制度型开放的重大探索，将有力推动澳琴之间物流、人流、资金流、信息流更加高效便捷流动，让在合作区生活发展的澳门居民感受更加趋同澳门的生活环境，为澳门新产业新业态营造宝贵的发展新空间。"横琴粤澳深度合作区执委会负责人说。

促进澳门经济适度多元发展是建设横琴合作区的初心。2009年，中共中央、国务院决定开发横琴，总面积约106平方千米的海岛开启蝶变。经过 15 年发展，横琴已经从一座边陲海岛变成开发热岛。

来自横琴粤澳深度合作区统计局的数据显示，截至 2023 年年底，在横琴合作区就业居住的澳门居民数量达 1.15 万人，同比增长超 70%，其中，在合作区就业的澳门居民超 5000 人，同比增长近 3 倍。

007. 香港立法会全票通过《维护国家安全条例》

3 月 19 日，香港特区立法会三读全票通过《维护国家安全条例》（以下简称条例）。这标志着香港特区落实了基本法第 23 条规定的宪制责任，完善特区维护国家安全的法律制度和执行机制取得重大进展。

当日，香港特区立法会举行全体会议进行三读表决。投票结果显示后，议事厅内所有议员一起喝彩。

香港特区立法会主席表示，今天成功完成香港基本法第 23 条立法，大家都热烈期待也充满信心，香港的发展一定会更蓬勃、更灿烂。

条例正文由 9 部分组成，分别是"导言""叛国等""叛乱、煽惑叛变及离叛，以及具煽动意图的作为等""与国家秘密及间谍活动相关的罪行""危害国家安全的破坏活动等""危害国家安全的境外干预及从事危害国家安全活动的组织""与维护国家安全相关的执法权力及诉讼程序等""维护国家安全机制及相关保障"及"相关修订"。

香港基本法第 23 条规定，香港特别行政区应自行立法禁止任何叛国、分裂国家、煽动叛乱、颠覆中央人民政府及窃取国家机密的行为，禁止外国的政治性组织或团体在香港特别行政区进行政治活动，禁止香港特别行政区的政治性组织或团体与外国的政治性组织或团体建立联系。

《维护国家安全条例》全面落实香港基本法、全国人大"5·28"决定及香港国安法所规定的宪制责任和义务，补齐了香港特区维护国家安全制度机制的漏洞和短板。

这是香港主流民意的集中体现，是爱国爱港新气象的充分彰显。特区政府此前进行公众咨询时，共收到 13489 份意见，其中 98.6% 表示支持。

表决通过后，香港特区行政长官李家超在立法会表示，《维护国家安全条例》三读通过，我们将有效维护国家安全，让香港可以无后顾之忧，轻装上阵，全力聚焦发展经济、改善民生，共同创造更繁盛、更美好的家园。

"历史见证今日这个重要时刻，见证我们的喜悦、鼓舞和骄傲，见证我们共同谱写香港特区的光荣历史篇章。"他说。

008.《中国青少年足球改革发展实施意见》发布

《中国青少年足球改革发展实施意见》发布

国家体育总局等12部门3月25日印发《中国青少年足球改革发展实施意见》（以下简称《实施意见》），旨在推动青少年足球健康持续高质量发展

提出了主要目标：

到2025年
按照规划目标推进校园足球特色学校建设，建立常态化考核与退出机制

抓实五个全国高水平足球后备人才基地和一批省、市级男、女足青训中心，中国青少年足球联赛成为我国覆盖面最广、参与人数最多、竞技水平最高、社会影响力最大的青少年足球顶级赛事，青少年球员成长通道初步建立，体教融合的足球人才培养体系初步形成

到2030年
青少年足球人口大幅增加，结构合理、衔接有序、层次分明的青少年足球竞赛和训练体系稳定运行，男、女足青少年国家队成绩位居亚洲前列

到2035年
青少年足球治理能力全面提升，竞赛训练体系进一步完善，青少年足球国家队在国际重要赛事取得优异成绩，为中国足球全面振兴提供有力支撑

⊙ 新华社发（梁晨 制图）

3月25日，国家体育总局等12部门印发《中国青少年足球改革发展实施意见》（以下简称《实施意见》），旨在推动青少年足球健康持续高质量发展。

《实施意见》提出，坚持以人民为中心，面向全体青少年推广普及足球运动；坚持体教融合，培养全面发展的足球人才；坚持普及与提高相结合，形成校园足球推广普及、专业青训强化提高的科学工作格局；坚持举国体制与市场机制相结合，调动各方面力量发展青少年足球事业，努力开创足球工作新局面，为体育强国建设作出应有贡献。

《实施意见》分阶段提出了主要目标：到2025年，按照规划目标推进校园足球特色学校建设，建立常态化考核与退出机制。抓实五个全国高水平足球后备人才基地和一批省、市级男、女足青训中心，中国青少年足球联赛成为我国覆盖面最广、参与人数最多、竞技水平最高、社会影响力最大的青少年足球顶级赛事，青少年球员成长通道初步建立，体教融合的足球人才培养体系初步形成。到2030年，青少年足球人口大幅增加，结构合理、衔接有序、层次分明的青少年足球竞赛和训练体系稳定运行，男、女足青少年国家队成绩位居亚洲前列。到2035年，青少年足球治理能力全面提升，竞赛训练体系进一步完善，青少年足球国家队在国际重要赛事取得优异成绩，为中国足球全面振兴提供有力支撑。

《实施意见》还提出了六个方面的重点任务和政策举措：一是持续加强青少年足球普及。稳步扩大足球人口，繁荣青少年足球文化。二是创新足球后备人才培养体系。完善校园足球课余训练机制，加强体校足球队伍建设，发挥好职业足球青训龙头作用，促进社会足球青训规范健康发展，全面加强青少年足球国家队建设，促进青少年足球全面协调发展，拓展青少年球员海外培养锻炼渠道和空间。三是强化青少年足球训练工作。全面推进训练一体化，全面提高选材质量，精准提高培养成效。四是完善青少年足球竞赛体系。优化竞赛体系设计，持续推动以中国青少年足球联赛为主干，其他赛事辅助、协同的青少年足球竞赛体系建设；加强多元化综合监管。五是加强足球专业人才培养。壮大足球专业人才培养机构，加强教练员队伍建设，加强足球专业人才队伍服务管理。六是落实青少年足球保障政策。畅通足球后备人才升学通道，完善青少年球员培训补偿政策，加强足球场地建设和开放利用，加强青少年足球训练和赛事安全管理。

009. 我国设市城市城区面积首次测定

3月27日，全国设市城市城区总面积11.02万平方千米，实际建设区域7.80万平方千米——首次测定的全国683个城市城区面积正式公布。

依据《全国国土空间规划纲要（2021—2035年）》，自然资源部组织全国683个设市城市全面开展城区范围确定工作，形成我国第一版全国城市城区范围矢量数据集，首次实现城市城区范围的空间化、定量化和精准化。

自然资源部有关负责人在例行新闻发布会上说，城区是指城市实际开发建设、市政公用设施和公共服务设施功能覆盖的空间地域，是研究城市化发展的基本空间单元。由于缺乏空间标准和相应监测手段，我国城市建成区面积长期依靠地方填报，各地统计口径不同，影响统计数据准确性、可靠性和可比性，给科学决策带来一定障碍。

最近五年来，自然资源部整合国土、规划、地理、测绘和遥感等专业团队，融合多学科优势，组织制定《城区范围确定规程》，选取107个城市先后开展4轮标准试划论证，最终形成两个层面主要成果：一是全国683个设市城市城区范围（城市化标准统计区）总面积为11.02万平方千米，二是城市城区实体地域范围（实际建设区域）总面积为7.80万平方千米。

城区范围确定是"多规合一"改革的基础性工作。目前我国与城市相关的统计概念较多，如城区、建成区、中心城区、实体地域等。全国首版城市城区范围成果发布，有助于逐步减少和统一相关概念，实现国土空间规划管理"一张图"。

我国首版全国城市城区范围成果矢量数据集的形成，实现"从无到有"跨越，也是国土空间遥感技术与规划管理紧密结合的成果，以此为基础，进一步叠加人口、用地、产权、产业等信息，可以更好地规划建设以人民为中心的"宜业、宜居、宜游、宜乐"城镇，助力建设"宜居、韧性、智慧"城市。

010. 海军首批舰载机女飞行学员完成首次单飞

据新华社 4 月 29 日报道，海军首批舰载机女飞行学员近日全部完成首次单飞，海军航空兵人才结构更加丰富，舰载机飞行员来源渠道进一步拓展。

2024 年 3 月 6 日拍摄的海军航空大学飞行教官带教海军首批舰载机女飞行学员。

新华社发（陈超 摄）

单飞，即飞行学员独立驾驶飞机完成飞行训练。在整个飞行学习过程中，飞行学员要经历不同阶段、多种机型、不同课目的多次单飞。首次单飞标志着飞行学员具备了独立驾驶飞机的能力，被称为飞行学员"成人礼"。

该批飞行学员是海军首批女飞行学员，于 2023 年招飞入伍，全部为军地高校应届本科毕业生，均为"00后"，由海军航空大学负责培养。自2023年7月入学以来，该批飞行学员先后进行了入伍强化训练、航空理论学习、航空救生训练、模拟机飞行、地面飞行准备等环节学习训练，通过了开飞、单飞考核认证。

海军航空大学有关负责人介绍，随着海军转型建设步伐加快，对舰载机飞行人才需求愈发迫切。近年来，海军大力推进舰载机飞行人才培养，逐步拓展人才培养模式。

后续，首批舰载机女飞行学员在完成一系列初教机阶段飞行训练课目后，将转入高教机阶段飞行训练。

011. 国家自然灾害综合风险基础数据库基本建成

5月8日，应急管理部综合减灾和改革协调司负责人表示，建设国家自然灾害综合风险基础数据库是第一次全国自然灾害综合风险普查的重要任务，目前这项任务已经基本完成。

整个数据库由1个国家级综合库、10个国家级行业库和31个省级数据库构成，基本做到了"技术标准统一、分类分级管理、纵向横向联通、共建共享共用"。

国家基础数据库包括23种致灾因子数据，27种承灾体数据，以及灾害风险评估、风险区划、防治区划成果数据等，其中国家级综合库已经存储了超过17亿条各类风险数据。数据库以"服务业务"为导向，通过建设标准化服务能力，便捷连通有关业务系统，提供数据成果服务。比如，一旦发生重大地震，可以立即调取震区相关数据，快速形成报告，支持抢险救援决策。此外，有关方面还把数据加工处理形成多样化产品，按一定渠道提供给科研教学工作者和社会公众使用。

下一步，将持续做好国家基础数据库日常运行管理工作，根据情况变化，开展常态化数据更新，做好共享服务保障工作。同时，借助人工智能、大数据等先进技术，做好数据挖掘，形成适应不同应用场景的服务产品，努力发挥普查成果的最大效益。

全国自然灾害综合风险普查是提升自然灾害防治能力的基础性工作，也是一项重大的国力国情调查。2020年5月，国务院决定开展第一次全国自然灾害综合风险普查，此次普查调查成果已于2023年2月15日发布。

012. 国务院印发《关于调整完善工业产品生产许可证管理目录的决定》

据新华社 5 月 9 日报道，为保障重要工业产品质量安全，强化产品准入管理和源头治理，防范产品质量安全重大风险，确保人民群众生命财产安全和公共安全，国务院印发《关于调整完善工业产品生产许可证管理目录的决定》（以下简称《决定》）。

《决定》提出，对冷轧带肋钢筋、瓶装液化石油气调压器、钢丝绳、胶合板、细木工板、安全帽等 6 种产品实施工业产品生产许可证管理。调整后，实施工业产品生产许可证管理的产品共计 14 类 27 个品种。同时，化肥生产许可证审批方式由告知承诺调整为"先核后证"审批。

《决定》明确，工业产品生产许可证审批，由省级工业产品生产许可证主管部门负责实施，相关审批权限不得下放。

《决定》要求，国务院工业产品生产许可证主管部门要尽快制定冷轧带肋钢筋等 6 种产品生产许可证实施细则，并明确过渡期，确保于 2024 年 9 月底前实施。省级工业产品生产许可证主管部门要严格审批管理，提高审批效率，加强事前事中事后监管。各相关部门要做好协同配合，切实保障产品质量安全。

013. 雄安高新区正式启动运行

5 月 9 日，雄安高新区揭牌并正式启动运行。

2023 年年底，河北省政府批复设立河北雄安高新技术产业开发区，目前为省级高新技术产业开发区。几个月来，雄安新区党工委、管委会统筹推进各项工作，确立大部门制、扁平化管理架构，择优选派干部搭建基础班底。

雄安高新区启动运行后，将着力构建"一核两翼三支撑"的空间格局。以雄安高铁站为中心，率先开发建设核心区，发挥交通枢纽带动优势，发展以科技服务、商务服务、自贸综合服务为主的高端现代服务业；以核心区南北为两翼，布局空天园、信息园、生物技术园、新材料园、未来科技园等五大产业园区，围绕卫星互联网、北斗等七个创新生态链发展新一代信息技术产业，以生物制剂、细胞治疗、医疗器械等方向为主发展现代生命科学和生物制造产业，以增材制造、储能材料、半导体材料为主发展新材料产业；在外围布局综合保税区、国际物流园、高教小镇等三个产业支撑功能区，为高新区产业发展提供优良的开放环境、高效的物流服务和有力的科技人才支撑。

雄安高新区核心区城市基础设施已基本完备，住宅配套、商业楼宇、公服设施陆续交付，一批高新技术企业正加速落地。

014. 我国国土空间用途管制制度体系初步形成

据新华社 5 月 28 日报道，随着我国国土空间用途管制实现从无到有、从土地到空间的历史突破，覆盖生态、农业、城镇空间的全域全要素全流程用途管制制度体系初步形成。

全国国土空间用途管制工作会议在云南昆明召开。自然资源部部长表示，统一实施国土空间用途管制取得阶段性成就，特别是土地要素保障政策措施更加完善，国土空间治理能力不断提升，有效解决了地方政府和企业反映的难点问题，推进了各类投资尽快落地。

实施用途管制，健全开发保护制度，是优化国土空间发展格局的有力手段。自然资源部将持续深化改革创新，推动构建统一的国土空间用途管制制度。扎实推进土地管理制度改革，加强法律制度建设，完善城乡用途管制政策；健全方式方法，保障重大项目合理用地需求。深化计划管理和用地审批改革，强化预审准入把关，深化规划用地"多审合一、多证合一、多测合一"改革；加强监督，落实监管责任、严守安全底线，依据法定规划实施用途管制，健全监管手段，提升监管质效；完善技术标准，加快数字化转型，加快从传统的"管理管制"向"治理服务"模式转型。

015. 全国首个国家海洋大数据服务平台发布

6 月 8 日，在福建厦门举行的世界海洋日暨全国海洋宣传日主场活动上，全国首个国家海洋大数据服务平台（海洋云）和首批《海洋数据开放共享目录》面向全社会公开发布。

自然资源部海洋预警监测司负责人介绍，海洋云是国家级海洋数据和信息产品在线服务平台，可实现国家全球海洋立体观测网数据在线汇聚、涉海部门海洋信息互联互通、公益数据产品集成服务、国际海洋信息资料交换合作等功能。海洋云发布，将进一步发挥海洋数据要素赋能保障效果，加强海洋数据集成服务，统一海洋数据共享流通技术标准，提升海洋数据产品应用质量。

本次发布的《海洋数据开放共享目录》内容包括海洋 7 大学科、83 类要素，整编集成我国自主获取海洋数据、自主研发海洋信息产品和全球海洋环境数据，数据类型丰富、时空范围广、时效性强、成谱系化，可以在海洋经济发展、海洋防灾减灾等领域，为涉海部委、沿海地方等提供良好服务。目录中的数据，可以通过国家海洋大数据服务平台（海洋云）获取使用。

016. 四部门出台规定治理网络暴力信息

据新华社 6 月 14 日报道，国家互联网信息办公室、公安部、文化和旅游部、国家广播电视总局联合公布《网络暴力信息治理规定》。规定明确，网络信息服务提供者应当履行网络信息内容管理主体责任，建立完善网络暴力信息治理机制，健全用户注册、账号管理、个人信息保护、监测预警等制度。该规定自 2024 年 8 月 1 日起施行。

国家互联网信息办公室有关负责人表示，网络暴力信息严重侵害公民合法权益，受到社会各界高度关注。为治理网络暴力信息，营造良好网络生态，保障公民合法权益，维护社会公共利益，四部门联合出台规定，从明确网络信息内容管理主体责任、建立健全预防预警机制、规范网络暴力信息和账号处置、强化用户权益保护、加强监督管理、明确法律责任等方面，为加强网络暴力信息治理提供有力支撑。

规定明确，网络暴力信息治理坚持源头防范、防控结合、标本兼治、协同共治的原则，建立网络暴力信息监督管理机制，鼓励网络相关行业组织加强行业自律。

为强化网络暴力信息预防预警，规定明确，网络信息服务提供者应当在国家网信部门和国务院有关部门指导下细化网络暴力信息分类标准规则，建立健全网络暴力信息特征库和典型案例样本库。

建立用户保护机制方面，规定要求网络信息服务提供者建立健全网络

暴力信息防护功能、完善私信规则，发现用户面临网络暴力信息风险的，应当及时通过显著方式提示用户，告知用户可以采取的防护措施。

017. **2024年京杭大运河完成全线贯通补水任务**

7月1日，2024年京杭大运河全线贯通补水任务顺利完成。

补水行动为沿线省市时令抗旱灌溉用水、地下水超采治理提供了置换水源，改善了大运河黄河以北河段水资源短缺、河湖断流萎缩状态，有利于持续缓解过度开发利用水资源引发的地下水超采、水生生物物种减少等问题。

此次补水工作于2月下旬启动，自3月20日实现全线过流以来，全线有水时长首次超百天。

其间，水利部会同京津冀鲁四省市，切实做好水量联合调度、水源置换和地下水回补、河道清理整治、水污染防治、动态跟踪监测评估、管水护水等工作，统筹调度长江水、黄河水、永定河水、滦河水、漳河水、当地雨水、再生水，有序启闭各关键闸门，保障补水工作顺利开展。6月中下旬，克服华北、黄淮等地高温少雨，旱情迅速发展的不利因素，兼顾抗旱供水和京杭大运河补水，保障城乡居民饮水安全、规模化养殖和大牲畜用水安全以及灌区农作物时令灌溉用水。

截至7月1日，各补水水源累计向京杭大运河黄河以北河段补水15.36亿立方米，完成计划补水量的181.8%。大运河沿线累计引水5.93亿立方米，用于269.45万亩农田灌溉，完成计划置换深层地下水灌溉面积的144.2%。

018. **国务院新闻办公室发布《中国的海洋生态环境保护》白皮书**

7月11日，国务院新闻办公室发布《中国的海洋生态环境保护》白皮书。

白皮书除前言和结束语外分为七个部分，分别是构建人海和谐的海洋生态环境、统筹推进海洋生态环境保护、系统治理海洋生态环境、科学开展海洋生态保护与修复、加强海洋生态环境监督管理、提升海洋绿色低碳发展水平、全方位开展海洋生态环境保护国际合作。

白皮书指出，中国是海洋生态环境保护的坚定推动者和积极行动者，保护好海洋生态环境关乎美丽中国和海洋强国建设。多年来，中国坚持生态优先、系统治理，统筹协调开发和保护的关系，以高水平保护支撑高质量发展，努力构建人海和谐的海洋生态环境。

白皮书介绍，在习近平生态文明思想指引下，中国适应海洋生态环境保护的新形势、新任务、新要求，开展了一系列根本性、开创性、长远性工作，推动海洋生态环境保护发生了历史性、转折性、全局性变化。经过不懈努力，中国海洋生态环境质量总体改善，局部海域生态系统服务功能显著提升，海洋资源有序开发利用，海洋生态环境治理体系不断健全，人民群众临海亲海的获得感、幸福感、安全感明显提升，海洋生态环境保护工作取得显著成效。

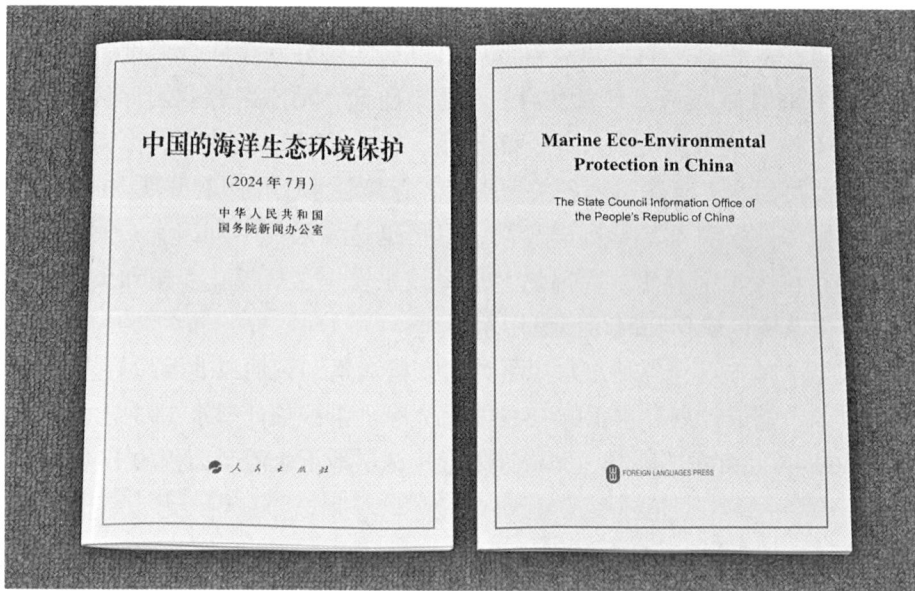

2024 年 7 月 11 日在发布会现场拍摄的《中国的海洋生态环境保护》白皮书中文版和英文版。

新华社记者 李鑫 摄

白皮书说，中国积极推进海洋环境保护国际合作，切实履行国际公约责任义务，为全球海洋环境治理提出中国方案、贡献中国力量，彰显了负责任大国的作为和担当。

白皮书指出，新征程上，中国坚持新发展理念，推进生态文明建设，继续构建人海和谐的海洋生态环境。中国坚守胸怀天下、合作共赢的精神，以实际行动践行海洋命运共同体理念，愿与世界各国一道，同筑海洋生态文明之基，同走海洋绿色发展之路，让海洋永远成为人类可以栖息、赖以发展的美好家园，共同建设更加清洁、美丽的世界。

019. 国歌标准演奏曲谱和国歌官方录音版本发布

9月1日，国歌标准演奏曲谱和国歌官方录音版本正式发布。此次发布了三个版本演奏曲谱和四个版本官方录音，能够涵盖国歌使用的主要奏唱形式和使用场景，将更有利于国歌奏唱的严肃性和规范性，有利于党和国家的礼仪制度、礼乐制度的建设，更好维护国家尊严。

2017年9月1日，全国人大常委会会议表决通过了《中华人民共和国国歌法》。国歌法全面规定了国歌的地位以及国歌奏唱的场合、形式、礼仪等内容，并附以国歌词谱。

全国人大常委会法制工作委员会相关负责人在发布会上介绍，为了落实国歌法有关规定，进一步规范国歌的奏唱、播放和使用，有关部门组织开展了国歌标准演奏曲谱审定、国歌官方录音版本录制工作。最终确定了国歌标准演奏曲谱，包括管弦乐总谱、管乐总谱、钢琴伴奏谱；以及由管弦乐版、管弦乐合唱版、管乐版、管乐合唱版组成的国歌官方录音版本。

"国歌承载了人民群众对党对国家对民族的崇高敬意、深沉感情和不屈不挠、奋勇前行的精神。此次国歌标准演奏曲谱和国歌官方录音版本的发布，既是实施国歌法、推进国家礼仪制度和礼乐制度建设的重要成果，也是加强宪法实施、完善我国国家标志制度的重要举措。"有关负责人说。

中国文联副主席、国歌标准演奏曲谱审定专家委员会主任表示，本次审定后确定的国歌标准演奏曲谱对国歌旋律均未作任何改变，主要对封面、扉页和出版记谱，速度标记，表情术语，乐谱内的力度标记等四个方面作了完善和规范。与此前历史录音版本相比，本次国歌官方录音版本的录制根据审定后的国歌标准演奏曲谱，对每分钟96拍的录制速度进行了统一。

020. 国务院办公厅印发《关于以高水平开放推动服务贸易高质量发展的意见》

据新华社9月2日报道，国务院办公厅印发《关于以高水平开放推动服务贸易高质量发展的意见》（以下简称《意见》）。

国务院办公厅印发

《关于以高水平开放推动服务贸易高质量发展的意见》

国务院办公厅日前印发《关于以高水平开放推动服务贸易高质量发展的意见》

（以下简称《意见》）

《意见》提出5方面20项重点任务

推动服务贸易制度型开放，建立健全跨境服务贸易负面清单管理制度，发挥对外开放平台引领作用，加强规则对接和规制协调，提升服务贸易标准化水平

促进资源要素跨境流动，便利专业人才跨境流动，优化跨境资金流动管理，促进技术成果交易和运用，推动数据跨境高效便利安全流动

推进重点领域创新发展，增强国际运输服务能力，提升旅行服务国际竞争力，支持金融、咨询、设计、认证认可等专业服务国际化发展，鼓励传统优势服务出口，促进服务贸易与货物贸易融合发展，扩大优质服务进口，助力绿色低碳发展

拓展国际市场布局，深化服务贸易国际合作，建立健全服务贸易促进体系

完善支撑体系，创新支持政策措施，提升服务贸易统计监测水平，强化服务贸易区域合作

新华社发（宋博 制图）

《意见》以习近平新时代中国特色社会主义思想为指导，全面贯彻党的二十大和二十届二中、三中全会精神，完整准确全面贯彻新发展理念，加快构建新发展格局，着力推动高质量发展，统筹发展和安全，以服务开放推动包容发展，以服务合作促进联动融通，以服务创新培育发展动能，以服务共享创造美好未来，加快推进服务贸易数字化、智能化、绿色化进程，推动服务贸易规模增长、结构优化、效益提升、实力增强，为建设更高水平开放型经济新体制、扎实推进中国式现代化建设作出更大贡献。

《意见》提出5方面20项重点任务。一是推动服务贸易制度型开放，建立健全跨境服务贸易负面清单管理制度，发挥对外开放平台引领作用，加强规则对接和规制协调，提升服务贸易标准化水平。二是促进资源要素跨境流动，便利专业人才跨境流动，优化跨境资金流动管理，促进技术成果交易和运用，推动数据跨境高效便利安全流动。三是推进重点领域创新发展，增强国际运输服务能力，提升旅行服务国际竞争力，支持金融、咨询、设计、认证认可等专业服务国际化发展，鼓励传统优势服务出口，促进服务贸易与货物贸易融合发展，扩大优质服务进口，助力绿色低碳发展。四是拓展国际市场布局，深化服务贸易国际合作，建立健全服务贸易

促进体系。五是完善支撑体系，创新支持政策措施，提升服务贸易统计监测水平，强化服务贸易区域合作。

《意见》要求各地区、各有关部门充分认识大力发展服务贸易的重要意义，依靠扩大开放和创新驱动激发服务贸易发展新动能，抓好贯彻落实，积极营造扩大开放、鼓励创新、公平竞争、规范有序的服务贸易发展环境。

021. 十一部门联合发文推动新型信息基础设施协调发展

据新华社 9 月 4 日报道，工业和信息化部、中央网信办等十一部门联合印发通知，从全国统筹布局、跨区域协调、跨网络协调、跨行业协调、发展与绿色协调、发展与安全协调、跨部门政策协调等方面明确具体举措，推动新型信息基础设施协调发展。

新型信息基础设施主要包括 5G 网络、光纤宽带网络等网络基础设施，数据中心、通用算力中心等算力基础设施，人工智能基础设施、区块链基础设施等新技术设施。

工业和信息化部有关负责人说，随着新一代信息通信技术演进发展，新型信息基础设施的功能和类型更加多样，体系结构更加复杂，与传统基础设施的融合趋势更加凸显，但不协同、不平衡等发展问题日益突出，亟须面向各类设施，统筹各方力量，加强协调联动，推动均衡发展。

通知结合新型信息基础设施的技术发展趋势和经济社会发展需求，明确加强全国统筹规划布局、加强跨区域均衡普惠发展、加强跨网络协调联动发展等七方面工作。其中提出，统筹规划骨干网络设施，优化布局算力基础设施，合理布局新技术设施。有条件地区要支持企业和机构建设面向行业应用的标准化公共数据集，打造具有影响力的通用和行业人工智能算法模型平台。

"要从整体效率效益、安全、需求、均衡发展等角度，进行战略性布局、整体性建设。"工业和信息化部有关负责人说，要解决不同专业设施之间的协同建设问题，完善信息基础设施与其他基础设施跨行业共建共享机制，从网络安全、数据安全、稳定安全运行等方面提升信息基础设施安全能力。

此外，通知还提出，加强跨部门政策协调，发挥要素配置牵引作用，协同推进跨领域标准化工作，加大投融资支持。

022.《法规规章备案审查条例》出台

据新华社9月7日报道，国务院公布《法规规章备案审查条例》，自2024年11月1日起施行。司法部有关负责人和专家表示，法规规章备案审查是维护国家法治统一的重要制度，此次出台的条例适应和满足新时代备案审查工作需要，对于保障宪法法律实施具有重要意义。

构建系统完备的备案审查工作制度体系

条例将名称由《法规规章备案条例》修改为《法规规章备案审查条例》，在立法目的中增加"规范法规、规章备案审查工作，提高备案审查能力和质量"的内容，明确了"坚持中国共产党的领导，坚持以人民为中心，坚持有件必备、有备必审、有错必纠，依照法定权限和程序进行"的工作要求。

司法部有关负责人表示，条例系统总结多年来备案审查工作实践经验，推动构建系统完备的制度体系，进一步压实国务院备案审查工作机构职责，规定国务院备案审查工作机构应当通过备案审查衔接联动机制加强与其他机关备案审查工作机构的联系和协作配合，推动形成备案审查合力，加强对地方的联系指导。

中国政法大学法治政府研究院负责人认为，条例对法规规章备案审查工作的基本要求体系作了专门规定，诠释了法规规章备案审查工作的根本准则并贯穿于整个条例之中，明确了法规规章备案审查的工作体系，阐释了新时代备案审查工作新理念。

落实"有件必备、有备必审、有错必纠"的工作要求

为落实"有件必备"，条例将浦东新区法规、海南自由贸易港法规、法律规定的机构制定的规章纳入备案范围，明确其报备主体。将报备材料由一式十份调整为一式三份并对报送电子文本提出要求。严格报备登记要求，

针对一些报备不及时、不规范的问题，明确 15 日的补充或者重新报送备案时限。

在落实"有备必审"方面，条例规定，国务院备案审查工作机构对报送备案的法规规章进行主动审查，并可以根据需要进行专项审查、与其他机关备案审查工作机构开展联合调研或者联合审查。将是否符合党中央、国务院的重大决策部署和国家重大改革方向，规章规定的措施是否符合立法目的和实际情况增加为审查事项。

在落实"有错必纠"方面，条例优化移送审查程序，审查发现地方性法规同行政法规相抵触的，由国务院备案审查工作机构移送全国人大常委会工作机构研究处理；必要时由国务院提请全国人大常委会处理。明确国务院备案审查工作机构可以通过与制定机关沟通、提出书面审查意见等方式对规章进行纠错，或提出处理意见报国务院决定。

中国人民大学法学院负责人认为，条例将浦东新区法规、海南自由贸易港法规纳入备案范围，与立法法的规定保持一致；增加"是否符合党中央、国务院的重大决策部署和国家重大改革方向"的审查事项，对于纠正地方和部门立法与上位法不一致、影响全国统一大市场建设、损害营商环境等问题具有明显功效。

有效推进条例落地实施

条例要求，国务院备案审查工作机构应当加强对省、自治区、直辖市人民政府法制机构规章备案审查工作的联系和指导。对于不报送规章备案或者不按时报送规章备案的，由国务院备案审查工作机构通知制定机关，限期报送；逾期仍不报送的，给予通报，并责令限期改正。

司法部有关负责人表示，下一步，司法部将围绕三方面工作推进条例贯彻实施。一是采取分层分级、全员覆盖的方式，组织省级司法行政部门和国务院部门法制机构工作人员开展学习培训，指导省级司法行政部门组织开展本地区的学习培训，确保条例得到准确理解。二是重点关注地方和部门立法与上位法不一致、影响全国统一大市场、损害营商环境等问题，加强对产权保护、市场准入、公平竞争等重点领域法规规章的备案审查和问题研究，视情况开展联合审查、专项审查。三是修改司法部有关工作规范，优化内部工作机制；完善外部与其他机关备案审查工作机构协作配合机制，凝聚工作合力。推动省级司法行政部门结合实际情况出台或修改完善备案审查制度规定，提高备案审查制度整体效能。

023. 全国国土空间规划年会召开

我国将进一步深化"多规合一"改革，健全城市规划体系，凝聚行业共识，推动国土空间治理体系和治理能力现代化。

9月28日至29日，2024年全国国土空间规划年会在浙江杭州市召开。

年会以"加强区域协调发展，促进城乡融合""完善空间治理政策，健全城市更新模式""构建数字化治理体系，健全用途管制制度""加强行业服务管理 塑造新动能新优势"为题分阶段进行大会交流。由中国国土勘测规划院主办的此次年会发布了《国土空间规划行业创新发展倡议书》。

经过全系统、全行业共同努力，目前各级各类国土空间规划编制审批取得新进展；国土空间规划法治建设和技术标准体系日渐成熟；全国国土空间规划实施监测网络初步建立，新的技术方法得到更广泛应用；规划行业不断发展，从业队伍更加融合。

自然资源部有关负责人表示，下一步，将健全城市规划体系，全面提高城乡规划、建设、治理融合水平，建立健全覆盖全域全类型、统一衔接的国土空间用途管制和规划许可制度。顺应新产业新业态和城乡建设全面进入存量时代的现实需要，转变思路观念，创新技术方法，打通管理"堵点"，将"多规合一"改革融入自然资源"两统一"职责全链条，通过创造新价值，塑造城乡发展的新动能新优势，为规划事业开辟新领域新赛道。

024. 首次系统部署！加快公共数据资源开发利用

10月9日，中共中央办公厅、国务院办公厅印发《关于加快公共数据资源开发利用的意见》（以下简称意见），这是中央层面首次对公共数据资源开发利用进行系统部署。

意见提出，到2025年，公共数据资源开发利用制度规则初步建立，资源供给规模和质量明显提升，数据产品和服务不断丰富，重点行业、地区公共数据资源开发利用取得明显成效，培育一批数据要素型企业，公共数据资源要素作用初步显现。

意见提出，到2030年，公共数据资源开发利用制度规则更加成熟，资源开发利用体系全面建成，数据流通使用合规高效，公共数据在赋能实体经济、扩大消费需求、拓展投资空间、提升治理能力中的要素作用充分发挥。

意见围绕深化数据要素配置改革，扩大公共数据资源供给；加强资源管理，规范公共数据授权运营；鼓励应用创新，推动数据产业健康发展；统筹发展和安全，营造开发利用良好环境4个方面，部署加快推进公共数据资源开发利用工作。

025. 中共中央办公厅、国务院办公厅印发《关于加快推动博士研究生教育高质量发展的意见》

据新华社10月20日报道，近日，中共中央办公厅、国务院办公厅印发《关于加快推动博士研究生教育高质量发展的意见》（以下简称《意见》），对持续深化博士研究生教育综合改革作出系统部署。

《意见》指出，博士研究生教育是国民教育的最高层次，是国家创新体系的关键支撑。加快推动博士研究生教育高质量发展，要坚持以习近平新时代中国特色社会主义思想为指导，坚持立德树人、服务需求、改革创新、开放融合，推动规模扩大与内涵建设相协调，打造中国特色、世界一流的博士研究生教育体系，加快建设世界重要博士研究生教育中心，有的放矢培养国家战略人才和急需紧缺人才，为建设世界重要人才中心和创新高地、实现高水平科技自立自强、全面建成社会主义现代化强国提供有力支撑。

《意见》指出，要完善学科专业体系，强化国家战略人才培养前瞻布局。优化学科专业布局，完善及时响应国家需求的学科专业设置、建设和调整机制，加强理工农医类以及基础学科、新兴学科、交叉学科学位授权点建设，提升博士专业学位授权点占比，加快关键领域学科专业建设，强化学科交叉融合发展。要重塑培养流程要素，全面提高人才自主培养质量。加强思想政治引领，改革招生管理模式，优化培养过程，强化分流退出和多向选择，探索建立学术学位与专业学位培养分类发展、融通创新机制，完善评价体系，建设高水平导师队伍，深化创新国际交流合作。要重构协同机制，提高拔尖创新人才培养能力。激发科教融汇活力，激活产教融合动能，赋能区域创新发展，推动教育链、人才链与产业链、创新链有机衔接。

《意见》强调，要优化资源配置，强化统筹领导。加大博士研究生教育投入力度，建立健全稳定支持机制。支持有条件的地区和培养单位先行先试、分类分批开展改革试点。

026. 《关于大力实施可再生能源替代行动的指导意见》发布

国家将实施
可再生能源替代行动

国家发展改革委、工业和信息化部、住房城乡建设部、
交通运输部、国家能源局、国家数据局等六部门

10月30日对外发布
关于大力实施可再生能源替代行动的指导意见

指导意见提出系列目标

包括

"十四五"重点领域
可再生能源替代取得积极进展

2025年全国可再生能源消费量
▶ 达到11亿吨标煤以上 ◀

"十五五"各领域优先利用
可再生能源的生产生活方式基本形成

2030年全国可再生能源消费量
▶ 达到15亿吨标煤以上 ◀

········ 有力支撑实现碳达峰目标

新华社发(程硕 制图)

10月30日，国家发展改革委、工业和信息化部、住房城乡建设部、交通运输部、国家能源局、国家数据局等六部门对外发布《关于大力实施可再生能源替代行动的指导意见》（以下简称指导意见）。

指导意见提出系列目标，包括"十四五"重点领域可再生能源替代取得积极进展，2025年全国可再生能源消费量达到11亿吨标煤以上；"十五五"各领域优先利用可再生能源的生产生活方式基本形成，2030年全国可再生能源消费量达到15亿吨标煤以上，有力支撑实现碳达峰目标。

指导意见提出，要正确处理传统能源和新能源"破"与"立"的关系，源网荷储一体推进，全面提升可再生能源安全可靠供应能力；统筹可再生能源供给与重点领域绿色能源消费，加快推进增量替代，稳步扩大存量替代，稳妥推动可再生能源有序替代传统化石能源；协同推进可再生能源与工业、交通、建筑、农业农村等领域融合替代，经济高效推进发电、供热、制气、制氢多元发展和替代；大力推动新技术攻关试点，创新体制机制，加快培育可再生能源替代的新场景、新模式、新业态。

在加快推进重点领域可再生能源替代应用方面，指导意见提出，协同推进工业用能绿色低碳转型，加快交通运输和可再生能源融合互动，深化建筑可再生能源集成应用，全面支持农业农村用能清洁化现代化，统筹新基建和可再生能源开发利用。

027. 中央最新文件 18 条举措支持数字贸易改革创新发展

11 月 28 日，《中共中央办公厅 国务院办公厅关于数字贸易改革创新发展的意见》（以下简称意见）对外发布，从支持数字贸易细分领域和经营主体发展、推进数字贸易制度型开放、完善数字贸易治理体系、强化组织保障等方面提出 18 条具体举措。意见出台有何深意？哪些要点值得关注？

遵循 8 大原则 服务构建新发展格局

意见提出，按照创新为要、安全为基，扩大开放、合作共赢，深化改革、系统治理，试点先行、重点突破的原则，促进数字贸易改革创新发展。

这 8 大原则，完整准确全面贯彻新发展理念，彰显坚持稳中求进工作总基调，体现了服务构建新发展格局、统筹国内国际两个大局、统筹发展和安全的发展思路，将贯穿于数字贸易改革创新发展全过程。

意见要求，促进实体经济和数字经济深度融合，促进数字贸易改革创新发展，为塑造对外贸易发展新动能新优势，加快建设数字中国、贸易强国作出更大贡献。

党的二十届三中全会提出，"积极应对贸易数字化、绿色化趋势""创新发展数字贸易"。业内人士指出，数字贸易是数字经济的重要组成部分，已成为国际贸易发展的新趋势和经济的新增长点。意见顺应数字贸易发展新趋势，是深化改革开放的具体举措，有利于推动我国在巩固传统贸易发展优势的同时，培育数字贸易新产业、新业态、新模式，既能构建起新的贸易比较优势和竞争优势，更好助力构建新发展格局，又能为开放发展持续注入新动能。

着眼制度创新 高水平对外开放特征显著

从目标来看，意见提出，到 2029 年，可数字化交付的服务贸易规模稳中有增，占我国服务贸易总额的比重提高到 45% 以上；数字贸易基础设施布局进一步完善，适应数字贸易发展的体制机制基本建立，数字领域对外开放水平大幅提高，与国际高标准经贸规则对接全面加强。

到 2035 年，可数字化交付的服务贸易规模占我国服务贸易总额的比重提高到 50% 以上；有序、安全、高效的数字贸易治理体系全面建立，制度型开放水平全面提高。

从具体措施来看，"开放"是关键词。意见围绕"推进数字贸易制度型开放""完善数字贸易治理体系"方面提出了放宽数字领域市场准入、促进和规范数据跨境流动、积极参与数字贸易国际规则制定等具体细化措施。

党的二十届三中全会强调，必须坚持对外开放基本国策，坚持以开放促改革，依托我国超大规模市场优势，在扩大国际合作中提升开放能力，建设更高水平开放型经济新体制。

中国国际经济交流中心相关负责人说，中国数字贸易发展迅猛但提升空间仍然很大，数字贸易国际规则制定的话语权有待提升。面对全球数字贸易规则加快构建的新形势，要坚持以高水平开放引领数字贸易创新发展，主动对接国际高标准规则，推进数字贸易的业态创新、模式创新和制度创新，培育和增强数字贸易竞争新优势。

支持数字贸易细分领域和经营主体发展

在支持数字贸易细分领域和经营主体发展方面，意见提出，鼓励电商平台、经营者、配套服务商等各类主体做大做强，加快打造品牌。支持数字平台企业有序发展，在引领发展、创造就业、国际竞争中发挥积极作用。

业内人士表示，近年来，我国头部企业探索出算力驱动、用户生成、数据高效利用的新型数字服务形态，在国际市场显示出较强的市场竞争力。与此同时，数字技术与实体经济深度融合，催生新业态、新模式，为经济社会发展增加更多物质财富。意见释放出积极信号，支持数字贸易细分领域和经营主体巩固发挥优势、继续创新发展，发挥更多积极带动作用。

展望未来，中国发展数字贸易具有诸多有利条件。数字经济规模巨大，拥有海量数据资源，数字基础设施完备，尤其是新一代数字基础设施建设突飞猛进，已建成全球规模最大的移动宽带和光纤网络，加之数字应用场景丰富，为发展数字贸易提供了广阔空间。

028. 科学技术普及法完成首次修订，这些看点值得关注

12月25日，十四届全国人大常委会第十三次会议表决通过了新修订的科学技术普及法，自公布之日起施行。

这是科学技术普及法自2002年公布施行以来首次修订。新修订的科学技术普及法有哪些看点？"新华视点"记者进行了盘点。

看点一：首次设立全国科普月

我国现行科学技术普及法自公布施行以来，对促进科学技术普及、提高公民科学文化素质、推动创新发展发挥了重要作用。与此同时，我国科普事业也面临一些新情况、新问题，需要更有力、更完善的法律保障。

新修订的科学技术普及法从法律层面明确科普在新时代的定位：国家

把科普放在与科技创新同等重要的位置，加强科普工作总体布局、统筹部署，推动科普与科技创新紧密协同，充分发挥科普在一体推进教育科技人才事业发展中的作用。同时，将"国家实施全民科学素质行动"作为总体要求之一，突出了新时代科普工作的价值和使命。

"这一修订不仅体现了国家对科普工作的高度重视，也反映了新时代背景下科普与科技创新相互促进、共同发展的必然趋势。"中国科协科普部相关负责人说。

新修订的科学技术普及法从科研机构、高等学校、企业等创新主体的科普责任，科技人员和教师等参与科普活动，科技资源向公众开放等多方面，对推动科普与科技创新协同发展作出了制度性安排。

多年来，相关部门举办的全国科普日、全国科技活动周等系列主题科普活动，受到了公众的广泛欢迎和认可。在总结实践经验基础上，此次科学技术普及法增加规定，每年9月为全国科普月。

中国科普研究所所长表示，设立全国科普月，是首次在科普专门法律中明确一个时间段，集中、密集开展面向公众的科普活动。这一举措积极回应了人民日益增长的高质量科普需求，有利于让更丰富、更深入、更稳定的科普活动融入公众日常生活。

"9月是新学年的开始，此时组织科普活动，可以更好地融入学校的教学计划和学生的日常学习，推动教育科技人才一体发展，为国家培养更多科技后备人才。"中国科普研究所所长说。

2024年7月11日，复旦大学的志愿者带领孩子们做浮力实验。

新华社记者 黄博涵 摄

看点二：强调新技术新知识科普

为进一步促进科普高质量发展，提升科普供给水平，新修订的科学技术普及法增加了"科普活动"一章，从支持科普创作、发展科普产业，加强重点领域科普，加强科普信息审核监测和科普工作评估等方面，支持促进科普活动。

科技部科技人才交流开发服务中心研究员指出，当前，随着人工智能、大数据、云计算等新兴技术发展，我国经济社会正在经历全面的数字化转型。同时，越是前沿的新技术，越要关注可能存在的负面影响。这就对新技术、新知识科普的及时性、准确性提出了更高要求。

此次修法作出了相应规定，如：国家部署实施新技术领域重大科技任务，在符合保密法律法规的前提下，可以组织开展必要的科普，增进公众理解、认同和支持；鼓励各类创新主体围绕新技术、新知识开展科普，鼓励在科普中应用新技术，引导社会正确认识和使用科技成果，为科技成果应用创造良好环境。

西安交通大学法学院教授关注到，此次修法特别强调了对老年人、残疾人等群体的科普。"老年人、残疾人的信息获取和识别能力相对受限，更需要相关知识技能的科普，帮助他们跨越'数字鸿沟'，享受科技发展的成果。"

新修订的科学技术普及法规定，开放大学、老年大学、老年科技大学、社区学院等应当普及卫生健康、网络通信、智能技术、应急安全等知识技能，提升老年人、残疾人等群体信息获取、识别和应用等能力。

看点三：治理网络伪科普流传

互联网、新技术的普及一方面丰富了科普的内容和手段，另一方面也加剧了网络伪科普的流传，不仅误导大众，还可能带来较大社会风险。

网络上，部分机构和人员打着"科普"旗号散播伪科学和谣言，假借量子、纳米等新技术术语，谎称其产品具有特殊功效。利用 AI 技术编造新闻事件、伪造公众人物音频视频、散布未经证实的医学建议等也屡见不鲜，一些不法分子甚至利用 AI 技术开展网络诈骗等违法犯罪行为。

对此，新修订的科学技术普及法规定，组织和个人提供的科普产品和服务、发布的科普信息应当具有合法性、科学性，不得有虚假错误的内容。网络服务提供者发现用户传播虚假错误信息的，应当立即采取处置措施，防止信息扩散。

中国科普研究所所长说，相关法条强调了科普信息发布者对信息合法性与科学性具有不可推卸的责任，从源头上保证科普信息的可靠性；同时，

明确平台作为信息传播的关键环节，有义务对发布的科普内容进行审核和监管，将促使平台完善审核流程和标准，提高对科普内容的审核能力。

看点四：壮大科普人才队伍

全国科普专、兼职人员 199.67 万人，实名注册科技志愿者近 456 万人……近年来，我国科普人才队伍不断壮大并呈现出多元化发展态势，但总体上，科普队伍建设仍然相对滞后。

为此，新修订的科学技术普及法新增了"科普人员"专章，围绕建立专业化科普工作人员队伍，鼓励和支持老年科学技术人员积极参与科普工作，支持有条件的高等学校、职业学校设置和完善科普相关学科和专业，完善科普志愿服务制度和对工作体系等内容作出规定。

针对科普人员普遍反映的缺乏职业认同、上升渠道狭窄等突出问题，新修订的科学技术普及法特别明确，国家健全科普人员评价、激励机制，鼓励相关单位建立符合科普特点的职称评定、绩效考核等评价制度，为科普人员提供有效激励。

目前，全国已经有 18 个省份启动了科普类职称评审工作，中国科协也从 2023 年起面向中央在京单位试点开展了科普专业职称评审工作，取得了切实成效。

"以法律形式推动完善评价制度和激励机制，对科普人员的权益与发展提供支持和保障，将吸引更多科技人才投身科普事业，保障科普人才队伍发展。"中国科协科普部相关负责人说。

029. 2024 年中国十大新闻

一、全党扎实开展党纪学习教育　推动全面从严治党向纵深发展

4 月起，党纪学习教育在全党深入开展。以党纪为主题在全党开展集中性教育，在我们党的历史上是首次。各地区各部门深入学习贯彻习近平总书记关于全面加强党的纪律建设的重要论述，原原本本、逐章逐条学习新修订的《中国共产党纪律处分条例》，抓好以案促学、以训助学，教育引导党员干部学纪、知纪、明纪、守纪，以严明的纪律确保全党自觉同以习近平同志为核心的党中央保持高度一致，统一思想、统一行动，知行知止、令行禁止，形成推进中国式现代化的强大动力和合力。

二、战略高技术领域迎来新跨越　重大科技工程捷报频传

4 月和 10 月，神舟十八号、十九号载人飞船相继出征太空；12 月，神舟十九号乘组刷新中国航天员单次出舱活动时长纪录。6月25日，历时53天的嫦娥六号任务在人类历史上首次实现月球背面采样返回。11月1日，中国第41次南极考察队破浪出征，开展对2月7日落成的中国第五座南极考察站秦岭站的配套设施设备建设，进行科研和后勤保障领域的国际合作。截至11月26日，"中国天眼"FAST发现脉冲星数量已突破1000颗，超过同一时期国际其他望远镜发现脉冲星数量的总和。我国战略高技术领域迭创佳绩，重大科技工程捷报频传，见证我国加快建设科技强国，科技创新能力快速提升。

三、捍卫国家主权和领土完整　坚决有力震慑"台独"分裂势力

针对台湾地区领导人赖清德顽固坚持"台独"立场、大肆宣扬分裂谬论，妄图"倚外谋独""以武谋独"，大陆方面严正表示，对于任何形式的"台独"分裂行径，决不容忍、决不姑息。5月23日至24日，中国人民解放军东部战区组织战区陆军、海军、空军、火箭军等兵力，位台岛周边开展"联合利剑—2024A"演习；10月14日，中国人民解放军东部战区组织战区陆军、海军、空军、火箭军等兵力，位台湾海峡、台岛北部、台岛南部、台岛以东开展"联合利剑—2024B"演习。这是对台湾地区领导人谋"独"挑衅的坚决惩戒，是对"台独"分裂势力谋"独"行径的强力震慑，是对外部势力纵容支持"台独"、干涉中国内政的严厉警告，是捍卫国家主权和领土完整的正义之举。

四、党的二十届三中全会再启改革新篇　开辟中国式现代化广阔前景

7月15日至18日，党的二十届三中全会在北京举行。会议审议通过《中共中央关于进一步全面深化改革、推进中国式现代化的决定》。2万余字的《决定》明确了进一步全面深化改革的主题、指导思想、总目标、重大原则、改革举措、根本保证，锚定2035年基本实现社会主义现代化的目标，重点部署未来5年改革任务，提出300多项重要改革举措，是新时代新征程上推动全面深化改革向广度和深度进军的总动员、总部署。

五、元首外交书写恢弘新篇章　高水平对外开放扎实推进

9月4日至6日，近年最大规模主场外交——中非合作论坛北京峰会举行。一年来，习近平主席在国内外密集开展元首外交，出席和平共处五项原则发表70周年纪念大会等重要活动，进行欧洲之行、中亚之行、金砖之行、拉美之行四次重要出访，参加一系列多边峰会，引领和平发展、合作共赢时代潮流。中国特色大国外交为中国式现代化营造良好外部环境。高水平对外开放扎实推进，高质量共建"一带一路"走深走实，进博会、链博会等国际展会接连举办，优化外国人来华政策受到广泛欢迎。推动构建

人类命运共同体，倡导平等有序的世界多极化和普惠包容的经济全球化，落实三大全球倡议，为应对全球性挑战贡献中国方案，为世界和平和发展注入强劲正能量。

六、渐进式延迟退休改革方案出台　推动人力资源充分利用

9月13日，全国人大常委会会议表决通过了关于实施渐进式延迟法定退休年龄的决定，从2025年1月1日起，我国将用15年时间，逐步将男职工的法定退休年龄从原60周岁延迟到63周岁，将女职工的法定退休年龄从原50周岁、55周岁，分别延迟到55周岁、58周岁。这是职工法定退休年龄70多年来首次进行调整，是积极应对人口老龄化推出的重大改革，有助于我国人力资源的充分利用。

七、坚持发展全过程人民民主更好发挥政治制度优越性

9月14日，习近平总书记出席庆祝全国人民代表大会成立70周年大会，对在新的历史起点上坚持好、完善好、运行好人民代表大会制度作出全面部署、提出明确要求。9月20日，习近平总书记出席庆祝中国人民政治协商会议成立75周年大会，为新时代新征程人民政协事业高质量发展指明前进方向。习近平总书记的重要讲话引领全党全军全国各族人民坚定不移走中国特色社会主义政治发展道路，进一步坚定道路自信、理论自信、制度自信、文化自信，发展全过程人民民主，更好发挥中国特色社会主义政治制度优越性，凝聚推进中国式现代化的磅礴力量。

八、党中央部署一揽子增量政策　经济回升向好综合国力增强

9月26日，中共中央政治局召开会议，分析研究经济形势，果断

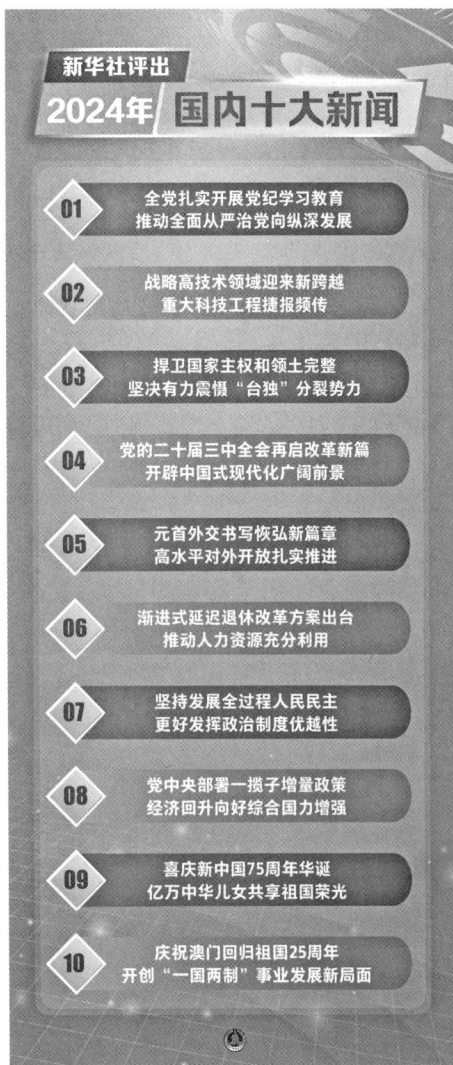

新华社评出
2024年 国内十大新闻

01 全党扎实开展党纪学习教育
推动全面从严治党向纵深发展

02 战略高技术领域迎来新跨越
重大科技工程捷报频传

03 捍卫国家主权和领土完整
坚决有力震慑"台独"分裂势力

04 党的二十届三中全会再启改革新篇
开辟中国式现代化广阔前景

05 元首外交书写恢弘新篇章
高水平对外开放扎实推进

06 渐进式延迟退休改革方案出台
推动人力资源充分利用

07 坚持发展全过程人民民主
更好发挥政治制度优越性

08 党中央部署一揽子增量政策
经济回升向好综合国力增强

09 喜庆新中国75周年华诞
亿万中华儿女共享祖国荣光

10 庆祝澳门回归祖国25周年
开创"一国两制"事业发展新局面

部署一揽子增量政策。2024 年以来，面对外部压力加大、内部困难增多的复杂严峻形势，以习近平同志为核心的党中央团结带领全党全国各族人民，沉着应变、综合施策，加大财政货币政策逆周期调节力度，促进房地产市场止跌回稳，努力提振资本市场，帮助企业渡过难关，推动经济运行总体平稳、稳中有进，高质量发展扎实推进，新质生产力稳步发展，全国粮食总产量首次迈上 1.4 万亿斤新台阶，重点领域风险化解有序有效，民生保障扎实有力，我国经济实力、科技实力、综合国力持续增强，全年经济社会发展主要目标任务顺利完成，中国式现代化迈出新的坚实步伐。

九、喜庆新中国 75 周年华诞　亿万中华儿女共享祖国荣光

9 月 29 日，国家勋章和国家荣誉称号颁授仪式在人民大会堂举行，以国之名褒扬英雄。当晚，庆祝中华人民共和国成立 75 周年音乐会举行，以深情乐章礼赞伟大时代。9 月 30 日，烈士纪念日向人民英雄敬献花篮仪式、庆祝中华人民共和国成立 75 周年招待会接续举行。14 亿多中华儿女满怀喜悦与豪情，同庆新中国华诞，共享祖国荣光。新中国成立 75 年来，中国共产党团结带领全国各族人民不懈奋斗，创造了经济快速发展和社会长期稳定两大奇迹，中国发生沧海桑田的巨大变化，中华民族伟大复兴进入了不可逆转的历史进程。

十、庆祝澳门回归祖国 25 周年　开创"一国两制"事业发展新局面

12 月 20 日，庆祝澳门回归祖国 25 周年大会暨澳门特别行政区第六届政府就职典礼在澳门东亚运动会体育馆隆重举行。中共中央总书记、国家主席、中央军委主席习近平出席并发表重要讲话。澳门回归祖国 25 年来，具有澳门特色的"一国两制"实践取得巨大成功，澳门发生翻天覆地的变化，国际影响力大幅提升。澳门回归祖国以来取得的辉煌成就向世人证明，"一国两制"具有显著制度优势和强大生命力，是保持香港、澳门长期繁荣稳定的好制度，是服务强国建设、民族复兴伟业的好制度，是实现不同社会制度和平共处、合作共赢的好制度，必须长期坚持。

030. 第五次全国经济普查登记工作启动

1月1日，第五次全国经济普查登记工作正式启动。全国约210万名普查指导员和普查员，深入企业商户、走访大街小巷，在近4个月的时间里，实现对116万个普查小区的数据采集登记。

第五次全国经济普查是党的二十大胜利召开后对国民经济进行的一次"全面体检"和"集中盘点"。

国务院第五次全国经济普查领导小组副组长、国家统计局局长康义表示，此次普查将全面调查我国第二产业和第三产业的发展规模、布局和效益，摸清各类单位的基本情况，首次统筹开展投入产出调查，掌握国民经济行业间经济联系，客观反映推动高质量发展、构建新发展格局、建设现代化经济体系、深化供给侧结构性改革以及创新驱动发展、区域协调发展、生态文明建设、高水平对外开放、公共服务体系建设等方面的新进展。

"为了集中力量在2024年较短时间内完成对全国数千万家普查对象的现场登记工作，根据普查方案要求，2023年，我们组织全国约210万名普查指导员和普查员，积极推进普查区划分与绘图、'地毯式'入户清查、查疑补漏、数据审核验收等工作，全面完成单位清查，形成了统一完整的普查名录，为普查登记顺利开展奠定了坚实基础。"康义说。

康义表示，在党中央、国务院领导下，各地区各部门认真组织开展普查登记，进一步强化普查组织领导，持续深化部门协作，严格执行普查方案，细化落实普查要求，组织普查人员规范进行现场登记，认真做好数据采集、数据检查、审核验收等工作，广泛开展宣传动员，圆满完成普查登记工作。

031. 国产首艘大型邮轮"爱达·魔都号"完成首航

1月7日，国产首艘大型邮轮"爱达·魔都号"安全靠泊上海吴淞口国际邮轮港，3000 多名游客井然有序地下船，航程 1119 海里的商业首航圆满完成。

2024 年 1 月 1 日，"爱达·魔都号"开启商业首航，执行上海至韩国济州、日本长崎和福冈为期七天六晚的航程。

韩国济州和日本长崎、福冈对"爱达·魔都号"的首航给予特殊礼遇，醒目的欢迎横幅、欢快的迎宾场面、特别的烟花秀……吸引众人前来打卡留念。

"爱达·魔都号"在首航期间举办了 4 场敦煌研究院专家的系列讲座，为客人展示敦煌石窟艺术，并详细介绍爱达邮轮与敦煌研究院联合推出的"念念敦煌"数字壁画艺术展。客人在尽享海上美好时光的同时，还能欣赏敦煌艺术瑰宝，感受"爱达·魔都号"的海上文旅融合魅力。

中船邮轮科技战略管理部主任、爱达邮轮相关负责人介绍，首航的圆满完成是国产大型邮轮产业化发展的良好开端，中船邮轮和爱达邮轮作为"爱达·魔都号"的运营方，已经形成了"集团产业平台＋专业品牌运营公司"的组织体系，未来将在市场营销、产品设计、酒店管理、海事管理等方面建立全方位的运营能力和体系。

032. 我国在四川雅江探获锂资源近百万吨

据新华社 1 月 17 日报道，我国在四川雅江探获锂资源近百万吨，是亚洲迄今探明最大规模伟晶岩型单体锂矿。"这为我国实现找锂重大突破，起到了示范作用！"自然资源部部长王广华兴奋地说。

锂是元素周期表第三号元素，自然界最轻的金属元素。作为"21 世纪绿色能源金属"，对实现"碳中和"有重要意义。

电动载人汽车、锂离子蓄电池、太阳能蓄电池，中国制造"新三样"，样样离不开锂。

锂电池不多说。电动载人汽车，不管三元锂电池还是磷酸铁锂电池，都是"锂"当家。风电、光伏大规模储能，性价比最高的方案就是磷酸铁锂电池。

最新统计显示，2023 年，"新三样"产品合计出口首次突破万亿元大关。

有"锂"走遍天下，无"锂"寸步难行。对新能源汽车等"新三样"，金属能源锂都是"口粮"。

全球锂资源分布不均，主要分布在阿根廷、玻利维亚、智利、澳大利

亚、中国和美国等国家。

我国锂辉石矿、锂云母矿分布范围广，全国有1500多个盐湖，通过加大锂矿区块出让力度，可进一步挖掘锂矿找矿潜力；我国部分锂矿探矿权勘查程度较低，通过进一步加强地质勘查工作，锂矿增储空间较大。

为全力推进新一轮找矿突破战略行动、促进锂资源勘探开发和增储上产、推动锂电新能源产业高质量发展，自然资源部积极推进锂矿区块出让，加大锂矿源头供应，提振投资者信心，促进矿业市场繁荣。

手里有矿，心里不慌。2024年全国自然资源工作会议明确，在优化海外矿产资源勘查开发合作，加强同拉美"锂三角"等区域合作同时，我国立足国情，针对共生伴生矿等特征，不断实现找矿理论、勘探技术、提炼工艺突破，促进伴生矿综合利用，保障端牢新能源产业"中国饭碗"，"新三样"不愁"粮"。

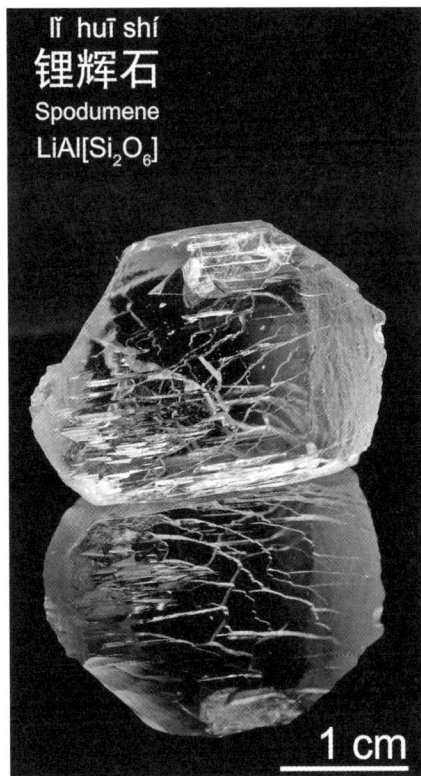

lǐ huī shí
锂辉石
Spodumene
$LiAl[Si_2O_6]$

1 cm

锂辉石。

中国地质调查局供图

033. 大藤峡水利枢纽首次达到 61 米正常蓄水位

1月18日10时，国家水网重要骨干工程——广西大藤峡水利枢纽工程首次达到61米正常蓄水位，标志着这项重点水利工程的防洪、航运、发电、灌溉等综合效益将全面发挥，并为枯水期保障粤港澳大湾区水安全备足水源。

广西大藤峡水利枢纽开发有限责任公司总工程师介绍，61米是大藤峡水库设计正常蓄水位，也是保障工程综合效益全面发挥的必要条件。随着水库蓄至61米正常蓄水位，可调节库容达15亿立方米，为枯水期保障粤港澳大湾区水安全备足水源；库区渠化航道超300公里，西江黄金水道效益可充分发挥；机组发电效率进一步提升，可为地方经济社会发展注入更多清洁能源。

大藤峡工程是珠江流域关键控制性工程。2023 年，西江来水持续偏枯，叠加流域生态、通航、发电等用水需求，实现水库蓄水至 61 米正常蓄水位的目标面临考验。在水利部珠江水利委员会统一调度下，大藤峡工程成功应对挑战，将水库蓄至 61 米正常蓄水位。

水利部相关部门负责人表示，正常蓄水位目标实现后，大藤峡工程将进行主坝和副坝安全监测等一系列科研和试验工作，检验枢纽大坝、电站机组、船闸、库岸等在设计高水位运行条件下的工况，为完工验收和竣工验收打下坚实基础。

大藤峡水利枢纽工程。

水利部供图

034. 国内跨海距离最长的架空输电线路全线贯通

1 月 26 日，220 千伏赤屿至华塘线路工程最后一相导线在福建省福清市牵引完成，国内跨海距离最长的架空输电线路全线贯通。

2024 年 1 月 26 日，国网福建省送变电工程有限公司施工人员在线路施工现场进行架线作业。

宋俊岭 摄

赤屿至华塘线路工程是福州电网与东南清洁能源大枢纽联络通道，线路总长约 30 公里，架空线 23.68 公里，新建铁塔 79 座，共有 30 座铁塔位于海中，跨海距离长度达 14 公里。

"为解决海上运输等难题，我们搭设了 47000 平方米的栈桥通道，相较于传统修筑便道施工的方式，这样能够最大程度减少对海洋生态环境的影响。" 220 千伏赤屿至华塘线路工程施工项目经理说，栈桥搭设钢材使用量超过 56000 吨。

该工程投产后，在满足地区工业负荷发展需要、提高海上风电送出能力的同时，还将增强福州南部及平潭地区电网网架的供电能力和可靠性。

035. 我国首座"四高"特长公路隧道全线贯通

1 月 30 日，由中铁十六局参建的我国首条集高寒、高海拔、高瓦斯、高硫化氢于一体的"四高"隧道——国道 569 曼德拉至大通公路祁连山 2 号隧道全线贯通，为下一步通车运营奠定了坚实基础。

祁连山 2 号隧道位于海拔 3500 米以上的青海省海北藏族自治州门源回族自治县仙米乡宁缠河谷，是国道 569 曼德拉至大通公路全线控制性工程。隧道全长 6044 米，洞内围岩地质复杂，稳定性差，开挖后极易发生变形、塌方和突泥涌水，加之煤系地层的高瓦斯、高硫化氢有毒有害气体影响，施工难度极大，被青海省交通运输厅列为青海省"头号高风险工程"。

据中铁十六局项目负责人介绍，为确保隧道安全顺利穿越祁连山，施工人员在洞内设置全自动有毒有害气体监控系统，实时监控隧道内的有毒有害气体浓度；洞内断绝一切可能引燃瓦斯爆炸的火源，每一名进入隧道人员都配备防静电工作服、防毒面罩等装备。同时，施工人员开展科技攻关，创新工艺工法，护航隧道安全穿越浅埋堆积体碎石土段、高瓦斯段、煤与瓦斯突出段，填补多项高海拔公路隧道施工空白，为同类型隧道施工积累了丰富经验。

国道 569 曼德拉至大通公路全面建成通车后，将实现京藏高速与连霍高速国道主干线在西部地区短距离快速连接，打通青海省省会西宁市与甘肃省武威市的快速便捷通道，对拉动青海、甘肃、内蒙古、宁夏、陕西五省区的经济发展和促进省市间的交流合作具有重要意义。

036. 我国自主研制四座氢内燃飞机原型机在沈阳完成首飞

1 月 29 日，由沈阳航空航天大学名誉校长、辽宁通用航空研究院首席科学家、中国工程院院士杨凤田主持研制的世界首款四座氢内燃飞机原型机在辽宁省沈阳市法库财湖机场成功首飞。据试飞员反馈，飞机动力充足、振动较小、操纵性能良好。首飞为下一步持续性试飞奠定了坚实基础。

该机型的验证机于 2023 年 3 月 25 日在沈阳完成验证试飞，是我国自主研制的第一架以氢内燃机为动力的通航飞机。该验证机搭载的是中国第一汽车集团有限公司基于"红旗"汽油机研发的国内首款 2.0L 零排放增压直喷氢燃料内燃机，功率为 80 千瓦。

验证机首飞完成后，杨凤田院士团队结合未来应用场景不断推动技术完善，沈阳航空航天大学、辽宁通用航空研究院、中国第一汽车集团有限公司研发总院、北京锐翔氢能飞行器科技研究院有限公司等单位组成协同攻关团队，进一步提升发动机功率以达到在通航机场的正常运行要求。本次首飞飞机主要核心部件初步实现国产化，发动机功率经台架测试达到了120千瓦。

这款氢内燃飞机是辽宁通用航空研究院研制的"锐翔"电动飞机系列产品。经过13年艰苦攻关，"锐翔"电动飞机已经形成了双座、四座，陆上、水上，有人、无人，电动力、氢动力、混合动力等完整的新能源飞机谱系，形成了系列化、族谱化发展格局。

沈阳航空航天大学原校长、辽宁通用航空研究院首席技术专家介绍，氢燃料内燃机飞机是以氢燃料作为推进能源的飞机，其碳排放量接近为零。随着人们对清洁能源的愈发重视以及航空领域碳排放愈发严格的控制，未来氢能飞机将会更受青睐。通过氢能飞机的研制与运营，推动氢能航空全产业链发展，可以推动我国在绿色航空领域培养形成新质生产力，培育低空经济新兴战略性产业。

该飞机于2024年4月整机赴德国参加航展，并进行地面带螺旋桨运行演示。

037. 国产大型客机 C919 首次飞出国门参加航展

2月17日，新加坡当地时间1点49分，东航涂装的国产大型客机C919经过近6小时、约4200公里的全程直飞，顺利抵达新加坡樟宜国际机场，参加于2月20日至25日在新加坡举行的2024年新加坡航展。

这架C919飞机是东航接收的全球首架投入商业运营的国产大型客机，此前已经投用在东航的上海至成都、北京航线，于北京时间2月16日执行MU299调机航班，20点04分从上海虹桥国际机场起飞前往新加坡。

新加坡航展期间，包括东航涂装的C919飞机在内的由中国商飞公司生产的5架国产商用飞机与公众见面，进行地面展示和演示飞行，这是中国产商用飞机首次在海外"组团"亮相。

038. 我国发现首个深水深层亿吨级油田

3月8日，中国海油宣布，在南海珠江口盆地发现我国首个深水深层大油田——开平南油田，探明油气地质储量1.02亿吨油当量。该油田是全球核杂岩型凹陷最大的商业发现。

开平南油田位于南海东部海域开平凹陷，距离深圳市约300公里，平均水深超过500米，最大井深4831米，油品性质为轻质原油。发现井钻遇油气层100.6米，测试平均日产油气超过1000吨油当量，刷新了我国深水深层油气测试产量纪录。

"深蓝探索"号钻井平台在开平南油田钻探作业。

受访者供图

中国海油深圳分公司总地质师说，开平凹陷地质条件复杂，断裂纵横交错，勘探难度极大，在新的地震资料基础上，深化烃源岩分布和油气成藏规律的认识，明确油气富集区，重新评价资源量，2023年以来在开平南地区密集部署探井，其中4口探井测试获得高产工业油流，证实了开平凹陷烃源潜力，成功发现了开平南亿吨级油田。

中国海油首席执行官及总裁表示，相比于浅水、中浅层传统勘探领域，我国深水深层领域的勘探程度很低，是未来油气储量和产量增长的重要接替区。

"近年来，我国大力加强科研攻关，创新地质认识，推动海洋深水深层油气地质理论和工程技术不断取得突破，逐步取得渤中26-6亿吨级深层油

田、宝岛 21-1 深水深层气田等规模油气发现。开平南亿吨级油田的发现，进一步揭示了我国深水深层领域巨大的勘探潜力。"中国海油首席执行官及总裁说。

039. 我国自主研制的首列氢能源市域列车成功 达速试跑

3月21日上午，由中车长客股份公司自主研制的我国首列氢能源市域列车在位于长春的中车长客试验线进行了运行试验，列车成功以时速160千米满载运行，实现全系统、全场景、多层级性能验证，标志着氢能在轨道交通领域应用取得新突破。

由中车长客股份公司自主研制的我国首列氢能源市域列车。

新华社记者 王帆 摄

不同于传统列车依靠化石能源或从接触网获取电能驱动，这次成功达速运行的首列氢能源市域列车内置氢能动力系统，为车辆运行提供强劲持久的动力源，试验数据显示，列车每公里实际运行平均能耗为 5 千瓦时，满足车辆设计的各项指标要求，达到国际领先水平。

这款列车应用了多储能、多氢能系统分布式的混合动力供能方案，同时采用了中车长客自主开发的氢电混动能量管理策略和控制系统，实现了整车控制的深度集成，大幅提高能量利用效率，同时提高供能的灵活性和可靠性，最高续航里程可达 1000 千米以上。

据中车长客国家轨道客车工程研究中心新技术研究部相关负责人介绍，中车长客在完成氢能源市域列车氢动力系统及其关键部件耐久、高低温、振动、电磁兼容、防火安全等方面试验验证的基础上，进一步开展了不同速度等级下能耗、续航里程、可靠性、牵引、制动、动力学等整车试验，首次验证了氢能列车在 -25℃ 至 35℃ 环境温度下的实际性能，试验结果中各指标均达到车辆设计要求。

业内人士表示，本次试验是我国轨道交通行业在氢能源技术研发应用中的重要里程碑，将进一步助推实现高端交通载运装备关键技术自主可控，为我国交通载运装备加快形成新质生产力提供科技支撑。

040. 国务院国资委确定首批启航企业

据新华社北京 3 月 29 日报道，国务院国资委近日按照"四新"（新赛道、新技术、新平台、新机制）标准，遴选确定了首批启航企业，加快新领域新赛道布局、培育发展新质生产力。

2023 年以来，国务院国资委围绕加快培育创新型国有企业，启动实施启航企业培育工程，聚焦国家重大战略领域、战略性新兴产业和未来产业，重点遴选一批有潜力有基础的初创期企业，在管理上充分授权、要素上充分集聚、激励上充分保障，加快塑造新动能新优势，打造未来"独角兽"企业和科技领军企业。

此次遴选出的首批启航企业多数成立于 3 年以内，重点布局人工智能、量子信息、生物医药等新兴领域，企业核心技术骨干平均年龄 35 岁左右。

例如，中电信量子信息科技集团有限公司加快建设抗量子计算的新型安全基础设施，积极推动量子通信产业化和量子计算实用化；西安煤科透明地质科技有限公司致力于以新一代信息技术重塑传统地测业务形态，正全力研发地质垂直领域大模型产品，有望赋能我国煤矿安全、智能、绿色开发和地下空间综合利用；航天新长征医疗器械（北京）有限公司与北京

协和医院开展医工结合，积极推进面向重症急救领域的"人工肺"等高端生命支持设备研制攻关。

041. 中国人民银行设立 5000 亿元科技创新和技术改造再贷款

4月7日，中国人民银行宣布，设立科技创新和技术改造再贷款，额度5000亿元，利率1.75%，旨在激励引导金融机构加大对科技型中小企业、重点领域技术改造和设备更新项目的金融支持力度。

为落实国务院常务会议关于推动新一轮大规模设备更新和消费品以旧换新的决策部署，中国人民银行设立的科技创新和技术改造再贷款额度为5000亿元，利率1.75%，期限1年，可展期2次，每次展期期限1年。发放对象包括国家开发银行、政策性银行、国有商业银行、中国邮政储蓄银行、股份制商业银行等21家金融机构。

中国人民银行总行大楼。

新华社发

科技创新和技术改造再贷款是对原有科技创新再贷款和设备更新改造专项再贷款的政策接续，在总结两项工具经验的基础上进行改革完善，支持金融机构提升金融服务质效，更好满足科技创新、技术改造和设备更新领域的融资需求。

中国人民银行有关人士介绍，金融机构根据企业申请，参考行业主管部门提供的备选企业名单和项目清单，按照风险自担的原则，自主决策是否发放贷款及发放贷款条件。金融机构向中国人民银行申请再贷款，中国人民银行对贷款台账进行审核，对于在备选企业名单或项目清单内符合要求的贷款，按贷款本金的 60% 向金融机构发放再贷款。

中国人民银行表示，科技创新和技术改造再贷款的设立将有利于引导金融机构在自主决策、自担风险的前提下，向处于初创期、成长期的科技型中小企业，以及重点领域的数字化、智能化、高端化、绿色化技术改造和设备更新项目提供信贷支持。

042. 5200 米！我国最深地热科探井完钻

4 月 8 日，中国石化宣布，公司部署在海南的福深热 1 井顺利完钻，井深达 5200 米，刷新了我国最深地热科探井纪录。该井的成功钻探，揭示了华南深层地热形成与富集机理，意味着我国干热岩勘探在地区和深度上取得新突破，对提升我国华南地区地热资源规模化开发利用、助力区域能源结构调整有重要意义。

中国工程院院士、中国石化总地质师郭旭升说，福深热 1 井钻探目标为 2.5 亿年前的花岗岩，属于深层干热岩地热井。自 2023 年 8 月开钻以来，该井应用了"双驱钻井＋高压喷射"等多项自主研发的创新技术，在近 3900 米温度超过 150℃，达到高温地热标准，在 5000 米温度超过 180℃，达到国家能源行业标准规定的干热岩温度界限，形成了深层地热资源探测评价关键技术，达到科学探井预期目标和任务要求。

下一步，中国石化将依托福深热 1 井开展研究和现场试验，建成我国华南首个深层地热产学研一体化现场试验研究平台和开发利用示范平台，探索形成适用于华南地区的理论方法和技术体系，助力我国实现"双碳"目标。

郭旭升说，地热能是一种稳定可靠、绿色低碳的可再生能源，具有储量大、分布广、清洁环保等特点。当前，我国地热资源开发利用多以浅层和中深层的水热型地热为主，而埋深 3000 米以下的深层地热，尤其是干热岩资源的开发尚处于探索阶段。

中国石化持续深耕地热领域，在探索地热能规模开发方面，累计建成地热供暖能力近 1 亿平方米，建成多个数百万平方米规模的区域性地热供暖项目，其中在雄安新区建设的地热供暖项目被国际可再生能源机构列入全球推广项目名录。

043. 我国海上第一深油气井投产

4 月 13 日，中国海油宣布，我国首口自主设计实施的超深大位移井——恩平 21-4 油田 A1H 井在珠江口盆地海域顺利投产，测试日产原油超 700 吨。该井钻井深度 9508 米，水平位移 8689 米，成为我国海上第一深井，同时创下我国钻井水平长度纪录，标志着我国成功攻克万米级大位移井的技术瓶颈，海上超远超深钻井技术跨入世界前列。

该超深井开发的恩平 21-4 油田位于深圳西南方约 200 公里的海域，平均水深约 86 米，属于小型砂岩边际油田。如果采用传统模式开采，需新建海上生产平台或水下井口等设施，投入大且工期长。中国海油利用 8 公里外的恩平 20-5 无人平台，实施超深大位移井，可以高效开发边际油田的油气资源。

中国海油深圳分公司总工程师说，依托现有平台设施，利用大位移井技术，在地下实现数公里外油藏的精确制导，突破了海洋边际油田难以开发的壁垒，成功推动恩平 21-4 油田的开发。

中国海油深圳分公司深水工程技术中心总经理介绍，中国海油自主研发出环保油基钻井液、连续循环系统等，在施工过程中通过智能随钻导向、井下参数实时采集、旋转漂浮下套管等先进技术，让钻头精准穿越 3 个地下断层，带动 669 根、总重 564 吨的高强度钢制套管顺利下入，建立起稳固的采油通道，作业能力达到世界先进水平。

中国海油深圳分公司总工程师表示，大位移井是高效勘探开发海洋、山地等复杂地带油气资源的重要手段，此次恩平 21-4 油田超深大位移井刷新 4 项全国纪录，形成 5 类 13 项技术成果，使用的材料、装备国产化率达95%。依托该模式未来可实现在生产平台 1 万米范围内的油气资源动用，显著提高油气田开发效益。

044. 世界最大清洁能源走廊工业互联网平台部署完成

据新华社 4 月 24 日报道，随着全球单机容量最大功率百万千瓦水轮发电机组的生产数据上送工业互联网平台，金沙江白鹤滩水电站厂站级工业互联网平台建设取得阶段性成果。至此，工业互联网平台在长江干流六座梯级水电站已全部部署完毕，标志着世界最大清洁能源走廊"工业大脑"基本建成。

世界最大清洁能源走廊由长江干流乌东德、白鹤滩、溪洛渡、向家坝、三峡和葛洲坝六座梯级电站构成，于 2022 年 12 月 20 日全面建成。据了解，2020 年起，三峡集团所属长江电力启动"工业大脑"建设，自主研发工业互联网平台，深度赋能智能运维、智能检修、智慧调度、智能决策等全业务场景，全面提升设备智能运维水平，助力新一代水电站数字化建设。

"流域巨型电站群的运营调度涉及'水、机、电'多个环节，规模巨大、时空多变、跨区跨网、结构复杂。"长江电力科学技术研究中心副主任说，"六座梯级电站的全局协同优化是世界级难题，因此需要依托人工智能、大数据模型等先进技术，建立水电'工业大脑'。"

"'工业大脑'在流域电站群应用后，电站运营效率、运行安全可靠性大幅提升，流域电站运营成本有所下降，智能应用开发周期大幅缩短。"长江电力科学技术研究中心主任表示，中心将以此为基础，持续探索实践水电的数字化转型。

045. 国内首个泉域岩溶区地铁区间双线贯通

4 月 27 日，随着"泉兴二号"盾构机刀盘破土而出，由中铁十四局承建的济南地铁 4 号线一期工程泉城公园站至千佛山站区间双线贯通。该区间是国内首个穿越泉域岩溶区的地铁区间。

济南地铁 4 号线一期工程沿济南东西向交通大动脉经十路敷设，全长约 40 公里。其中，泉城公园站至千佛山站区间长约 1040 米，穿越泉水补给区域，是济南地铁 4 号线一期工程穿越溶洞最多的区间。据中铁十四局项目技术负责人介绍，该区间穿越近 300 个大小不一的溶洞，最大溶洞高 22.4 米，洞跨约 38 米，就像在大型"蜂巢"中挖隧道，施工难度和风险大。

为顺利攻克岩溶区施工难题，济南轨道交通集团与中铁十四局集团成立攻坚小组，依托超前地质预报技术及智慧化管理平台，对隧道前方地层进行全方位扫描，详细探明区间内溶洞地质情况，并对盾构设备进行针对性设计，采用土压平衡盾构机防止地面沉降，有效解决岩溶区间隧道掘进的技术难题。

济南轨道交通集团建设投资公司现场经理表示，在济南地铁4号线规划、设计、施工等各个阶段，泉水保护始终放在第一位。在泉城公园站至千佛山站区间，掘进线路采用浅埋方式，车站整体抬升，避让泉水补给通道。泉城公园站埋深比其他地下站点抬升了约6米，是全线唯一的半地下车站，也是全线最"浅"车站。

作为山东省重点建设项目，济南地铁4号线一期工程建成后将有力缓解济南东西向交通拥堵压力，对促进城市东西部地区经济协调发展具有重要促进作用。

046. 万吨级海船首次抵达长江上游

5月8日，万吨级江海直达船"创新5"轮驶入重庆境内，标志着我国万吨级海船首次驶进长江上游。

该江海直达船装载超5000吨进境粮食，4月24日自浙江舟山港启程，经"重庆—舟山"江海直达新航线，穿越三峡大坝，历时15天到达重庆。"重庆—舟山"江海直达航线是长江上游首条江海直达航线。

常规载重的江海直达船主要航行于通航条件较好的沿海及长江中下游，吃水普遍达到7米级别，无法满足三峡船闸4.3米吃水的要求，因此万吨级海船长期难以通过三峡大坝。

自2021年以来，重庆市口岸物流办对接协调武汉创新江海运输公司，开展"130米长标准化江海直达船型"设计研究，并于2022年5月启动了2艘江海直达船舶建造，现已投产运营，"创新5"轮就是其中1艘。

"传统的江海联运运输方式环节多、时效性差，如今通过发展重庆新田港、珞璜港与浙江舟山等港口的直达运输，减少过驳次数和时间，运输时间缩短20天左右，货物损耗率降低至0.3%以内。"重庆市口岸物流办相关负责人表示。

047. 中国人民银行拟设立 3000 亿元保障性住房再贷款

5 月 17 日，中国人民银行副行长陶玲介绍，中国人民银行拟设立 3000 亿元保障性住房再贷款，鼓励引导金融机构按照市场化、法治化原则，支持地方国有企业以合理价格收购已建成未出售商品房，用作配售型或配租型保障性住房，预计带动银行贷款 5000 亿元。

陶玲在当日举行的国务院政策例行吹风会上介绍，保障性住房再贷款规模是 3000 亿元，利率 1.75%，期限 1 年，可展期 4 次。发放对象包括国家开发银行、政策性银行、国有商业银行、邮政储蓄银行、股份制商业银行等 21 家全国性银行。中国人民银行按照贷款本金的 60% 发放再贷款，银行按照自主决策、风险自担原则发放贷款。

所收购的商品房严格限定为房地产企业已建成未出售的商品房，对不同所有制房地产企业一视同仁。按照保障性住房是用于满足工薪收入群体刚性住房需求的原则，严格把握所收购商品房的户型和面积标准。

城市政府可根据当地保障性住房需求、商品房库存水平等因素，自主决定是否参与。由城市政府选定地方国有企业作为收购主体。该国有企业及所属集团不得涉及地方政府隐性债务，不得是地方政府融资平台，同时应具备银行授信要求和授信空间，收购后迅速配售或租赁。

陶玲介绍，该政策有利于推动存量商品房去库存，加快保障性住房供给，助力推进保交楼工作和城市房地产融资协调机制落地。近期，中国人民银行将出台正式文件，并统筹考虑政策衔接，把租赁住房贷款支持计划并入保障性住房再贷款政策中管理，在全国范围全面推广。

048. 粤港澳大湾区最长城际贯通 提速一小时生活圈

5 月 26 日，广佛南环、佛莞城际铁路正式投入运营。这两条新开的城际铁路与已开通的佛肇城际、莞惠城际相连，在粤港澳大湾区形成了一条呈东西走向、全长 258 千米的交通大动脉。这条动脉是大湾区最长的城际铁路，自东向西连接了惠州、东莞、广州、佛山、肇庆，对加速形成大湾区一小时生活圈具有重要意义。

2024 年 5 月 26 日，乘务人员在佛莞城际铁路东莞麻涌站指引乘客。

新华社记者 刘大伟 摄

　　这条交通动脉全线设 39 座车站，列车最高运行时速为 200 千米。为满足不同旅客的出行需求，将全面启用"站站停＋大站快车"的公交化运营模式，提高行车密度，平均行车间隔为 26 分钟。

　　在购票方面，该城际铁路采用"12306 ＋城际铁路公交化多元支付"双票务系统。旅客既可以通过 12306 购票后，刷身份证进站乘车，也可以使用全国交通一卡通、岭南通、羊城通、广州地铁 app 城际乘车码等多种方式进站乘车。

　　这四条城际线路均由广州地铁集团建设和运营。2020 年，广州地铁集团全资子公司广东城际铁路运营有限公司取得铁路运输许可证，成为首个获得城际铁路运输资质的地方企业。

　　广东城际铁路运营有限公司车服中心主任工程师说，"四线"贯通运营后，旅客搭乘城际铁路将与地铁一样便捷，实现随到随走，无须提前购票，出行时间更加灵活。

　　中铁第一勘察设计院集团有限公司广佛南环总设计师说，大湾区轨道交通正形成"一张网、一张票、一串城"的新格局，通过交通基础设施的硬连接和运行机制的软连通，不断推进多城跨区域融合和多网跨制式融合。

049. 华东地区首个地下立体交通工程地下环路全线贯通

5 月 26 日，经过 800 多天施工建设，由中铁十八局承建的杭州科技文化中心地下空间综合开发工程地下环路全线顺利贯通。该项目是华东地区首个地下立体交通工程，也是杭州工程量最大的地下环路工程。

中铁十八局项目负责人介绍，杭州科技文化中心地下空间综合开发工程总投资约 47 亿元，主要包括地下环路及 4 条地面道路建设，建成后可串联起周边大型商圈、住宅、公共人行步道和停车场。

施工期间，针对环路上跨地铁、下穿隧道和规划景观水系、长距离在杭州地铁 3 号线与 5 号线区间旁侧并行、差异沉降控制要求高等难题，建设团队通过对环路结构采用加固隔离、在基坑施工常规监测外增加地铁保护监测，确保了两个涉铁主体工程和围护工程稳步推进，各项控制指标安全可控，地铁正常安全运营。

项目建成通车后，市民可通过四通八达的地下环路和隧道便捷出行，缓解地面交通拥堵问题，为杭州塑造高品质出行环境奠定基础。

050. 国产商用飞机完成首次加注 SAF 演示飞行

6 月 5 日，中国商飞公司的一架 ARJ21 支线飞机和一架 C919 大型客机，加注可持续航空燃料（SAF），分别在上海和东营完成演示飞行。这是国产商用飞机首次加注 SAF 演示飞行，展现了国产商用飞机良好的飞行性能。

SAF 是一种由可再生原料制成的液体航空替代燃料，与传统航空燃料相比，其在全生命周期内最高可降低 80% 的碳排放量。应用 SAF 是当前民航运输业应对全球气候变暖、进行碳减排的一项重要措施。目前，国际主流飞机制造商和全球各大航空公司、科技企业都在深入研究 SAF 的实际应用。我国有十余家企业和研究机构在开展 SAF 研发和生产，多家航空公司已使用国产 SAF 进行了商业测试飞行。

中国商飞公司自 2022 年开始筹划 SAF 在国产商用飞机上的应用，深入研究国内外 SAF 技术标准、试验试飞方法，组织开展 SAF 技术攻关、装机验证工作，并于 2024 年 2 月获得中国民航局适航批准。

国产商用飞机演示飞行所使用的 SAF 采用中国石化自主研发生物航煤生产技术，原料来自餐余废油。餐余废油经回收处理后在中国石化镇海炼化建成的国内首套生物航煤工业装置进行加工，产出生物航煤，实现绿色资源化利用。

051. 西南地区最大动车所初步投用

6 月 14 日，我国西南地区规模最大的高铁列车检修单位——中国铁路成都局集团有限公司天府动车所初步投用，有助于提升成渝地区双城经济圈的高铁出行容量。

2024 年 6 月 14 日，一列动车驶入天府动车所。（无人机照片）

新华社记者 江宏景 摄

设计单位中铁二院该项目负责人介绍，天府动车所规划总面积约 2090 亩，按东西两场进行规划建设，此次先建成投用的是东侧车场，占地面积约 1110 亩，由两个存车场和检修库组成，总建筑面积 9.58 万平方米，有检修线 12 条，可同时检修 24 组标准动车组，可执行每天 90 组标准动车组的检修任务。

承建单位中国铁建电气化局集团介绍，和国内其他动车所相比，天府动车所进行了部分设备升级，动车车轮损伤诊断的检测时速由 10 千米提升至 30 千米，极大提升了检测效率。

中国铁路成都局天府动车所主任说，按照相关规定，动车组在线上运行达 48 小时或 6600 千米，须到动车所进行一次一级检修。目前，成都东动车所配属 171 组动车组，站场存放能力和动车组检修能力已饱和，天府动车所适时投用，将成倍提升成都铁路枢纽的动车组存放及检修能力，对提升成渝地区双城经济圈高铁出行容量具有积极意义。

052. 我国推动打造消费新场景培育消费新增长点

6 月 24 日，国家发展改革委等部门制定的《关于打造消费新场景培育消费新增长点的措施》对外发布，提出了 6 个方面重点任务。

培育餐饮消费新场景方面，文件提出，加快制定完善预制菜、乳制品产业相关标准。推进餐饮外卖点单和配送智能化升级，鼓励根据历史订单、饮食限制和偏好进行个性化推荐。

培育文旅体育消费新场景方面，文件明确，提升入境旅游便利水平，持续优化出入境政策措施，积极研究增加过境免签政策国家数量。适当增加主要客源国的入境航班频次。在地图导航软件等应用中增加多语种服务，优化打车服务。聚焦"食、住、行、游、购、娱、医"等场景，确定重点场所及重点商户名录，推动受理境外银行卡。

培育购物消费新场景方面，文件提出，鼓励利用老旧厂房、城市公园、草坪广场等开放空间打造创意市集、露营休闲区。利用新技术拓展购物消费体验，加强线上线下商品"同质""同标"建设。

培育大宗商品消费新场景方面，文件明确，鼓励限购城市放宽车辆购买限制，增发购车指标。通过中央财政和地方政府联动，安排资金支持符合条件的老旧汽车报废更新。稳步推进自动驾驶商业化落地运营，打造高

阶智能驾驶新场景。以便利城乡居民换新为重点，健全废旧家电回收体系，推动家电以旧换新。

培育健康养老托育消费新场景方面，文件提出，研究制定统一的居民电子健康档案首页基本内容，便利居民获得基本卫生健康服务。拓展银发消费新场景。积极发展育幼消费。

培育社区消费新场景方面，文件还提出，完善城市社区便民服务，因地制宜打造一刻钟便民生活圈。优化农村社区消费环境。

053. 震撼！超级工程深中通道正式通车

6月30日，举世瞩目的超级工程——深中通道，正式通车试运营。这是全球首个集"桥、岛、隧、水下互通"为一体的跨海集群工程，路线全长约24千米，深圳至中山的车程将从此前约2小时缩短至30分钟。

历时141天实现西人工岛合龙、8万吨沉管在海底一次性精准安装到位……迎着疾风、踏着巨浪，上万名建设者在珠江口连续奋斗7年。

6月27日拍摄的深中通道全景。

新华社记者 毛思倩 摄

频发的台风、高盐高湿的环境、复杂的海底情况……这是世界上建设难度最高的跨海集群工程之一。

这个海上奇迹有多强？数据最能体现——

界最大跨径全离岸海中钢箱梁悬索桥：深中大桥主跨达1666米，加上两边边跨，总跨达2826米；

世界最高通航净空海中大桥：深中大桥主塔高 270 米，大桥桥面距离海平面高达 91 米，船舶通航净空达 76.5 米，未来可满足 30 万吨散货轮和 3 万标箱集装箱船的通航需求；

世界最长的双向八车道海底沉管隧道：深中通道海底隧道，双洞双向 8 车道，长约 6.8 千米，其中海底隧道沉管段长 5035 米，由 32 个重达 8 吨的管节和一个最终接头连接而成；

世界首例水下高速公路枢纽互通—机场互通立交：深中通道东人工岛全岛陆域面积 34.38 万平方米，相当于 48 个国际标准足球场，岛上隧道工程包括长 480 米的堰筑段隧道、长 855 米的岛上主线隧道，以及实现交通转换的 4 条匝道隧道……

这个跨海超级工程再次擦亮中国基建名片：

研发出超高强主缆钢丝索股、革新外海超大尺度沉管管节浮运安装工艺……深中通道建设以来，已获得发明专利 200 余项、行业协会奖项数十项。

4 月，深中通道深中大桥获得了拥有桥梁界"诺贝尔奖"美誉、国际桥梁大会授予的"乔治·理查德森奖"。

"这是对中国基建技术的又一次检验，这是向世界展示中国基建实力的新窗口。"中交公路规划设计院深中通道岛隧设计总负责人说。

作为环珠江口交通网络的关键一笔，深中通道背后的意义不仅是车程缩短，更代表粤港澳大湾区互联互通迈出重要一步，激发更多发展活力。

作为一道天然屏障，珠江口曾让两岸城市拥有不同的发展特色——

东岸，先进制造业实力雄厚，科技创新能力强大，产业链供应链体系相对完整，但面临着发展空间受限、要素成本上升的问题。

西岸，可利用可发展产业空间广阔，土地使用和租金成本相对较低，但亟须进行产业转型升级、"输血造血"。

通车带来的便利，让"深圳总部＋中山制造""深圳研发＋中山转化"等产业合作新模式成为现实。

"作为粤港澳大湾区新的'交通脊梁'和'A'字形交通网络骨架的关键一'横'，深中通道自构思设计阶段便肩负着推动珠江口东西两岸更好连接、融合的重要使命。"广东省交通集团董事长说。

一桥飞架，超级工程让"东西两岸"变为"大桥两端"，隔海相望的珠江两岸实现"海上"牵手，将助推大湾区迈向美好未来。

054. 第八届南博会促成投资合作总金额超100亿元

7月28日，为期6天的第八届中国—南亚博览会在云南昆明落下帷幕。第八届南博会执委会召开新闻发布会介绍，本届南博会期间共促成投资合作总金额超100亿元，截至27日累计签署内外贸合同金额超80亿元，线上线下累计销售额超5亿元。

第八届南博会执委会副主任、云南省商务厅厅长说，本届南博会深化拓展"综合展、专业办"模式，首次设立的贸易无忧平台受到企业"热捧"，截至27日已为500多家中外企业提供咨询服务，举办外资企业政企沟通圆桌会、边民互市贸易进口产品推介对接会等7场活动，让更多的"展品"变为"商品"。

本届南博会与南亚国家开展务实合作，将南亚馆增设至2个、展位数由480个增至776个，南亚各国官方机构共组织超400家企业参展。巴基斯坦、尼泊尔、斯里兰卡等国家的手工地毯、红茶等特色商品广受欢迎，实现"一个展会买遍南亚"。截至27日，南亚馆累计现场成交额超500万元。

本届南博会有82个国家、地区和国际组织参会，参展企业达2000多家，其中近一半是境外企业。

055. 新能源乘用车零售销量首超燃油车

8月8日，中国汽车流通协会乘用车市场信息联席分会公布最新数据显示，7月份，新能源乘用车国内零售渗透率达51.1%；常规燃油乘用车零售84万辆，新能源乘用车零售87.8万辆。

这一突破，是中国汽车工业转型升级的生动写照，也是全球汽车行业绿色转型的重要里程碑。

2020年9月，我国新能源汽车生产累计达500万辆；2022年2月突破1000万辆；2023年7月第2000万辆下线；到2024年6月底，国产新能源汽车累计产销量均超过3000万辆。

这一系列数字背后，是市场、政策、技术等多方面因素的共同助力。

造车新势力以及部分互联网企业，凭借技术创新和灵活的市场策略，最新突破！
新能源乘用车
零售销量首超燃油车

8月8日，中国汽车流通协会乘用车市场
信息联席分会公布最新数据显示

7月份

新能源乘用车国内零售渗透率达 **51.1%**

常规燃油乘用车零售 **84万辆**

新能源乘用车零售 **87.8万辆**

2020年9月
我国新能源汽车生产
累计达500万辆

2022年2月
突破1000万辆

2023年7月
第2000万辆下线

2024年6月底
国产新能源汽车累计产销量
均超过3000万辆

新华社发（宋博 制图）

成为撬动市场的"鲇鱼"；传统车企纷纷加大在新能源领域的投入，加速向电动化、智能化转型……

汽车下乡、减免购置税、以旧换新等政策"春风"为新能源汽车市场持续释放暖意。随着产业布局更加完善、技术不断成熟，中国新能源汽车焕发出强大的竞争力和创新力，从"星星之火"发展为"燎原之势"。

乘用车市场月度渗透率首次突破50%，新能源汽车将"越跑越快"！

购车选择更多。随着销量增加，车企推出的新能源车型也将越来越多，从经济型轿车到高端豪华车，从SUV到MPV，满足群众多样化、个性化消费需求。

经济成本更低。充电性价比高，新能源汽车的充电费用远低于燃油费用，同时维护成本也相对较低。

用车体验更佳。随着电池、电机、智能网联和人工智能等技术的提升，新能源汽车的续航里程不断增加，动力性能和智能化水平也越来越强。

出行更加便捷。截至2024年6月底，全国充电桩总量达到1024.4万台，同比增长54%，保障了2400万辆新能源汽车的充电需求，为纯电出行带来更多便利。

"顺应时代，汽车行业将加速向电动化、智能化转型。"中国汽车流通协会乘用车市场信息联席分会秘书长认为，未来，随着智能网联、人工智能等新技术的不断融入，汽车将被赋予更多可能性，扬帆远航驶向智能化、绿色化出行的远方。

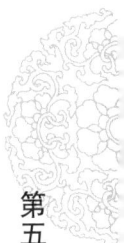

056. 2024年服贸会达成近千项成果

全球服务、互惠共享。9月16日，2024年中国国际服务贸易交易会在北京闭幕，本届服贸会共达成近千项成果，线下参展企业国际化率超过20%。

服贸会会期共达成成交、投资等7类近千项成果，主要集中在建筑、金融、商业服务等领域；举办国际合作项目洽谈推介会等56场，其中海外对接会系列活动10场。

北京市商务局局长介绍，本届服贸会线下参展企业的整体国际化率超20%。"世界500强及行业龙头企业、境内外机构等111家企业机构发布数字化、人工智能、医疗健康等领域219项成果，比上届增加80项。"

服贸会的吸引力持续增强，5天的会期，180余场论坛会议活动陆续举行，2000余家企业线下参展、6000余家企业线上参展。人工智能、云计算、元宇宙、6G等行业前沿技术，以及产业融合发展的新成果集中亮相：搭载人工智能深度学习技术的骨科手术机器人、全球最小心脏起搏器、远程安全驾驶系统智能驾驶舱……

"2024年的服贸会取得了丰硕成果，充分彰显了中国坚持以高水平开放推动高质量发展的坚定决心，广泛凝聚了深化全球服务业和服务贸易合作的重要共识，全面反映了

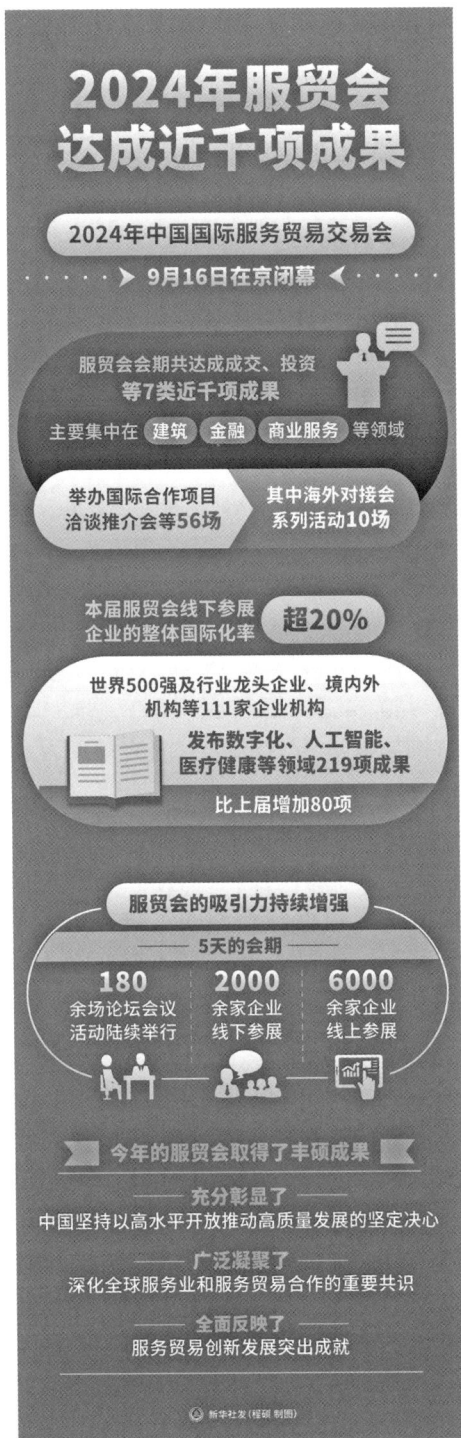

2024年服贸会达成近千项成果

2024年中国国际服务贸易交易会
9月16日在京闭幕

服贸会会期共达成成交、投资等7类近千项成果

主要集中在 建筑 金融 商业服务 等领域

举办国际合作项目洽谈推介会等56场 其中海外对接会系列活动10场

本届服贸会线下参展企业的整体国际化率 超20%

世界500强及行业龙头企业、境内外机构等111家企业机构
发布数字化、人工智能、医疗健康等领域219项成果
比上届增加80项

服贸会的吸引力持续增强
5天的会期
180 余场论坛会议活动陆续举行
2000 余家企业线下参展
6000 余家企业线上参展

今年的服贸会取得了丰硕成果
充分彰显了 中国坚持以高水平开放推动高质量发展的坚定决心
广泛凝聚了 深化全球服务业和服务贸易合作的重要共识
全面反映了 服务贸易创新发展突出成就

新华社发（程硕 制图）

服务贸易创新发展突出成就。"商务部服务贸易和商贸服务业司副司长说。

作为本届服贸会的主宾国,法国安排了一系列围绕服贸会主题的会议,重点关注健康、体育和"法国吸引力"等方面。已经连续多年参加服贸会的高通公司准时赴约,公司全球高级副总裁钱堃说:"借助服贸会这个平台,公司将继续深化与中国客户的产业合作,利用在智能计算领域的领先技术,赋能更多产业。"

"我们将全面实施跨境服务贸易负面清单,有序推进跨境服务贸易梯度开放,推动实施服务贸易全球合作伙伴网络计划,拓宽服务贸易多双边和区域合作机制。"商务部服务贸易和商贸服务业司副司长表示,要进一步发挥好服贸会在扩大开放、深化合作、引领创新方面的重要平台作用,加快推动服务贸易高质量发展。

057. 我国启动可持续航空燃料应用试点

据新华社9月19日报道,国家发展改革委、中国民航局日前在北京举行可持续航空燃料应用试点启动仪式。根据试点工作安排,9月19日起,中国国航、东方航空、南方航空从北京大兴、成都双流、郑州新郑、宁波栎社机场起飞的12个航班将正式加注可持续航空燃料。

中国民航局副局长韩钧在启动仪式上介绍,民航业约99%的碳排放来自航空飞行活动的航油消耗。减少航油消耗、积极推动航油脱碳是民航全面推进绿色低碳转型的主攻方向。在传统技术和管理手段减排潜力有限的情况下,以可再生资源或废弃物为原料制成的可持续航空燃料,具有兼容既有设施设备、全生命周期降碳效果显著等优势。

韩钧认为,发展可持续航空燃料具有涉及领域广、产业链条长,高技术属性突出等特点,能够催生新产业、新模式、新动能,是民航延展产业链条、培育发展新质生产力的重要抓手。我国民航要扎实做好可持续航空燃料试点各项工作,为民航全面绿色转型提供有力保障和可靠支撑。

此次试点分两阶段实施,将围绕供油保障、油品质量监控、效果评估、机制标准建设等关键领域,同步开展研究探索。第一阶段为2024年9月至12月,主要参与单位为国航、东航、南航以及北京大兴、成都双流、郑州新郑、宁波栎社等机场;第二阶段为2025年全年,参与单位将逐步增加。试点期间所用可持续航空燃料均已获得民航局适航认证,民航局将指导中国航油严格油品质量管控。

近年来，我国民航持续推动节能减排工作。截至目前，我国运输机队机龄保持在 9 年左右；机场场内新能源车辆占比超过 27%，其中北京大兴、成都天府等新建机场的占比接近 80%；国内航班和机场航站楼基本停止提供一次性不可降解塑料餐具；运输机队和运输机场的碳强度进一步降低。

058. 我国建成具备国际竞争优势的新能源全产业链体系

10 月 23 日，在青岛开幕的第三届"一带一路"能源部长会议上，国家能源局局长章建华表示，我国建成了具备国际竞争优势的新能源全产业链体系，为全球贡献了 80% 以上的光伏组件和 70% 的风电装备。

他说，过去十年间，我国推动全球风电和光伏发电项目平均度电成本分别累计下降超过 60% 和 80%。我国的风电、光伏产品覆盖全球 200 多个国家和地区，不仅丰富了全球供给，也为能源绿色转型和维护全球能源市场稳定作出突出贡献。

与此同时，国内的新能源产业也取得日新月异的发展。截至 2023 年年底，我国风电、光伏发电装机规模较十年前增长了 10 倍，清洁能源发电装机容量占总装机的 58.2%。清洁能源消费量占能源消费总量的比重从 15.5% 提高到 26.4%。

章建华说，我国建成完备的风电、光伏全产业链研发设计和集成制造体系，高效晶体硅、钙钛矿等光伏电池技术转换效率多次刷新世

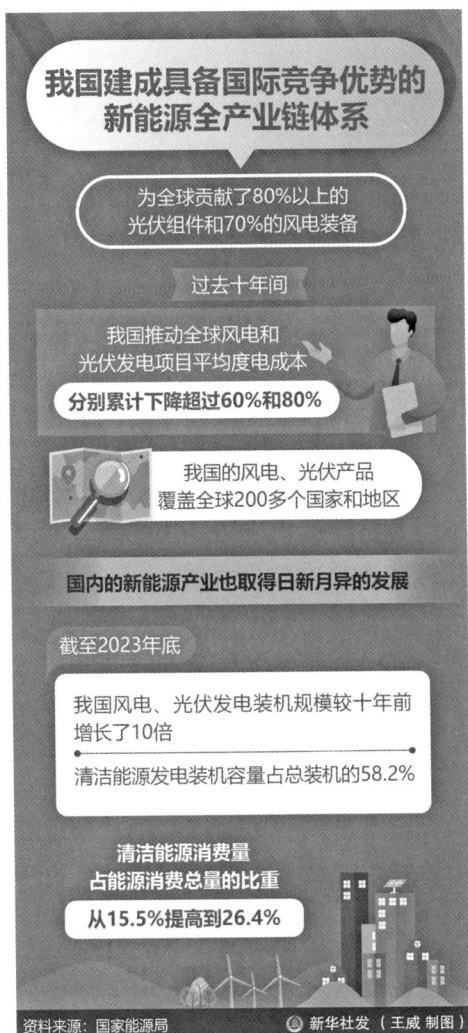

我国建成具备国际竞争优势的新能源全产业链体系

为全球贡献了 80% 以上的光伏组件和 70% 的风电装备

过去十年间

我国推动全球风电和光伏发电项目平均度电成本

分别累计下降超过 60% 和 80%

我国的风电、光伏产品覆盖全球 200 多个国家和地区

国内的新能源产业也取得日新月异的发展

截至 2023 年底

我国风电、光伏发电装机规模较十年前增长了 10 倍

清洁能源发电装机容量占总装机的 58.2%

清洁能源消费量占能源消费总量的比重

从 15.5% 提高到 26.4%

资料来源：国家能源局　　新华社发（王威 制图）

界纪录，量产先进晶体硅光伏电池转换效率超过25%。陆上风电机组最大单机容量突破10兆瓦，单机容量18兆瓦的海上风电机组顺利下线。

本届"一带一路"能源部长会议主题为"向新而行 合作共赢"，参会各国能源部长、驻华使节和国内主要能源企业、金融机构负责人等齐聚一堂，分别就能源转型与能源安全、新型储能和先进核电技术等议题进行深入交流。会议期间，"一带一路"能源合作伙伴关系成员国还举行了扩员仪式。

059. 我国数据标准化迎来技术"大本营"

10月28日，全国数据标准化技术委员会在北京成立，主要负责数据资源、数据技术、数据流通、智慧城市、数字化转型等基础通用标准，支撑数据流通利用的数据基础设施标准，以及保障数据流通利用的安全标准等领域国家标准制修订工作。

全国数据标准化技术委员会成立大会暨第一次全体委员会议当日在北京举行。国家数据局局长刘烈宏在会上说，建设全国一体化技术和数据市场离不开数据标准，通过技术专利化、专利标准化、标准产业化，有助于打通数据市场需求、生产、消费、价值实现，充分发挥数据要素乘数赋能作用。在数据资源高效流通利用方面，通过标准化，可有效规范数据格式，改善数据质量，优化数据资源供给，降低数据开发成本。

"此外，数据标准有利于推进数据治理体系和能力建设，同时可为数据基础设施建设提供统一遵循，推动区块链、隐私保护计算、数据空间、数场等各类设施，按照统一目录标识、统一身份认证、统一接口要求建设，实现区域、行业数据基础设施互联互通、协调发展。"刘烈宏说。

数据标准化工作涉及面广、开创性强，为扎实开展数据标准建设，国家数据局将从政策、资金、人员等方面加大对标准工作的支持力度，不断推进数据标准化工作在理念、思路、方法、手段等方面的创新，构建市场驱动、政府引导、企业为主、社会参与、开放融合的数据标准化工作格局，同时加大对重点标准的支持力度，缩短标准研制周期，加快急需、急用标准研究和制定。

全国数标委秘书处由中国电子技术标准化研究院承担，由国家数据局负责日常管理和业务指导。本次会议审议通过了全国数标委章程、秘书处工作细则、标准制修订工作程序等制度文件，以及全国数标委2024年至2025年工作要点、下设工作组组成方案。

060. 我国金融消费者和投资者保护工作协调机制正式建立

据新华社11月8日报道，金融监管总局近日联合中国人民银行、中国证监会在北京召开第一次金融消费者和投资者保护监管联席会议，标志着金融消费者和投资者保护工作协调机制正式建立。

根据会议透露的信息，金融监管总局将会同中国人民银行、中国证监会在中央金融办的指导下，充分发挥联席会议功能作用，加强金融消费者和投资者保护统筹规划，强化法规制度和政策措施协同，健全完善投诉处理、纠纷调解、公众教育等方面工作机制，交流各自监管领域人民群众反映强烈的突出问题，研究推进跨市场、跨领域金融消费者和投资者保护重大问题治理举措，开展金融消费者、投资者教育和国际交流。

会议强调，要督促金融机构将保护金融消费者、投资者合法权益各项要求嵌入业务经营各环节、全流程，切实落实主体责任，不断提升金融服务质效，持续增强人民群众获得感、幸福感、安全感。

061. 首批"5G＋工业互联网"融合应用试点城市建设启动

11月19日，工业和信息化部启动首批"5G＋工业互联网"融合应用试点城市建设，加快推进"5G＋工业互联网"高质量发展和规模化应用。南京、武汉、青岛等10个试点城市将打造具有全国、区域引领效应的"5G＋工业互联网"产业集群和创新生态。

2024中国5G＋工业互联网大会当日在湖北武汉开幕。首批试点城市将发挥"5G＋工业互联网"新技术、新设施、新场景、新模式、新业态优势，紧密服务地方产业智能化、绿色化、融合化发展，为全国"5G＋工业互联网"融合应用构建新范式，为制造业数字化转型开辟新路径，为推进新型工业化提供新动能。

近年来，"5G＋工业互联网"在各行业领域的规模化应用持续加快。工业和信息化部在大会上发布了《2024年5G工厂名录》，煤炭开采和洗选、汽车制造、仪器仪表制造等39个行业的400家5G工厂入选。

工业和信息化部副部长说，下一步，工业和信息化部将扎实开展"5G＋

工业互联网"融合应用试点城市建设，引导地方破解"5G＋工业互联网"发展面临的真难题和新课题，打造创新驱动、先行先试样板。同时，开展工业互联网与重点产业链深度融合"链网协同"行动，分行业分领域推进5G工厂建设，促进制造业"智改数转网联"。

062. 我国铁路首次大规模试运输动力锂电池

11月19日，三列运载动力锂电池的列车分别从重庆长寿渝巴专用铁路、四川宜宾港、贵阳国际陆港缓缓开出，这是我国铁路首次大规模试运输动力锂电池，将助力国产动力锂电池产品的全球流通。

2024年11月19日，重庆市动力锂电池全国铁路试运首发班列在重庆长寿渝巴专用铁路顺利发车。

新华社记者 唐奕 摄

我国是全球动力锂电池的主要生产国之一。动力锂电池作为电动汽车的"心脏"，是支撑新能源汽车产业高质量发展的关键。当前，动力锂电池多依靠海运和公路运输，难以满足日益增长的运输需求。

"铁路运输具有运力大、周期短、安全性高、成本适中、受自然环境影响小等优势，此次铁路试运是对传统运输模式的一次突破。"中国铁路成都

中国国情读本

A Reading Book of China's Current Affairs

210

局集团有限公司副总经理、贵阳办事处主任贾平表示。

2024 年 9 月，交通运输部等部门印发《关于加快提升新能源汽车动力锂电池运输服务和安全保障能力的若干措施》，国铁集团发布《40 英尺集装箱装运电动汽车用动力锂离子电池铁路安全运输条件》，对动力锂电池运输提出了新的规范。

贾平介绍，此次三地首发列车采用新研发的 40 英尺锂电池专用集装箱，具有烟感温感探测系统、泄压排气装置等，箱体全部采用 A1 级不燃材料，可阻燃隔热。国铁成都局配套制定了集装箱动力锂电池运输条件和装运方案，贯穿前置许可批复、货物检验、包装检测、场站安全论证等铁路危险货物运输全过程，有效降低了运输过程中的安全隐患。

宁德时代供应链与物流负责人在宜宾港表示，本次动力锂电池试运，是对国产动力锂电池安全性能的进一步认可，为其高效运输开辟了新路径，将进一步降低物流成本、提高物流效率，助力国产动力锂电池"走出去"。

"我们将进一步研究和制定动力锂电池铁路运输安全标准和技术规范，推动多式联运和综合运输体系建设，提高国产动力锂电池出口整体运输效率，进一步提升我国新能源汽车产业的'全球触达力'。"贾平说。

063. 我国首个国家级陆相页岩油示范区年产页岩油突破百万吨

11 月 26 日，中国石油集团宣布，我国首个国家级陆相页岩油示范区——新疆吉木萨尔国家级陆相页岩油示范区 2024 年累计产量突破 100 万吨，成为我国首个年产突破百万吨的国家级陆相页岩油示范区。

"页岩油是附着在页岩石或者缝隙中的石油，属于最难开采的油之一。因此，开采页岩油，在业内也被称为从石头缝里'榨'石油。"中国石油新疆油田吉庆油田作业区地质研究中心副主任介绍，"页岩"顾名思义，是如书页般层层分布的岩石。页岩油便是储藏在页岩中的石油资源，页岩油是一种新兴油气资源，受全球能源需求的持续增长，传统石油储量减少等因素的影响，页岩油的市场需求在不断增加。

我国页岩油资源丰富，主要分布在鄂尔多斯、松辽、准噶尔、四川、渤海湾 5 个大型盆地和柴达木、江汉、苏北等 8 个中小型盆地，页岩油可采储量居世界第三位。新疆页岩油资源主要分布在吉木萨尔、玛湖、五彩湾一石树沟三大凹陷区，总资源量超 30 亿吨，勘探开发前景广阔。其中，位于准噶尔盆地东部的吉木萨尔页岩油资源估算量超 10 亿吨。

目前，我国已成立 3 个国家级页岩油示范区，包括新疆吉木萨尔国家级陆相页岩油示范区、大庆油田古龙陆相页岩油国家级示范区、胜利济阳页岩油国家级示范区。2023 年，我国页岩油产量突破 400 万吨，创历史新高。

"2024 年，由新疆油田和吐哈油田共同开发的吉木萨尔国家级陆相页岩油示范区计划投产的页岩油新井数量同比 2023 年增长一倍。"相关负责人介绍，2024 年至今，新疆油田、吐哈油田在吉木萨尔国家级陆相页岩油示范区分别生产页岩油 83.1 万吨、18 万吨，"自 2020 年以来，页岩油年产量增长了近 3 倍。"

按照中国石油集团规划，2025 年吉木萨尔国家级陆相页岩油示范区要顺利建成并实现年产页岩油 170 万吨。其中，新疆油田完成产量 140 万吨，吐哈油田完成 30 万吨，并为国内非常规油藏高效开发提供了技术借鉴。

064. 规范营销行为 防范外卖餐饮浪费新规出台

12 月 6 日，市场监管总局对外发布《防范外卖餐饮浪费规范营销行为指引》，进一步规范外卖商家营销行为，落实网络餐饮平台主体责任，防范外卖餐饮浪费，营造厉行节约、反对浪费的社会风尚。

作为引导外卖餐饮行业落实反食品浪费责任的重要举措，指引结合网络餐饮行业特点，紧紧围绕防范外卖餐饮浪费的重点、痛点、难点问题，从规范外卖餐饮行业的营销行为入手，将反食品浪费举措落实到业务全流程的各环节。

规范外卖商家营销行为。对外卖可能引发餐饮浪费的营销行为予以引导，明确相关环节防范餐饮浪费的具体要求。鼓励外卖商家建立健全内部管理制度，减少原料、成品浪费，提升餐饮供给质量，合理设置起送价格，优化满减优惠机制，明确不得制作、发布、传播宣扬量大多吃、暴饮暴食等浪费食品的直播或者音视频信息，进一步引导行业规范健康发展。

发挥网络餐饮平台引领带动作用。引导网络餐饮平台认真落实反食品浪费法等法律法规规定，进一步优化餐品信息展示方式，完善满减凑单机制，加强对平台内经营者发布的广告内容的监测、排查，建立健全外卖餐饮浪费评价评估机制，推动反食品浪费源头治理。

凝聚多方力量推动社会共治。指引鼓励餐饮行业协会等社会组织发挥自律作用，引导外卖商家遵守法律法规和行业规范，自觉开展反食品浪费活动。支持消费者协会等社会组织，对网络餐饮平台和外卖商家防范外卖餐饮浪费情况进行社会监督，推动构建多方参与的防范外卖餐饮浪费共治格局。

加大反食品浪费宣传倡导。指引鼓励网络餐饮平台、行业协会、餐饮品牌加强合作，宣传、普及防止食品浪费知识。鼓励外卖商家将珍惜粮食、反对浪费纳入服务人员职业培训内容，加强员工反食品浪费培训，切实增强从业者反食品浪费意识。

市场监管总局网络交易监督管理司相关负责人表示，在充分尊重平台经济特点和经营主体自主经营权的基础上，建立健全防范外卖餐饮浪费长效机制，引导网络餐饮平台、外卖商家主动落实反食品浪费主体责任，进一步规范营销行为，促进网络餐饮行业规范健康持续发展。

065. 事关央企上市公司市值管理 国务院国资委印发新规

据新华社 12 月 17 日报道，为进一步推动中央企业高度重视控股上市公司市场价值表现，规范有序开展市值管理工作，提升上市公司投资价值，切实维护投资者权益，以更有力的行动举措促进资本市场健康稳定发展，国务院国资委近日印发了《关于改进和加强中央企业控股上市公司市值管理工作的若干意见》（以下简称意见）。

意见共九条，主要内容包括：一是明确市值管理目标和方向；二是用好市值管理"工具箱"；三是健全工作机制、强化正向激励；四是坚守合规底线。

意见提出，中央企业要从并购重组、市场化改革、信息披露、投资者关系管理、投资者回报、股票回购增持等方面改进和加强控股上市公司市值管理工作。

意见要求中央企业将市值管理作为一项长期战略管理行为，健全市值管理工作制度机制，提升市值管理工作成效。根据意见，国务院国资委将加强对中央企业市值管理工作的跟踪指导，将市值管理纳入中央企业负责人经营业绩考核，强化正向激励。

意见强调，严禁以市值管理为名操控信息披露、严禁操纵股价、严禁内幕交易。明确对违反规定、未履行或未正确履行职责造成国有资产损失、损害投资者合法权益或其他严重不良后果的，依法依规严肃追究责任。

下一步，国务院国资委将重点围绕意见落地实施，把提升中央企业控股上市公司投资价值、强化投资者回报作为一项长期工作来抓，指导推动中央企业用好市值管理手段，积极回应市场关切，维护投资者利益，为促进资本市场高质量发展作出新的更大贡献。

066. 国内十大财经新闻

一、二十届三中全会推进中国式现代化，将全面深化改革进行到底

中共二十届三中全会 7 月 15 日至 18 日在北京举行。会议指出，中国式现代化是在改革开放中不断推进的，也必将在改革开放中开辟广阔前景。面对纷繁复杂的国际国内形势，面对新一轮科技革命和产业变革，面对人民群众新期待，必须自觉把改革摆在更加突出位置，紧紧围绕推进中国式现代化进一步全面深化改革。

二、中央经济工作会议定调 2025，实施更加积极有为的宏观政策

12 月 11 日至 12 日，中央经济工作会议在北京举行。会议强调，实施更加积极有为的宏观政策。会议要求，2025 年要坚持稳中求进、以进促稳、守正创新、先立后破、系统集成、协同配合，充实完善政策工具箱，提高宏观调控的前瞻性、针对性、有效性。会议提出，稳住楼市股市。会议确定，2025 年要抓好大力提振消费、发展新质生产力、持续用力推动房地产市场止跌回稳、加大保障和改善民生力度等重点任务。

三、资本市场迎来新"国九条"，一揽子增量政策激发 A 股热情

4 月 12 日，国务院印发《关于加强监管防范风险推动资本市场高质量发展的若干意见》，擘画了资本市场改革发展的蓝图。新"国九条"发布后，"1＋N"政策体系逐步落地。9 月 24 日，"一行一局一会"部署一揽子金融支持经济高质量发展的改革举措。超预期的政策点燃了市场的做多热情，全年 A 股走出先抑后扬的态势。尤其是 9 月 24 日以来，截至 12 月 25 日，上证指数、深证成指、沪深 300 等累计涨幅分别达 23.44%、31.17%、24.06%。

四、楼市新政密集出台，推动房地产市场止跌回稳

4 月 30 日，中共中央政治局会议强调，继续坚持因城施策，压实地方

政府、房地产企业、金融机构各方责任，切实做好保交房工作，保障购房人合法权益。从中央到地方，一揽子促进房地产市场止跌回稳措施密集出台，房地产市场出现积极变化。11 月份 70 个大中城市中，商品住宅销售价格环比上涨城市个数增加，一线城市商品住宅销售价格环比总体上涨，二三线城市环比降幅均收窄；各线城市同比降幅 2024 年以来均首次收窄。

五、超长期特别国债发行 1 万亿元，扩内需全方位发力

2024 年超长期特别国债共发行 1 万亿元，其中，用于国家重大战略实施和重点领域安全能力建设（即"两重"）的 7000 亿元超长期特别国债已分三批全部安排到项目，另安排 3000 亿元用于加力支持推动新一轮大规模设备更新和消费品以旧换新（即"两新"）。"两重""两新"政策持续发力，效能加速释放，有效激发了内需潜力。

六、外贸新动能不断积聚，新能源汽车出口保持全球领先

海关总署进出口数据显示，前 11 个月，我国货物贸易进出口总值 39.79 万亿元，同比增长 4.9%。其中，出口 23.04 万亿元，增长 6.7%。前 11 个月我国实现外贸顺差 62905.7 亿元，超过 2023 年全年外贸顺差总额。外贸新业态新模式成为外贸高质量发展的重要驱动力。截至 11 月底，中国出口汽车 534.5 万辆，同比增长 21.2%，预计全年总出口量将达到 580 万辆，有望继续保持全球第一。

七、10 万亿元化债政策出台，减轻地方政府压力畅通资金链

11 月 8 日，十四届全国人大常委会第十二次会议审议通过近年来力度最大的化债方案。财政部介绍，从 2024 年开始，我国将连续五年每年从新增地方政府专项债券中安排 8000 亿元，专门用于化债，累计可置换隐性债务 4 万亿元。再加上全国人大常委会批准的 6 万亿元债务限额，直接增加地方化债资源 10 万亿元。

八、延迟退休明年开始实施，银发经济潜力待挖掘

9 月 13 日，全国人大常委会会议表决通过了关于实施渐进式延迟法定退休年龄的决定，明确了改革的目标原则、主要任务和保障措施，自 2025 年 1 月 1 日起施行。这一重大政策也激发了银发经济市场的活力。早在 2024 年 1 月，国务院办公厅发布了《关于发展银发经济增进老年人福祉的意见》。这是国家出台的首个支持银发经济发展的专门文件。

九、以法治力量提振企业信心，新公司法施行

7 月 1 日，新公司法正式施行，配套政策注册资本新规也公布施行。10 月 10 日起，民营经济促进法草案向社会公开征求意见。2024 年以来，为构建高水平社会主义市场经济体制提供法治保障，我国针对性深化司法改革、

完善司法政策，推动更好发挥市场在资源配置中的决定性作用，更好发挥政府作用。

十、新版负面清单、零关税待遇，中国对外开放大门越开越大

11月1日起，新版全国外资准入负面清单正式施行，限制措施由31条压减至29条，制造业领域"清零"；12月1日起，中国给予所有同中国建交的最不发达国家100%税目产品零关税待遇，成为实施这一举措的首个发展中大国和世界主要经济体。中国已经同26个国家达成了全面免签，先后对法国、德国等38国单方面免签，对54国实行了过境免签。改革开放是中国和世界共同发展进步的历史进程。不断以中国式现代化新成就为世界发展提供新机遇，中国始终致力合作共赢。

067. "长干古城"将南京建城史推至 3100 多年前

据新华社 1 月 10 日报道，经过权威历史考古学者论证，在南京西街遗址发现的"长干古城"始建于 3100 多年前的商周时期，这将南京建城史前推了 600 多年，标志着南京地域文明探源工程取得重大进展。

据西街遗址考古项目负责人、南京市考古研究院副研究馆员陈大海介绍，2017 年，南京市考古研究院在西街地块开始了配合城市基本建设的考古发掘，2020 年开始转为主动性考古发掘。在主动性考古发掘中，考古人员发现了至少四道商周不同时期的环壕。

陈大海介绍说，环壕内明显有塌落夯土墙体；环壕外围的水井始建于晚商时期；遗址出土的带有三角划纹、梯格纹等纹饰的陶器具有明显的商代特色；猪骨、木炭等多件出土遗物经碳 14 测年计算，得出时间范围均落于晚商早周时期。截至 2023 年年底，西街遗址共计发掘面积 12000 平方米，发现各类遗迹 500 余处，出土各类考古标本 1 万余件。

在近期举行的"长干古城——南京西街遗址重要成果专家论证会"上，经多轮专家论证，西街遗址发现的商周时期所筑古城被命名为"长干古城"。"长干古城"由一处中心台地以及台地外围环壕、墙基与门道、水井、猪祭祀坑等与筑城有关的遗迹组成。

考古学者认为，西街遗址发现商周之际的"长干古城"，是南京地域文明探源工程的重要成果，对长江国家文化公园建设具有重要的价值。

068. 秦始皇帝陵 1 号陪葬墓发现四轮独辀木车遗迹

1 月 26 日，秦始皇帝陵 1 号陪葬墓出土了一辆遗迹保存较为完整的四轮独辀木车，为研究秦汉时期丧葬用车制度提供了新资料。

从 2011 年开始，秦始皇帝陵博物院对秦陵外城西侧展开详细的考古勘探工作，发现 9 座大、中型墓葬，整齐有序，东西一字排列。从 2013 年开始，考古人员对其中的 1 号陪葬墓进行了持续发掘。目前已经基本完成墓道、墓室和 3 座车马陪葬坑的发掘。

1 号墓位于秦始皇帝陵园外城西侧约 440 米处，平面呈"中"字形，由南、北墓道与墓室三部分组成，墓道两侧有三座车马陪葬坑。这座墓葬全长约 100 米，总面积约 1900 平方米，墓壁有三层台阶，墓室分布大量木炭。

其中，墓室中心棺椁塌陷、朽坏严重，考古工作者将主棺椁整体打包提取到实验室进行清理。墓内出土大量陶器、铜器、玉器、铁器以及金银质地的小型明器。考古工作者还在直通墓底的北墓道清理出一辆四轮独辀木车，木车遗迹保存完整，总长约 7.2 米，方形彩绘车盖、铜构件等均保存完整。在陪葬坑中发现木车残迹、动物遗迹、青铜车马器等。

这是墓道中出土的四轮独辀木车遗迹。

秦始皇帝陵博物院供图

秦始皇帝陵 1 号陪葬墓发掘领队说，墓道中的四轮独辀木车可能是下葬时运输棺椁的载柩车。从目前的考古发现来看，这是一种非常少见的丧葬现象。而多种形制、多种用途的车辆集中出土于一墓，为研究这一时期丧葬用车及陪葬用车提供了新资料。这一系列考古发现是研究秦代高等级贵族丧葬制度乃至中国古代帝陵制度极具价值的考古资料。

069. 国家一级文物丰邢叔簋流失海外40年后归国

据新华社2月7日报道，流失海外40年的丰邢叔簋已于近日平安抵京，重归祖国怀抱。经专家实物鉴定，并与历史档案照片、拓片资料反复比对核验，综合判定该簋是丰邢叔簋原器，为国家一级文物。

丰邢叔簋于1978年在陕西省宝鸡市扶风县法门镇一处西周晚期青铜器窖藏出土，是典型的西周青铜器形制。此簋内底铸有铭文"丰邢叔作伯姬尊簋，其万年子子孙孙永宝用"，书法艺术精湛。器物制作工艺反映了西周青铜器高超的铸造水平。这件文物1984年11月被盗，流失海外。

这是西周晚期青铜器丰邢叔簋。

新华社发（国家文物局供图）

2023年1月，国家文物局获悉丰邢叔簋现身美国纽约，于是启动流失文物追索程序。文物持有人雷蒙德·金及其母亲了解了文物背后的故事后，同意无条件将文物返还中国政府。

未来，国家文物局将适时组织开展相关文物的保护、研究、宣传和展示。党的十八大以来，国家文物局通过各种形式，促成1800余件（套）文物艺术品回归祖国。

070. 第十四届全国冬季运动会隆重开幕

2月17日，第十四届全国冬季运动会在内蒙古自治区呼伦贝尔市开幕。

17日晚，内蒙古冰上运动训练中心速度滑冰馆内充满着青春活力和欢声笑语。20时，冬运会开幕式开始，分为开幕仪式、文体展演两大部分。

文体展演主题为"燃情冰雪　筑梦北疆"，包括序篇《共同的家园》、主篇章《山河共锦绣》《冰雪共相约》《携手共奋进》和尾声《共同的未来》，展演将中国风范、民族特色、北疆韵味、运动活力通过科技手段创意呈现，在传承与创新的碰撞下，展现了草原文化、冰雪文化和民族文化的多彩魅力。

本届冬运会是历届全国冬运会中规模最大、项目最多、标准最高的一届。除内蒙古各赛区外，部分比赛项目在北京延庆、河北张家口北京冬奥会场馆举办，共有来自31个省区市、新疆生产建设兵团、港澳地区的35支代表团3000余名运动员参加竞技体育和群体项目的比赛，在8个大项、16个分项、180个小项上展开角逐。

2024年2月17日，演员在开幕式上表演。

新华社记者 黄伟 摄

071. 青海都兰热水墓群发现目前陵园规模最大墓葬

2月25日，2023年热水联合考古队对热水墓群北一区M37号（俗称"羊圈墓"）进行精细化考古发掘，经发掘确认，"羊圈墓"地上陵园形制和2018血渭一号墓相似，"羊圈墓"规模更大，是目前发现的热水墓群内陵园规模最大的墓葬。

热水墓群位于青海省海西蒙古族藏族自治州都兰县热水乡境内。考古发现表明，2018血渭一号墓是热水墓群乃至青藏高原上发现的布局最完整、结构最清晰、形制最复杂的高等级墓葬之一。

考古专家认为，通过这次新发现，可以推断"羊圈墓"是热水墓群乃至青藏高原上发现的布局最完整、结构最清晰的高等级陵园之一，并且是中国古代陵墓制度考古的一次重大发现。

"羊圈墓"的发掘，是继2018血渭一号墓抢救性发掘完成后，根据热水墓群中长期的考古工作计划开展的主动发掘项目。"2023年的工作重点是发掘'羊圈墓'的地上陵园。"中国社会科学院考古研究所研究员介绍，经过三个月的清理发掘，目前"羊圈墓"的地上陵园形制、规模和特点已基本清晰。

"羊圈墓"的陵园平面呈方形，边长达50米。在陵园的东南发现附属建筑，其性质可能为祭祀建筑。2018血渭一号墓的祭祀建筑位于东北角，"羊圈墓"的祭祀建筑位于东南角；2018血渭一号墓发现两座房址，"羊圈墓"发现三座房址，其中规模最大的房址在陵园东墙内侧，门朝东，开在陵园东墙上。

此外，考古队员在最大的房址发现方形砖砌祭台。专家表示，砖砌祭台属热水墓群中的首次发现，祭台中发现大量砖块。通过陵园及祭祀建筑的规模、数量等线索推测，这个墓葬的规格、墓主人的身份等级要高于2018血渭一号墓。

专家介绍，2023年热水墓群考古工作的亮点是在多学科合作基础上使用了激光雷达扫描、高精度DEM（数字高程模型）、三维扫描等新技术。"我们通过激光雷达，对热水墓群南北两岸无缝隙扫描，新发现了一些遗址和墓葬。"专家说，这项工作可以为下一步确定热水墓群的墓葬数量和保护范围提供更准确的依据。

2021年4月，2018血渭一号墓入选"2020年度全国十大考古新发现"。同年10月，青海都兰热水墓群入选"百年百大考古发现"。

072. 泥河湾发现 110 万年前古人类石器技术已具较高水平

据新华社 3 月 9 日报道，中外科学家们目前对泥河湾盆地岑家湾遗址的最新研究发现，这里的古人类已具备较高的技术水平和认知能力，并将中国古人类石器技术演化到更先进模式"准备石核技术"的时间提早至 110 万年前。

位于河北省阳原县的泥河湾盆地，分布着涵盖旧石器时代早、中、晚期的各类遗址 30 余处，是研究早期东方人类起源和活动的重要区域。最新的这项成果由中国科学院古脊椎所裴树文研究团队联合西班牙高等科学研究理事会历史研究所、河北省文物考古研究院等中外科研单位共同完成，论文近日在国际学术期刊《美国国家科学院院刊》发表。

据研究团队负责人介绍，作为欧亚大陆东部古人类演化的重要区域，中国虽然拥有众多的早—中更新世（距今 258 万—13 万年）考古遗址，但早期的石器技术被认为长期停滞不前，具有相对原始的技术模式特点。

此次通过对岑家湾出土石器的技术分析和高精度 3D 扫描，研究团队发现了"准备石核技术"，这一技术的重要特征是生产具有一定标准的最终产品。遗址中还发现了具备一定修理模式的尖状器和钻器，这些单个修理工具为证实"准备石核技术"提供了更加坚实的证据。

业内认为"准备石核技术"起源于古人类石器技术演化的较高模式阶段。此前中国华南境内遗址发现过类似技术，时间距今 80 万年。

负责人认为，最新研究表明，拥有较高认知能力并掌握"准备石核技术"的古人类，在 110 万年前就生活在中国北方地区，并发展出一套与欧亚大陆西部不同的生存策略和技术形态。"作为非洲之外研究人类演化与技术发展的关键区域，泥河湾盆地在构建东亚百万年人类演化和行为发展模式研究领域具有巨大潜力。"他说。

073. 江苏金坛新出土中国史前保存完好的最大石钺

据新华社 3 月 13 日报道，江苏省常州市金坛区三星村遗址近日又有新发现。考古专家介绍，此次出土了大量新石器时代的骨器、玉器、石器等，距今约 6300 年。其中，一件大穿孔石钺尤为珍贵，是迄今发现的中国史前保存完好的最大石钺。

三星村遗址总面积达 35 万平方米，是一座新石器时代的文化遗址。1993 年至 1998 年，三星村遗址进行了首次发掘，出土文物 4000 余件，入选"1998 年全国十大考古新发现"。2023 年 4 月，第二轮考古发掘正式启动，批准发掘面积为 800 平方米，包括遗址的居住场所、墓葬区等，再次发现大量遗迹和珍贵遗物。

其中，一个宽度约为 36 厘米的大穿孔石钺引发专家关注。负责此次考古发掘工作的中国社会科学院考古研究所副研究员介绍，石钺所在的墓葬面积明显大于周边普通墓葬，男性墓主人腰部边放置了 1 件石钺、1 件石釜和 1 件三孔石刀，头部右侧还有 20 余件猪下颌骨。

"宽度约 36 厘米的大穿孔石钺被放置在男性墓主人头边，且没有任何使用痕迹，足以证明在 6000 多年前，一部分人使用的钺已经脱离了原有实用器的范畴，成为个人身份或权力的象征。作为权杖、礼器的石钺的出现，表明当时人群已经产生分化。"相关负责人说。

此前，三星村出土过一个宽约 10 厘米的穿孔石钺，被评为国家一级文物。

专家认为，从三星村石钺权杖到良渚文化玉钺权杖，再到商周文化的青铜钺权杖，它们之间承前启后的发展关系，对于探讨我国权力制度起源、发展具有极其重要的价值。

074. 湖北首次公布 2000 多年前的秦吏"喜" 3D 复原像

据新华社 3 月 27 日报道，湖北省博物馆日前正式公布云梦睡虎地秦简主人"喜"的 3D 复原像，及睡虎地出土人骨综合研究成果，还原出一位秦代基层官吏勤勉的鲜活形象。

1975 年在湖北云梦睡虎地秦墓出土的竹简，揭开了秦朝法律的神秘面纱，后曾入选全国"百年百大考古发现"。从 2019 年开始，湖北省博物馆、湖北省文物考古研究院和吉林大学考古学院对云梦睡虎地 M11 墓主人"喜"的骨骼进行体质人类学等方面的综合研究。

湖北省博物馆副馆长王先福介绍，"喜"各部分骨骼保存较完好，综合对颅骨、下颌骨、骨盆等形态特征的观察，证明该墓主为男性。根据股骨最大长推算，他身高为 161.5 厘米。根据对左侧股骨头最大径的测量，推测其体质量为 59.9 公斤。从耻骨联合面、臼齿磨耗度等方面综合考量，他的年龄应为 45 至 50 岁。

"'喜'生前存在高低肩，有颈椎病，经常跪坐对下肢造成了损伤，这些与他长期从事文史记载、伏案工作有关。"王先福说，"喜"的骨骼各处存在病理现象，椎骨、上肢骨有骨性关节炎。

为了加深对"喜"的感性认识，进一步讲好中华简牍故事，研究人员通力合作复原"喜"的面貌——依据"喜"的头骨，通过二维线性测量和三维全景照相技术采集到精确数据，重建高精度颅骨三维模型，精确地分析其颅面部特征；模拟面部肌肉模型、添加面部软组织，并综合运用虚拟素材比对技术、数字雕刻技术等生成面部白膜，再添加五官、皮肤纹理和毛发；然后结合该化石的生物人类学信息和考古学遗址的环境背景因素，对其肤色、发色、瞳色等特征进行复原。

近半个世纪前出土的湖北云梦睡虎地秦简是中国考古史上首次发现的秦简，其墓主人"喜"一直以来备受业内关注。云梦睡虎地 M11 墓出土了

云梦睡虎地秦简主人"喜"的复原像。

新华社记者 肖艺九 摄

1155 枚竹简，共有 4 万余字，这些竹简都是"喜"的陪葬品，由其生前摘抄、记录，内容包括当时的法律制度、行政文书和医学著作等，以及自秦昭襄王元年至秦始皇 30 年秦灭六国统一全国之大事。

"国事家事被'喜'以编年纪的方式一一记下，这些'小人物'的故事往往未见于史书，却能展现背后宏大、激荡的历史。"湖北省博物馆学术研究中心主任说，希望通过复原"喜"展现给大家一个普通历史人物的生活状况，勾勒出秦代历史的关键一环。

2024 年内，"喜"的 3D 复原像在湖北省博物馆通史展厅展出。

075. 我国科技考古团队复原古代帝王容貌

3 月 28 日，头戴帝冕、清瘦英武、不怒自威——复旦大学科技考古研

究院携手陕西省考古研究院正式公布北周武帝宇文邕的头像"复原图"及相关考古成果。这是我国首次以科技考古方式复原古代帝王容貌，赋予历史以鲜活气息。

史书记载，宇文邕（公元 543—578 年）出身鲜卑族裔，统一中国北方后，他雄心勃勃准备"平突厥、定江南"，可惜壮志未酬，英年早逝，与武德皇后阿史那氏合葬于今陕西省咸阳市的孝陵。

复原中国古代帝王容貌，最大的困难在于获得古代帝王完整的颅骨和高质量的基因组数据。幸运的是，1994 年至 1995 年，陕西省考古研究院和咸阳市文物考古研究所对孝陵成功进行抢救性发掘，发现了宇文邕颅骨、肢骨以及天元皇太后玺，明确了这位鲜卑族帝王的身份。

复旦大学科技考古研究院专家团队用专门适用于古 DNA 的捕获探针，从北周武帝肢骨样本上获取了约 100 万个可用的基因位点，还原北周武帝头发、皮肤、瞳孔等关键特征。经过 6 年的反复尝试，终于"描绘"出宇文邕头像。

北周武帝宇文邕长什么样？还原后的头像显示：他拥有黑色头发、黄色皮肤和棕色眼睛，符合典型的东北亚、东亚人长相，与人们想象中鲜卑族相貌须发茂盛、发色偏黄和高鼻深目大不相同。

宇文邕的形象也被唐代画家阎立本绘于《历代帝王图》上。阎立本笔下的北周武帝面容丰满、身型富态，而复原的宇文邕相貌却清瘦精干。

"北周武帝的家族谱系表明，他的祖母王氏可能是北方汉人。"专家说，"鲜卑族的形成很可能是一个动态的多民族融合的过程。"

"复原北周武帝容貌，开历史研究先河。"复旦大学历史系教授认为，南北朝是中国历史上影响深远的民族大融合时期，科技考古不仅为相关历史研究提供了证据，也增进了人们对中华民族多元一体的理解。

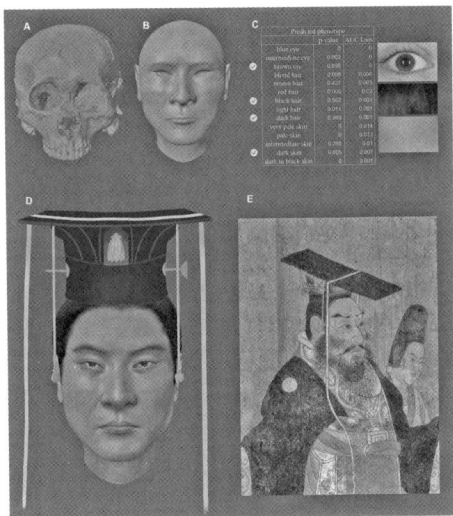

左下图为北周武帝宇文邕容貌复原图，右下图为阎立本绘《历代帝王图》中的北周武帝宇文邕。

新华社发（复旦大学科技考古研究院供图）

076. 江苏镇江官塘桥发现六朝贵族墓葬

　　4月9日，考古人员在镇江润州官塘桥街道的环山路六朝墓葬中发现了南朝宋开国皇帝刘裕舅舅赵宣之的墓葬。专家表示，这一发现为研究六朝时期墓葬制度演变、丧葬理念、民族迁徙等提供了重要实物资料。

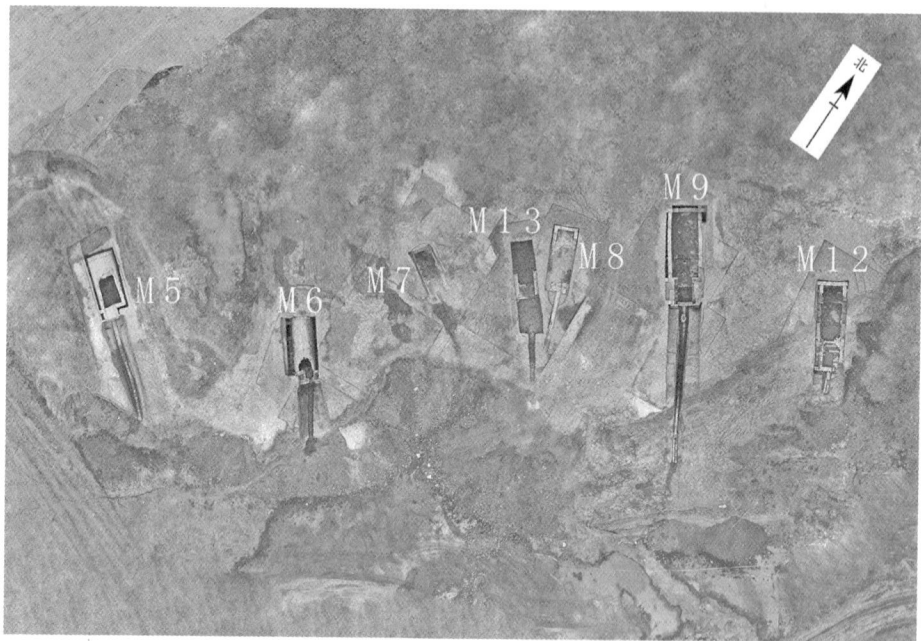

镇江市环山路六朝墓葬航拍。

镇江市文物保护和考古研究所供图

　　环山路六朝墓葬是当地配合基本建设考古工作时发现的。此次考古发现墓葬13座，7座为东晋至南朝时期贵族砖室墓，另有6座为明清时期的平民土坑墓。考古人员在6号墓中发现了可以确认墓主人身份的青铜六面印。

　　"此次6号墓发现的青铜六面印，经确认为赵宣之的个人印章。墓葬时代与史料记载相吻合。"镇江市文物保护和考古研究所副所长表示，据《宋书》记载，赵宣之为赵裔长子，赵安宗之兄（弟），赵安宗即孝穆赵皇后，是宋武帝刘裕的生母。赵宣之官至江乘县令，江乘县在今天的南京栖霞山东南一带。

　　墓葬呈西北—东南方向有序排列分布。其中5号、6号两座砖室墓保存较好，为刀形墓；9号、12号两座砖室墓尺寸较大，规格高，为带斜坡墓道的"凸"字形墓。6号墓出土随葬品20件，多分布在墓室前端祭台附近。9号墓虽被破坏，仍出土了30多件精美随葬品。

专家介绍，镇江考古发掘的六朝墓葬中，东晋时期墓葬数量较多，这应与西晋永嘉之乱后北人南迁有关。环山路六朝墓葬的时代为东晋至南朝早期，墓主人中可能也有南迁的北方世族。这一发现为研究我国历史上的民族迁徙提供重要线索和实物资料。

077. 广西柳州发掘出距今四万至三万年墓葬

据新华社4月13日报道，柳州市联合中国社会科学院考古研究所、广西文物保护与考古研究所对凤岩遗址进行了为期5个多月的考古发掘，清理出一座距今四万至三万年的墓葬，为认识柳州乃至整个华南地区早期现代人起源与扩散、人类体质特征等提供了重要资料。

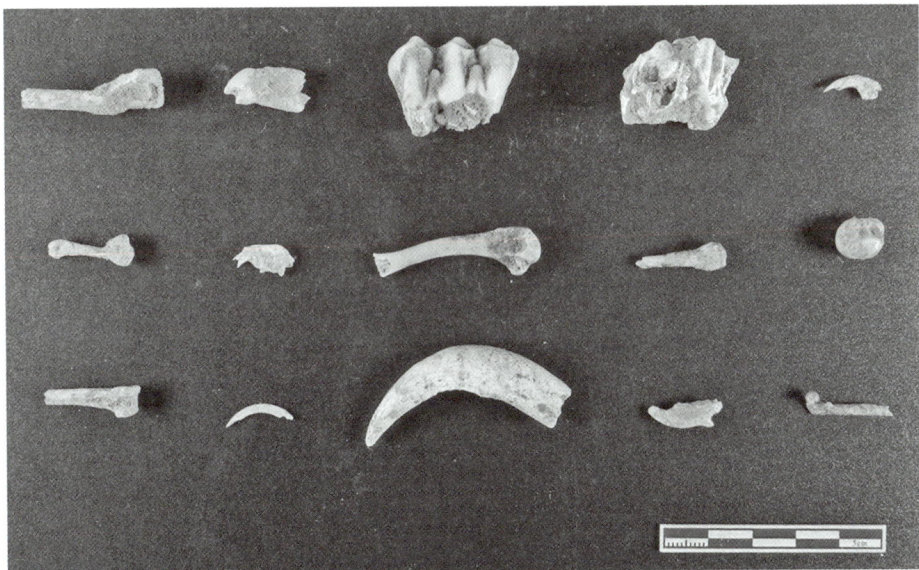

此次发掘出土的部分兽骨。

柳州市文物保护与考古研究中心供图

凤岩遗址位于柳州市罗汉山东侧山腰的洞穴。其中，编号为A的洞厅，面积约250平方米，保存了比较丰富的文化堆积。本次发掘工作于2023年

6月初启动，11月下旬结束，发掘面积约50平方米，发现距今四万至三万年墓葬1座、用火遗迹27处、活动面1处、灰坑3座，同时发现大量地层关系明确的文化遗物，包括石器、陶器等生产工具、生活用具以及大量与加工打制石器有关的石料、断块、石核、石片、碎屑等。另外，还发现大量水陆生动物遗骸。

柳州市文物保护与考古研究中心相关负责人说，凤岩遗址的发掘与研究，是近年柳州地区少有的大规模洞穴考古发掘项目之一，对于认识本地区史前文化特征和内涵，确立柳州在中国史前文化中的地位，探讨整个柳州地区洞穴遗址、柳州史前史、旧新石器时代过渡、史前人类行为模式、人类体质、古代环境及其变迁、人与环境间的互动关系等，都有十分重要的意义。

078. 我国考古发掘迄今楚国最高等级墓葬

聚焦武王墩墓考古、出土文物保护与墓葬保护最新进展，4月16日，国家文物局在安徽省淮南市召开"考古中国"重大项目重要进展工作会。武王墩墓是经科学发掘的迄今规模最大、等级最高、结构最复杂的大型楚国高等级墓葬。

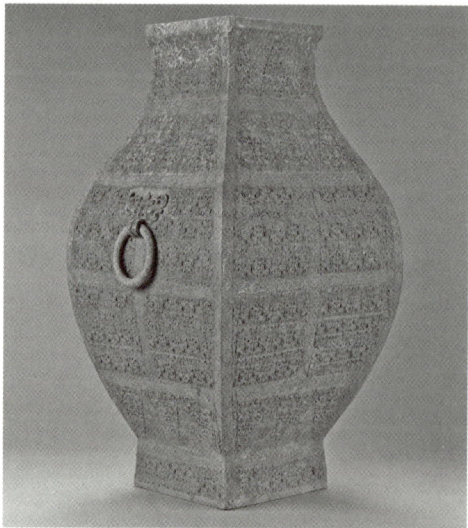

武王墩墓出土的铜钫。
新华社发（安徽省文物考古研究所供图）

武王墩墓现保存有主墓（一号墓）、墓园、车马坑、陪葬墓、祭祀坑等重要遗迹。考古工作者重点对主墓（一号墓）进行了发掘，确认为一座大型"甲字形"竖穴土坑墓，墓坑中央有枋木构筑的"亚字形"椁室，椁室盖板上发现墨书文字。

国家文物局指导研究团队做好出土文物现场保护和多学科研究，完成椁盖板、竹席、漆木器等脆弱文物的加固提取，并在实验室内开展精细化清理和稳定性保护，同步进行墓葬碳十四测年、木材树种鉴定、椁盖板墨书红外识别、漆器和纺织品材料检测与工艺研究、墓葬埋葬环境分析等多学科研究工作。

国家文物局表示，将在"考古中国"重大项目框架下，持续推进武王墩墓考古发掘、文物保护与多学科研究，树立"大考古"理念，坚持精细化发掘，协调多学科协同攻关，加强出土文物和遗址保护，深刻阐释武王墩墓背后蕴含的战国晚期楚国礼仪制度、手工业和文化成就。

079. 侵华日军731部队部分队员《身上申告书》公布

5月4日，侵华日军第七三一部队罪证陈列馆公布一批新档案——七三一部队本部《身上申告书》"日语中'身上'是'身世、经历'的意思，'申告'则是'申报'，'身上申告书'就是'个人情况申报事项表'。"，记录着二战后731部队部分队员的详细信息。专家认为，这是研究731部队的重要一手史料，是其规模形制、人员流转、协同犯罪、战后轨迹和战争责任等问题的关键证据，对于深化日本细菌战研究意义重大。

侵华日军第七三一部队罪证陈列馆公布的《身上申告书》（影印件）。

新华社记者 张涛 摄

侵华日军第七三一部队罪证陈列馆研究人员说，此次发现整理的档案共69页，记载了52名731部队队员的个人信息。在"二战结束时所属部队"一栏中，他们写有"关东军防疫给水部七三一部队"等字样。

同此前发现的 731 部队《留守名簿》《苏联地区未归还者部队别名簿》相比,《身上申告书》的内容更为完整。除姓名、籍贯等 7 类相同信息外,它还记载了战争结束时的职务名称、履历等,也就是每一份《身上申告书》都清晰记载了这名队员自入队起参与系列犯罪的情况,以及 1945 年 8 月日本败退至其回国期间的活动轨迹。

"这意味着,这 52 名队员没有跟随 731 部队整建制撤回日本,改变了以往对其撤离问题的认知,提升了历史研究的真实性和准确性。"研究人员分析说,他们当中,部分被拘捕至苏联境内,部分隐藏身份混迹于中国各地。

经初步整理与研究,一系列新线索浮出水面。《身上申告书》显示,在 1949 年 12 月进行的"伯力审判"中,除 12 名被公开审判的战犯外,731 部队队员江木义郎、小关重雄均被判处 25 年有期徒刑,这在以往研究中不曾披露。

731 部队与 516 部队存在人员流转情况。"他们分别是日本实施细菌战和化学战的大本营,曾多次联合开展毒气实验。此次发现队员平川义人在 1945 年从 516 部队调入 731 部队,任卫生伍长。这说明他们的合作是非常紧密的,值得后续研究。"研究人员说。

《身上申告书》显示,有 4 名队员曾以军属学生的身份,被送往伪满国立哈尔滨医科大学进行为期 3 年的"医学培训",其中年龄最小的 15 岁、最大的 21 岁。"这是日本军政医学协同培养少年兵的关键信息,再次证明实施人体实验和细菌战是日本军国主义自上而下、有组织、有预谋、成体系的集团犯罪。"侵华日军第七三一部队罪证陈列馆馆长说。

这份档案是在日本国立公文书馆检索到的,经多次沟通与交涉,于 2022 年征集回国。

080. 我国三项档案文献遗产入选世界记忆亚太地区名录

据新华社 5 月 9 日报道,在日前召开的联合国教科文组织世界记忆项目亚太地区委员会第十次全体会议上,由我国国家档案局申报的"成都老茶馆相关档案""徽州千年宗姓档案""德格印经院院藏雕版"三项档案文献,成功入选《世界记忆亚太地区名录》。

入选的"成都老茶馆相关档案"收录了 1903 年到 1949 年期间与成都老茶馆相关的档案文献资料,有手稿、业务文件、图表、照片、印刷品等,

共 6345 件。该组档案文献反映了老茶馆日常经营、行业管理、商品贸易、文化交流的多元功能，是研究以成都为代表的中国近现代城市经济、社会和文化历史发展的珍贵史料。

"徽州千年宗姓档案"则是记录徽州民间社会千年来宗姓源头世系、人居环境、族规家训、名人传记、财产权属、艺文著述等的民间档案。本次申报的档案共 427 部、2235 册，涵盖宋、元、明、清、民国时期的宗姓档案，反映了"汉字文化圈"国家、地区的宗姓文化，是历史研究的珍贵档案。

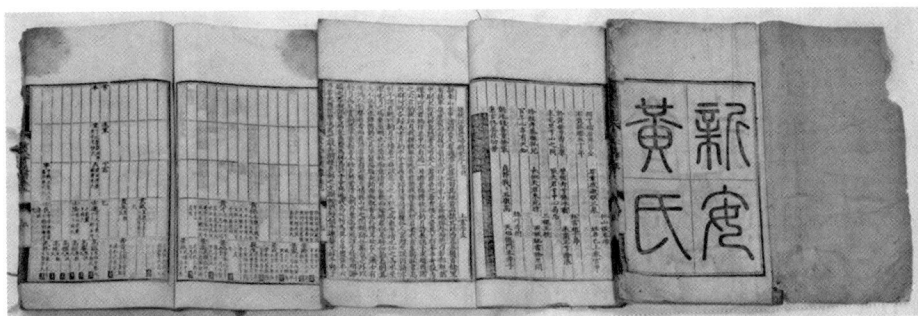

明代《新安黄氏会通宗谱》。

新华社发（黄山市档案馆供图）

德格印经院始建于 1729 年，是我国藏族聚居区三大印经院之一。该院的雕版印刷工艺流程复杂、分工精细、管控严格，在人类雕版印刷史上占有独特地位。目前，全院完整保存雕版档案 325520 块，包括古印版和画版，主要雕刻于 18 至 20 世纪中旬，囊括了十一世纪以来的各类重要藏文经典文献，内容涵盖传统文化的各个方面。

世界遗产分为文化遗产、自然遗产、记忆遗产等六项。"世界记忆项目"是联合国教科文组织于 1992 年启动的文献保护项目，旨在促进文化遗产保护利用，提高人们对文献遗产重要性的认识，每两年评审一次。包括本次会议入选的 3 项在内，我国迄今已有 17 项档案文献遗产成功入选世界记忆亚太地区名录。

081. 商春松夺得中国跑酷队首枚世界杯金牌

法国当地时间 5 月 12 日，在法国蒙彼利埃举行的 2024 年跑酷世界杯

（蒙彼利埃站）的比赛中，中国选手商春松夺得女子自由式冠军，这是中国跑酷队的首枚世界杯金牌。

中国选手李美惠获得女子自由式第三名，杨小强获得男子自由式第七名。值得一提的是，这是中国跑酷队首次在海外参加比赛。

根据中国体操协会 2024 年 2 月公布的《2024 年跑酷世界杯（蒙彼利埃站）选拔办法》，本次参赛目的在于进一步了解世界跑酷发展现状和发展趋势，为备战 2024 年世锦赛并获取 2025 年世界运动会参赛资格做准备。

1996 年出生的商春松于 2010 年进入中国体操队，在 2016 年里约奥运会上获得女子体操团体季军。在 2023 年全国跑酷锦标赛中，商春松凭借优异的成绩获得女子自由式冠军。

跑酷是一种街头疾走极限运动，也称为"移动的艺术"，它以日常生活环境为场所，是依靠自身体能和技巧驾驭已知与未知环境的运动，如今正受到越来越多的年轻人欢迎。

082. 陕西历史博物馆秦汉馆正式开馆　90% 展品系首次亮相

5 月 18 日，陕西历史博物馆秦汉馆正式开馆，这是国内首个以集中展示秦汉文明缘起、发展和贡献为主题的博物馆。"秦汉文明"系列展览同时揭幕。

2024 年 5 月 18 日拍摄的陕西历史博物馆秦汉馆（无人机照片）。

新华社记者 李一博 摄

秦汉馆地处陕西西咸新区秦汉新城，毗邻秦咸阳城遗址核心宫殿区和西汉帝陵遗址带，占地面积约300亩，其中展陈面积1万余平方米。秦汉馆主体建筑群由中国工程院院士张锦秋主持设计，7座建筑呈北斗七星布局，彼此以架空廊道连接。

"秦汉文明"系列展览包括基本陈列"天下同一——秦汉文明主题展"和"城与陵""技与美"2个专题陈列，以"大历史＋小专题"的展览设计，系统讲述秦汉时期大一统格局下的社会风貌、生活理念和精神追求。

秦汉馆现阶段展出1500余件文物，其中90%是首次展出。金怪兽、杜虎符、鎏金铜蚕等珍贵文物在秦汉馆与游客见面。

083. 中国社会科学院发布22项"研究阐释中华民族现代文明"重大成果

5月27日，中国社会科学院在北京举行"研究阐释中华民族现代文明"重大成果发布会，集中发布22项研究成果，其中包括著作类成果12项、论文类成果10项。

从中华文明的五个突出特性的研究阐释，到"第二个结合"的科学内涵与重大意义，再到中华优秀传统文化创造性转化和创新性发展……，此次发布的研究成果坚持政治性与学理性相统一、思想性与知识性相统一，既关注建设中华民族现代文明的基本问题，也在各具体领域展开了深入研究与阐释。

中国社会科学院有关负责人表示，下一步将继续加强顶层设计，充分调动相关学科、相关领域的研究力量参与到有组织科研之中，加强研究视域融合，坚持优势互补，形成研究合力，推出更多建设中华民族现代文明的高质量研究成果。

此次发布会发布的《"两个结合"基本问题研究》。

中国社会科学院供图

233

084. 南海西北陆坡一号、二号沉船遗址提取文物 900 余件（套）

2023 年至 2024 年，国家文物局考古研究中心、中国科学院深海科学与工程研究所、中国（海南）南海博物馆联合组队，对南海西北陆坡一号、二号沉船遗址开展了三个阶段的深海考古调查，共提取出水文物 900 余件（套）。

从沉船遗址提取出的部分文物（拼版照片）。

新华社发（国家文物局供图）

6 月 13 日，国家文物局在中国（海南）南海博物馆召开"考古中国"重大项目重要进展工作会。一号沉船遗址由核心区、环形区和条形区组成，核心区为船体和大量堆叠有序、码放整齐的船货构成的堆积，长约37米、宽约11米，遗址遗物包括陶器、瓷器、铜器、铁器、竹木器等，数量超10万件。二号沉船遗址由核心区和散落区组成，其中，核心区南北长约21米、东西最宽约8米，以排列整齐、堆叠有序的原木堆积为主，另有少量陶瓷器、铅锡器等。

一号沉船遗址三个阶段调查共提取出水青花、青釉、白釉、青白釉、红绿彩、珐华、单色釉、素三彩等瓷器，以及酱釉陶器、铜钱等文物890件（套），部分瓷器外底有款，款文有"福""正""太平""吴文自造"等；二号沉船遗址三个阶段考古调查共提取出水原木、瓷器、陶器、蝾螺壳、鹿角等文物38件。

"这两处沉船遗址的发现，实证了中国先民开发、利用、往来南海的历史事实，是我国古代海上丝绸之路贸易往来与文化交流的重要见证。此次深海考古工作充分展示了我国深海科技与水下考古的融合，标志着我国深海考古向世界先进水平迈进。"国家文物局有关负责人说。

085. 首次展出！国宝级文物曲裾素纱单衣真品亮相新展

6月15日，"彼美人兮——两汉罗马时期女性文物展"在湖南博物院开幕，国宝级文物曲裾素纱单衣真品等展品为首次展出。

此次展览由湖南博物院和罗马文化遗产监督管理局联合策划，展品总计200余件/套，来自我国湖南博物院和意大利罗马的卡比托利欧博物馆等19家博物馆，涉及青铜器、陶器、金银器、玻璃器、玉器、雕塑等多种类别。其中，曲裾素纱单衣真品和辛追墓T形帛画真品作为中国的国宝级文物在这场展览上亮相。

素纱单衣被誉为西汉时期纺织技术的巅峰之作，也是目前最早、最薄、最轻的服装，出土于马王堆一号汉墓，也就是辛追墓。据史料记载，辛追是西汉长沙国丞相利苍的妻子，去世时年约50岁，其生

曲裾素纱单衣（真品）。

湖南博物院供图

活的年代距今 2200 多年。

中方策展人、湖南博物院博士后许宁宁表示，湖南博物院在网上征集网民最期待在此次展览中看到的中方文物时，投票最高的是素纱单衣。

"素纱单衣有两件，一件是直裾，一件是曲裾，都是右衽。其中，直裾的是 49 克，衣长 128 厘米；曲裾的是 48 克，衣长 160 厘米。曲裾的素纱单衣在工艺上相对更高超，因为它更长、更宽，却还轻 1 克。"许宁宁说，"直裾素纱单衣在馆内马王堆汉墓基本陈列中常年展出，此次展览中，我们特意安排了这件从未对外展出过的曲裾素纱单衣真品。"

在这次展览上，罗马珍品"描绘珀耳修斯和安德罗墨达的彩绘石膏壁画"是自卡比托利欧博物馆入藏以来首次对外展出。"这幅半月形壁画来自公元 4 世纪后半叶，描绘了英雄救美的神话故事。"罗马文化遗产监督管理局局长克劳迪奥·帕里西·普雷西切说，此次罗马展出的 138 件 / 套展品主要来自卡比托利欧博物馆，均为首次在中国展出。

本次展览聚焦"女性"，以女性生命中的家庭生活、社会生活及情感生活三个主要生活场景为脉络，再现两千年前东西方文化中绚丽多彩的女性叙事，通过东西方文物"对话"的方式，揭示不同文化背景下女性们各美其美的文化特色和美美与共的价值追求。展览于 10 月 7 日闭幕。

086. 一批不同年代金银锭入藏中国国家博物馆

左为唐末—五代"绍"字五十两银锭，右上为清代"湖北盐厘局薛永陞"五十两银锭，右下为民国时期官方造币厂生产的金锭。

中国国家博物馆供图

据新华社 6 月 26 日报道，中国国家博物馆日前举行唐末—五代、清、民国金银锭入藏仪式。

唐末—五代"绍"字五十两银锭，保留了船形锭的原始状态，使今人可以直观了解此历史阶段大宗商业交易的情形，其外形展现出银锭形制类型发展过程中的关键一环，对于研究古代经济史与白银形制的发展具有重要意义；清代"湖北盐厘局薛永陞"五十两银锭，是清末湖北省财税改革的重要实物见证；民国时期官方造币厂生产的金锭，由于在新中国成立后经银行兑换或政府回收融化，以及民间将黄金做成首饰等原因，存世量稀少。

此批金银锭的入藏，对丰富中国国家博物馆馆藏体系，提升藏品质量具有重要意义。

087. 从"大运河"到"北京中轴线"，这些"世界遗产"来自中国

7月27日，在印度新德里召开的第46届世界遗产大会通过决议，将"北京中轴线——中国理想都城秩序的杰作"列入《世界遗产名录》。此前一天，巴丹吉林沙漠—沙山湖泊群同样申遗成功。至此，中国的世界遗产总数达到59项。

中国是世界遗产类别最齐全的国家之一。2014年以来，中国共有14个项目被列入《世界遗产名录》。

2014年："大运河"、丝绸之路

在第38届世界遗产大会上，中国提交的"大运河"，中国与哈萨克斯坦、吉尔吉斯斯坦联合提交的"丝绸之路：长安—天山廊道的路网"申请报告获得批准。

联合国教科文组织世界遗产委员会将丝绸之路形容为东西方之间融合与交流的对话之路，为人类的共同繁荣作出重要贡献。大运河则是世界上最长、最古老的人工水道，也是工业革命前规模最大、范围最广的土木工程项目。

2015年：土司遗址

在第39届世界遗产大会上，中国申报的土司遗址获准列入《世界遗产名录》。

国际古迹遗址理事会在评估报告中指出，中国土司遗址展现了中央政权与地方族群在民族文化传承和国家认同方面的人类价值观交流，联合申遗的三处遗址是中国西南部地区土司管理制度的独特见证。

2016年：左江花山岩画文化景观、神农架

第40届世界遗产大会上，中国广西左江花山岩画艺术文化景观、湖北神农架获准列入《世界遗产名录》。

大会认为，广西左江花山岩画艺术文化景观之所以入选，是因为其把景观、岩画与中国南方壮族先民骆越人生动而丰富的社会生活融合在一起所显示的独特性。湖北神农架被视为野生动植物的"宝库"，尤以丰富的植

物多样性闻名。

2017 年：鼓浪屿、可可西里

第 41 届世界遗产大会上，中国申报的"鼓浪屿：历史国际社区"与中国青海省可可西里获准列入《世界遗产名录》。

国际古迹遗址理事会认为，鼓浪屿展现了在亚洲全球化早期多种价值观的碰撞、互动和融合，其建筑特色与风格体现了中国、东南亚及欧洲在建筑、传统和文化价值观上的交融。世界自然保护联盟认为，青海可可西里符合自然遗产的标准，并具有较高的完整性、真实性，保护管理整体状况良好。

2018 年：梵净山

第 42 届世界遗产大会上，中国贵州省梵净山获准列入《世界遗产名录》。

世界自然保护联盟说，梵净山满足世界自然遗产生物多样性标准和完整性要求，展现和保存了中亚热带孤岛山岳生态系统和显著的生物多样性。

2019 年：良渚古城遗址、中国黄（渤）海候鸟栖息地（第一期）

第 43 届世界遗产大会上，中国黄（渤）海候鸟栖息地（第一期）和中国良渚古城遗址被列入《世界遗产名录》。

世界遗产委员会表示，良渚古城遗址展现了一个存在于中国新石器时代晚期以稻作农业为经济支撑、并存在社会分化和统一信仰体系的早期区域性国家形态，印证了长江流域对中国文明起源的杰出贡献。中国黄（渤）海候鸟栖息地（第一期）具有"突出普遍价值"，中国政府采取的保护措施受到肯定。

中国黄（渤）海候鸟栖息地（第二期）在第 46 届世界遗产大会上通过评审，上海崇明东滩等 5 处提名地扩展列入《世界遗产名录》。

2021 年：泉州

第 44 届世界遗产大会上，中国"泉州：宋元中国的世界海洋商贸中心"项目通过审议，列入《世界遗产名录》。

大会认为，该项目反映了特定历史时期独特而杰出的港口城市空间结构，共同促成泉州在公元 10 世纪至 14 世纪逐渐崛起并蓬勃发展，成为东亚和东南亚贸易网络的海上枢纽，对东亚和东南亚经济文化发展作出了巨大贡献。

2023 年：普洱景迈山

第 45 届世界遗产大会上，中国"普洱景迈山古茶林文化景观"项目通过审议，列入《世界遗产名录》。

大会认为，这一独特的古茶林保护管理体系充分尊重当地气候条件、地形特征和动植物种群，实现了对文化和生物多样性的保护以及自然资源的可持续利用，展现了山地环境下布朗族、傣族等世居民族人民对自然资源互补性利用的独创传统。

088. **40金！浇铸中国荣耀——巴黎奥运会中国体育代表团综述**

8月11日，当李雯雯抱起自己的教练吴美锦，一路小跑到女子举重81公斤以上级赛场中央接受全场欢呼，中国体育代表团以巴黎奥运会第40金收官，创造境外参赛最佳战绩。

8月11日，中国选手李雯雯（下）抱起教练吴美锦庆祝夺冠。

新华社记者 郑焕松 摄

在巴黎的16天里，404名中华体育健儿全力拼搏、奋勇争先，以一个又一个突破、一次又一次超越，交上一份优异答卷。赛场内外，他们胸怀祖国、敢打敢拼、勇于追梦；他们风华正茂、自信大方、神采飞扬；他们传递友谊结交朋友，也正面回击恶意挑衅。在争金夺银的同时，他们更让世界看到新一代中国青年的风采。

40金！境外参赛历史最佳

7月27日，沙托鲁射击中心，17岁的黄雨婷和19岁的盛李豪把中国射击队的"首金传统"发扬光大，为中国代表团打响巴黎奥运"第一枪"，也为射击队创造5金2银3铜的历史最佳战绩开了个好头。

7月31日，拉德芳斯体育馆，19岁的潘展乐以46秒40打破自己保持的男子 100 米自由泳世界纪录夺冠，为开赛以来一直未能"开张"的中国游泳队一扫阴霾。4 天后，他在 20 岁生日当天又上演最后一棒惊天逆转的好戏，与队友一起拿下男子 4×100 米混合泳接力金牌，打破美国对该项目长达 40 年的垄断。

8 月 3 日，罗兰·加洛斯球场，一路苦战晋级的郑钦文创造历史，站上网球女单最高领奖台，成为首个夺得奥运网球单打金牌的中国球员。

……

中国体育代表团最终以 40 金 27 银 24 铜收官，在奖牌榜上排名第二，金牌数与排名第一的美国队持平。代表团成绩超越伦敦奥运会的 39 金，刷新境外参赛历史最佳战绩；获得金牌的运动员达 60 名，也创境外参赛历史新高，与 2008 年北京奥运会持平。在射击、游泳、举重项目上，中国队共打破世界纪录 1 项、创超奥运会纪录 9 项次。

2024 年 7 月 31 日，中国选手潘展乐在比赛后庆祝。当日，在巴黎奥运会游泳项目男子 100 米自由泳决赛中，中国选手潘展乐以 46 秒 40 的成绩夺冠并打破世界纪录。

新华社记者 杜宇 摄

在巴黎，中国体育迎来里程碑时刻。10 日中国女乒夺得团体冠军，为中国体育代表团拿下夏奥历史上第 300 枚金牌。从 1984 年许海峰射落奥运首金起，中国体育用 40 年时间，实现了夏奥 1 金到 300 金的跨越。

创造新的历史，几大"王牌军"功不可没。除射击队创造最佳战绩外，中国跳水队首次包揽奥运会八金，中国乒乓球队也包揽五金，中国举重队六人出战带回五金……六大传统优势项目共获得 27 枚金牌，占代表团金牌总数的 67.5%。

新的突破也一个接一个。中国女子拳击此前从未站上过奥运会最高领奖台，在巴黎她们五人打进决赛，勇夺3金2银，贡献度拉满。中国花样游泳队首次奥运见金，就包揽集体和双人项目两金。中国艺术体操队、中国自由式小轮车队也均拿到奥运首金……

勇敢追梦，树立新一代中国榜样

17岁的黄雨婷和19岁的盛李豪携手射落首金后，两人无厘头的网名“阿条姐”“干饭哥”迅速走红网络，盛李豪“‘光靠干饭’就夺冠”成为大热梗。喜欢刷哲学视频的盛李豪擅长“整顿采访”，常常几句话把天聊死，那股“淡淡的”劲儿招来不少迷弟迷妹。

以“00后”为主的新一代中国奥运健儿，千人千面很鲜活，真实松弛不紧绷。有“e”人性格张扬、妙语迭出，也有“i”人性格内敛、谦逊有礼，但相同的是他们心中有梦，眼底有光。

2024年8月6日，中国选手郑好好在比赛中。

新华社记者 杜宇 摄

8月11日过12岁生日的郑好好，是本次中国体育代表团年龄最小的选手。刚刚小学毕业的“小孩姐”很放松，在滑板赛场上“玩得非常开心”。无独有偶，14岁的崔宸曦也很开心，还说出很有哲理的大实话：“失败是很正常的，大多数时候都在失败。”而当郑好好说出放暑假“抽空去参加了个奥运会”时，全网都在疯传这些“别人家的孩子”。

帮助中国乒乓球队拿到男子团体冠军后，“六金王”马龙成为中国队奥运史上获得金牌最多的选手。谦逊、低调，是这位35岁老将的个性标签。

在奥运村、在赛场内外，总有人会找他合影、签名，但当印度队员越过王皓想先和他握手时，马龙会提示对手，先和教练握手是赛场礼仪。中国人尊师重道的传统美德为他在网上刷了一大波好感。

新一代的中国体育榜样，不一定要站上最高领奖台，国人为潘展乐、郑钦文、马龙、全红婵们欢呼的同时，也为更多勇敢追梦的中国奥运健儿们鼓掌。

中国女子橄榄球队"绝杀"对手，创造历史最佳战绩；中国女曲在小组赛一度出线不利的局面下，一路力克强敌，决赛中她们和世界第一荷兰队战至 23 米球决胜，虽败犹荣；张雨霏克服发烧和生理期双重困难，以及频繁兴奋剂检查带来的困扰，拼下了 1 银 5 铜；遭遇失利的举重卫冕冠军石智勇，不到半年打了 50 多针封闭，每天针灸的针灸针已经装满了 5 升的饮料桶……

源自竞技，超越竞技，他们都没能赢得金牌，但依然是国人榜样。

自信开放，彰显中国体育新形象

体育是展示国家文化软实力的重要平台。而奥运会就是最大舞台。

郑钦文在罗兰·加洛斯的 6 场比赛，就像一部全球直播的连续剧，主角郑钦文完美代言了中国。

2024 年 8 月 3 日，郑钦文在比赛后身披国旗庆祝夺冠。

新华社记者 万象 摄

连续进行了两场 3 个多小时的鏖战后，这个拼尽全力的湖北妹子说："我很累，但我可以再为我的国家战斗 3 个小时。"

中国游泳队用实力"打脸"外媒的持续诋毁抹黑。潘展乐出征巴黎奥运会前立了一个小目标："争取在 20 岁生日那天的男子混接决赛中，接棒后

干进 46 秒！"这个性格耿直的大男孩说到做到，游出 45 秒 92 让质疑者闭嘴。

场上争气，场下霸气。当覃海洋不满自己在男子 4×100 米混合泳决赛的分段成绩时，潘展乐说："我们是冠军！不满意的应该是别人。"而张雨霏更是直接回怼恶意炒作兴奋剂问题的外媒："为什么中国运动员游得快要被质疑？美国的菲尔普斯、莱德茨基那么厉害，你们怎么不去质疑？！"

面对恶意，敢于犀利反击；面对善意，中国运动员会投桃报李。

站在羽毛球女单亚军领奖台上，何冰娇一直在展示手里的西班牙奥委会徽章。此前的半决赛中，何冰娇的对手、西班牙名将马林因伤中途退赛，何冰娇将自己"微小而美丽的致敬"带到了领奖台上。这个举动引发广泛赞誉，国际奥委会在社交账号发布了何冰娇手持徽章的照片，并评论道："这就是奥林匹克价值观的意义。"

场上是对手，场下是朋友，越来越开放的中国运动员在赛场内外广交朋友，传递友谊。

跳水女子三米板颁奖仪式上，当冠军陈艺文跃上最高领奖台，左右分立的亚军、澳大利亚选手基尼和季军昌雅妮双双摆出欢迎"巨星"登场的动作。基尼说："我觉得这两个女孩就像我的姐妹一样。"而英国跳水选手斯彭多利尼·西里埃会用中文词"闺蜜""妹妹"称呼全红婵，表示她们生活中会在网上"像家人一样"联系。

2024 年 8 月 9 日，冠军中国选手陈艺文（中）登上领奖台。当日，在巴黎奥运会跳水项目女子 3 米板决赛中，中国选手陈艺文获得金牌，澳大利亚选手基尼获得银牌，中国选手昌雅妮获得铜牌。

新华社记者 王鹏 摄

"00后"已经挑起大梁。作为新一代中国体育人，时代塑造了他们更加平视世界的姿态，祖国给予了他们自信从容的底气。在奥运会这个全球聚焦的大舞台上，他们所展现的，不仅仅是中国体育的形象。

089. 中外专家学者点赞中国石窟寺保护成效

8月19日至22日，"2024·石窟寺保护国际论坛"在甘肃省敦煌市举办，来自16个国家的400多位专家学者在论坛上交流探讨了世界多地石窟寺保护的技术、经验、理念。中国石窟寺保护做法受到众多海外专家学者关注。

2024年8月19日，敦煌研究院院长苏伯民在论坛开幕式上作主旨报告。

新华社记者 张睿 摄

石窟寺是世界文化遗产的重要类型之一，在世界范围内广泛分布，较为著名的石窟主要包括阿旃陀石窟、丹布勒金寺、巴米扬石窟、吴哥窟、莫高窟等。中国国家文物局组织开展的全国石窟寺专项调查结果显示，中国共有石窟寺2155处，摩崖造像3831处，共计5986处。

国家文物局副局长关强介绍，经过70多年的努力，中国重要石窟寺重大险情基本消除，石窟寺本体保护修缮、载体加固与环境治理、数字化保存与监测等方面的探索实践卓有成效。融"价值阐释—监测预警—环境控制—灾害治理—保护修复"于一体的中国石窟寺综合保护理念成为共识，石窟寺保护利用水平显著提升，文化影响力日益增强。

联合国教科文组织东亚多部门地区办事处主任夏泽瀚说，中国在保护文化遗产方面取得出色成就，将传统技术与尖端科技相结合，以数字化的方式记录莫高窟和云冈石窟等遗址，为全球的遗产保护工作树立了榜样。

韩国文化遗产专家赵相淳对中国石窟寺保护经验早有较多了解。作为文化遗产保护技术研究人员，他尤其关注到敦煌研究院关于数字化和风化问题等方面的研究，"中国的石窟寺保护经验对韩国乃至世界都有很大作用"。

"很开心能有这样的机会互相学习。"法国塞吉巴黎大学教授文森特·德塔尔说，很长一段时间，敦煌研究院都在引领国际合作，并制订非常详细的计划参与到国际石窟保护工作中，中国研究人员找到了未来更好保护石窟寺的办法。

随着气候变化等不确定因素累积，石窟寺保护面临更多挑战，加强国际合作显得尤为重要。"这些挑战不仅仅是中国面临的，还影响着全球的石窟寺，研究保护更需要国际合作。"夏泽瀚说。

当前，随着各国加强对石窟寺新保护技术、理念、价值等方面研究，石窟寺保护技术进入更加深入的发展阶段。

中国工程院院士、重庆大学教授刘汉龙带领的团队提出的微生物修复文物新技术，比使用有机或无机修复材料加固修复效果更好；叙利亚考古文物和博物馆总局建筑师努尔·纳赛尔提出将人工智能技术引入石窟寺保护的新方法；文森特·德塔尔认为，利用激光诱导击穿光谱、热成像、光学相干断层扫描等技术进行详细结构分析，对文物的直接和预防性保护至关重要。

关强表示，中国希望加强与国际同行的合作，为国际文化遗产保护与发展作出应有贡献。

090. 中国队夺得 2024 年 U17 女排世锦赛冠军

8月24日，2024年首届U17女排世锦赛在秘鲁首都利马落下帷幕，中国队在决赛中3:0战胜日本队，以7战全胜、仅丢1局的战绩登顶。

本次比赛共有16支队伍参加，中国队在小组赛中三战三捷获得头名。在淘汰赛中，中国队先后战胜了克罗地亚队、墨西哥队和中国台北队。

决赛首局，中国队很快进入状态，在进攻中屡屡突破对手的防线，以25:19先下一城。第二局开局阶段战况较为胶着，后来中国队逐渐控制场上节奏，以发球和拦网带动进攻，各个技术环节都较好地抑制住日本队的发挥，以 25：22 再赢一局。第三局，日本队背水一战展开反扑，中国队沉稳应战，没给对方留下翻盘的机会，以 25：18 取胜，从而以 3：0 的大比分获得冠军。

本届比赛，中国队有三人入选赛事最佳阵容，接应杨舒茗发挥出色，荣膺赛事最佳球员。

在第三名争夺战中，意大利队以 3：1 战胜中国台北队，夺得季军。

091. 巴黎残奥会 中国代表团赢得奖牌榜六连冠

巴黎当地时间 9 月 8 日，巴黎残奥会落下帷幕，中国体育代表团共夺得 94 枚金牌、76 枚银牌、50 枚铜牌，总计 220 枚奖牌，实现了自 2004 年雅典残奥会至今连续第六次金牌榜和奖牌榜双第一。

2024 年 9 月 8 日，巴黎残奥会中国体育代表团旗手女子游泳运动员蒋裕燕（中左）和男子田径运动员邸东东（中右）在闭幕式上入场。

新华社记者 黄伟 摄

奖牌榜排在第二位的是英国代表团，他们在巴黎残奥会获得 49 金 44 银 31 铜；美国代表团排第三，成绩为 36 金 42 银 27 铜。本次赛事上，中国代表团除了高居奖牌榜，还在游泳、田径、举重、自行车等项目上创 20 项世界纪录，更多选手创造了个人最好成绩。

最后一个比赛日，田径赛场进行了 4 场马拉松的比赛，中国队的金华在男子马拉松 T54 级别的比赛中获得了银牌。这样，中国队在残奥会田径比赛中共获得 21 金 22 银 16 铜，总共 59 块奖牌。田径是中国代表团参加的比赛中获得奖牌数最多的项目。中国代表团在游泳项目中获得的金牌最多，共 22 块，另外还有 21 银和 11 铜。

2024 年 9 月 8 日，郑飞飞（右二）在比赛后庆祝。

新华社记者 连漪 摄

此外，在举重比赛中，郑飞飞拿到了女子 86 公斤级的银牌，邓雪梅也在女子 86 公斤以上级获得一块银牌。在女子轮椅篮球季军争夺赛中，中国队 65：43 战胜加拿大队，获得铜牌。

092. 见证地球演化史！我国新增 3 个世界地质遗产地

据新华社 9 月 3 日报道，国际地质科学联合会日前发布第二批 100 个世界地质遗产地名录，我国有 3 个地质遗产地入选，分别为：乌达二叠纪植被化石产地、自贡大山铺恐龙化石群遗址和桂林喀斯特。

什么是地质遗产地？入选世界地质遗产地名录意味着什么？

"地质遗产是忠实记录地球 46 亿年演化历史的不可再生的珍贵资料，对开展地理环境变迁、矿产资源勘查、生命起源等研究具有重要价值。地质遗产地则是指拥有国际意义的地质遗迹或地质过程的关键区域。"国际地质科学联合会国际地质遗迹委员会副主席、中国地质大学（北京）教授张建平介绍。

第二批世界地质遗产地名录是经全球 17 个国际组织的 700 多名专家提名、全球地学领域顶级专家评选，并由国际地质科学联合会最终认定，来自 53 个国家的 100 个地质遗产地入选。

"入选世界地质遗产地名录的地质遗产地，要具有全球性的科学价值，并已通过高水平的研究成果得到了体现。"张建平说，我国 3 个地质遗产地此次入选，表明其科学价值和研究水准得到国际学术界一致认可，目前的保护状况也受到国际社会高度肯定。

我国拥有得天独厚的地质遗产资源，随着我国地质科学事业快速发展，我国地质科学研究水平不断提升，国际学术合作持续深化。至此，我国已有 10 个地质遗产地入选世界地质遗产地名录。

此次入选的 3 个地质遗产地记录了哪些地球演化信息？

位于内蒙古自治区乌海市的乌达二叠纪植被化石产地，是一片 2.98 亿年前被火山灰封存的远古森林，被称为"植物庞贝城"。在这里，植物残骸以异常完整的形态被保存下来，包括石松类、有节类、蕨类等七大类植物，许多化石还记录了昆虫与植物、植物与植物之间相互作用的复杂细节，被认为是"窥探晚古生代的地球生态窗口"。

自贡大山铺恐龙化石群遗址是世界最密集的中侏罗世恐龙化石遗址，目前已发掘出 200 多具恐龙和其他脊椎类动物化石，已鉴定出 26 属 29 种，组成了中侏罗世高度多样化的脊椎类动物群落。"李氏蜀龙""董氏大山铺龙""太白华阳龙""劳氏灵龙"等一大批"中国龙"在此发现，并走进国际研究者的视野。

百里漓江，山水画廊。桂林喀斯特以漓江及其支流周边的塔状及锥状岩溶地貌为主要特征，同时发育有许多洞穴，展现了峰林和峰丛岩溶形态的共存和相互作用。奇特的峰林、峰丛，清澄的水流，嶙峋的崖壁，瑰丽的洞穴，既构造出"甲天下"的桂林山水，也是具有重大科研价值的地质瑰宝。

地质遗产地不仅有重大科研价值，还有巨大的科普价值和社会价值。以自贡大山铺恐龙化石群遗址为例，在遗址基础上建立的自贡恐龙博物馆，已在国内外举办了 130 余次"自贡恐龙大展"，观众累计超过 3000 万人次。

"未来，在保护好地质遗产地的基础上，我们还要积极开展文化交流，进一步向社会做好科普工作。"自贡恐龙博物馆馆长说。

093. 规模超 1.6 万亿元！数字出版产业活力强劲

"从书中来，到未来去"。数字出版正掀起"文化产业圈"的新旋风。

2023 年，我国数字出版产业规模达 16179.68 亿元，同比增长 19.08%，网络动漫等新兴板块发展势头强劲。

9 月 21 日，第十四届中国国际数字出版博览会在海南海口开幕。中国新闻出版研究院发布的《2023—2024 中国数字出版产业年度报告》显示，我国数字出版产业持续推进高质量发展，展现出数字化"赋能"、精品化"点睛"、国际范"十足"的新活力。

展会现场，500 多家中外出版企业、文化科技企业展示交流数字出版的新产品、新模式、新业态。

"精品化"引领——

数博会上，国产游戏《黑神话：悟空》备受瞩目。山西展团以游戏中"悟空"路线为主题，重点展示了一批介绍山西古建筑、历史文化遗产的出版物，"悟空拍照区"成了"热门打卡地"。

观众在第十四届中国国际数字出版博览会上的山西展团展台参观。

新华社记者 杨冠宇 摄

中国新闻出版研究院院长介绍，中华优秀传统文化已经成为网络文学、动漫、网络游戏等网络文化形态的重要主题元素，"国潮"是当下正火的创作风潮。

网络文学规模体量进一步壮大。截至 2023 年年底，网络文学读者规模达 5.37 亿人，为历史最高水平。在"优秀现实题材网络文学出版工程"引领下，网文创作水准进一步提升，网文作家关切时代变迁、关照现实生活、关注百业百态的创作热情持续高涨。

数字出版成为弘扬中华优秀传统文化的重要载体。越来越多的数字出版产品正从传统文化中汲取营养，向精品化方向进化，推动中华优秀传统文化创造性转化、创新性发展。

"数字化"赋能——

主宾省海南展团，数字东坡文化、AI 动作捕捉体验、数字人交互系统等让人眼前一亮；

江苏展团，大运河 VR 沉浸式研学空间为观众带来一场突破时空界限的运河研学之旅；

山东展团展出的"出版大脑"勾勒出行业发展的未来前景……

本届数博会以"创新提质 数赢未来"为主题，集中展示所有数字出版业态，呈现出人工智能技术全方位赋能出版创新发展的趋势。

"从书中来，到未来去"的全新沉浸式阅读体验场景，让每一位观众从视觉、听觉、触觉乃至更多维度感受阅读"新"魅力。

当前，人工智能技术在出版业已实现了全流程、全产业链应用。"随着科技赋能，交互式、沉浸式、剧场化的文化潮流成为时尚，人们可以身临其境感受文化的魅力，更能体会到知识和信息的独有价值。"中原出版传媒集团董事长王庆说。

"国际范"十足——

网络文学海外市场规模超过 40 亿元，覆盖全球 200 多个国家和地区；我国自主研发的网络游戏海外销售收入连续四年超千亿元；电竞出海走入快车道，融入电竞全球化浪潮……

报告显示，2023 年，我国数字化产品版权输出更加活跃，辐射区域不断扩大。网络文学、网络游戏等成为文化走出去"第一梯队"中的生力军，所承载的中华文化名片效应日益彰显。

出版产业"走出去"是文化产业"走出去"的重要组成部分，也是提高国家文化软实力、增强文化自信的重要体现。

094. 第十五届中国航展亮点纷呈

9月25日，第十五届中国国际航空航天博览会新闻发布会在北京举行。第十五届中国航展吸引了47个国家（地区）的超890家企业参展，其中境外展商比上届航展增长了91%。嫦娥六号从月球背面采回的月壤样品、嫦娥六号返回舱实物等一批展品届时将亮相航展。

第十五届中国国际航空航天博览会在广东珠海举行。在静态展示方面，航展设立了低空经济馆、商用飞机产业馆、民用航空产业展区、商业航天展区等七大主题展区（馆），展品全维度涵盖"陆、海、空、天、电、网"，部分展品为"首展首秀"。动态演示方面，航展将呈现"空、天、海、陆"一体的动态演示新格局和"有人＋无人""现场＋远程""陆地＋海域"的表演形式。飞行表演方面，中外飞机联袂献技、炫舞蓝天，每天进行一场约4小时的飞行表演。

第十五届中国航展依托珠海莲洲通用机场、虎跳门水道的资源优势，首次开辟无人机、无人船、无人系统"第二展区"，吸引一大批科技企业参展，并集中展示低空运营监测平台和创新应用场景。

第十五届中国航展空间规模倍增，由上届的10万平方米提升至45万平方米，新建2个展馆，总共将启用13个展馆，室内展览面积达12万平方米。航展活动丰富专业，将紧扣低空经济、商业航天、可持续航空等前沿话题，举行一系列高水准、高层次的主题会议论坛，届时将有行业主管部门、国内外知名嘉宾、行业专家及重点企业代表等参与，深入解读行业发展趋势，分享前沿技术成果。

095. "春节——中国人庆祝传统新年的社会实践"列入人类非物质文化遗产代表作名录

12月4日，中国申报的"春节——中国人庆祝传统新年的社会实践"在巴拉圭亚松森举行的联合国教科文组织保护非物质文化遗产政府间委员会第19届常会上通过评审，列入联合国教科文组织人类非物质文化遗产代表作名录。至此，中国共有44个项目列入联合国教科文组织非物质文化遗产名录、名册，总数居世界第一。

2024 年 12 月 4 日，在巴拉圭亚松森联合国教科文组织保护非物质文化遗产政府间委员会第 19 届常会评审现场，大屏幕播放春节宣传视频。

新华社记者 朱雨博 摄

春节是内涵最为深厚、内容最为丰富、参与人数最多、影响最为广泛的中国传统节日。每逢春节前后，全世界华人都会围绕着辞旧迎新、祈福纳祥、团圆和谐的主题欢庆这一佳节。数千年来，春节不断维系和强化着个人、家庭和国家的情感纽带，对中华文明的绵延赓续发挥了重要作用。随着海外传播范围的日趋扩大，春节已成为世界普遍接受、认同和欣赏的中华文化符号。

"春节——中国人庆祝传统新年的社会实践"为中国人共享，在全国各地广泛实践，寄托了中国人的人伦情感、家国情怀，体现了人与自然和谐共生、人与人和睦相处的价值理念，在促进家庭和睦、社会和谐、经济发展、环境保护等方面发挥着重要作用。该遗产项目列入人类非物质文化遗产代表作名录，对增进海内外中华儿女的文化认同、践行全球文明倡议、推动构建人类命运共同体具有重要意义。

096. 中国网络文学加速出海 海外营收规模达 43.5 亿元

12 月 16 日至 18 日，汇聚全球 16 个国家网络文学作家和业界人士的第三届上海国际网络文学周活动在上海举办。

上海国际网络文学周启动仪式。

新华社发

中国音像与数字出版协会在沪发布《2024 中国网络文学出海趋势报告》显示，2023 年，我国网络文学行业海外市场营收规模达到 43.5 亿元，同比增长 7.06%。

当下中国网络文学正加速"出海"。人工智能、"AI 翻译"，未来有望助力中国网文"一键出海"。

作为中国网络文学出海的主要平台之一，阅文集团旗下海外门户起点国际截至 2024 年 11 月底已上线约 6000 部中国网文的翻译作品，2024 年新增出海 AI 翻译作品超 2000 部，同比增长 20 倍。

中国音像与数字出版协会认为，中国网络文学反映着时代的变迁、社会的进步以及人们内心深处的精神追求，为文化消费提供了大量 IP 资源，有效赋能中国网络文艺新业态的高质量发展。

阅文集团首席执行官兼总裁说，中国网络文学走向世界，不仅 IP 可以全球化，打造网文 IP 的模式亦可全球化。借助于"内容＋平台＋IP"的全产业链出海模式，中国网络文学将拥有更广阔的世界舞台。

第三届上海国际网络文学周还将举办中外作家圆桌会、2024 起点国际年度征文大赛颁奖典礼、"阅游上海"采风等活动。

097. 2024 年中国体育十大新闻

一、中国游泳大项取得突破

2 月的多哈世锦赛上，中国游泳队夺得 7 枚金牌并打破一项世界纪录，开启突破之年。巴黎奥运会上，潘展乐打破自己保持的男子 100 米自由泳世界纪录并夺金，还与队友徐嘉余、覃海洋、孙佳俊（王长浩，预赛）一起夺得男子 4×100 米混合泳接力冠军，打破美国队在该项目奥运金牌上 40 年的垄断；中国花样游泳队实现队史奥运金牌"零突破"，夺得集体和双人项目两金；中国跳水队首次包揽全部金牌。

二、第十四届全国冬季运动会在内蒙古自治区举行

2 月 17 日至 27 日，第十四届全国冬季运动会在内蒙古自治区举行，创下多项"首次"：北京冬奥会后我国首次举办全国冬季综合性体育赛事，首次设置群众比赛项目，首次以省区市为单位组团参赛，第一次全面对标冬奥会设项，内蒙古首次承办全国综合性赛事等。

三、中国羽毛球队时隔 12 年再度包揽汤姆斯杯、尤伯杯

5 月 5 日，中国男、女羽毛球队在成都举行的汤姆斯杯暨尤伯杯决赛中均战胜印度尼西亚队，夺得队史第 11 座汤姆斯杯和第 16 座尤伯杯，时隔 12 年再度包揽汤尤杯。

四、第一届全国全民健身大赛举行

5 月 20 日，第一届全国全民健身大赛在沈阳开幕。赛事分七个赛区进行，开展赛事活动 6000 余个，涵盖运动项目近 100 项，直接参与人数超过 200 万人。

五、郑钦文领衔中国网球创造历史

8 月 3 日，郑钦文获得巴黎奥运会网球女单冠军，成为首位夺得奥运网球单打金牌的亚洲选手。她还分别获得澳网和女子网球选手协会（WTA）年终总决赛亚军。王欣瑜 / 张之臻获得巴黎奥运会混双银牌，商竣程成为男单世界前 50 中的首位"05 后"球员，朱珍珍获法网轮椅网球女单亚军。同时，"中国赛季"热度创新高，中网、武网、上海大师赛等门票销售收入刷新纪录。

六、习近平接见第33届奥运会中国体育代表团

8月20日，中共中央总书记、国家主席、中央军委主席习近平在人民大会堂接见第33届夏季奥林匹克运动会中国体育代表团全体成员并发表重要讲话。他表示，中国体育代表团的优异成绩，既是我国体育事业发展进步的集中体现，也是中国式现代化建设成就的一个缩影，充分彰显了新时代中国力量。

在7月26日至8月11日举行的巴黎奥运会上，中国体育代表团勇夺40金27银24铜共91枚奖牌，取得我国夏季奥运会境外参赛历史最好成绩。在巴黎残奥会上，中国代表团取得94金76银50铜共220枚奖牌，连续第六次在夏残奥会位列金牌榜、奖牌榜双第一。

七、《迈向体育强国之路——习近平关于体育重要论述的时代价值与世界启示》智库报告发布

8月27日，新华社国家高端智库在北京发布《迈向体育强国之路——习近平关于体育重要论述的时代价值与世界启示》智库报告。报告认为，习近平关于体育的重要论述是一个涵盖社会、文化、政治、经济、人类学等学科的系统、科学、完整的理论体系，其核心要义是借助体育力量，构建个人、社会、国家、文明、世界"五位一体"的"5C"体系，推进中国式现代化进程，进而推进强国建设、民族复兴伟业。

八、国务院办公厅印发《关于以冰雪运动高质量发展激发冰雪经济活力的若干意见》

11月6日，国务院办公厅印发的《关于以冰雪运动高质量发展激发冰雪经济活力的若干意见》提出，到2027年冰雪经济总规模达到1.2万亿元，到2030年达到1.5万亿元。

九、第一届全国青少年三大球运动会举行

目前，中国三大球在竞技层面陷入低谷，与世界强队的差距明显。为推广普及三大球运动，调动各地抓青训的积极性，形成振兴发展的合力，第一届全国青少年三大球运动会于11月20日至28日在湖南省长沙市和岳阳市举行。该赛事计划每年举办一届。

12月16日，国务院常务会议研究推进足球振兴发展相关工作，指出振兴足球是建设体育强国的重点工作，要加大力度落实各项政策举措，推动足球工作不断迈上新台阶。

十、《关于体育促进铸牢中华民族共同体意识的指导意见》发布

11月，国家体育总局、国家民委等七部门联合发布《关于体育促进铸牢中华民族共同体意识的指导意见》。指导意见强调，体育工作既是强国

事业，也是与人民群众切身利益关联的事业，在铸牢中华民族共同体意识、促进各民族交往交流交融中有着不可替代的作用。

11 月 22 日至 30 日，第十二届全国少数民族传统体育运动会在海南省三亚市举行，来自全国各省（自治区、直辖市）和新疆生产建设兵团代表团，香港特别行政区、澳门特别行政区代表团和台湾少数民族代表团的 6960 名运动员参加，在国内综合性体育赛事中首次实现各地区代表团大团圆。

098. 中国在极地布放首个生态潜标

1月6日，中国第40次南极考察队在阿蒙森海成功布放深水生态潜标，这也是中国首次在极地布放生态潜标。

考察队副领队介绍，这套潜标的主要生态传感器依托重点研发项目自主研发，通过光学和声学方式对上层海洋磷虾进行长周期探测。该套潜标布放水深约3000米，计划放置1年，将收集长周期序列的磷虾数据以及相关的生态环境参数数据。

2024年1月6日，布放潜标进入最后工序，考察队员沈悦准备下放重块。

新华社记者 周圆 摄

布放这套生态潜标有助于更好掌握南极磷虾的季节分布特征，分析全球变暖背景下，南极主要生物种群状态及气候变化潜在影响，为南极海洋生态保护提供科学依据。

中国第 40 次南极考察由中国自然资源部组织，计划依托"雪龙"号、"雪龙 2"号和各考察站开展一系列综合调查监测，深入研究南极在全球气候变化中的作用。

099. 中国科学家领衔发布首个人类肢体细胞发育"路线图"

据新华社 1 月 9 日报道，中山大学中山医学院张宏波课题组在国际学术期刊《自然》（*Nature*）发表论文，发布了首个人类肢体发育单细胞时空图谱，解析了胎儿四肢的细胞演变路径和细胞空间位置决定过程。

这项研究为进一步研究肢体发育的详细调节机制、肢体发育异常的细胞生理机制，乃至更广泛的发育和再生过程中细胞命运调节机制和空间位置建成机制提供了重要参考。

在这项研究中，张宏波团队与合作者试图回答两个关键问题：肢体细胞的发展如何决定？例如，为何原本一样的细胞，有的后来变成了纤维细胞，有的成为骨骼的一部分？细胞的空间位置如何决定？例如，一只正常发育的手为什么是五个手指，为什么大拇指的方向跟其他四个手指不一样？

张宏波从第五周初到第九周胚胎连续取样，获得超过 10 万个细胞，每个细胞约 2000 个基因，通过计算分析，团队率先构建起精细的、包含所有细胞类型的人类四肢发育单细胞图谱。

论文共同第一作者、张宏波团队博士后张宝介绍，利用这一图谱，能够直观地追踪特定时间和区域产生的细胞类型，鉴定到全新的细胞类型，并且可以刻画不同种类细胞激活的关键基因。

"四肢发育异常是全球报告最多的出生综合征之一，全球大约每 500 个新生儿即可发现一例。"张宏波指出，图谱刻画出正常的肢体发育，提供一个正常发育的细胞演变时空"路线图"。如此一来，便可以帮助发现肢体发育异常的病变原因、发生时间等，为下一步的医学干预提供基础。

100. 中国科学家成功实现"量子电子商务"

据新华社 1 月 13 日报道，中国科研团队近期提出一种量子电子商务方案，在国际上首次实现 5 用户的量子电子商务应用场景演示，为完整的电子商务交易流程提供了无条件的安全性保证。相关论文已发表在国际学术期刊《科学》子刊《科学进展》上。

全球范围内，电子商务已成为拉动经济增长、提升经济活力的重要力量。现有电子商务方案均采用公钥加密算法对信息的机密性、真实性、完整性和不可抵赖性进行保护，其安全性是基于计算复杂度的假设，未来可能受到算力呈指数级提升的量子计算机的严重威胁。

基于量子力学基本原理的量子信息技术被认为是解决信息安全所有要素、实现数字支付无条件安全性的理想途径。2023 年，奥地利科学家已通过发展量子数字支付协议，成功确保了身份认证和支付信息的防伪造。然而，要确保整个电子商务交易过程无条件安全，还需要解决"不可抵赖"这一特殊信息安全要素，国际上尚未就此提出切实可行的解决方案。

围绕量子数字签名的实用化，中国科学家已有近十年研究积累。在最新研究中，南京大学物理学院教授陈增兵、中国人民大学物理学系副教授尹华磊领衔的团队将量子数字签名作为一项底层技术，通过秘密共享的非对称特性和量子态的隐私特性等，构建了一个无条件安全的量子电子商务协议。

实验中，研究团队基于"四相位测量设备无关的量子态传输技术"，构建了一个 5 用户的量子网络。该网络结构无需事先指定可信第三方进行支付验证，因而不需要固定中心节点。通过将系统中所有量子态制备、传输偏差量化为信息泄露，可衡量协议的失败概率。该方案成功验证了将兆比特交易文件的秒量级处理速率扩展到百公里光纤传输的可行性。

这一量子电子商务方案具有广阔的应用前景，有望推动数字经济的高速安全可持续发展。

101. 世界首台！AIMS 望远镜突破太阳磁场测量难题

据新华社 1 月 24 日报道，世界首台"用于太阳磁场精确测量的中红外观测系统"（简称 AIMS 望远镜）已实现核心科学目标——将矢量磁场测量精度提高一个量级，实现了太阳磁场从"间接测量"到"直接测量"的跨越。

AIMS 望远镜是国家自然科学基金委员会支持的重大仪器专项（部委推荐）项目，落户于平均海拔约 4000 米的青海省海西蒙古族藏族自治州茫崖市冷湖镇赛什腾山 D 平台。

经过 5 个多月的前期调试观测，目前望远镜技术指标已满足任务书要求，进入验收准备阶段。

中国科学院国家天文台怀柔太阳观测基地总工程师介绍，科学数据分析表明，AIMS 望远镜首次以优于 10 高斯量级的精度开展太阳矢量磁场精确测量。

"这意味着 AIMS 望远镜利用超窄带傅里叶光谱仪，在中红外波段实现了直接测量塞曼裂距得到太阳磁场强度的预期目标，突破了太阳磁场测量百年历史中的瓶颈问题，实现了太阳磁场从'间接测量'到'直接测量'的跨越。"相关负责人说，"塞曼裂距与波长的平方成正比，在 AIMS 望远镜之前，太阳磁场多在可见光或近红外波段观测，由于裂距很小，观测仪器很难分辨。AIMS 望远镜的工作波长为 12.3 微米，在同等磁场强度下，塞曼裂距增加几百倍，使得'直接测量'成为可能。"

AIMS 望远镜是国际上第一台专用于中红外太阳磁场观测的设备，将揭开太阳在中红外波段的神秘面纱。

"通过消除杂散光的光学设计和真空制冷等技术，我们解决了该波段红外太阳观测面临的环境背景噪声高、探测器性能下降等难题。"中科院国家天文台高级工程师介绍，红外成像终端由红外光学、焦平面阵列探测器和真空制冷三个系统组成，包括探测器芯片在内的所有部件均为国产。该终端系统主要

星空有约

AIMS望远镜
突破太阳磁场测量难题

新华社国内部、新华社青海分社联合出品

用于 8 至 10 微米波段太阳单色成像观测，从而研究太阳剧烈爆发过程中的物质和能量转移机制。

此外，AIMS 望远镜也实现了中红外太阳磁场测量相关技术和方法的突破，在国内首次实现中红外太阳望远镜系统级偏振性能补偿与定标，"望远系统在中国天文观测中首次采用离轴光学系统设计，焦面科学仪器除 8 至 10 微米的红外单色像外，还配备了国际领先的高光谱分辨率红外成像光谱仪和偏振测量系统。"相关负责人介绍，AIMS 望远镜的研制，除了在太阳磁场精确测量方面起到引领作用外，也可在中红外这一目前所知不多的波段上寻找新的科学机遇。

AIMS 望远镜旨在通过提供更精确的太阳磁场和中红外成像、光谱观测数据，研究太阳磁场活动中磁能的产生、积累、触发和能量释放机制，研究耀斑等剧烈爆发过程中物质和能量的转移过程，有望取得突破性的太阳物理研究成果。

102. 首次成功克隆！世界屋脊濒危牛在我国诞生

1 月 29 日，在云阳举行的樟木牛和阿沛甲咂牛抢救性保护工作推进会上，西藏濒危牛种资源抢救性保护和种质特性评价项目组宣布，世界屋脊的濒危牛种——樟木牛和阿沛甲咂牛近日在重庆云阳成功克隆。这是世界上首次成功克隆雪域高原濒危牛种，也是我国西南地区第一次诞生克隆牛。

为什么要克隆雪域高原的牛种资源？

因为樟木牛和阿沛甲咂牛是世界珍稀地方黄牛品种，是国家培育适应高原环境品种的战略资源。据第三次全国畜禽遗传资源普查评估，樟木牛仅剩 19 头，阿沛甲咂牛仅有 39 头、可用种公牛仅 1 头，处于濒临灭绝状态。

绝不能让雪域高原濒危牛种质资源灭失。国家相关部门和藏渝两地紧急行动起来，通过活体保护、体细胞保种、克隆复原技术，实施抢救性保护。

2023 年 2 月开始，西藏濒危牛在云阳县重庆肉牛繁育场进行克隆胚胎移植。突破高原牛种克隆技术难题，项目组近期成功克隆樟木牛和阿沛甲咂牛公牛各 4 头，保障濒危牛群公牛延续。

成功克隆的樟木牛（上）和阿沛甲哑牛（下）。

重庆市云阳县农业农村委员会供图

为什么选择在重庆云阳克隆？

目前西藏本地克隆牛暂时还不具备条件。执行克隆技术攻关的专家选择了与樟木牛产地樟木镇气候和地形条件相似的云阳县，同时，当地拥有种牛繁育场，具备雄厚的技术力量，可保障克隆需要的软硬件条件。

重庆市相关部门负责人表示，重庆市长期帮扶和支持西藏社会经济发展，愿意为资源保护提供积极支持。

最新的"情报"是，计划 2024 年夏天将樟木牛和阿沛甲咂牛克隆公牛各 2 头返回西藏，补充保种急需种公牛；另外 4 头继续留在云阳培育至成年，进行训练调教，采集制作冷冻精液。

那么，问题又来了：出生在低海拔重庆的克隆牛回到高海拔西藏，能否生存和适应？

政府部门相关负责人和科学家说，正在研究制定克隆牛相应后续保障措施，会循序渐进地从较低海拔向较高海拔递进，使其逐步适应高原正常生活。

下一步，将攻克高原环境下克隆牛生产体系缺乏的难题，探索在西藏本地克隆母牛，补充和丰富保种牛群血统，常规保种技术与克隆技术相结合，构建完善的雪域高原牛种遗传资源保护利用体系。

103. 中国科学家首次观测到多体配对赝能隙

据新华社 2 月 8 日报道，中国科学技术大学潘建伟、姚星灿、陈宇翔等人基于强相互作用的均匀费米气体，首次观测到由多体配对产生的赝能隙，朝着理解高温超导机理迈出重要一步。国际学术期刊《自然》发表了这项研究成果。

1911 年，荷兰物理学家卡末林·昂内斯发现，当温度下降到零下 277 摄氏度左右时，汞金属的电阻会降为零，这就是超导现象。如果能研制出室温下电阻为零的"超级导体"，将能显著改善人类的生产生活。

一百多年来，国际科学界不断推进对超导机理的研究。1957 年提出的 BCS 理论，成功在微观层面解释了超导现象的"为什么"，提出理论的三位科学家因此获得诺贝尔奖。

"漫画家华君武先生曾画过一幅画，形象解释了低温下为何会发生超导现象。"中科大教授姚星灿说，如果把电子比喻成只有一只翅膀的蜜蜂，在常温下它们无法克服阻力飞起来，但到了超导临界温度，它们就会双双"结对"拥有了两只翅膀，成群结队地朝一个方向飞去，不受阻力地形成电流，这就是低温超导现象。

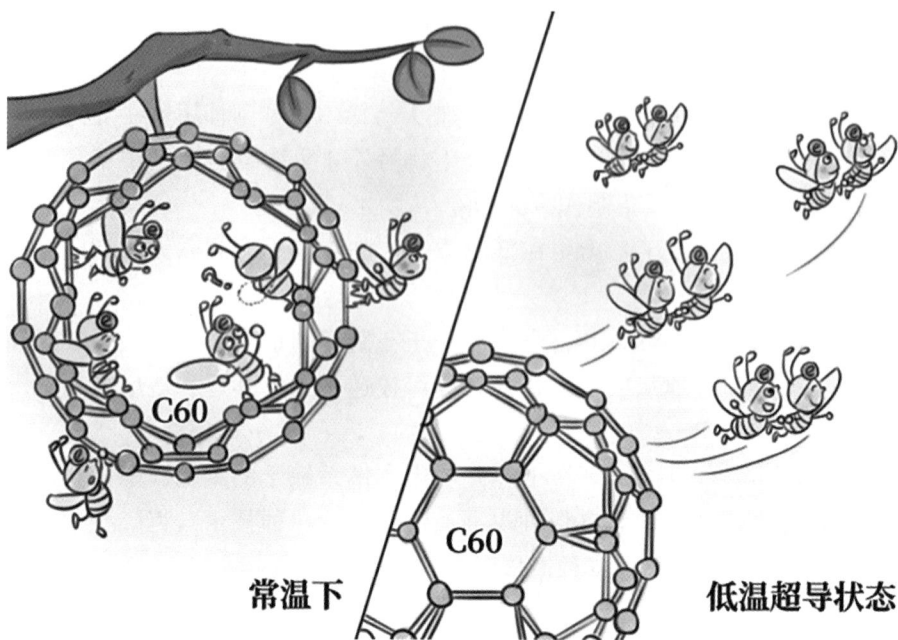

碳60材料中电子在常温和低温超导状态下的不同表现。

制图：夏园园

但到了1986年，有科学家发现了一种新材料，在零下238摄氏度左右时就能产生超导效应，这种高温超导现象让BCS理论也难以解释。科学界提出假说，这种材料内部的电子在超导温度之上也会"结对"，只是会"乱飞"，电子流动仍然受阻。

BCS理论认为，这种"结对有序飞行"会产生能隙。而电子预配对假说则认为，"结对但乱飞"可以产生赝能隙。研究赝能隙的起源和性质，成为搞明白高温超导机理的关键问题之一。

经过4年多艰苦攻关，近期潘建伟团队研究赝能隙获重要进展。他们建立超冷锂—镝原子量子模拟平台，通过世界先进的均匀费米气体制备和大磁场稳定技术，成功实现超冷原子动量可分辨的微波谱学技术。在此基础上，系统测量不同温度下的幺正费米气体的单粒子谱函数，首次成功观测到赝能隙存在，为电子预配对假说提供了支持。

国际学术期刊《自然》多位审稿人认为："这项工作解决了一个长期存在的重要物理问题，是量子模拟研究的里程碑式进展。"

科研人员介绍，人类已经利用超导技术开发出核磁共振、磁悬浮列车等产品，未来充分理解了高温超导机理，有望开发出更有价值的应用。

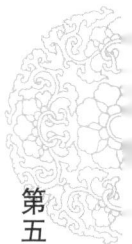

104. 长八改火箭二子级暨通用氢氧末级动力系统首次试车成功

试车现场。

据新华社 2 月 9 日报道，由航天科技集团抓总研制的长征八号改进型运载火箭二子级暨通用氢氧末级近日在北京成功完成动力系统首次试车。此次试车对整个研制工作及后续型号首飞意义重大。

长征八号改进型运载火箭总设计师宋征宇介绍，过去长征系列中型火箭采用的是 3 米直径氢氧末级。本次试车的 3.35 米直径通用氢氧末级进行了一系列技术改进，是为我国新一代中型运载火箭提供的一个通用型产品，对提升火箭的综合性能，特别是在低轨 800 至 1000 公里或 800 至 1200 公里轨道上提升运载能力、发挥氢氧发动机比冲大的特点具有重要作用。

此次试车是长征八号改进型运载火箭研制过程中规模最大的试验。"本次试车成功，说明通用氢氧末级的研制迈出了重要一步，初步验证了我们的设计是可以满足要求的。"宋征宇说。

105. "超级光盘"诞生 我国在光存储领域获重大突破

据新华社 2 月 22 日报道，存储容量是普通光盘上万倍、普通硬盘上百倍的"超级光盘"，在中国科学院上海光学精密机械研究所诞生。这对于我国在信息存储领域突破关键核心技术、实现数字经济的可持续发展具有重大意义。

"超级光盘"是上海光机所与上海理工大学等科研单位紧密合作、在超大容量超分辨三维光存储研究中取得的突破性进展。国际学术期刊《自然》杂志发表了相关研究成果。

据论文通讯作者之一、上海光机所阮昊研究员介绍，存储是数字经济的基石之一，光存储技术具有绿色节能、安全可靠、寿命长的独特优势，非常适合长期低成本存储海量数据。然而受到光学衍射极限的限制，传统商用光盘的最大容量仅在百 GB 量级。

发展可同步实现超分辨写、超分辨读、三维存储及长寿命介质，是近 10 多年来光存储研究领域亟待解决的世界难题。2012 年，本论文另一位通讯作者、上海理工大学顾敏院士提出了双光束超分辨光存储原理的设想。

经过长达 7 年坚持不懈的攻坚克难，"超级光盘"研究团队利用国际首创的双光束调控聚集诱导发光超分辨光存储技术，实验上首次在信息写入和读出均突破光学衍射极限的限制，实现了点尺寸为 54nm、道间距为 70nm 的超分辨数据存储，并完成了 100 层的多层记录，单盘等效容量达 Pb 量级。经老化加速测试，光盘介质寿命大于 40 年。

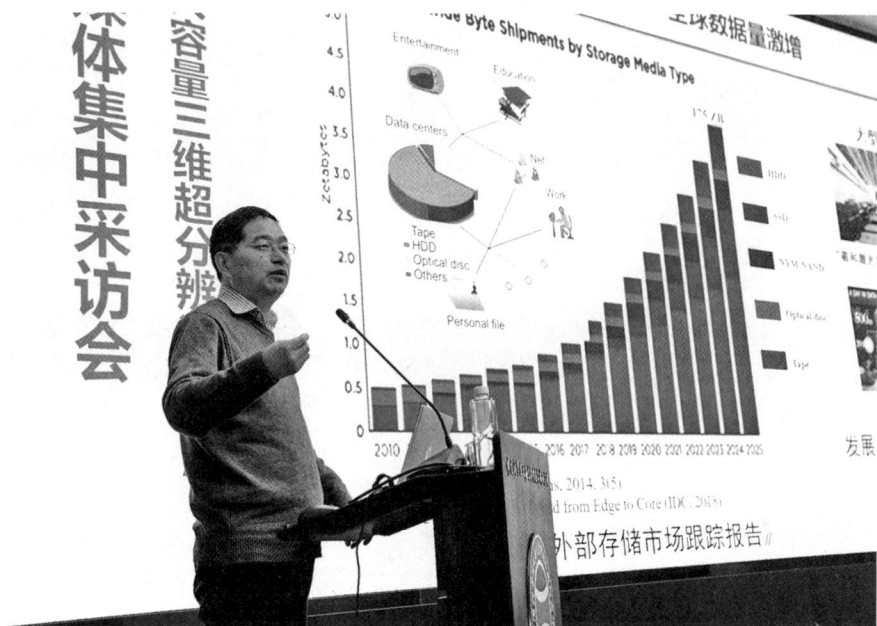

2024 年 2 月 21 日，上海光机所阮昊研究员介绍"超级光盘"的科学原理。

新华社记者 张建松 摄

上海光机所是我国重要的存储材料与技术研究基地。上海光机所相关负责人表示，"超级光盘"的诞生，完成了双光束超分辨三维光存储的原理和实验验证，未来实现产业化，还有很长的路要走。研究团队将加快原始创新和关键技术攻关，推动超大容量光存储的集成化和产业化进程，并拓展其在光显微成像、光显示、光信息处理等领域的交叉应用。

106. 我国科研团队刷新大面积全钙钛矿光伏组件光电转化效率世界纪录

据新华社 2 月 24 日报道，该校谭海仁教授课题组研制的大面积全钙钛矿光伏组件取得新突破，经国际权威第三方机构测试，其稳态光电转化效率达 24.5%，刷新此类组件的世界纪录，也为后续产业化发展打下技术基础。相关论文 2 月 23 日发表在国际学术期刊《科学》上。

谭海仁介绍，钙钛矿是新型太阳能电池的重点研发方向之一。和传统晶硅材料相比，钙钛矿光伏组件更轻、更薄，具有可弯曲、半透明等良好特性，应用场景更丰富。近年来，谭海仁课题组一直致力于研究钙钛矿，取得小面积电池光电转化效率 28%、大面积叠层组件光电转化效率 21.7% 等成果。

我国科研团队刷新
大面积全钙钛矿光伏组件
光电转化效率世界纪录

记者从南京大学获悉
该校谭海仁教授课题组研制的
大面积全钙钛矿光伏组件取得新突破
经国际权威第三方机构测试
其稳态光电转化效率达24.5%
刷新此类组件的世界纪录
也为后续产业化发展打下技术基础
相关论文23日发表在国际学术期刊《科学》上

"叠层组件由带隙不同的子电池堆叠而成，窄带隙子电池能够吸收宽带隙子电池吸收不了的光，理论上，叠层组件的光电转化效率应该更高，21.7% 这个结果显然不能令人满意。"论文共同第一作者、南京大学 2019 级直博生高寒告诉记者，实验室制备的小面积电池只有 1 平方厘米左右，而真正具有商用价值的是组件，所以必须突破大面积叠层组件的效率关。

难点在于窄带隙钙钛矿薄膜的生产工艺。"窄带隙钙钛矿薄膜的结晶过程太快，不好控制，大面积制备时，会出现薄膜不均匀的问题。而且钙钛矿的结晶过程上下不同步，容易导致薄膜的底部产生大量缺陷。"高寒说。

为了解决这个问题，谭海仁课题组在前驱体溶液中加入了甘氨酰胺盐酸盐，它能够减缓钙钛矿的结晶速率，将薄膜的制备时间延长到原来的 10 倍左右，并且能自发诱导修复底部缺陷。

高寒表示，用这种办法制造的窄带隙钙钛矿薄膜，与宽带隙钙钛矿薄膜结合后，所形成的叠层组件面积达 20.25 平方厘米。经过国际权威第三方机构测试，该组件取得 24.5% 的光电转化效率，相关数据被国际《太阳能电池效率表》收录，目前尚无同类组件打破该纪录。

谭海仁表示，此次突破为后续发展打下了技术基础，"我们还将不断尝试制备面积更大、效率更高的全钙钛矿光伏组件，向着产业化的目标踏实前进。"

107. "拉索"确认首个超级宇宙线源

2 月 26 日，科学家利用我国高海拔宇宙线观测站"拉索"（LHAASO），在天鹅座恒星形成区发现了一个巨型超高能伽马射线泡状结构，并从中找到了能量高于 1 亿亿电子伏宇宙线起源的候选天体。这是迄今人类能够确认的第一个超级宇宙线源。

该研究由中国科学院高能物理研究所牵头的"拉索"国际合作组完成，相关成果在学术期刊《科学通报》以封面文章形式发表。

"宇宙线是从外太空来的带电粒子，主要成分为质子，携带着宇宙起源、天体演化等方面的重要科学信息。"文章通讯作者、南京大学研究员柳若愚说，探究宇宙线起源之谜是当代天体物理学的重大前沿科学问题之一。

"拉索"此次发现的巨型超高能伽马射线泡状结构，距我们约 5000 光年，尺度超过 1000 万个太阳系。泡状结构内有多个能量超过 1 千万亿电子伏的光子，最高达到 2 千万亿电子伏。

"一般来说，产生能量为 2 千万亿电子伏的伽马光子，需要能量至少高10 倍的宇宙线粒子。"文章通讯作者、中国科学技术大学教授杨睿智说，这表明泡状结构内部存在超级宇宙线源，源源不断地产生能量至少达到 2 亿

亿电子伏的高能宇宙线粒子,并注入星际空间。研究表明,位于泡状结构中心附近的大质量恒星星团(Cygnus OB2 星协)是超级宇宙线源最可能的对应天体。

"随着观测时间增加,'拉索'将可能探测到更多千万亿电子伏乃至更高能量宇宙线源,有望解决银河系宇宙线起源之谜。""拉索"首席科学家、中国科学院高能物理研究所曹臻院士说。

"拉索"是以宇宙线观测研究为核心目标的国家重大科技基础设施,位于四川省稻城县海拔 4410 米的海子山。目前,已有 32 个国内外天体物理研究机构成为"拉索"国际合作组成员单位。

108. 我国科学家在世界上首次观察到引力子的 "投影"

2 月 28 日,南京大学物理学院杜灵杰教授率领的国际科研团队,在量子物理领域取得重大进展,首次观察到引力子在凝聚态物质中的"投影"。相关论文在线发表于国际学术期刊《自然》。

杜灵杰介绍,引力子和引力波对应,后者已经被实验所证实,而引力子尚未被直接观察到。"引力子是广义相对论与量子力学理论相结合的产物,如果能证实这种神秘粒子存在,可能有助于实现两大理论的统一,这对当代物理学而言意义重大。"

他表示,近年来,有理论预言,凝聚态物质中可能存在一种"分数量子霍尔效应引力子",由于它的行为规律与引力子类似,被形象地称作引力子的"投影"。

5 年前,杜灵杰团队在分数量子霍尔效应中发现一种新的集体激发现象。理论物理学界认为,这可能是分数量子霍尔效应引力子存在的证据,并提出了实验方案。

"但当时国内外没有符合实验要求的测量设备。因为这个实验对设备的要求极高,而且看上去自相矛盾。"论文共同第一作者、南京大学博士生梁杰辉告诉记者,一方面,实验需要极低温和强磁场——温度仅比绝对零度高约 0.05 摄氏度,磁场强度要达到地球平均磁场的 10 万倍以上,虽然这两个条件可以通过特殊的制冷机实现,但另一方面,为了开展光学测量,制冷机上必须安装透光窗户,这又很容易导致实验温度上升,机器振动也会影响光学测量的精度。

团队花费 3 年多的时间，在南京大学校园内自主设计、集成组装了一套实验装置。"你可以把它理解为一座两层楼高的'显微镜'。"杜灵杰说，经测试，该装置的多项测量参数达到世界领先水平。

依靠这一利器，团队成功在砷化镓半导体量子阱中观察到分数量子霍尔效应引力子，并分别从自旋、动量、能量三个角度确认了相关实验证据。

"这是引力子概念自二十世纪三十年代被提出以来，首次在实验中观察到它的'投影'。"杜灵杰表示，团队将继续深入研究引力子物理世界，"期待这座'显微镜'给我们带来更多量子前沿领域的新发现。"

109. 我国科研团队牵头建立首个矿物超族分类命名方案获得批准

据新华社 3 月 2 日报道，由侯增谦院士团队牵头国际研究小组建立的碳锶铈矿超族分类命名方案获得国际矿物学协会新矿物命名及分类委员会（IMA-CNMNC）的正式批准。"这是第一个由我国科研团队主导建立的矿物超族分类命名体系。"中国新矿物及矿物命名专业委员会副主任委员谷湘平介绍。

碳锶铈矿超族是含水稀土碳酸盐矿物。稀土因其独特的物理化学性质，广泛应用于新能源、新材料、节能环保、航空航天以及电子信息等领域，是现代工业中不可或缺的重要元素。

国际同行认为，碳锶铈矿超族建立不仅明确了该矿物超族的化学通式、分类边界和命名原则，为晶体学家和矿物学家传达重要的矿物化学信息，同时可以为稀土元素在碱性岩和碳酸岩中的迁移、沉淀机制研究提供新的参考。

命名方案的第一作者、中国地质大学（北京）博士研究生王艳娟介绍，新矿物的发现与矿物分类命名是地学领域重要的基础研究，科学的分类命名方案可以为人类认识复杂的矿物系统以及如何将矿物归类提供国际标准规范。截至目前，经由 IMA-CNMNC 正式批准和认可的矿物超族共 34 个，独立分级的矿物族 31 个。

"长时间以来，制定矿物超族分类命名方案的研究工作一直被西方国家垄断，碳锶铈矿超族的建立，提高了我国矿物学的基础研究水平和国际影响力。"王艳娟说。

110. 鄂西北山区发现化石实证 3.5 亿年前秦岭是海洋

据新华社 4 月 2 日报道，记者从湖北省地质科学研究院获悉，该院研究团队近日在对湖北省郧西县西北部开展地质调查时，发现了丰富典型的泥盆纪珊瑚化石，为佐证秦岭山脉曾发生海陆变迁事件提供了重要科学实物证据。

湖北省地质科学研究院古生物化石研究中心主任赵璧表示，本次在郧西发现的珊瑚化石主要赋存在泥盆纪中晚期的粉晶、细晶灰岩海相地层中，涉及 10 余种珊瑚类型。本次发现的泥盆纪珊瑚化石以复体珊瑚类型为主，赋存区面积广大，逾 300 平方千米，显示出大面积古海洋生物礁建造特点。

"郧西县西北部山区在 3.5 亿年前是一片'远古的大堡礁'"。赵璧告诉记者，珊瑚是地球上最古老的海洋生物和最著名的海洋造礁生物之一。泥盆纪是地球历史上的重要时期，距今 4.19 亿至 3.59 亿年，也是地史上最重要的珊瑚造礁期。本次郧西珊瑚化石的规模发现，不仅说明秦岭在形成山脉前曾被大片海水淹没，也说明当地曾是古珊瑚在浅海大规模造礁的重要区域。

本次发现珊瑚化石的地点位于郧西大梁，又名湖北大梁，是秦岭的重要组成部分，其东西横亘湖北、陕西两省之间，全长 60 千米，是两省地理、气候的分界线。

111. 我国科学家研发出无需"插电"的发光发电纤维

据新华社 4 月 6 日报道，记者近日从东华大学获悉，该校科研人员成功研发出集无线能量采集、信息感知与传输等功能于一体的新型智能纤维，由其编织制成的纺织品无需依赖芯片和电池便可实现发光显示、触控等人机交互功能。

该成果近日发表于国际学术期刊《科学》，被认为有望改变人与环境以及人与人之间的交互方式，对功能性纤维开发以及智能纺织品在不同领域的应用具有重要启发意义。

当前，智能可穿戴设备已成为日常生活的一部分，并在健康监测、远程医疗、人机交互等领域发挥着重要作用。相较于传统刚性半导体元件或柔性薄膜器件等，由智能纤维编织成的电子纺织品具有更好的透气性和柔软度，但目前智能纤维开发多基于"冯·诺依曼架构"，即以硅基芯片作为信息处理核心开发各种电子纤维功能模块，如信号采集的传感纤维、能量供应的发电纤维等，复杂的多模块集成必然增大了纺织品的体积、重量和刚性。

东华大学材料科学与工程学院先进功能材料课题组在一次实验中，偶然发现纤维在无线电场中发出了光。以此为基础，课题组开创性地提出"非冯·诺依曼架构"的新型智能纤维，实现了将能量采集、信息感知与传输等功能集成于单根纤维中。

课题组成员杨伟峰表示，电磁场和电磁波在生活中无处不在，这些电磁能量就是这种新型纤维的无线驱动力，而人体作为能量交互的载体，开辟了一条便捷的"通道"，使原本在大气中耗散的电磁能量优先进入纤维、人体、大地组成的回路。仅是用手轻触，这种添加了特定功能材料的新型纤维便呈现发光发电的神奇景象。

新型纤维具有三层鞘芯结构，芯层为感应交变电磁场的纤维天线（镀银尼龙纤维）、中间层为提高电磁能量耦合容量的介电层、外层为电场敏感的发光层，原材料成本低，纤维和织物的加工都已有成熟工艺。

在不使用芯片和电池的情况下，科研人员还通过这种新型纤维实现了织物显示、无线指令传输等功能。纤维材料改性国家重点实验室（东华大学）研究员侯成义表示，新型纤维有望运用到服装服饰等日用纺织品中，当它们接触人体时，可通过发光进行可视化的传感、交互甚至高亮照明，还能对人体不同姿态动作产生独特的无线信号，进而对电子产品进行无线遥控，这些新功能或会改变人们智慧生活的方式。

课题组表示，深入研究如何让新型纤维更有效地从空间中收集能量，并以此驱动包括显示、变形、运算等在内的更多功能，将是团队下一阶段的工作。

112. 我国 3D 打印贮箱首次实现在轨应用

据新华社 4 月 9 日报道，记者从航天科技集团六院获悉，天都二号通导技术试验卫星冷推系统工作正常，近日已为卫星绕月提供了高精度轨道姿态控制，标志着液氨冷气微推进系统在深空探测领域实现首次成功应用，同时标志着我国 3D 打印贮箱首次实现在轨应用。

天都二号推进分系统由航天科技集团六院 801 所研制，推进系统采用一体化成型 3D 打印铝合金贮箱，在我国首次实现在轨应用，该贮箱由 801

所和 800 所共同研制。

801 所专家告诉记者，卫星贮箱是卫星推进系统的重要部件，作为承压构件，不仅要求成型精度高、无渗漏，而且要求抗疲劳性能好，可以实现燃料的反复加注和排出。研制团队以颠覆式技术创新方案实现贮箱一体化和轻量化设计，先后攻克了多项关键技术，不仅所有组件均在贮箱上实现高度集成一体化安装，贮箱内部也通过 3D 打印流道实现了各组件之间的连通，无需导管连接，研制周期大幅缩短，成本有效降低。

此次任务，推进系统创新性采用一体化模块设计方案，具有推力精度高、质量轻、成本低的特点。该种高度集成化的推进系统设计方案具有广阔的商业航天市场前景，为后续用于微小卫星批量生产和组网发射任务奠定了坚实基础。

113. 中国科研人员发现新物种长肋原花鳅

4 月 10 日，记者从广西师范大学获悉，近期，广西师范大学科研团队在广西百色德保一带发现了洞穴鱼类新物种长肋原花鳅。这一研究成果被发表在国际学术期刊《动物学科学》上。

科研人员介绍，长肋原花鳅属于原花鳅属，此属种的肋骨均有不同程度的退化，原有的无眼原花鳅和多鳞原花鳅完全无肋骨，此次发现的新品种肋骨虽明显退化，但与同属种相比肋骨较长，故取名长肋原花鳅。至此，原花鳅属达到四种，分别为：无眼原花鳅、多鳞原花鳅、前腹原花鳅和长肋原花鳅。

此次研究由浙江省森林资源监测中心生物多样性监测所、广西师范大学等共同完成。研究表明，长肋原花鳅是典型的洞穴鱼类。洞穴鱼类和地表鱼类相比，眼睛已彻底消失或仅残存一个细小的眼点，晶状体已缺失，视网膜细胞层次已不可辨，仅个别残存，且由于在黑暗的环境中缺乏光照，

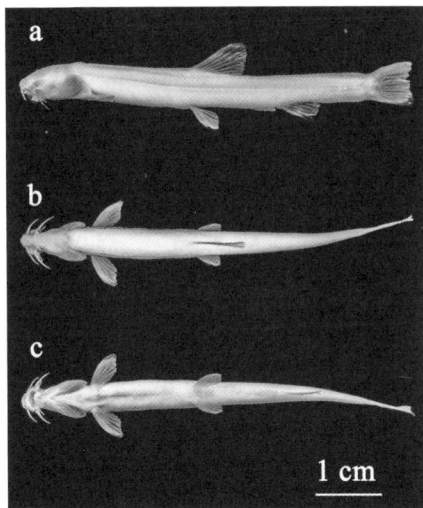

长肋原花鳅标本。

广西师范大学供图

体内生成色素的基因不活跃，因此身体透明，血管和内脏团清晰可见。

科研人员表示，由于洞穴中食物缺乏，洞穴鱼类的种群数量较低，很多种类的分布区域狭窄，有限的种类数量和狭窄的分布区域使得洞穴鱼类非常容易因受到人类生产生活的干扰而濒危。

114. 鹊桥二号中继星任务取得圆满成功

国家航天局 4 月 12 日消息，鹊桥二号中继星已完成在轨对通测试。经评估，中继星平台和载荷工作正常，功能和性能满足任务要求，可为探月工程四期及后续国内外月球探测任务提供中继通信服务，任务取得圆满成功。

2024 年 3 月 20 日，长征八号运载火箭卫星支架相机拍摄成像。鹊桥二号中继星与运载火箭成功分离，太阳翼及伞状天线顺利展开，图像左侧为天都试验星。

国家航天局供图

鹊桥二号中继星自 3 月 20 日发射升空后，经过中途修正、近月制动、环月轨道机动，于 4 月 2 日按计划进入 24 小时周期的环月大椭圆使命轨道。4 月 6 日，鹊桥二号中继星成功与正在月球背面开展探测任务的嫦娥四号完成对通测试。4 月 8 日至 9 日，鹊桥二号中继星与嫦娥六号探测器（地面状态）开展对通测试。

此前同步搭载发射的天都一号、二号通导技术试验星已于 3 月 29 日进入环月使命轨道，4 月 3 日成功实施双星分离，正在开展系列通导技术验证。

鹊桥二号中继星和天都试验星采用环月大椭圆冻结轨道作为使命轨道。由于月球外形结构不规则，靠近月球飞行的航天器受到月球引力等因素作用，飞行轨道易产生偏差。环月大椭圆冻结轨道是处于稳定状态的环月轨道，航天器在该轨道飞行，能够使飞行轨道的偏差最小化。

专家介绍，选择环月大椭圆冻结轨道作为鹊桥二号的使命轨道具有诸多优势。一是提高通信速率，与鹊桥号相比，鹊桥二号的使命轨道距离月球更近，数据传输的通信速率将大幅提高。二是更好覆盖月球南极通信，与围绕地月拉格朗日 L2 点运行的鹊桥号相比，在环月大椭圆使命轨道的鹊桥二号对月球南极的可见性显著提升，大幅提高对月球南极区域的通信覆盖能力。三是节省卫星燃料，鹊桥二号可以用极少的燃料，维持在该轨道上长期驻留。

后续，鹊桥二号中继星将按计划为嫦娥四号和即将要发射的嫦娥六号任务提供中继通信服务，并择机开展相应科学探测。

115. 我国发布世界首套高精度月球地质图集

4月21日，全球首套高精度月球地质图集正式发布，图集包括《1∶250万月球全月地质图集》和《1∶250万月球分幅地质图集》。该图集是目前国际上精度最高的月球地质图，由中国科学院地球化学研究所联合吉林大学、山东大学等单位研编。

《1∶250万月球全月地质图集》包含《1∶250万月球全月地质图》《1∶250万月球岩石类型分布图》和《1∶250万月球构造纲要图》，《1∶250万月球分幅地质图集》包含30幅月球标准分幅地质图。

月球地质图是月壳表层岩相、岩性、"地层"年代、地质构造、岩浆活动、矿产分布等的综合表达，是最为直观、最具显示度的成果展示形式，也是开展月球科学研究与探测、建设月球基地以及未来开发利用月球资源必不可少的基础资料。

然而，虽然国际上月球探测方兴未艾，但月球地质图的研制却明显滞后。"现在月球地质研究仍然沿用基于阿波罗号探月成果编制的月球全月地质图，比例为1∶500万。随着研究的深入，该月球地质图已不能满足未来的科研和月球探测需求。"中国科学院院士、中国科学院地球化学研究所研究员欧阳自远坦言。

中国国情读本

月球地质图

北极地区

南极地区

月球岩石类型分布图

北极地区

南极地区

月球构造纲要图

北极地区

南极地区

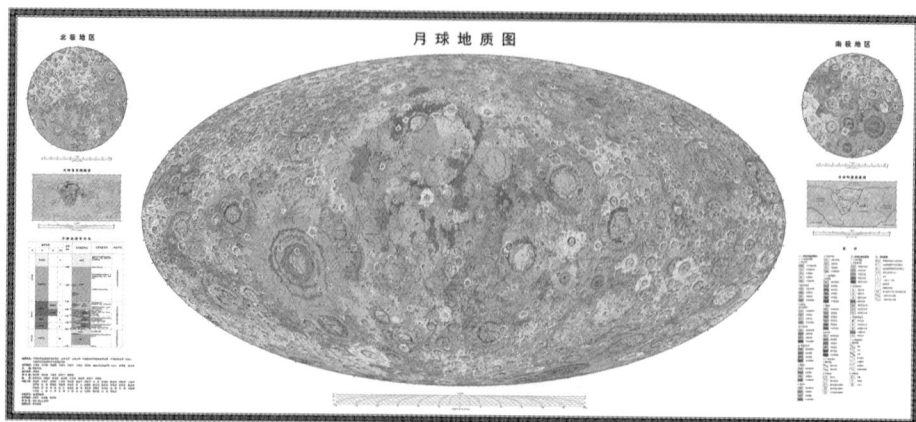

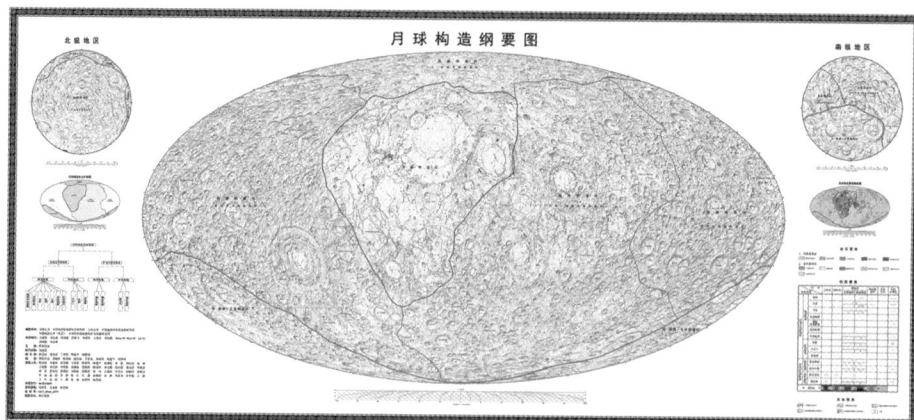

新华社发（中国科学院地球化学研究所供图）

此次，地质图研编团队基于月球起源和演化过程的整体性和规律性认识，以我国嫦娥工程科学探测数据为基础，同时参考国内外已有的探测数据和研究成果，通过对月球岩石建造、地质构造、时代等要素的研究和归集，建立具有自主知识产权的月球地质编图技术规范和标准，编制了1：250万月球数字地质—构造系列图件。

与基于阿波罗号探月成果编制的月球全月地质图相比，新编图集基于月球动力学演化的规律，创造性建立了"三宙六纪"的月球地质年代划分方案；建立了以内、外动力地质演化为主线的月球构造和岩石类型分类体系；构建了以内、外动力地质作用并重驱动的类地行星演化新框架。

中国科学院地球化学研究所研究员刘建忠表示，这是一份月球科学领域立典式综合集成成果，不仅可以为探月工程科学目标制定和工程实施提供基础资料和科学参考，也填补了我国在月球与地外行星地质图研编方面的空白，为月球起源和演化乃至太阳系演化的研究作出中国贡献。

116. 中国科学家获联合国教科文组织国际生命科学研究奖

4月23日，联合国教科文组织在位于埃塞俄比亚首都亚的斯亚贝巴的联合国非洲经济委员会会议中心举行颁奖仪式，授予中国科学家乔杰等三人"联合国教科文组织—赤道几内亚国际生命科学研究奖"。

2024年4月23日，在埃塞俄比亚首都亚的斯亚贝巴，中国科学家乔杰（中）出席颁奖仪式。

新华社发（中国驻非盟使团供图）

联合国教科文组织在其官网公告中表示，作为一名生殖医学专家，乔杰拓展了对生殖生理和不孕疾病背后机制的理解。她带领团队多年来持续探索不孕不育病因和临床诊疗，特别是发现了肠道微生物在女性生殖障碍性疾病中的关键作用。此外，她还致力于同世界各国，特别是发展中国家分享和交流经验，建立共享数据库，推广前沿技术，为人类健康生育福祉作出了重要贡献。

"你们不仅增进了大众对科学的理解，而且改善了世界人民的生活、健康和福祉。"联合国教科文组织副总干事曲星在为获奖者颁奖时说。他同时对赤道几内亚政府每年资助这一奖项表示赞赏。

"联合国教科文组织—赤道几内亚国际生命科学研究奖"于 2008 年设立，旨在奖励为提升人类生活质量作出重要贡献的杰出生命科学研究，研究主体可以是个人或机构。该奖项由赤道几内亚共和国政府资助，每年最多颁发给三个获奖者。

除乔杰外，其他两位获奖者分别是来自埃及开罗大学药学院的法拉杰教授和来自塞浦路斯大学的希腊籍斯蒂利亚诺普洛斯博士。他们分别因在代谢组学研究和癌症治疗方面的贡献获奖。中国科学家屠呦呦、施一公等也曾获得该奖项。

117. 衣服可为电子设备充电 我国科学家取得纤维电池技术新突破

一件柔软透气的衣服，不仅可以储存能量，还能便捷地为手机、手表等随身电子设备供电。这一曾存在于科幻作品中的场景，已经变成了现实。

据新华社 4 月 25 日报道，近日，复旦大学科研团队在高性能纤维电池及电池织物研究上取得新突破：通过设计具有孔道结构的纤维电极，实现电极与高分子凝胶电解质的有效复合，团队不仅解决了高分子凝胶电解质与电极界面稳定性差的难题，还发展出纤维电池连续化构建方法，实现了高安全性、高储能性能纤维电池的规模制备。相关研究成果发表于国际学术期刊《自然》主刊。

经过多年探索，复旦大学团队相继攻克"设计纤维结构获得柔软的锂离子电池""制备高能量密度的纤维锂离子电池"两大难题，"实现高安全性纤维锂离子电池"则是该课题的"最后一公里"。科研团队负责人、中国科学院院士彭慧胜表示，由于纤维电池织物和人体紧密贴合，必须以高安全性的高分子凝胶电解质取代易漏易燃的有机电解质，而基于高分子凝胶

电解质的纤维电池要想提升储能性能，必须解决高分子凝胶电解质与纤维电极界面不稳定这一难题。

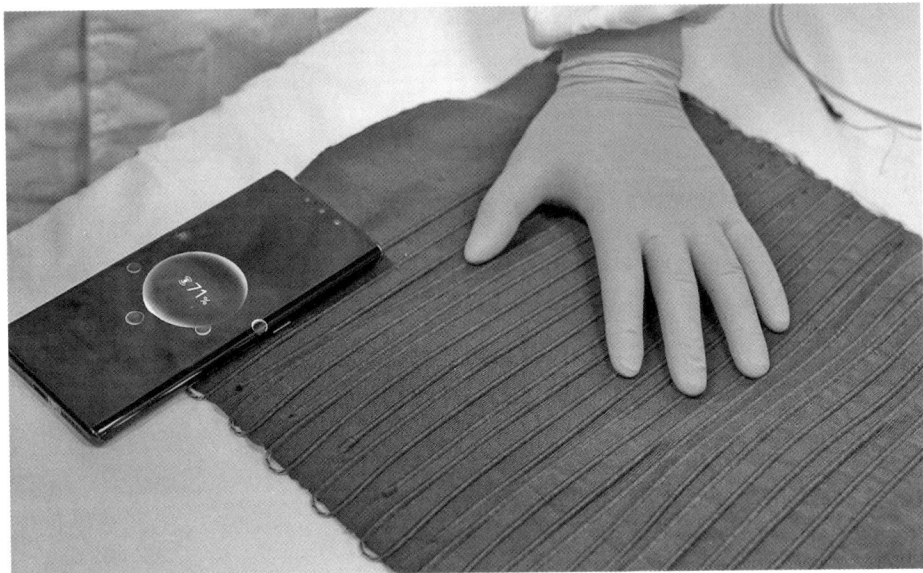

2024 年 4 月 22 日，复旦大学科研人员展示手机可放在编织有纤维电池的织物上充电。

新华社记者 刘颖 摄

团队最终从爬山虎与植物藤蔓紧紧缠绕这一自然现象中受到启发，研究其奥秘后，设计了具有多层次网络孔道和取向孔道的纤维电极，并研发单体溶液使之渗入到纤维电极的孔道结构中，单体发生聚合反应后生成高分子凝胶电解质，与纤维电极形成紧密稳定界面，进而实现了高安全性与高储能性能的兼得。

在此基础上，团队发展出基于高分子凝胶电解质纤维电池的连续化制备方法，实现了数千米长度纤维锂离子电池的制备，其能量密度达到 128 瓦时 / 公斤，可有效为无人机等大功率用电器供电，同时具有优异的耐变形能力。

彭慧胜表示，通过自主设计关键设备，团队建立了以活性浆料涂覆、高分子隔离膜包覆、纤维螺旋缠绕、凝胶电解质复合以及高分子熔融封装为核心步骤的纤维电池中试生产线，实现每小时 300 瓦时的产能，相当于每小时生产的电池可同时为 20 部手机充电。这为纤维电池的大规模应用提供了有力支持。

团队已使用工业编织方法制备了大面积纤维电池织物。在相关工业标准下，电池织物在经受大电流充放电、过压充电和欠压放电、高温存储后没有发生泄漏、着火等事故，显示出良好的安全性和稳定性；电池织物在高低温、真空环境中及外力破坏下仍可以安全稳定地为用电器供电。

"这一纤维电池可应用于消防救灾、极地科考、航空航天等重要领域，更多应用场景有待各方共同开拓。"彭慧胜说。

118. "北脑二号"填补我国高性能侵入式脑机接口空白

颅内植入一片牵着柔软细丝的小小薄膜，绑住双手的猴子就能仅用"意念"控制机械臂，抓住"草莓"。这是4月25日亮相2024中关村论坛的一幕。我国科学家自主研发的"北脑二号"，填补了国内高性能侵入式脑机接口技术的空白，并在国际上首次实现猕猴对二维运动光标的灵巧脑控。

脑机接口，大脑与外界设备沟通交流的"信息高速公路"，是新一代人机交互与人机混合智能的前沿技术。"简言之，就是捕捉大脑电信号的微妙变化，解码大脑意图，实现'意念'控制'动作'，不动手也能隔空操控机器。"北京脑科学与类脑研究所负责人说。

脑机接口的性能，核心在于脑电信号捕捉的清晰度、转化的精准度。前者靠电极，后者靠算法。

"北脑二号"的高性能，归功于我国自研的3个核心组件：高通量柔性微丝电极、千通道高速神经电信号采集设备两个硬件，以及基于前馈控制策略的生成式神经解码算法。

电极，相当于一个"传感器"。植入脑内，"读取"脑电信号，其性能决定着捕捉脑信号的数量与质量。

北京芯智达神经技术有限公司业务发展负责人介绍，"北脑二号"采用的柔性材料生物相容性高、无细胞毒性，能在电极丝上做出大量触点，通道数高，信号捕捉能力强。

近距离观察，这个电极又小又薄，牵出的电极丝直径只有头发丝的十分之一到百分之一，丝上布满大量触点，需在显微镜下才能看清。这一设计能极大降低对脑组织的损害，延长捕捉脑电信号的时间。

"它的有效通道数、长期稳定性，均达国际领先水平。不同于硬质电极，柔性微丝电极植入猕猴脑内一年后，仍能精确采集到脑电信号。"

算法，相当于一个"翻译官"，把大脑意图精准解析出来。"北脑二号"应用的算法是国内自研，能在大脑皮层神经活动与运动参数之间建立精确映射。

"脑机接口比拼的是安全、稳定、有效，这是一个系统性工程。"脑机

接口链路长，涉及电极、芯片、算法、软件、材料等多环节，关键技术有待进一步突破。

119. 中国空间站第六批空间科学实验样品顺利返回

据新华社 5 月 1 日报道，记者从中国科学院空间应用工程与技术中心获悉，中国空间站第六批空间科学实验样品 4 月 30 日随神舟十七号载人飞船返回舱顺利返回。其中，生命类实验样品已于 5 月 1 日凌晨转运至北京并交付科学家，材料类实验样品后续将随神舟十七号载人飞船返回舱运抵北京。

科研人员查看生命类实验样品。

中国科学院空间应用工程与技术中心供图

本次下行返回的科学实验样品涉及 23 项科学实验项目，包括蛋白质晶体、生命有机分子、种子等 32 种生命类实验样品，以及无容器材料、高温材料和舱外暴露材料等 18 种材料类实验样品，总重量约 31.5 公斤。

后续，科学家将对生命类细胞样品进行转录组测序、蛋白组学检测等生物学分析，为相关疾病预防与干预提供新的线索；对生命类蛋白质样品进行晶体衍射分析，为相关药物研制、疫苗开发提供技术支撑。

材料类实验样品运抵北京后，科学家将研究重力对材料生长、成分偏析以及凝固缺陷的影响规律，为重要新材料制备提供支撑，同时有望在月壤加固材料、月壤原位资源化利用等研究方面取得突破。

120. 上海实现国内首例集装箱轮排放的二氧化碳回收利用

5月1日，记者从洋山出入境边防检查站获悉，巴拿马籍"长顶"号集装箱货轮完成作业后驶离上海洋山深水港一期码头。与以往不同，除了集装箱作业任务外，本次在装卸集装箱的同时还卸下了一罐液态二氧化碳。这罐液态二氧化碳源自船舶加装的碳捕捉系统，该系统将货轮引擎工作时排放的二氧化碳进行回收液化。国内首罐液态二氧化碳的卸船标志着远洋航行船舶从燃油消耗到二氧化碳回收利用形成闭环。

工作人员正在进行液体二氧化碳回收作业。

洋山边检站供图

已有十年船龄的"长顶"号集装箱货轮加装的碳捕捉系统由我国自主研发、设计和建造，运用有机胺循环吸附技术，将二氧化碳从船舶主机排放的混合气体中分离出来。目前，全球船队仍以传统燃料为主，该系统市场前景广阔。据登轮核查的洋山边检站民警介绍，该轮完成加装碳捕捉系统作业任务后，于2024年1月18日从吴淞锚地启航再次投入欧洲航线运营，于4月29日晚回靠上海洋山深水港。

在货轮靠泊洋山深水港期间，改建方工程人员登轮回访确认碳捕捉系统全航程运行情况。本次往返欧洲累计航程35000海里，二氧化碳综合捕集率最高可达80%以上。改建方表示，相较于新建集装箱船舶和改建船舶动力系统，加装碳捕捉系统初始投入和运营成本较低，是最具性价比的减碳手段之一，可满足船舶全生命周期碳减排需求。

121. 我国科学家发现世界最大恐爪龙类足迹

5月6日，由中国地质大学（北京）、福建省英良石材自然历史博物馆领衔的科学家团队宣称，该团队此前在福建发现的龙翔恐龙足迹群中的大型恐爪龙类恐龙足迹，为目前已发现的世界最大恐爪龙类足迹，其中5个足迹平均长约36.4厘米，宽16.9厘米。研究人员为此建立新的足迹属种，名为"英良福建足迹"。

恐爪龙是一类生活于侏罗纪晚期至白垩纪的肉食性或杂食性兽脚类恐龙。它们身披羽毛，后足的第二趾有巨型镰刀状爪趾，被称为"杀戮爪"，行进时会在地上留下二趾型足印。

2020年11月，福建省英良石材自然历史博物馆与中国地质大学（北京）组成联合科考队，在福建省龙岩市上杭县临城镇龙翔大道附近发现大规模晚白垩世恐龙足迹群。经过几年来的研究，目前团队已在此发现大型蜥脚类、鸟脚类、兽脚类、二趾型恐爪龙类等至少八种恐龙足迹。其中，二趾型的恐爪龙类足迹共12个，来自两类恐爪龙。

中国地质大学（北京）副教授邢立达介绍，两种不同的恐爪龙足迹中，较小形态类型的足迹平均长约11厘米；大型二趾足迹共有6枚，其中5个足迹组成了一道行迹，足迹保存清晰且足趾细长，其大小远超之前发现的山东驰龙足迹的长度（28.5厘米）。

"这是目前世界已发现的最大的恐爪龙类足迹。"邢立达说，从形态上看，这些大型二趾足迹并不符合以前所建立的所有恐爪龙类足迹属的特征。据足迹大小推断，留下足迹的恐龙体长至少5米、臀高可达近2米，体型堪比南方盗龙和犹他盗龙。

"龙翔恐龙足迹群是我国目前发现的保存最好、面积最大、多样性最高的晚白垩世恐龙足迹群。"福建省英良石材自然历史博物馆馆长钮科程表示,"英良福建足迹"的发现极大拓展了恐爪龙类足迹的尺寸范围,也显示出亚洲的恐爪龙为成为陆地顶级掠食者出现的体型巨大化的适应性演化,对我国晚白垩世恐龙动物群的研究具有重要意义。

该成果近日发表于国际学术期刊《交叉科学》。

122. 我国优质牧草种质资源完成首次太空舱外暴露实验

据新华社5月7日报道,中国农业科学院兰州畜牧与兽药研究所抗逆牧草育种与利用创新团队日前顺利取回中天系列苜蓿和燕麦等5份种质材料。这些材料已在中国空间站空间辐射生物学暴露装置上经历了11个月舱外辐射,近日由神舟十七号飞船带回地球。

神舟十七号飞船带回的中天系列苜蓿和燕麦等种质材料。

中国农业科学院供图

接下来,科研人员将以这批种子为研究对象开展地面选育实验,聚焦提高产量、提升品质和增强抗性,培育优良牧草新品种,为我国农业的可持续发展提供有力支撑。

据中国农业科学院兰州畜牧与兽药研究所相关负责人介绍，兰州牧药所在航天育种领域具有多年工作经验，已成功培育出"中天1号""中天2号""中天3号"三个国家首蓿新品种和"中天4号"省级燕麦新品种，这些品种已在生产中广泛推广应用。

航天育种能够提供原创、安全、具有自主知识产权的育种材料和种质基因源。在太空，高真空、微重力和空间射线三者共同作用，使得种子的遗传基因发生变异，通过航天诱变，有机会获得罕见的、具有突破性的优异新种质。

123. 我国首款百公斤级车载液氢系统研制成功

据新华社5月11日报道，记者从中国航天科技集团六院获悉，我国最高量级车载液氢系统——"赛道1000"日前在京发布，将助力氢能重卡突破1000公里续航里程。作为液氢重卡的核心设备之一，该产品完全实现国产化，是我国将液氢应用于交通运输领域的重要技术突破。

中国航天科技集团六院专家介绍，作为我国首款百公斤级车载液氢系统，"赛道1000"比上一代产品，在相同外廓尺寸下，有效容积扩大20%，成本降低30%以上，携氢量提升至百公斤级，系统质量、储氢密度、加注时间等参数比肩国际先进水平。

该系统由中国航天科技集团六院101所自主研制，采用正向设计和模块化理念，全面实现国产化配套，核心技术自主可控。随着产品的批量生产和示范应用，有望进一步提升我国液氢重卡发展水平，为推动国家能源结构转型、践行绿色低碳交通提供重要技术和装备基础。

124. 我国科研团队实现仿生"昆虫"微型动力技术突破

在灾后救援、大型机械装备检修等场景，仿生机器"昆虫"大有可为，业界一直在寻找适配的高效动力系统。据新华社5月15日报道，北京航空航天大学科研团队，成功实现微型动力技术新突破，并基于此研发出一款仿生"昆虫"，实现了昆虫尺寸（2厘米）机器人的脱线可控爬行。相关成果近日在国际学术期刊《自然·通讯》发表。

北航科研团队研发的微型机器"昆虫"。

受访者供图

置身一堆小石块儿间，这款四足机器"昆虫"行动矫健、穿梭自如，仿若甲壳虫。文章共同通讯作者、北航能源与动力工程学院教授闫晓军介绍，该机器"昆虫"身长2厘米、宽1厘米、重1.76克，垂直投影面积仅两个指甲盖大小，具有快速机动、高载重、无线可控等特性。

尺寸虽小，"五脏"俱全。其中，动力系统是机器人的"心脏"。普通机器人通常靠电动机驱动，对供能要求较高，而微型机器人内部空间不足以承载大容量电池，需外接通电线持续供电，其自由移动因此受限。北航科研团队历经多年研究，开发出基于直线式驱动、柔性铰链传动的新型动力系统，让微型机器人成功摆脱电机与外接电线。

"在机器'昆虫'内，我们植入了能源、控制、通讯和传感系统。直线式驱动器将'体内'小型电池输入的电能，转化为机械能，并向外输出机械振动；柔性铰链传动机构，将机械振动转换为机器'昆虫'腿部的周期振动，进而带动整个机体实现高频弹跳运动。"团队成员、北航助理教授刘志伟说："通俗讲，'体内'微型电池完成电生磁，促使一旁的磁铁振动，

再带动腿部关节运动。"

北航博士生、团队成员詹文成介绍，科研团队还设计了仿生奔跑步态，通过机器"昆虫"步频和步幅的自适应调节，实现高载重下快速爬行；提出基于机器"昆虫"双腿振动频率差的控制方法，实现运动轨迹精确控制。

闫晓军表示，这一微型动力技术的成功研发，有望推动微型机器人大范围开发和应用，助力灾后搜救、大型机械设备和基础设施损伤检测等。

125. 我国科研团队研发出具有眼动追踪功能的隐形眼镜

据新华社5月18日报道，记者从南京大学了解到，该校与南京航空航天大学、江苏省人民医院联合团队研发出一种具有眼动追踪功能的隐形眼镜，相关成果近期发表在国际学术期刊《自然·通讯》上，有望应用于康复助残、医学诊疗、心理学研究等领域。

5月17日，记者在南京大学现代工程与应用科学学院光电智能感知实验室看到了这款新型眼动追踪隐形眼镜。"它和市面上的隐形眼镜使用相同的材料。"论文第一作者、南京大学2020级博士生朱衡天介绍，镜片所用的医疗级硅橡胶材料厚100微米左右，其上均匀分布着4个金色线圈。

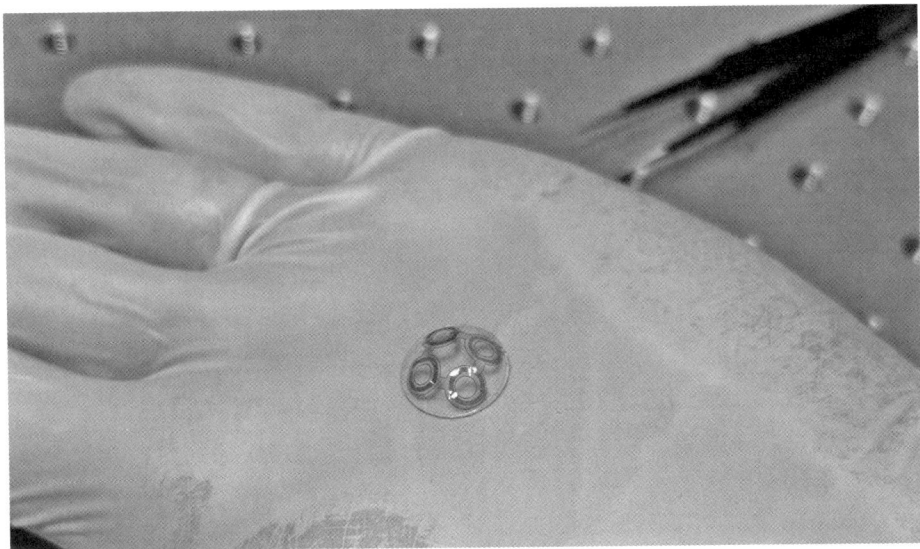

新型眼动追踪隐形眼镜实物。

王艺琳 摄

"这 4 个线圈是射频器件，也是感知眼球运动的关键。"论文通讯作者、南京大学徐飞教授说，"射频器件在日常生活中很常见，门禁卡、公交卡上都有它。"

徐飞介绍，与新型隐形眼镜配套的还有一组无线射频装置。"就像公交车上的读卡机，它会向隐形眼镜发出射频信号，如果眼球在运动，隐形眼镜反射回来的信号频率和强度就会发生变化。我们通过分析信息数据，就能了解眼球运动的轨迹。"

朱衡天表示，团队开展了 72 小时细胞毒性测试和长达一周的活体兔眼测试，以验证隐形眼镜的安全性和生物相容性，目前仍在不断改进技术，提高人机交互的同步率。"在新型隐形眼镜投入市场前，我们还要开展更大规模的临床试验，接受严格的伦理审核。"朱衡天说。

"眼动追踪是人机交互领域的关键技术。"徐飞表示，新型隐形眼镜在康复助残、医学诊疗、心理学研究等领域将有广泛的应用场景。

126. 中国"太空养鱼"项目进展顺利 "鱼航员"状态良好

5 月 19 日，中国科学院专家在北京介绍国内首次在轨水生生态研究项目进展情况。空间站小型受控生命生态实验组件由神舟十八号航天员转移至问天舱生命生态实验柜中开展实验后，目前在轨运行稳定、4 条斑马鱼状态良好。

4 月 25 日，神舟十八号载人飞船从酒泉卫星发射中心升空。随 3 名航天员一起进入太空的还有 4 条斑马鱼和 4 克金鱼藻，用于在轨建立稳定运行的空间自循环水生生态系统，实现我国在太空培养脊椎动物的突破。

据中国科学院上海技术物理研究所研究员郑伟波介绍，目前，航天员成功开展了两次水样样品采集和 1 次鱼食盒更换操作，发现了斑马鱼在微重力环境下表现出腹背颠倒游泳、旋转运动、转圈等定向行为异常现象。后续科学家将利用返回的回收水样、鱼卵等样品，结合相关视频开展空间环境对脊椎动物生长发育与行为的影响研究，同时为空间密闭生态系统物质循环研究提供支撑。

19 日上午，由中国科学院学部局、教育部基础教育司主办，中国科学院空间应用工程与技术中心承办的"天地共播一粒种——青少年与航天员一起养斑马鱼"科学教育活动暨 2024 年中国科学院空间应用工程与技术中心公众科学日活动在北京启动。活动旨在充分发挥空间站科技资源优势、搭建科学探究实践平台，组织青少年设计研制可供4条斑马鱼生活一个月的地面小型密闭水生生态系统，并进行科学观察。

活动现场，科学家将斑马鱼样品赠予同学们并回答问题。"斑马鱼作为'模式生物'，与人类基因组相似度高达87%，可以作为许多人类疾病的研究模型。同时，与航天员一样，斑马鱼成为'鱼航员'也需要通过生长阶段、活性、健康等层层选拔。"中国科学院水生生物研究所研究员王高鸿说。

127. 我国首个分布式光伏资源开发配置平台在江苏建成

据新华社5月21日报道，记者从国网江苏省电力有限公司获悉，我国首个分布式光伏资源开发配置平台在江苏建成，可实现江苏全境约10万平方公里范围内屋顶分布式光伏资源的精准定位、评估与优化配置，将全面提升分布式光伏装机和使用效率，更好服务"双碳"目标实现。

这套由国网江苏电力自主研发的分布式光伏资源开发配置平台，创新采用人工智能和大数据分析技术，精准识别并评估江苏全省现有建筑屋顶规模，分类筛选并测算出全省屋顶分布式光伏总装机预计超1.8亿千瓦。同时，平台还能对各细分区域分布式光伏的开发时序做出预测与分析。

"只需要输入位置等信息，平台基于该地区发展需求、电网现状等因素，可迅速测算出这个地区分布式光伏可开发规模，并给出'装多少''何时装'建议。"国网江苏电科院配电网技术中心相关负责人介绍。

江苏光伏产业链齐全，截至2024年一季度，江苏光伏装机达4383万千瓦，其中，分布式光伏装机容量3332万千瓦，占比76%。根据平台测算，江苏未来新增分布式光伏装机有望超1.5亿千瓦，将拉动智能电网、光伏、储能等产业新增产值突破千亿元，带动超万人就业，助力新能源产业高质量发展。

国网江苏电力还将全省95个县（市、区）划分为1200余个供电网格，利用平台对供电网格进行光伏承载力仿真分析，定位了2000多个可能出现的电网薄弱点。"根据地区分布式光伏发展进度，我们将分批次出台治理方案，以更坚强的网架，促进分布式光伏可持续发展。"国网江苏电力配网管理部相关负责人说。

128. 我国科研人员发现新物种龙州中华喀鳅

据新华社 5 月 30 日报道，广西师范大学、南宁师范大学与浙江省森林资源监测中心等单位科研人员在广西崇左市龙州县一地下溶洞发现一种白色盲鱼，基于形态学与分子系统生物学研究结果，确认该鱼类为新物种，并以其发现地将其命名为"龙州中华喀鳅"。这一研究成果近日在国际学术期刊《动物系统学与演化》上发表。

龙州中华喀鳅。

受访对象供图

论文第一作者、广西师范大学生物科学专业本科生葛家玥介绍，龙州中华喀鳅是一种栖息于洞穴地下河中的盲鱼，眼睛已彻底消失或仅残存一个细小的眼点，晶状体已缺失；体表色素消失，通体呈半透明，可以看到内脏团；体鳞退化，体表光滑；口须短，胸鳍较长，尾柄上、下均具有发达的尾鳍褶，通过以上特征和可数性状可以与同属其他鱼类相区分。

中华喀鳅属隶属于鲤形目、条鳅科，是一个 2023 年建立的新属，为中国特有属，已知分布在珠江流域的广西中西部和北部、贵州南部地区。本属鱼类均为典型洞穴鱼类，它们长期生活在洞穴水环境中，并具有易辨识的特殊适应性形态结构，如眼消失、身体透明等。

监测表明，龙州中华喀鳅仅栖息于中越边境的左江流域溶洞地下河中，分布范围极其狭窄、种群数量稀少。保护这些珍贵而独特的洞穴鱼类物种，对于了解岩溶地貌区物种演化机制和生物多样性保护有着重要意义。

129. 我国科学家研制出世界首款类脑互补视觉芯片"天眸芯"

据新华社 5 月 30 日报道，清华大学类脑计算研究中心团队近日研制出

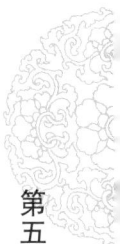

了世界首款类脑互补视觉芯片"天眸芯"，相关成果作为封面文章，发表于国际学术期刊《自然》。

"天眸芯"。

清华大学精密仪器系供图

论文通讯作者、清华大学精密仪器系教授施路平介绍，在开放世界中，智能系统不仅要应对庞大的数据量，还需要应对如驾驶场景中的突发危险、隧道口的剧烈光线变化和夜间强闪光干扰等极端事件。而传统视觉感知芯片面对此类场景往往出现失真、失效或高延迟，限制系统的稳定性和安全性。

为更好应对上述问题，清华大学类脑计算研究中心团队聚焦类脑视觉感知芯片技术，提出了一种基于视觉原语的互补双通路类脑视觉感知新范式。

"该范式借鉴了人类视觉系统的基本原理，将开放世界的视觉信息拆解为基于视觉原语的信息表示，并通过有机组合这些原语，模仿人视觉系统的特征，形成两条优势互补、信息完备的视觉感知通路。"施路平说。

基于这一新范式，团队进一步研制出了世界首款类脑互补视觉芯片"天眸芯"，在极低的带宽和功耗代价下，实现了高速、高精度、高动态范围的视觉信息采集，能够高效应对各种极端场景，确保系统的稳定性和安全性。

同时，基于"天眸芯"，团队还自主研发了高性能软件和算法，并在开放环境车载平台上进行了性能验证。在多种极端场景下，该系统实现了低延迟、高性能的实时感知推理，展现了其在智能无人系统领域的应用潜力。

论文通讯作者、清华大学精密仪器系教授赵蓉表示，"天眸芯"为自动驾驶、具身智能等重要应用开辟了新的道路。结合团队在类脑计算芯片"天机芯"、类脑软件工具链和类脑机器人方面的应用落地的技术积累，"天眸芯"的加入将能够进一步完善类脑智能生态，有力推动人工通用智能的发展。

这是该团队继异构融合类脑计算"天机芯"后，第二次登上国际学术期刊《自然》封面，标志着在类脑计算和类脑感知两个方向上均取得了基础性突破。

130. 我国科学家研发出低功耗类脑芯片

据新华社6月1日报道，记者从中国科学院自动化研究所获悉，该所一研究团队与其他单位合作设计了新型类脑神经形态系统级芯片Speck，展示了神经形态计算在融合高抽象层次大脑机制时的天然优势，相关研究日前在线发表于国际学术期刊《自然·通讯》。

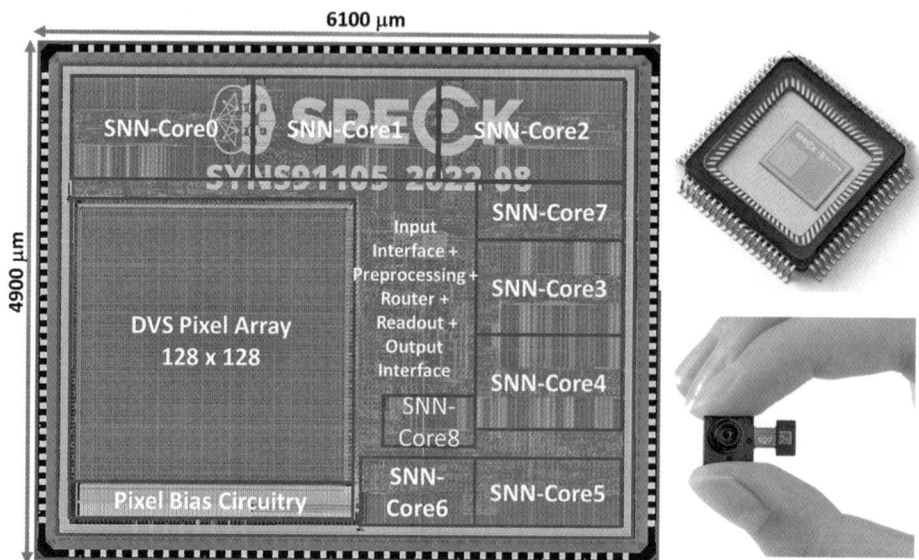

类脑神经形态系统级芯片 Speck。

中国科学院自动化研究所供图

"人脑是非常复杂庞大的神经网络系统，总功耗仅为20瓦，远小于现有的人工智能系统。"中国科学院自动化研究所研究员李国齐说，因此，在算力比拼加速、能耗日益攀升的当下，借鉴人脑的低功耗特性发展新型智能计算系统成为极具潜力的方向。

人脑中的一个重要功能是根据外界刺激的重要程度，动态分配其有限的注意力资源，重要的刺激往往会获得更多的关注，这被称为注意力机制。该研究提出了"神经形态动态计算"的概念，将人脑中的高抽象层次注意力机制应用于类脑芯片设计，进一步挖掘了类脑芯片在性能和能效上的潜力。

李国齐表示，Speck是在一块芯片上集成了动态视觉传感器和神经形态芯片，具有极低的静息功耗。典型视觉场景任务功耗可低至0.7毫瓦，为人工智能应用提供了高能效、低延迟和低功耗的类脑智能解决方案。

131. 国内首款轻质快响应低温电磁阀研制取得成功

据新华社6月9日报道，记者从中国航天科技集团六院获悉，近日，该院801所研制的轻质快响应低温阀在低温地面台顺利通过了300N液氧甲烷姿控发动机热试车考核，标志着国内首款轻质快响应低温电磁阀研制取得成功。

作为国内首款轻质快响应低温电磁阀产品，其成功研制大幅提升了液氧甲烷自控发动机的效率和精度，也为后续低温空间推进技术的工程研制奠定了技术基础。

由于该阀工作介质为超低温介质，且要满足轻质化要求，如何确保常温、低温下的响应稳定和密封可靠成为研制工作的关键难点。攻关团队综合比较了十余种方案并反复迭代，通过采用气隙隔热、增加空气热阻、减小传热途径等方式，确保加注预冷过程阀门线圈受低温推进剂影响较小，从而达到常温及低温下的响应稳定。

该阀实现了常温及低温下响应性能稳定、密封可靠，其响应速度和低温适应性达到国内先进水平。

132. 我国重复使用运载火箭首次 10 公里级垂直起降飞行试验圆满完成

6月23日，我国在酒泉卫星发射中心完成重复使用运载火箭首次 10 公里级垂直起降飞行试验，试验任务取得圆满成功。这是目前国内重复使用运载火箭最大规模的垂直起降飞行试验，也是国内自主研制的深度变推液氧甲烷发动机在 10 公里级返回飞行中的首次应用，为 2025 年如期实现 4 米级重复使用运载火箭首飞奠定了技术基础。

吊装现场。

中国航天科技集团八院供图

该火箭由中国航天科技集团八院抓总研制。此次飞行试验采用了 3.8 米直径箭体，配置三台 70 吨级液氧甲烷发动机和全尺寸着陆缓冲系统。火箭通过起飞上升、变推下降实现定点垂直软着陆，全面验证了 3.8 米直径箭体的垂直起降构型、大承载着陆缓冲技术、大推力强变推可复用动力技术、返回着陆的高精度导航制导控制技术等。

大承载着陆缓冲系统实现了国内首次"飞行锁定、空中展开、触地吸能"技术验证。大推力强变推可复用动力系统首次成功验证了多机并联深度变推液氧甲烷发动机与运载火箭总体的匹配性。返回着陆控制系统具备全程自主在线规划和自适应干扰补偿能力，实现了强干扰下"双零状态"（高度、速度同时接近为零）的定点软着陆，达到国际先进水平。

许多国家都在发展重复使用运载火箭。垂直起降回收是在火箭原有外形上进行改进，增加了栅格舵、返回控制系统、着陆缓冲系统等，使火箭一子级得以重复利用，进一步提升火箭运载效率，降低人类进出太空的经济成本。

此次飞行试验成功标志着我国重复使用运载火箭研制取得了重要突破。后续将在此基础上，加快重复使用运载火箭研制工作，持续提升航天运输系统综合性能，拓展便利进出空间能力，加速实现我国运载火箭升级换代，推动航天强国建设。

133. 我国科学家首创晶体制备新方法

晶体是计算机、通讯、航空、激光技术等领域的关键材料。传统制备大尺寸晶体的方法，通常是在晶体小颗粒表面"自下而上"层层堆砌原子，好像"盖房子"，从地基逐层"砌砖"，最终搭建成"屋"。

据新华社 7 月 5 日报道，北京大学科研团队在国际上首创出一种全新的晶体制备方法，让材料如"顶着上方结构往上走"的"顶竹笋"一般生长，可保证每层晶体结构的快速生长和均一排布，极大提高了晶体结构的可控性。这种"长材料"的新方法有望提升芯片的集成度和算力，为新一代电子和光子集成电路提供新的材料。这一突破性成果在线发表于国际学术期刊《科学》。

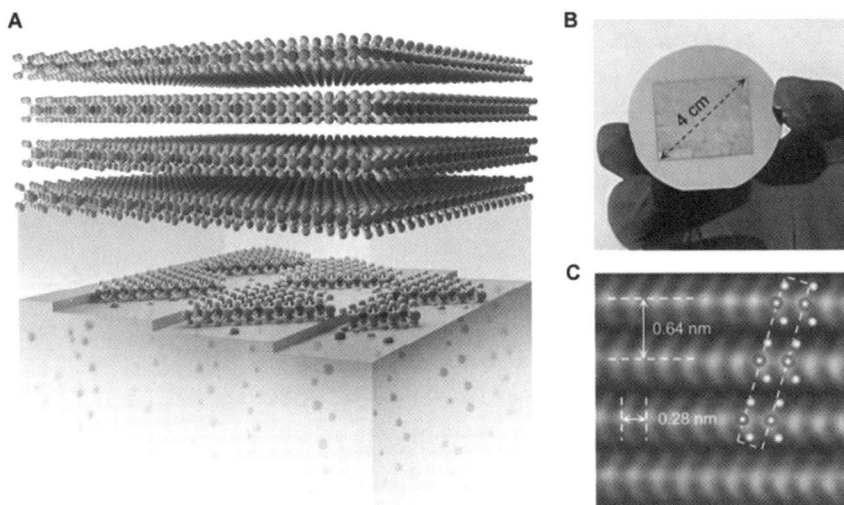

用"晶格传质－界面生长"新方法制备晶圆级二维晶体。

受访者供图

北京大学物理学院凝聚态物理与材料物理研究所所长刘开辉教授介绍，传统晶体制备方法的局限性在于，原子的种类、排布方式等需严格筛选才能堆积结合，形成晶体。随着原子数目不断增加，原子排列逐渐不受控，杂质及缺陷累积，影响晶体的纯度质量。为此，急需开发新的制备方法，以更精确控制原子排列，更精细调控晶体生长过程。

为此，刘开辉及其合作者原创提出名为"晶格传质－界面生长"的晶体制备新范式：先将原子在"地基"，即厘米级的金属表面排布形成第一层晶体，新加入的原子再进入金属与第一层晶体间，顶着上方已形成晶体层生长，不断形成新的晶体层。

实验证明，这种"长材料"的独特方法可使晶体层架构速度达到每分钟 50 层，层数最高达 1.5 万层，且每层的原子排布完全平行、精确可控，有效避免了缺陷积累，提高了结构可控性。利用此新方法，团队现已制备出硫化钼、硒化钼、硫化钨等 7 种高质量的二维晶体，这些晶体的单层厚度仅为 0.7 纳米，而目前使用的硅材料多为 5 ~ 10 纳米。

"将这些二维晶体用作集成电路中晶体管的材料时，可显著提高芯片集成度。在指甲盖大小的芯片上，晶体管密度可得到大幅提升，从而实现更强大的计算能力。"刘开辉说，此外，这类晶体还可用于红外波段变频控制，有望推动超薄光学芯片的应用。

134. 510.2 米！纳木错科考创我国湖泊钻探最深纪录

7 月 17 日，记者从纳木错科考现场获悉，此次纳木错科考钻探深度已经达到 510.2 米，创下我国湖泊钻探最深纪录，对我国湖泊钻探与古气候的研究具有重要的推动意义。

此次联合科考队由中国科学院青藏高原研究所湖泊与环境变化研究团队与德国、瑞士、英国、美国等多国科学家和钻探技术人员组成，是迄今为止国际大陆科学钻探计划（ICDP）中海拔最高的钻探项目。

纳木错位于青藏高原腹地，是全国水容量最大的湖泊之一，也是世界上面积超过 1000 平方千米的湖泊中海拔最高的湖泊。纳木错是一个封闭湖泊，湖泊中的水流不出湖盆，是整个流域的最低处，因此是流域内岩石、土壤、植被、河流及人类活动等信息的聚集地，具有重要科学研究意义。

此次钻探平台以及主要钻探技术人员均来自我国，采集的湖泊岩芯将在我国永久保留。

135. 我国科学家发现新型高温超导体

据新华社 7 月 18 日报道，记者从复旦大学获悉，该校物理学系赵俊教授团队利用高压光学浮区技术成功生长了三层镍氧化物，证实了镍氧化物中具有压力诱导的体超导电性，其超导体积分数达到 86%，这意味着又一新型高温超导体被发现。17 日该成果发表于国际学术期刊《自然》。

超导体是指在特定温度条件下电阻为零且呈现完全抗磁性的材料，能广泛应用于电力传输和储能、医学成像、磁悬浮列车、量子计算等领域。

赵俊介绍，研究高温超导的一个重要课题是寻找新型高温超导体，这既能从新的角度寻找理解高温超导机理的线索，同时新的材料体系也可能提供新的应用前景。

镍氧化物被认为是实现高温超导电性的重要候选材料之一。赵俊教授团队此次成功合成了高质量三层镍氧化物单晶样品，样品在低于超导临界温度下表现出零电阻和完全抗磁的迈斯纳效应，超导体积分数与铜氧化物高温超导体接近，有力证明了镍氧化物的体超导性质。

赵俊教授团队利用高压光学浮区技术生长了大批样品，在不断寻找总结规律基础上，最终成功合成了纯相三层镍氧化物单晶样品。此外，研究还发现三层镍氧化物呈现出奇异金属和独特的层间耦合行为，为人们理解高温超导机理提供了新的视角和平台。

136. 我国科研团队成功突破新型太阳能电池制备难题

光伏发电是全球绿色转型的生力军。据新华社 8 月 3 日报道，北京理工大学等国内单位科研团队合作，成功突破钙钛矿 / 晶硅叠层太阳能电池制备技术难题，并开发出光电转换效率达 32.5%、具有长期运行稳定性的钙钛矿 / 晶硅叠层太阳能电池。相关成果 8 月 2 日在国际学术期刊《科学》发表。

生产生活中较常见的太阳能电池为晶硅电池，其光电转化效率在 26%

北京理工大学科研团队等开发的钙钛矿／晶硅叠层太阳能电池原型器件。

受访者供图

左右。钙钛矿／晶硅叠层电池是一种新型太阳能电池，由晶硅和钙钛矿两种材料组合吸光，相较传统晶硅电池具有发电成本低、光电转化效率高的特点。长期以来，这款新型电池在制备过程中，常出现钙钛矿薄膜不均匀和晶体质量差等问题，导致成品出现缺陷，影响光电转化率和使用寿命。

"制备这种叠层电池，是在晶硅电池上先镀一层钙钛矿前驱液，该前驱液干燥时逐渐形成晶核并结晶，最后'长'成宽带隙的钙钛矿薄膜。但由于钙钛矿材料里的组分多样、晶种相态复杂，导致'长'出的薄膜不均匀。"北理工前沿交叉科学研究院教授陈棋说，团队创新提出宽带隙钙钛矿结晶控制策略，在前驱液中添加长链烷基胺，促使高质量晶核加速"生长"，抑制低质量晶核"生长"，从而制备出均匀的高质量宽带隙钙钛矿薄膜。

北理工材料学院助理教授陈怡华介绍，团队基于这一创新思路，分别制备出 1 平方厘米和 25 平方厘米的钙钛矿／晶硅叠层电池，对应实现的光电转换效率为 32.5% 和 29.4%，均优于传统的晶硅太阳能电池。此外，经过最大功率点跟踪测试后，样品展现出长期运行稳定性。

陈棋表示，该成果为钙钛矿／晶硅叠层太阳能电池发展打下关键技术基础，有望推动其产业化应用，提升光伏发电效能，助力能源绿色低碳转型。

137. 我国在南海探获全球首个超深水超浅层大型气田

8 月 7 日，中国海油宣布，在海南东南海域发现的陵水 36-1 气田新增探明储量顺利通过国家有关部门评审备案，探明天然气地质储量超 1000 亿立方米，为全球首个超深水超浅层大型气田。

2018 年，中国海油启动"七年行动计划"，明确到 2025 年建成"南海万亿大气区"。截至目前，中国海油在南海北部莺歌海、琼东南、珠江口 3 个盆地探明天然气地质储量累计超 1 万亿立方米，"南海万亿大气区"建设从蓝图走向现实。

对陵水 36-1 气田进行测试作业。

中国海油供图

　　"为确保海上钻井作业安全，业内一般在井位设计时避免穿越危险的浅层气，我们这次是迎难而上。"中国海油海南分公司工程技术作业中心负责人陈浩东说，经过严密技术论证，中国海油实施全球首例超深水超浅层钻井作业，顺利完成超深水超浅层气藏钻井、测试等多项目标，高质量获取相关区域地层资料，准确勾勒出大气田的地下全貌，实现对全球首个超深水超浅层气田的精准快速评价。

　　"陵水 36-1 的勘探实践，验证了将超深水超浅层气资源从影响钻完井作业安全的'灾害气'变成具备开发价值的清洁能源的可能性，对我国乃至全球类似海域条件的资源勘探开发具有指导意义。"中国海油相关负责人表示，陵水 36-1 气田勘探取得成功，进一步完善了我国自主建立的中国特色深水复杂油气资源勘探开发技术体系，气田储量的落实也补上了"南海万亿大气区"建设版图的最后一块拼图。

138. 水下超百米！中国大盾构实现水下掘进新纪录

　　8 月 19 日，我国自主研发的海底隧道盾构机"深江 1 号"完成掘进任务，顺利抵达海平面下 106 米，这也标志着中国大盾构创下水下掘进新纪录。

全长 13.69 公里的珠江口隧道是深江铁路全线控制性工程，采用"矿山法＋盾构法"组合施工。开挖直径达 13.42 米的"深江 1 号"盾构机从东莞向广州南沙方向掘进 3.59 公里，先后穿越 13 种地层、5 种复合地质。

珠江口隧道盾构段内部。

中铁十四局供图

据施工单位中铁十四局项目负责人介绍，隧道盾构段最低点位于珠江口水面下 106 米，最大水压高达 1.06 兆帕，相当于盾构机指甲盖大小的面积上需承受 10.6 公斤的压力，在国内尚无同等条件的工程经验和设计标准可供参考。

针对施工难题，施工团队量身定制"深江 1 号"盾构机，加强智能建造技术的研发和应用，集中开展超高水压、长距离硬岩掘进刀具快速更换、海底小空间盾构机原位拆解等 7 项科技创新研究课题，确保盾构机在超高水压、超大埋深、裂隙发育的不良地质段安全高效掘进。

深江铁路是我国"八纵八横"高速铁路网沿海通道的重要组成部分，线路正线长 116 公里，设计时速 250 公里，途经深圳、广州、东莞、中山、江门 5 个市。线路建成通车后，将实现深圳前海自贸区与广州南沙自贸区半小时高铁互联互通，对进一步打造"轨道上的大湾区"、促进珠三角经济社会发展具有积极意义。

139. 我国载人飞艇实现该领域最长航时航程飞行

据新华社 8 月 21 日报道，记者从中国航空工业集团获悉，由该集团所属航空工业特种飞行器研究所自主研制的"祥云"AS700 载人飞艇首次跨越湖北、湖南、广西三省区，飞行近 1000 公里，顺利完成从湖北荆门至广西桂林转场，这是我国载人飞艇领域有史以来实现的最长航时、航程飞行。

8 月 20 日上午，"祥云"AS700 载人飞艇从湖北荆门漳河机场起飞，途经湖南常德桃花源机场和邵阳武冈机场，落地进行飞艇状态检查及休整后，于 21 日午间成功抵达桂林阳朔月亮山起降点。

此次飞行是该飞艇继 3 月 30 日完成"荆门—荆州"湖北省内转场飞行后，实施的首次跨省区转场飞行。

航空工业特飞所有关负责人介绍，转场飞行除了全方位检验飞艇自身性能和机组飞行、地面保障、空域协调等综合能力外，更进一步检验了飞艇的长航时、长航程转场飞行能力以及脱离本场的运行能力。

"祥云"AS700 载人飞艇具有绿色低碳、安全经济等特点，可实现短距及垂直起降。除开展低空旅游外，也可实现"低空＋运输物流""低空＋智能测绘""低空＋应急救援""低空＋城市安保"等多场景应用。

"祥云"AS700 载人飞艇进行跨省区转场飞行。

中国航空工业集团供图

该艇后续还将开展飞行乘感试验，采集试验人员乘坐飞艇的安全感和舒适度，为载人飞艇舒适度改进积累数据。

140. 我国首次在超深水碳酸盐岩勘探领域取得重大突破

9月10日，中国海油宣布，我国珠江口盆地荔湾4-1构造超深水海域钻获一口天然气井，测试日产天然气无阻流量43万立方米，这是我国首次在超深水碳酸盐岩勘探领域取得重大突破，对进一步加快深水油气勘探开发、保障国家能源安全具有重要意义。

中国海油方面介绍，该井位于珠江口盆地面积最大的富烃凹陷——白云凹陷，距深圳东南约300公里、水深近1640米。该井垂深近3000米，完钻井深近4400米，在水平段钻遇气层约650米，有力推动了白云凹陷天然气勘探进程，展现了我国超深水天然气领域勘探广阔的前景。

中国海油相关负责人介绍："以前中国超深水领域勘探以碎屑岩为主，该井的成功钻探首次揭示了中国超深水碳酸盐岩这一勘探新领域的巨大潜力，标志着在该领域的勘探认识与作业技术方面均取得重要突破。"国际上一般将水深超过300米海域的油气资源定义为深水油气，1500米水深以上称为超深水。深水是全球油气资源重要的接替区。全球超过70%的油气资源蕴藏在海洋之中，其中40%来自深水。

中国海油在南海北部莺歌海、琼东南、珠江口三个盆地，已先后勘探发现番禺30-1、东方13-2、荔湾3-1、"深海一号"、宝岛21-1、陵水36-1等一批天然气田，累计探明天然气地质储量突破1万亿立方米，成功建成"南海万亿大气区"。

141. 我国航天医学领域成果显著 为载人航天任务加强技术储备

据新华社9月21日报道，记者从"第二届航天医学前沿论坛"上了解到，我国空间站已在航天医学领域取得初步成果，将助力载人登月和后续其他深空探测任务的实施。

为期 2 天的论坛以"筑梦航天医学，造福人类健康"为主题，由中国航天员科研训练中心主办，浙江大学医学院承办，北京理工大学、宁波大学协办。其间，与会专家学者将深入交流航天医学前沿理论和未来发展趋势，面向载人登月等深空探测任务中航天员地外生存保障问题，探讨如何突破人类地外生存面临的巨大挑战。

中国载人航天工程副总设计师、中国首飞航天员杨利伟在开幕式上表示："中国空间站建成进入应用与发展阶段，载人登月计划全面实施，离不开航天医学的技术支撑，也为航天医学迎来了发展的新机遇。"

"我们将不断提升在轨防护能力，为开展载人深空探测做好技术储备。"中国航天员科研训练中心航天医学全国重点实验室有关负责人说，例如载人登月方面，我国主体承担载人航天健康保障任务的科研团队深入研究分析了月球低重力环境对机体生理功能可能造成的影响，有针对性地发展了低代谢技术等新型防护手段。

航天医学对促进大众健康也具有推动作用。我国取得了国际首例失重对细胞内钙信号影响的可视化研究、国际首例人工血管组织芯片研究等多项重要研究成果，为大众心血管、骨肌系统、神经退行性病变、人类衰老、药物防护与筛选等研究提供了理论支撑和技术平台。

142. 我国创造世界水冷磁体技术新高峰

9 月 22 日是周日，安徽合肥西郊科学岛上的一个实验室内却十分热闹，轰鸣声从一个巨大的白色罐体传来，身着白大褂的科研人员紧盯着罐体上方的小屏幕。

"40.99""41.15""42.02"，随着屏幕上数字不断提高并最终定格，众人发出欢呼："42.02 万高斯！破纪录了！"

经现场专家组确认，中国科学院合肥物质科学研究院强磁场科学中心自主研制的水冷磁体产生了 42.02 万高斯的稳态磁场，打破了 2017 年由美国国家强磁场实验室水冷磁体产生的 41.4 万高斯的世界纪录。

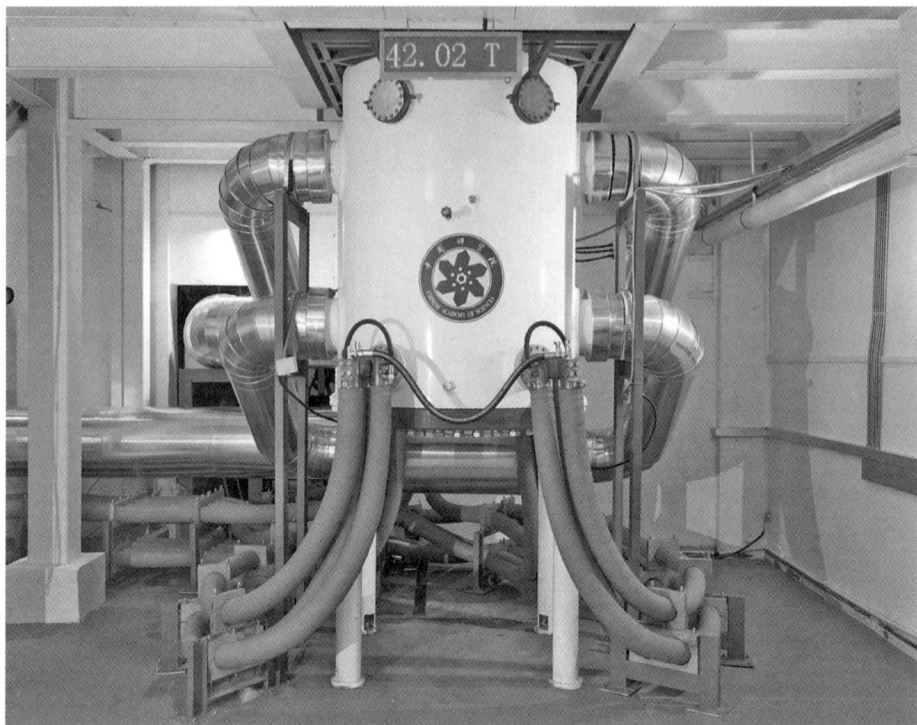

2024 年 9 月 22 日，中国科学院合肥物质科学研究院强磁场科学中心自主研制的水冷磁体产生了 42.02 万高斯的稳态磁场。

新华社发（中国科学院合肥物质科学研究院强磁场科学中心供图）

为什么要创造稳态强磁场？

稳态强磁场是开展物质科学前沿研究所需的一种极端实验条件，是推动重大科学发现的"利器"。在强磁场实验环境下，物质特性会受到调控，有利于科学家发现物质新现象、研究物质新规律，为物理、化学、材料和生物等学科研究提供了新途径。

几十年来，全球科学家在稳态强磁场条件下取得了众多重大科研成果，其中有 10 多项获得诺贝尔奖。强磁场技术已成为国际科技竞争的重要领域。

"与此同时，稳态强磁场技术已在我们生产生活中有多项应用，比如医院的核磁共振设备。"强磁场科学中心磁体运行与实验测量部有关负责人说，更强的磁场将为研制高温超导材料、高性能电池以及生物医疗设备等提供更大助力。

42.02 万高斯稳态强磁场有多强？

地球磁场约为 0.5 高斯，42.02 万高斯相当于地球磁场的 80 多万倍，标志着我国乃至世界水冷磁体技术发展的新高峰。

"就像显微镜放大 100 倍比放大 10 倍能看得更清楚，这一磁体的成功研制将为科研人员提供更强大的实验条件和创新环境。"强磁场科学中心有关负责人。

稳态强磁场磁体分为三种类型，即水冷磁体、超导磁体以及由水冷磁体和超导磁体组合的混合磁体。"水冷磁体、超导磁体都是'单打高手'，混合磁体是'混双组合'。2022 年，我们曾以综合优势问鼎'混双冠军'，今天，我们又拿下了一项'单打冠军'。"

水冷磁体新纪录是怎样产生的？

42.02 万高斯水冷磁体新纪录的产生，得益于我国稳态强磁场实验装置的建设运行。

该装置是国家发展改革委"十一五"期间立项的国家重大科技基础设施，2017 年通过国家验收并正式投入运行，使我国成为美国、法国、荷兰、日本之后第五个拥有稳态强磁场的国家。

截至 2023 年年底，该装置已为国内外近 200 家单位 3000 余项课题提供了实验条件，多项成果已成功转化为现实生产力。

依托稳态强磁场实验装置，强磁场技术研究团队经过近 4 年努力，创新了磁体结构、优化了制造工艺，最终在 32.3 兆瓦的电源功率下产生 42.02 万高斯的稳态磁场。

"这一磁体的研制成功，为我国未来建设更高场强的稳态磁体打下关键技术基础。"

下一代稳态强磁场大科学装置将建设以 55T 混合磁体为代表的具有国际领先水平的稳态磁体群，以及集成多种利用先进波源的测量系统，主要目标是解决新型电子材料研发、重大疾病病理及药物研发等世界前沿科技问题。

143. 我国已建立起独立自主的航母舰载机舰基保障体系

据新华社 9 月 25 日报道，记者从在青岛举办的舰载航空装备发展学术论坛获悉，我国已经建立起独立自主的航母舰载机舰基保障体系，并正在着眼未来海军战略转型、航母编队远海远域遂行战训任务不断健全完善。

海军航空大学青岛校区有关专家在论坛上介绍说，舰载航空兵作为航母编队主要作战力量，离不开舰基各项保障作业支持，必须依托航母舰基资源开展舰载机的各类保障作业。前期，经过军地各方努力建设，我国在舰载机舰基保障技术方面，已经实现了由国外引进沿用向自主系统研发转型；在舰载机起降技术方面，实现了滑跃起飞向电磁弹射与电磁阻拦跨越式发展；在调运布列技术方面，实现了自动化信息化，油气水电保障实现了集中集控一站式保障，有效提高了舰载机出动回收效率和综合保障能力。一整套与中国航母及舰载机装备技术体制相一致、与航母编队使命任务相适应的舰载机舰基保障体系已相对成熟，有效保障了舰载机随航母编队遂行海上部署任务。

下一步，我国还将瞄准未来航母编队远海远域长周期部署和舰载机航空兵遂行多种战训任务需求，持续完善航母舰载机舰基保障体系建设工作，重点开展保障模式体系、法规标准体系、保障装（设）备体系、维修技术体系、保障力量体系等方面优化和完善工作，以进一步提升舰载机飞行保障效益和机群战备完好率水平。

144. 可真实复现人类记录所有地震活动的"国之重器"投入运行

11 月 5 日，我国地震工程领域"国之重器"——国家重大科技基础设施"大型地震工程模拟研究设施"项目在天津大学通过国家验收并正式投入运行。该设施不仅可以真实复现人类记录的所有地震活动，还可以观测、分析工程结构在地震中的破坏情况。

振动模拟是目前研究工程抗震性能最直接的试验方法，可以为工程的设计、建造提供依据。这一设施可以为重大工程抵御自然灾害、减轻灾害风险提供极限研究手段，大幅提升中国工程技术领域的原始创新能力和水平，为保障重大工程安全提供技术支撑。

2024 年 11 月 5 日，"大型地震工程模拟研究设施"项目在进行验收试验。

新华社记者 赵子硕 摄

　　"大型地震工程模拟研究设施"项目是国家重大科技基础设施"十三五"规划中优先启动建设的项目之一，地点位于天津大学北洋园校区，总建筑面积 7.6 万平方米。该项目于 2019 年 10 月开工建设，历时 5 年多建成。

　　国家验收委员会认为，项目建设坚持自主创新，突破了宽频带长行程地震模拟、空间差异地震动－波流耦合模拟以及大型振动台基础参振质量等系列关键技术，整体试验能力达到国际领先水平。

　　项目建成后，将聚焦国家重大战略需求和国际科技发展前沿，瞄准国家重大工程建设和运维中的实际需求和科学问题，不断突破地震工程领域中的关键问题，为我国重大工程建设和运行安全提供有力支撑。

145. 我国载人登月任务已全面进入初样研制阶段

11月21日，中国载人航天工程总设计师周建平在深圳召开的第六届载人航天学术大会上表示，我国载人月球探测工程载人登月任务已经完成了前期的关键技术攻关和深化论证，目前全面进入了初样研制阶段。

2024年11月21日，第六届载人航天学术大会在深圳开幕。

新华社发

我国载人月球探测工程是国家重大科技工程，承载着实现中国人登陆月球的伟大梦想。

根据计划，我国将在2030年前实现中国人首次登陆月球，开展月球科学考察及相关技术试验等，突破掌握载人地月往返、月面短期驻留、人机联合探测等关键技术，完成"登、巡、采、研、回"等多重任务，形成独立自主的载人月球探测能力。

"目前，长征十号运载火箭、梦舟载人飞船、揽月月面着陆器、载人月球车等初样产品正在紧张研制过程中。不少初样产品已经研制出来，正在进行相关测试。"周建平说。

2024年是神舟一号发射成功25周年。25年来，中国载人航天工程已经圆满完成34次飞行任务，将38人次航天员送入太空。

"这说明我们拥有了一定规模的优秀航天员队伍，他们所积累的太空飞行的经验，一定会对未来的载人登月任务提供经验，也是提供人力资源的

充分保证，这正是我们载人登月任务的非常重要的基础。"周建平说。

截至目前，我国已经先后选拔了四批航天员。我国航天员队伍未来不仅要完成空间站任务，还要执行载人登月任务。

我国载人登月任务的主要过程为：首先发射揽月月面着陆器，月面着陆器在环月轨道停泊等待，然后再发射梦舟载人飞船，飞船与着陆器在环月轨道交会对接。航天员从飞船进入着陆器，着陆器与飞船分离后下降到月面，航天员开展月面活动。之后，航天员乘坐着陆器起飞上升与飞船对接，航天员进入飞船。飞船与着陆器登月舱分离后，返回地球。

146. 我国新一代地基红外天文望远镜发布首批观测图像

据新华社 11 月 23 日报道，记者从青海冷湖科技创新产业园区管理委员会获悉，中山大学 80 厘米望远镜近日在青海冷湖天文观测研究基地投入观测，并成功发布首批观测图像，此为我国新一代地基红外天文望远镜。

望远镜项目技术负责人、中山大学副教授马斌介绍，中山大学 80 厘米望远镜的科学任务，以捕捉红外波段的宇宙天体动态变化为核心，空间中的 X 射线、伽马射线卫星以及地面上的光学巡天望远镜发现暂现源后，望远镜可快速指向目标进行红外波段的观测。望远镜观测到超新星 SN2024xal，并在持续监测过程中观测到其光度明显下降，团队将获取其在近红外波段完整的光变数据，有助于对超新星 SN2024xal 开展多波段测光数据分析。

中山大学 80 厘米望远镜。

中山大学物理与天文学院供图

由于宇宙膨胀，距离地球较远的天体会发生红移，导致其光谱向红色波段偏移。近红外观测对于研究早期宇宙中类星体的形成和演化至关重要。

中山大学 80 厘米望远镜采用三反射镜和改正透镜组光学系统，搭载两台终端红外相机，可以通过第三反射镜进行切换，可广泛服务于各类天文科学目标。

马斌介绍，此前我国上一代红外望远镜采用光电倍增管探测器，不能直接成像；而中山大学 80 厘米望远镜使用国产探测器在红外 K 波段实现科学级成像观测，大大提高了观测效率。"中山大学 80 厘米望远镜将与我国在光学、射电、高能波段的望远镜协同观测，揭示宇宙深处的奥秘。"马斌说。

147. 我国新建东风商业航天创新试验区 支撑商业航天高密度发射需求

2024 年 11 月 27 日 10 时 00 分，朱雀二号改进型遥一运载火箭在东风商业航天创新试验区发射升空，将搭载的光传 01、02 试验星顺利送入预定轨道，飞行试验任务获得圆满成功。

新华社发（汪江波 摄）

据新华社 11 月 28 日报道，朱雀二号改进型遥一运载火箭 27 日在东风商业航天创新试验区发射升空。

这是继 11 月 11 日力箭一号遥五运载火箭发射升空后，东风商业航天创新试验区在 17 天之内成功发射的第二枚商业火箭。

近年来，我国商业航天蓬勃发展，民营商业火箭发射试验需求高速增长。酒泉卫星发射中心充分利用得天独厚的地理优势，总体规划商业航天发射区布局和发射飞行试验安全要求，统筹建设成"一体化整合、标准化设计、规范化运营"的商业航天发射试验区，进一步提升我国航天综合发射能力，支撑商业航天高密度发射需求。

酒泉卫星发射中心是我国组建最早的综合性航天发射场，也是当前获批建设商业发射工位最多的航天发射场。2018 年至今，开展了 30 余次民商航天入轨发射，形成了包括组织指挥、测试发射在内的 10 个方面、124 项技术和管理标准。相继建成蓝箭航天液氧甲烷发射场、中科宇航固体火箭发射工位、可重复使用火箭试验阵地等，规划新建一系列商业专用发射试验设施，满足未来天龙三号、朱雀三号、智神星一号、力箭二号等新型商业火箭高密度测试发射需求。

未来，东风商业航天创新试验区将采用"共建、共管、共用"模式开展建设和后续运营管理，从规划引领、法治保障、机制创新、措施扶持、监督核查等方面推进试验区有序发展，形成先进可靠的民营商业火箭测试发射任务能力，实现未来较长一段时间内民营商业火箭发射和新技术试验验证需求全满足，大、中、小型火箭发射能力相衔接，液氧煤油、液氧甲烷等新型液体推进与传统固体燃料推进方式全覆盖。

148. 我国科研团队提出全新燃料电池数字化设计方法

据新华社 12 月 5 日报道，记者从天津大学获悉，天津大学焦魁教授团队通过高精度数学建模，提出了全新燃料电池数字化设计方法，可快速提出、优化燃料电池设计方案，提升电池性能、缩短研发周期并降低研发成本。相关成果日前在国际学术期刊《能源与环境科学》发表。

燃料电池是继水力发电、热能发电和原子能发电之后的第四种发电技术，因洁净、高效、无污染特点备受关注。其中，氢燃料电池由于零污染

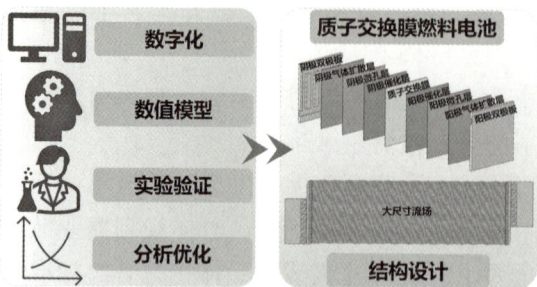

数字化辅助燃料电池结构设计方法。

受访者供图

与高效率特质，已逐渐应用于公共交通、船舶等多种应用场景。但过去受制于成本问题，相关产业链尚未"大展拳脚"。

焦魁介绍，当前相关厂商面临缺少商用燃料电池的高效高精度仿真模型与数字化辅助设计手段，以及创新性的电池设计方案等难题，对燃料电池功率密度提升与成本控制造成了阻碍。"研究燃料电池内部机理并优化设计，对推动燃料电池商业化进程非常重要。"焦魁说。

焦魁教授团队在燃料电池设计理论与方法领域建立了高精度仿真模型，并对电池结构进行优化。团队提出一种适用于商用燃料电池的设计方法，计算效率较传统三维模型提升10至20倍，可快速提出多种电池设计方案，缩短研发周期。

使用这种新方法，团队开展了严谨的验证工作。结果表明，所有的仿真趋势与实验趋势都高度一致，证明了模型在性能与机理层面所具备的高精度预测能力。

这种设计方法还能优化燃料电池的分配区结构，让电池性能获得显著提升。"以氢燃料电池为例，我们使用这种新方法设计的燃料电池，研发周期可缩短至原来的三分之一。"这篇论文的共同通讯作者李飞强表示。

此次提出的数字化辅助设计方法具备通用性，能够应用于任意商用燃料电池，此外还可拓展至其他电化学装置领域，如锂电池等。

149. 我国科研人员发现细菌免疫新机制

据新华社12月14日报道，记者从中国药科大学获悉，该校多靶标天然药物全国重点实验室肖易倍教授团队近日揭示了细菌通过代谢抵抗噬菌体感染的免疫新机制，为今后开发相关药物提供了思路。相关研究成果13日发表于国际学术期刊《科学》。

肖易倍介绍，噬菌体是一类专门感染细菌的病毒。近年来，国内外研究发现，作为一种单细胞生物，细菌竟能够抑制噬菌体的感染和传播。"以

往科学界认为，只有人类这样的高级动物才拥有免疫系统，细菌抗病毒的机制和免疫系统很像，因此被称为'细菌免疫'。"

2024 年 12 月 10 日，中国药科大学肖易倍教授（右）在实验室指导学生。

中国药科大学供图

团队成员、中国药科大学药学院副教授陈美容告诉记者，此次研究成果基于 CRISPR-Cas 系统，基因编辑技术就来自 CRISPR-Cas 系统的一个分型，该技术就像剪刀，能够将遗传物质从特定位置切断。

"此前有研究显示，细菌被噬菌体侵染后，会激活体内的 Ⅲ 型 CRISPR-Cas 系统，通过切割噬菌体的遗传物质，干扰其复制。"陈美容介绍，团队历经两年多研究，发现了另一种基于 ATP 代谢的免疫新机制。

"这是一招'釜底抽薪'，也就是把细菌体内的能量因子 ATP 消耗殆尽。"中国药科大学生命科学与技术学院副教授陆美玲说，"生命活动需要能量，这种新机制把 ATP 代谢为具有毒性的 ITP。噬菌体缺少足够能量进行自我复制，感染进程就会放缓。"

"而细菌缺少能量，也会陷入'冬眠'。"陈美容说，生化分析发现，细菌体内的一种水解酶会将 ITP 进一步降解，达到解毒的效果，"也就是说，细菌在'冬眠期'清除体内的噬菌体以后，还可以逐渐'复苏'。"

肖易倍表示，此次新发现的抗感染机制揭示了细菌免疫与代谢作用之间的内在联系，有助于深化科学界对基因编辑技术的认识，为今后开发相关抗感染药物提供了重要思路。

150. 我国首次采用航空冰雷达开展典型冰川储量调查

12月20日，记者从中国科学院空天信息创新研究院获悉，该研究院科研团队近期采用自主研发的航空冰雷达技术，对包括老虎沟12号冰川、七一冰川、宁缠河3号冰川在内的典型冰川进行了冰川储量调查。这是我国在典型冰川储量调查中首次应用此技术。

航空冰雷达是一种搭载在飞机上对冰川进行透视观测的雷达。航空冰雷达向冰川发射低频段电磁波，并接收冰川表面和冰底基岩的散射回波。通过对接收到的散射回波进行处理和反演，科研人员便可获得冰川厚度及储量信息。

"与传统技术主要用于获取冰川表面信息不同，航空冰雷达具有穿透冰川表面获取冰川内部信息和冰川底部信息的能力。"中国科学院空天信息创新研究院航空遥感中心有关负责人说。

此次调查共有效飞行13架次，采集原始数据5.6TB。团队在此基础上获取了冰川表面数字高程模型、冰川底部基岩数字高程模型、冰川剖面图、冰川三维透视图、冰川数量等。这些调查数据可为河西走廊各流域水资源管理、祁连山生态环境保护等提供重要支撑。

151. 2024年中国十大科技新闻

12月24日，由科技日报社主办、部分两院院士和媒体负责人共同评选的2024年国内十大科技新闻揭晓。

一、全国科技大会、国家科学技术奖励大会、两院院士大会召开

科技兴则民族兴，科技强则国家强。6月24日，全国科技大会、国家科学技术奖励大会和中国科学院第二十一次院士大会、中国工程院第十七次院士大会隆重召开。这次大会是在以中国式现代化全面推进强国建设、民族复兴伟业关键时期召开的一次科技盛会，对加快实现高水平科技自立自强、建设科技强国具有重大意义。

"锚定2035年建成科技强国的战略目标"是这次大会传递的最强音。"现在距离实现建成科技强国目标只有11年时间了。我们要以'十年磨一剑'的坚定决心和顽强意志，只争朝夕、埋头苦干，一步一个脚印把这一战略目标变为现实。"习近平总书记的重要讲话铿锵有力。

习近平总书记在讲话中充分肯定了近年来我国科技创新发展取得的历史性成就，深刻总结了新时代科技事业发展的重要经验，精辟论述了科技创新在推进中国式现代化、实现第二个百年奋斗目标伟大进程中的重要作用，系统阐明了新形势下加快建设科技强国的基本内涵和主要任务。

"冲锋号"吹响，新征程启航。这次大会为新时代科技工作指明前进方向，进一步统一思想、深化认识，凝聚起建设科技强国的创新伟力。

二、"拉索"确认首个超级宇宙线源

高能宇宙线从哪里来？这是一个世纪之谜。我国高海拔宇宙线观测站"拉索"（LHAASO）的新发现，让我们离解开这一谜题更近了一步。

2月26日，《科学通报》发表了一项关于高能宇宙线起源的重要成果。利用"拉索"的观测数据，我国科学家在天鹅座恒星形成区发现了一个巨型超高能伽马射线泡状结构，并从中找到了能量高于1亿亿电子伏宇宙线起源的候选天体。这是迄今人类能够确认的第一个超级宇宙线源。

宇宙线是从外太空来的带电粒子，主要成分为质子，携带着宇宙起源、天体演化等方面的重要科学信息。探究宇宙线起源之谜，是当代天体物理学的重大前沿科学问题之一。

"拉索"此次发现的巨型超高能伽马射线泡状结构，距我们约5000光年，尺度超过1000万个太阳系。泡状结构内有多个能量超过1千万亿电子伏的光子，最高达到2千万亿电子伏。

"一般来说，产生能量为2千万亿电子伏的伽马光子，需要能量至少高10倍的宇宙线粒子。"论文通讯作者、中国科学技术大学教授杨睿智说，这表明泡状结构内部存在超级宇宙线源，源源不断地产生能量至少达到2亿亿电子伏的高能宇宙线粒子，并注入星际空间。

研究表明，位于泡状结构中心附近的大质量恒星星团（Cygnus OB2星协），是超级宇宙线源最可能的对应天体。

三、复粒稻遗传奥秘破译

复粒稻是一种独特的水稻种质资源，与普通水稻穗子上种子粒粒分明不同，它结出的种子可以三粒长在一簇上，因此又被称为"三粒奇"。但这"三粒一簇"特性的机制一直是个谜。

3月8日，记者从中国农业科学院获悉，来自该院等单位的科研人员成功破译复粒稻"三粒一簇"的遗传奥秘，揭示了油菜素甾醇调控水稻穗粒数的机制，为培育高产水稻新品种提供了新的理论基础和路径。相关研究成果当日发表于国际学术期刊《科学》。

在这项工作中，研究团队历时7年，对复粒稻种质进行了大规模化学

诱变，创制了1万份（约16万个单株）复粒稻诱变株系，通过在田间逐一鉴定穗部特征，从中筛选出2份不簇生的突变体株系，成功定位到发生突变的基因BRD3。

通过进一步分析，研究团队发现，油菜素甾醇可以通过调控水稻穗二级分枝调控穗粒数。

实验证明，正是在突变基因BRD3的作用下，油菜素甾醇这种激素的含量降低，导致复粒稻稻穗的二级枝梗增多，使得"三粒一簇"现象出现。

中国农业科学院有关负责人表示，水稻单产突破依赖种质资源中重大基因的发掘利用，油菜素甾醇调控水稻穗粒数机制的发现，提供了提高水稻单产的新视角。

四、光子的分数量子反常霍尔态首次实现

5月6日，记者从中国科学院获悉，利用"自底而上"的量子模拟方法，中国科学技术大学潘建伟院士团队在国际上首次实现了光子的分数量子反常霍尔态，为高效开展更多、更新奇的量子物态研究提供了新路径。相关研究成果发表于国际学术期刊《科学》。

霍尔效应是指当电流通过置于磁场中的材料时，电子受到洛伦兹力的作用，在材料内部产生垂直于电流和磁场方向的电压，该效应被广泛应用于电磁感测领域。反常霍尔效应则是指无需外部磁场的情况下观测到相关效应。量子霍尔效应是量子力学版本的霍尔效应，需要在低温强磁场的极端条件下才可被观察到。

"量子霍尔效应根据电子间相互作用方式的不同，分为整数量子霍尔效应和分数量子霍尔效应。"潘建伟说，其中，分数量子霍尔态展现出非平庸的多体纠缠，具有重要的观测研究价值，多年来受到学术界高度关注。

在此项研究中，团队利用"自底而上"的方式，基于自主研发的超导高非简谐性光学谐振器阵列，实现了光子间的非线性相互作用，并进一步在此系统中构建出作用于光子的等效磁场以构造人工规范场，从而实现了光子的分数量子反常霍尔态。

诺贝尔物理学奖获得者弗兰克·维尔切克评价，这项研究向基于任意子的量子信息处理迈出重要一步。

五、世界首款类脑互补视觉芯片研制成功

继2019年发布全球首款异构融合类脑芯片"天机芯"之后，清华大学精密仪器系类脑计算研究团队在类脑视觉感知芯片领域再获新突破，研制出世界首款类脑互补视觉芯片"天眸芯"。相关研究成果5月30日以封面文章的形式发表于国际学术期刊《自然》。

论文通讯作者、清华大学精密仪器系教授施路平介绍，在开放世界中，智能系统不仅要应对庞大的数据量，还需要应对极端场景，如驾驶场景中的突发危险、隧道口的剧烈光线变化和夜间强闪光干扰等。而传统视觉感知芯片面对此类场景往往出现失真、失效或高延迟，这样就会限制系统的稳定性和安全性。

为更好应对上述问题，研究团队聚焦类脑视觉感知芯片技术，提出了一种基于视觉原语的互补双通路类脑视觉感知新范式。

"该范式借鉴了人类视觉系统的基本原理，将开放世界的视觉信息拆解为基于视觉原语的信息表示，并通过有机组合这些原语，模仿人视觉系统的特征，形成两条优势互补、信息完备的视觉感知通路。"施路平介绍，基于这一新范式，团队研制的"天眸芯"不仅突破了传统视觉感知范式的性能瓶颈，而且能够高效应对各种极端场景，确保系统的稳定性和安全性。

六、嫦娥六号实现世界首次月球背面采样返回

敢上九天揽月，谈笑凯歌还！

6月25日，内蒙古四子王旗阿木古郎草原，一顶红白相间的巨型降落伞缓缓落下，嫦娥六号返回器回到地面。至此，嫦娥六号完成了世界首次月球背面采样返回的壮举。这是我国迄今为止开展的最复杂的深空探测任务。

嫦娥六号任务周期长，工程创新多、风险高、难度大，突破了月球逆行轨道设计与控制、月背智能快速采样、月背起飞上升等关键技术。

嫦娥六号自发射后历经53天，闯过地月转移、近月制动、环月飞行、着陆下降、月面工作、月面上升、交会对接与样品转移、环月等待、月地转移以及再入回收等多个难关，成功带回1935.3克月背样品。

这些珍贵的月背样品，不仅填补了月球背面研究的历史空白，也为我们研究月球早期演化提供了一手资料，更为理解月球背面与正面地质差异开辟了新的视角。

11月15日，月背样品研究传来好消息：我国科学家利用嫦娥六号月背样品做出的两项独立研究成果，分别登上国际学术期刊《自然》和《科学》。这两项研究首次揭示月球背面约28亿年前仍存在年轻的岩浆活动，这一年龄填补了月球玄武岩样品在该时期的记录空白。

紧接着，12月20日，《自然》又报道我国科学家通过分析嫦娥六号月背样品，获得了人类首份月背古磁场信息。

七、国家重大工程深中通道建成开通

遥望珠江口，曾被伶仃洋隔开的两岸城市群，因一座超级工程而紧密连接。

6 月 30 日，历时 7 年建设的国家重大工程深中通道建成开通，从深圳到中山的车程由原来的 2 小时缩短至 30 分钟。深中通道全长约 24 公里，集"桥、岛、隧、水下互通"于一体，是世界上综合建设难度最高的跨海集群工程之一。

作为环珠江口"A"字形交通网络骨架的关键一"横"，深中通道跨越伶仃洋，让珠江口东西两岸的"深莞惠"与"珠中江"两大城市群实现了跨海直连。

在建设过程中，项目团队创造了世界首例水下高速公路枢纽互通—机场互通立交、世界最长的双向八车道海底沉管隧道、世界最大跨径全离岸海中钢箱梁悬索桥、世界最高桥面最高通航净空海中大桥等 10 项"世界之最"。

自建设以来，深中通道获得发明专利 200 余项、行业协会奖项数十项，并屡获国际赞誉。2024 年 4 月，深中大桥荣获被称为桥梁界"诺贝尔奖"的国际桥梁大会"乔治·理查德森奖"，深中隧道荣膺"全球隧道与地下工程领域 50 项标志性工程"。

"我们坚持关键技术自主创新，将创新主导权牢牢掌握在自己手中。"深中通道管理中心负责人说，深中通道完成了多项技术创新，特别是在钢壳—混凝土沉管隧道设计施工领域形成了原创性成果，实现了"从 0 到 1"的突破，为世界跨海通道工程建设贡献了中国方案。

八、异体通用型 CAR-T 治疗自身免疫疾病获突破

7 月 16 日，《细胞》杂志在线发表海军军医大学第二附属医院（上海长征医院）徐沪济教授团队的临床研究成果：3 名患有严重复发难治性风湿免疫疾病的患者在接受通用型嵌合抗原受体 T 细胞免疫疗法（CAR-T）治疗后，病情得到明显改善。这是国际首次成功使用异体通用型 CAR-T 治疗自身免疫疾病。

如何提高风湿免疫性疾病的治愈率，最大限度降低患病率和致残率，改善患者生活质量是全球共同面临的医学难题。近年来，生物制剂和靶向小分子药物等在风湿免疫性疾病的治疗中取得了巨大进展，但其对许多患者仍无效，或改善后复发，患者最终发展出危及生命的并发症。

徐沪济介绍，CAR-T 作为一种创新的治疗手段，已经在 B 淋巴细胞（以下简称"B 细胞"）等恶性肿瘤的治疗中显示出较好的疗效。在一些风湿免疫性疾病发病过程中，B 细胞的异常发育和功能失调是致病的关键因素之一。该团队使用健康供者来源的 T 细胞，经过基因工程改造，制备出针对 B 细胞 CD19 的异体通用型靶向 CAR-T 细胞药物，实现了 CAR-T 细胞药物的

批量生产。使用该细胞药物，徐沪济教授团队成功治疗 3 名严重复发难治性风湿免疫疾病患者。

徐沪济表示，这项研究不仅为目前缺乏有效治疗手段的风湿免疫性疾病患者提供了新的治疗选择，还展示了通用型 CAR-T 细胞疗法在有效性和安全性方面的巨大潜力。

九、首个国产移动操作系统发布

10 月 22 日，我国首个国产移动操作系统——华为原生鸿蒙操作系统（HarmonyOS NEXT）正式发布。这是继苹果 iOS 和安卓系统后，全球第三大移动操作系统。

此次发布的原生鸿蒙操作系统流畅度、性能、安全特性等提升显著，全面突破操作系统核心技术，实现系统底座的全部自研，也实现国产操作系统的自主可控。

由于不依赖国外编程语言和操作系统内核等核心技术，原生鸿蒙操作系统也被称为"纯血鸿蒙"。11 月 26 日，搭载原生鸿蒙操作系统的华为 Mate 70 系列手机正式发布，标志着华为原生鸿蒙操作系统正式商用。

华为有关负责人介绍，原生鸿蒙操作系统在续航时间、安全和隐私保护等方面均位于行业前列。

鸿蒙系统于 2015 年立项，持续打造操作系统根技术，用不到 10 年的时间走完同行 30 年的历程。2019 年，华为公司正式对外发布鸿蒙系统，2021 年该系统正式搭载到智能手机上。2023 年 9 月，华为公司宣布全面启动鸿蒙原生应用，意味着鸿蒙系统完全使用自主"内核"，不再依赖其他操作系统的开放源代码。加速创新的鸿蒙系统不仅为国内终端、软件等产业链各环节发展带来新机遇，也正带动各行业、各领域的数智化转型。

十、大洋钻探船"梦想"号正式入列

"打穿地壳、进入地球深部"，这是人类长久以来的科学梦想。如今，中国最新入列的科考船有望将这一梦想变成现实。

11 月 17 日，拥有最大 11000 米的钻深能力、我国自主设计建造的首艘大洋钻探船"梦想"号在广州正式入列。

"梦想"号全长 179.8 米，宽 32.8 米，排水量 42600 吨，续航力 15000 海里，自持力 120 天，载员 180 人。它的稳定性和结构强度按 16 级超强台风安全要求设计，可在 6 级海况下正常作业，具备全球海域无限航区作业能力。

中国船舶第七〇八研究所"梦想"号有关负责人介绍，"梦想"号采用模块化设计理念，攻克多项世界级船舶设计难题，国际首次创新集成大洋

科学钻探、深海油气勘探和天然气水合物勘查试采等多种功能，构建起我国自主的超深水钻探装备设计建造技术体系。经两轮海试验证，"梦想"号主要性能指标优于设计要求。

作为全球领先的深海作业平台，"梦想"号的科考实验功能和信息化水平国际领先。全船建有基础地质、古地磁、无机地化、有机地化、微生物、海洋科学、天然气水合物、地球物理、钻探技术等九大功能实验室，总面积超3000平方米，配置有全球首套船载岩心自动传输存储系统，可满足海洋领域全学科研究需求。

"梦想"号海试成功并正式入列，标志着我国在深海进入、深海探测、深海开发上迈出了重要一步，是建设海洋强国、科技强国取得的又一重大成果。

152. 2024 年我国全面启动危重孕产妇救治体系技术评估工作

1 月 5 日，据国家卫生健康委消息，2024 年我国全面启动危重孕产妇救治体系技术评估工作，按照属地化管理原则，分级开展危重孕产妇救治体系技术评估。到 2027 年，基本建立较为完善的危重孕产妇救治体系技术评估机制。

近年来，各地深入实施母婴安全保障制度，持续加强危重孕产妇救治体系建设，依托产科儿科实力突出、综合救治能力较强的医疗机构，建立了省、市、县级危重孕产妇救治中心。国家卫生健康委在总结地方试点工作经验和听取专家意见建议基础上，组织制定并于 1 月 5 日发布了《危重孕产妇救治体系技术评估方案》。

评估方案旨在引导各地进一步完善危重孕产妇救治体系，强化孕产妇急危重症救治能力，提升危重孕产妇救治体系运行效能，持续提高母婴安全保障水平。

评估方案强调，重点评估母婴安全保障工作成效、危重孕产妇救治体系构建运行情况，以及危重孕产妇救治中心建设管理情况，全面推进母婴安全五项制度落实落细落地。

根据评估方案，省级、地市级卫生健康行政部门对本级危重孕产妇救治体系进行自我评估，分别对辖区内地市级、县级危重孕产妇救治体系进行评估。评估指标由工作成效、危重孕产妇救治体系构建运行、危重孕产妇救治中心建设管理等 3 个方面 28 项指标构成。评估工作以数据信息评估为主，结合必要的现场评估。

评估方案要求危重孕产妇救治体系技术评估工作按照年度实施。2024年 9 月底前，全面完成第一次危重孕产妇救治体系技术评估工作。2025 年起，每年 6 月底前，完成上一年度辖区内危重孕产妇救治体系技术评估工作。

153. 教育部决定设立一批义务教育教学改革实验区

1月5日，记者从教育部获悉，为推进义务教育教学改革，教育部决定在全国设立义务教育教学改革实验区64个、实验校192所，充分发挥其在义务教育教学改革中的带动引领作用，促进提高教学质量。

根据教育部办公厅发布的通知要求，实验区要制定区域义务教育课程实施办法，指导学校根据培养目标，立足办学理念和学生发展需要，分析资源条件，因校制宜制定学校课程实施方案并组织实施。加强课程实施监测和教育督导，确保区域内学校开齐各类课程，特别是劳动、艺术、体育与健康、信息科技、综合实践活动等国家课程，开足规定课时。要加强区域教研队伍建设，配齐配足义务教育各学科及德育、心理健康教育等专职教研员。

根据通知，实验校要落实义务教育课程方案和课程标准理念要求，坚持素养导向，强化学科实践，推进综合学习，落实因材施教。积极探索基于情境、问题导向的互动式、启发式、探究式、体验式等教学方式，形成指向学生核心素养培育的方法策略。聚焦教学改革重点难点问题开展实践研究，实现突破。要高质量实施科学教育，重视实验教学，实验室条件和学科实验员满足教学需求，强化学生动手操作实验，将学校实验课开设情况纳入教学视导和日常督导。

154. 六部门部署无偿献血者激励奖励工作

据新华社1月8日报道，记者从国家卫生健康委获悉，国家卫生健康委、中央宣传部、全国总工会等六个部门近日联合印发《关于进一步做好无偿献血者激励奖励工作的通知》，要求各地有关单位提高无偿献血者的荣誉感和获得感，激励更多社会公众关心、参与无偿献血。

通知要求，认真落实献血法，做好无偿献血表彰奖励工作，鼓励积极探索完善无偿献血者激励措施。加快推动"三免"政策落地实施，让荣获无偿献血奉献奖、无偿捐献造血干细胞奖的献血者，可按照当地政策享受免费乘坐公共交通工具、免费游览政府投资主办的公园和免交公立医院普通门诊诊察费。

通知鼓励实现献血者"血费减免一次都不跑"。继续推进无偿献血者及亲属出院时直接减免用血费用工作，实现用血医院全覆盖，优化服务流程，让信息多跑路、献血者少跑路。鼓励无偿献血者及其亲属优先用血，在保障急危重症和孕产妇等重点人群用血前提下，非急诊患者同等医疗状况下无偿献血者及其亲属优先用血。

根据通知，相关部门未来要持续提升无偿献血服务质量和宣传效果，推进"互联网＋无偿献血"服务模式，为献血者提供个性化、精细化服务。各地要因地制宜制定无偿献血者优待政策，持之以恒做好无偿献血者激励工作。

自 1998 年施行献血法以来，我国全面建立自愿无偿献血制度，形成政府领导、全社会广泛参与的无偿献血工作格局。25 年来，广大无偿献血者无私奉献、踊跃捐献血液，我国无偿献血量和献血人次持续增长，实现临床用血全部来自公民无偿捐献。

世界卫生组织发布的 2021 年全球血液安全和可获得性现状报告显示，我国无偿献血总量、血液质量安全水平和临床用血合理水平等方面位居全球前列。

155. 国务院办公厅印发《关于发展银发经济增进老年人福祉的意见》

据新华社 1 月 15 日报道，近日，国务院办公厅印发《关于发展银发经济增进老年人福祉的意见》（以下简称《意见》）。

银发经济是向老年人提供产品或服务，以及为老龄阶段做准备等一系列经济活动的总和，涉及面广、产业链长、业态多元、潜力巨大。为积极应对人口老龄化，促进事业产业协同，加快银发经济规模化、标准化、集群化、品牌化发展，培育高精尖产品和高品质服务模式，让老年人共享发展成果、安享幸福晚年，《意见》提出了 4 个方面 26 项举措。

一是发展民生事业，解决急难愁盼。引导餐饮企业、养老机构等开展老年助餐服务。拓展居家助老服务，发展社区便民服务，引导老年日用产品实体店合理布局，发展社区嵌入式服务设施。优化老年健康服务，加强综合医院、中医医院老年医学科建设，推进医养结合。加大养老机构建设和改造力度，提升失能老年人照护服务能力。丰富老年文体服务，组织开展各类适合老年人的体育赛事活动。提升农村养老服务。

二是扩大产品供给，提升质量水平。发挥国有企业引领示范作用和民营经济生力军作用。推进产业集群发展，规划布局 10 个左右高水平银发经济产业园区。提升行业组织效能，支持组建产业合作平台或联合体。推动品牌化发展，培育银发经济领域龙头企业。开展高标准领航行动，在养老服务、适老化改造等领域开展标准化试点。拓宽消费供给渠道，引导电商平台、大型商超举办主题购物节，支持设立银发消费专区。

三是聚焦多样化需求，培育潜力产业。强化老年用品创新，打造智慧健康养老新业态，推广应用智能护理机器人、家庭服务机器人，大力发展康复辅助器具产业。发展抗衰老产业，推动生物技术与延缓老年病深度融合，开发老年病早期筛查产品和服务。丰富发展养老金融产品，加强养老金融产品研发与健康、养老照护等服务衔接。组建覆盖全国的旅居养老产业合作平台，培育旅居养老目的地。推进无障碍环境建设，开展居家适老化改造，开展数字适老化能力提升工程。

四是强化要素保障，优化发展环境。围绕康复辅助器具、智慧健康养老等重点领域，谋划一批前瞻性、战略性科技攻关项目。保障养老服务设施和银发经济产业用地需求，支持利用存量场所改建养老服务设施。鼓励各类金融机构加大对养老服务设施、银发经济产业项目建设的支持力度。推进人才队伍建设，健全数据要素支撑，依法严厉打击涉老诈骗行为。

国务院办公厅印发
《关于发展银发经济增进老年人福祉的意见》

近日，国务院办公厅印发《关于发展银发经济增进老年人福祉的意见》（以下简称《意见》）

《意见》提出了
4个方面 26 项举措 ▼

发展民生事业，解决急难愁盼

扩大产品供给，提升质量水平

聚焦多样化需求，培育潜力产业

强化要素保障，优化发展环境

新华社发（宋博 制图）

《意见》强调，发展银发经济，事关国家发展全局，事关人民福祉。各地区、各部门要在党中央集中统一领导下，完善工作机制，加强统筹协调，推动各项任务落实落细。

156. 我国各省份均出台残疾人辅具补贴政策

据新华社 2 月 15 日报道，西藏残联近日会同相关部门出台了残疾人基本型辅助器具适配补贴实施办法。至此，我国 31 个省（区、市）和新疆生产建设兵团均已出台该政策，全国残疾人基本型辅助器具适配服务已初步实现制度化保障。

辅助器具是维持、改善残疾人功能的各类物品、设备、软件的总称。辅助器具适配是残疾人康复服务的重要内容，是提升残疾人生活质量、增强残疾人独立生活和社会参与能力的重要技术手段。

国务院 2021 年印发的《"十四五"残疾人保障和发展规划》提出，"有条件的地方可以对城乡困难残疾人、重度残疾人基本型辅助器具适配给予补贴"。在中国残联和相关部门指导、支持下，在前期已有 11 个省（区、市）出台相关政策的基础上，先后有 20 个省（区、市）和新疆生产建设兵团积极立足实际，加快研究、制定本地的残疾人基本型辅助器具适配补贴政策。

在补贴对象方面，各地均将经济困难残疾人家庭和重度残疾人作为优先补助对象。大部分省份将补贴对象定为当地持证残疾人和符合规定的残疾儿童。北京、江苏、浙江、江西、河南、陕西、新疆等地将在校残疾学生作为重点补贴对象，海南、西藏分别将未持证残疾老年人、65 岁以上失能老年人纳入补贴对象。

在补贴内容和标准方面，各地均将残疾人急需的基本型辅助器具作为主要补贴内容。有的地方涉及补贴的辅助器具种类多达 190 余种。各地主要依据辅助器具产品类别、家庭经济状况、残疾程度等确定补贴标准。

残疾人获得补贴需要经过申请、评估、审核、适配、结算等环节。为了优化服务流程，进一步提高残疾人获得感，北京、上海、江苏、浙江、福建、湖北、湖南、陕西等地搭建了"互联网＋"辅助器具服务平台，实现了残疾人网上申请、在线选购、实时补贴等"一站式"服务。

157. 教育部公布 184 个中小学人工智能教育基地

2 月 19 日，教育部公布了中小学人工智能教育基地名单，184 所学校入选。本次中小学人工智能教育基地推荐旨在通过基地试点，进一步探索人工智能教育的新理念、新模式和新方案，形成可推广的优秀案例和先进经验，推动中小学人工智能教育深入开展。

教育部表示，将加强对基地工作的指导，促进各基地更加重视人工智能教育，积极探索人工智能教育实施方式，以中小学信息科技、通用技术等课程为主要依托，进一步丰富教育教学资源，创新教与学支持服务方式，开展师资培训指导，扩大人工智能教育覆盖面和受益面，在人工智能校本课程建设、学科融合、教学方式变革、数字教育资源共建共享、教师数字素养培育、学生全面发展等方面发挥示范引领作用，带动区域人工智能教师专业化水平不断提升。教育部还将选取典型经验、优秀课例、优质资源在国家中小学智慧教育平台上线，推动更多中小学校探索开展人工智能教育。

158. 维护新就业形态劳动者权益又添新政策

2月23日，人力资源和社会保障部发布《新就业形态劳动者休息和劳动报酬权益保障指引》《新就业形态劳动者劳动规则公示指引》《新就业形态劳动者权益维护服务指南》，引导平台企业及其用工合作企业健全用工管理制度，提高劳动者权益保障水平。

人社部劳动关系司有关负责人表示，将此前八部门发布《关于维护新就业形态劳动者劳动保障权益的指导意见》中较为原则的规定，细化为更有操作性的系列指引指南，是根据企业用工方式和劳动者就业形态的新变化，积极探索维护新就业形态劳动者权益的新办法和新举措。

针对部分新就业形态劳动者工作时间过长、平台规则制定不够公开透明等问题，保障指引明确，工作时间在劳动者完成全部订单的累计接单时间基础上，需适当考虑劳动者必要的在线等单、服务准备、生理需求等因素。

劳动者达到连续最长接单时间和每日最长工作时间的，系统应推送休息提示，并停止推送订单一定时间，以防止过度劳动。

保障指引提出，不完全符合确立劳动关系情形但企业对劳动者进行劳动管理的新就业形态劳动者，适用劳动者实际工作地规定的小时最低工资标准。

保障指引还强调，新就业形态劳动者在法定节假日工作的，企业应向劳动者支付高于正常工作时间劳动报酬的合理报酬。

《新就业形态劳动者劳动规则公示指引》明确了平台企业制定和修订劳动规则时需遵循的原则及履行的民主程序等。《新就业形态劳动者权益维护服务指南》引导新就业形态劳动者通过与企业协商或通过工会组织、相关部门机构等提供的维权服务渠道，依法维护自身权益。

159. 超 80 种罕见病用药，进医保

关注罕见病，点亮生命之光。2024 年 2 月 29 日，迎来了第 17 个国际罕见病日。

前不久，最新版国家医保药品目录调整新增 15 个目录外罕见病用药，覆盖 16 个罕见病病种，一些长期未得到有效解决的罕见病，如戈谢病、重症肌无力等均在其列。迄今，超过 80 种罕见病治疗药品已纳入国家医保药品目录名单。这有望为我国 2000 多万名罕见病患者带来更多福音。

世界卫生组织将罕见病定义为患病人数占总人口 0.065% 到 0.1% 之间的疾病或病变。诊断难、用药难、药价高，是罕见病患者面临的"三道坎"。

对于罕见病诊治这道世界性难题，国家卫生健康委等多部门携手社会各界关爱罕见病患者，不断探索罕见病防治诊疗工作的"中国方案"，尤其在罕见病用药的可及性和可负担性方面，努力让"医学孤儿"不孤单。

2024 年 1 月 1 日起，非典型溶血性尿毒症综合征患者迎来命运的转折：曾经一支 2 万多元治疗该病的救命药"依库珠单抗"，经医保支付报销后每支价格约千元，不少患者和家庭重新

2024年2月29日 第17个
国际罕见病日

最新版国家医保药品目录
调整新增 15 个目录外罕见病用药

覆盖 16 个罕见病病种
填补 10 个病种的用药保障空白

迄今，超过 80 种罕见病治疗药品已纳入国家医保药品目录名单

中国国情读本

燃起希望。

除了让部分罕见病患者"用得起药",解决用药难、缺少药等难题,有关部门和社会各界也一直在行动。

阵发性睡眠性血红蛋白尿症(PNH),一种被称为"超级罕见病"的后天获得性溶血性疾病,让患者饱受反复溶血、血红蛋白尿、肾功能损害等并发症折磨。

2021年3月,一位PNH患者遭遇断药,怀着一线希望,她向中国罕见病联盟发起求助。

无先例可循、无细则可依,中国罕见病联盟、北京协和医院、国家药监局及药企共同"组队",为实现"同情用药"奔走忙碌。80余天后,从瑞士引进的新药成功落地北京协和医院,患者获得新生。

不止是"同情用药",有关部门和医疗机构无缝衔接,对罕见病治疗药品实施优先审评审批,为部分"断供"的罕见病急需药物开辟绿色通道,米托坦、拉罗尼酶、氯苯唑酸等越来越多"孤儿药"被引进,解罕见病患者燃眉之急。

一些企业在相关部门支持下,设立罕见病患者关爱中心,为罕见病患者提供药品供应保障、健康管理与用药咨询、慈善赠药、医疗保险结算等全流程一站式专业化药事服务。

"让罕见病患者有药可用,已经从共识转化为密集行动。"中国罕见病联盟有关负责人说。

为加强罕见病药物研发,《医药工业发展规划指南》《"十四五"医药工业发展规划》等一系列文件密集出台,引导企业加强研发治疗罕见病特效药物;北京儿童医院等医疗和科研机构对罕见病用药的研发和评价作出相应布局……

走小步不停步!用药保障的每一次推进,规范诊疗能力的每一步提升,都为患者打开一道"希望之门"。

组建全国罕见病诊疗协作网,建立国家罕见病多学科诊疗平台,不断缩短患者平均确诊时间;发布两批罕见病目录,收录207种罕见病;新版国家质控工作改进目标涉及罕见病等专业;支持中医药参与罕见病防治;成立中华医学会罕见病分会……

"呵护好罕见病患者的'生命线',是我们必须啃下的'硬骨头'。"中华医学会罕见病分会、北京协和医院有关负责人说,只有跑得再快一点,为疾病的突破多添一份力、多加一把油,才能让医学之光照亮罕见病患者生的希望，让生命之花绽放绚丽色彩。

对每一个小群体都要关爱、都不能放弃。这是健康中国建设的题中应有之义，也是温暖民生、彰显社会公平的生动写照。

160. 我国深化医疗服务价格改革试点将扩围

据国家医保局 3 月 18 日消息，在河北唐山、江苏苏州、福建厦门、江西赣州、四川乐山 5 个试点城市的基础上，内蒙古、浙江、四川 3 个省份将作为深化医疗服务价格改革试点省份，开展全省试点。

此前，国家医保局等部门联合印发《深化医疗服务价格改革试点方案》，明确通过 3 至 5 年的试点，探索形成可复制可推广的医疗服务价格改革经验。两年多来，首批 5 个试点城市重点围绕医疗服务价格总量调控、分类管理、动态调整、监测评估等重要机制进行改革试点。

据国家医保局介绍，目前，5 个试点城市已按新机制平稳实施 2 轮调价，分别涉及 1398 项和 5076 项医疗服务价格，一批价格处于低位、技术劳务价值"含金量"高的项目价格上调，包括护理、手术、治疗、中医等，同时设备物耗占比为主、费用影响大的检查检验类项目价格有所下降。从监测评估结果看，改革试点取得阶段性进展，符合预期目标。

国家医保局会同有关部门组织遴选深化医疗服务价格改革试点省份，

我国深化医疗服务价格改革试点将扩围

据国家医保局3月18日消息

在河北唐山、江苏苏州、福建厦门、江西赣州、四川乐山5个试点城市的基础上

内蒙古　浙江　四川

3个省份将作为深化医疗服务价格改革试点省份，开展全省试点

此前，国家医保局等部门联合印发《深化医疗服务价格改革试点方案》

明确通过3至5年的试点，探索形成可复制可推广的医疗服务价格改革经验

两年多来

首批5个试点城市重点围绕医疗服务价格总量调控、分类管理、动态调整、监测评估等重要机制进行改革试点

新华社发（程硕 制图）

在更大范围、更高层级、更深层面开展改革试点。经征集试点意向、实地调研考察，综合考虑不同地域、不同改革地区、社会经济发展水平、医保基金运行等多方面因素，决定在内蒙古、浙江、四川 3 个省份开展全省试点。

下一步，国家医保局将直接指导 3 个省份、继续指导 5 个试点城市，实践形成可在全国复制推广的改革经验。

161. 供销合作社系统开设"庄稼医院"做好为农服务

据新华社 4 月 6 日报道，为了适应春耕大忙时节农民的实际需求，供销合作社系统在原有农资保供网点的基础上，建设了新型"庄稼医院"。专业技术人员通过职业技能培训，成为专属庄稼医生，因地制宜为农户提供生产技术指导服务。

据中华全国供销合作总社相关负责人介绍，全国供销合作社系统已开设 6 万多家"庄稼医院"，派出 7 万多名"庄稼医生"蹲点一线。

在浙江省，"庄稼医院"通过深化"浙农服"三位一体为农数据平台，搭建起了省、市、县、镇、村的五级"庄稼医生"体系。当前，"庄稼医院"数字化采集和处理能力正不断更新。2024 年春耕期间，数据平台上线了农资记账本、农机商城、视频远程问诊等新功能，并且推出了种粮补贴、保险咨询、贴息贷款等小程序，让农民享受更多定制服务。

这位负责人说，当前，供销合作社系统 4500 多家农资经营企业、6 万多家"庄稼医院"、1.7 万多个为农服务中心的技术服务人员已下沉到一线。全国供销合作社系统正加快采购调运，创新服务方式，发挥供销合作社点多面广、贴近基层的优势，加快把农资商品调运到 20 多万个基层网点，方便农民随时购买。

162. 新指导意见出台　加强农村房屋建设管理

住房城乡建设部等五部门 4 月 22 日对外发布的指导意见明确，要加强农村房屋建设管理，强化既有农房安全管理，加快健全新建农房安全管理长效机制。

住房城乡建设部、应急管理部、自然资源部、农业农村部、市场监管总局近日联合印发《关于加强农村房屋建设管理的指导意见》。指导意见明确，到 2025 年，实现农房质量安全全过程闭环监管，农房安全风险得到有效管控，农房质量安全普遍提升；到 2035 年，全面建立农房建设管理制度体系和技术标准体系，农房建设品质大幅度提升。

住房城乡建设部村镇建设司相关负责人表示，我国农村房屋量大面广，长期以来，以农民自建、自用、自管为主。随着经济社会发展和农民生活水平不断提高，新建农房面积越来越大，层数越来越高，用作经营的也越来越多，大量既有农房随着房龄的增长，安全隐患逐渐凸显。

指导意见明确，强化既有农房安全管理，常态化开展农村房屋安全隐患排查整治，坚持"谁拥有谁负责，谁使用谁负责"的原则，明确产权人和使用人的房屋安全主体责任。建立农房安全常态化巡查机制，将农户自查、镇村排查、县级巡查、执法检查和群众监督相结合，及时发现并采取有效措施消除安全隐患。

指导意见明确，要严格用作经营的农房管理，农房用作经营活动应当符合相关安全要求，产权人和使用人要严格落实经营性自建房安全管理相关规定，在开展经营活动前确保房屋具备安全使用条件。对农房实施改扩建，依法办理用地、规划建设等有关审批手续，严格按照相关工程建设标准进行设计和施工。

指导意见提出，加快健全新建农房安全管理长效机制，将农房质量安全监管贯穿农房建设全过程。按照"谁审批、谁监管，谁主管、谁监管"的原则，将行政审批和安全监管有效衔接。合理安排农房建设用地，切实保障农房选址安全，严格规范设计施工，新建农房设计和施工应符合国家现行抗震设防等有关质量安全标准的要求。

163. 中办、国办印发《关于健全新时代志愿服务体系的意见》

据新华社 4 月 22 日报道，中共中央办公厅、国务院办公厅近日印发《关于健全新时代志愿服务体系的意见》（以下简称意见），这是系统部署健全新时代志愿服务体系的第一份中央文件，对完善志愿服务制度和工作体系、促进志愿服务事业长远发展具有重要意义。

意见主要包括健全全面参与的志愿服务动员体系、精准高效的志愿服务供给体系、充满活力的志愿服务队伍组织体系、覆盖广泛的志愿服务阵地体系、特色鲜明的志愿文化体系等9个部分。

目前我国注册志愿者达 2.36 亿人，下一步将坚持党建引领，充分发挥基层党组织引领和党员带头作用，探索"党建＋志愿"服务模式，健全党员志愿服务机制，把"居民所需"与"党员所长"紧密结合起来，让党旗高高飘扬在志愿服务第一线。

164. 覆盖 10.7 亿人！我国建成世界最大养老保险体系

据新华社 5 月 30 日报道，最新数据显示，截至 3 月末，我国基本养老保险参保人数为 10.7 亿人，同比增加 1434 万人。经过多年稳定发展，中国已建成世界规模最大的养老保险体系。

为保障人民群众"老有所养"，我国已建立职工养老保险和城乡居民养老保险两大制度平台，目前实现了对法定人群的制度全覆盖。截至 3 月末，全国社保卡持卡人数达 13.8 亿人，覆盖 98% 的人口。

人力资源和社会保障部有关负责人表示，近年来，我国统一城乡居民养老保险制度，推动机关事业单位和企业养老保险制度并轨，实现企业职工基本养老保险全国统筹，建立个人养老金制度。目前，多层次、多支柱养老保险体系基本形成。

根据国家统计局数据，2023 年末，我国 60 岁及以上人口超 2.96 亿，老年人口基数大，老龄化速度快，加快完善养老保险体系具有重要意义。

人社部表示，下一步将持续推进企业职工基本养老保险全国统筹，开展省级政府养老保险工作考核，积极发展第三支柱养老保险，全面推开个人养老金制度，提高覆盖率和缴费水平。健全城乡居民养老保险制度，稳步推动更多有条件的集体经济组织等对参保人缴费给予补助，鼓励多缴多得、长缴多得。

社保体系是人民生活的安全网和社会运行的稳定器。在增强社保可及性方面，人社部门计划将更多的人群纳入覆盖范围。将聚焦新业态就业人员、灵活就业人员、农民工等重点群体，完善参保政策措施，使参保人数增长、结构优化、费率与待遇水平相适应，推进解决"漏保""脱保""断保"问题。

165. 未成年人权益保护案事例库上线

6月1日，最高人民法院联合最高人民检察院、教育部、公安部、民政部、司法部、国务院妇女儿童工作委员会办公室、共青团中央、全国妇联等单位共同建设的未成年人权益保护案事例库正式上线。

未成年人权益保护案事例库依托现有人民法院案例库，专门收录以上9家单位保护未成年人权益的案事例。通过入库案事例，统一涉未成年人案件裁判规则和尺度，规范和推广维护未成年人权益保护的工作经验和做法，为未成年人健康成长、促进家庭和谐、社会稳定提供有力保障。

据最高法介绍，社会各界可以从入库案事例中了解人民法院以及相关部门在维护未成年人权益保护工作中的经验做法，各方共同推动完善相关制度和工作机制，为未成年人营造更加良好的法治和社会环境，共同守护未成年人健康成长。

公众可以通过互联网访问人民法院案例库首页，点击"未成年人权益保护案事例库"入口，即可进入页面。

166. 公安部推出 8 项公安交管便民利企改革新措施

6月13日，公安部举行新闻发布会通报，为更加便利群众办事出行，公安部制定出台8项公安交管便民利企改革新措施，2024年7月1日起实施。

试点机动车行驶证电子化。在全面实现机动车检验标志、驾驶证电子化基础上，在北京、天津等60个城市试点推行机动车行驶证电子化，为机动车所有人以及相关行业和管理部门提供行驶证在线"亮证""亮码"服务。

实行摩托车登记"一证通办"。在已推行摩托车登记省内"一证通办"基础上，对跨省异地办理摩托车注册登记、转让登记、住所迁入等业务的，申请人可以凭居民身份证"一证通办"，无需再提交暂住地居住证明。

便利群众网上办理汽车注销手续。机动车所有人向报废机动车回收企业交售旧车，申请注销登记后，可以通过"交管12123"APP下载机动车注销证明电子版，不需要再到车辆管理所窗口领取纸质注销证明。

公安部推出8项
公安交管便民利企改革新措施

新华社
XINHUA NEWS

公安部6月13日
举行新闻发布会通报
为更加便利群众办事出行
公安部制定出台8项
公安交管便民利企改革新措施
今年7月1日起实施

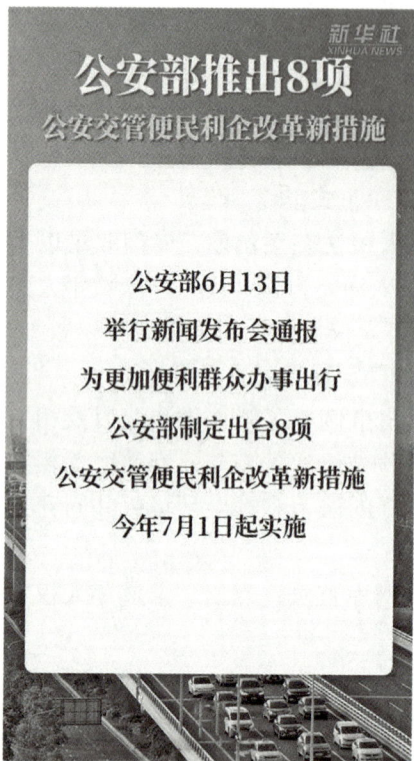

推行快递上门服务便利群众办事。深入推进警企协作，更好发挥快递企业上门服务优势，群众在办理补换领牌证等交管业务时可自主选择快递上门服务方式，由快递员上门收取申请材料，公安交管部门审核确认后将机动车牌证快递至申请人。

优化驾驶证重新申领考试科目。对小型汽车驾驶证因逾期三年未换证被注销，申请人重新申请原准驾车型驾驶证的，将原来需要参加全部科目考试调整为科目一和科目三道路驾驶技能考试，不需要再参加科目二和科目三安全文明常识考试。

优化城市路口非机动车交通组织。推广城市路口慢行一体化设计，拓展非机动车等候空间，科学设置机非隔离设施；具备条件的路口，推广非机动车左转一次过街措施。

推行交管业务网上精准导办服务。依托"交管12123"app提供业务告知导办服务，实现群众"一次登录、全项提示，一件待办、全程引导"。

推出"交管12123"app单位用户版。机关、企事业单位在属地公安交管部门开通账号后，可通过"交管12123"app实现掌上办牌办证、掌上亮证亮码，降低办事成本，助力优化营商环境。

8项新措施7月1日起实施，其中行驶证电子化、快递上门服务先行试点。新措施实施后，预计将惠及上亿群众，减少办事成本约30亿元。

167. 国家医保局统一规范产科类医疗服务价格项目

据新华社6月16日报道，国家医保局消息，日前印发的《产科类医疗服务价格项目立项指南（试行）》将各地原有产科类医疗服务价格项目整合为30项，促进生育服务提升优化。

医疗服务价格项目是医疗机构收取手术费、治疗费、诊疗费等医疗服务费用的计价单元。过去，医疗服务价格项目由各省份制定，在数量、名称、项目内涵、计价单位以及耗材收费等方面有较大差异。

国家医保局有关负责人介绍，此次产科类立项指南原则上按照孕产流程进行分段立项，即根据妊娠期、产前、生产、产后等各环节的具体检查治疗或操作分别设立项目，不再与具体技术细节挂钩。例如价格项目分为产前阶段的"产前常规检查""胎心监测"，临产阶段的"催引产""产程管理"，生产阶段的"阴道分娩（常规）""阴道分娩（复杂）""剖宫产（常规）""剖宫产（复杂）"等。

此次产科类立项指南单独设立"分娩镇痛""导乐分娩""亲情陪产"项目，支持医疗机构提供以产妇为中心的人性化分娩服务，鼓励积极开展镇痛分娩服务，支持有条件的医疗机构向孕产妇提供专业化的陪伴分娩和导乐分娩服务。同时，立项指南统一计价单位，将"胎心监测""阴道分娩""羊膜腔穿刺"等可能涉及多胎的项目，计价单位一律明确为"胎/次"。

近年来，国家医保局已全面建立医疗服务价格动态调整机制，有升有降开展调价，其中检查检验类项目价格水平持续下降。

该负责人表示，下一步，将加快推进医疗服务价格项目立项指南编制印发进度，陆续出台护理类等类别立项指南，尽快形成覆盖大部分学科的立项指南。

168. 利好 1.4 亿退休人员！2024 年基本养老金再涨 3%

养老金高低，关系亿万老年人生活质量。

6 月 17 日，为更好保障"老有所养"，人社部、财政部发布通知，明确

新华社权威快报

人社部、财政部6月17日发布

《关于2024年调整退休人员基本养老金的通知》

从2024年1月1日起
2023年底前已退休人员基本养老金

上调3%

新华社国内部出品

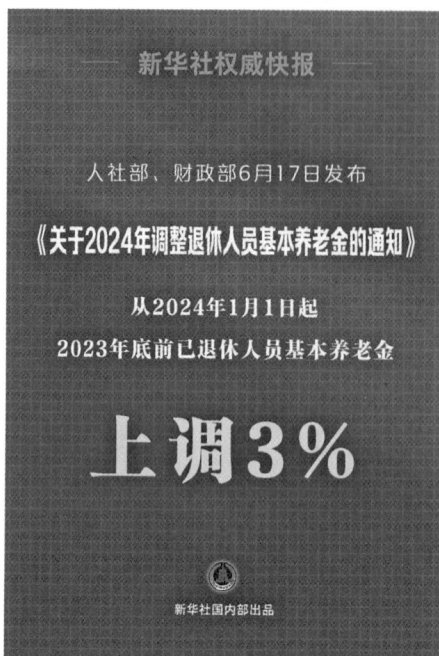

从 2024 年 1 月 1 日起，为 2023 年底前已退休人员按照人均 3% 的水平提高基本养老金。

值得注意的是，这个 3% 是全国总体调整水平，即计算"大账"为 2023 年全部退休人员平均每人每月基本养老金涨 3%。但算"小账"，并不是每个人都按 3% 的涨幅增加基本养老金。

据权威测算，这一举措预计将利好 1.4 亿左右企业和机关事业单位退休人员。

具体到个人，会涨多少，怎么计算？

人社部养老保险司相关负责人介绍，将采取定额调整、挂钩调整与适当倾斜相结合的办法进行调整。

定额调整体现社会公平，同一地区的各类退休人员都按相同金额上调。按照过去两年的情况，各省份定额上调金额基本在每月几十元的水平。

挂钩调整体现"多缴多得""长缴多得"，由退休人员本人缴费年限或工作年限、基本养老金水平决定。

适当倾斜体现重点关怀，主要是对高龄退休人员和艰苦边远地区退休人员等予以照顾。各地通常会对年满 70 岁及以上退休老人以及符合条件的企业退休军转干部实行倾斜调整，给他们再增发一笔基本养老金。

接下来，各省份将结合本地区实际，制定具体实施方案。各省份以全国调整比例为高限确定本地调整比例和水平。因此，退休人员基本养老金实际会上调多少，还需根据所在地区发布的 2024 年方案进行计算。

如何保障养老金按时足额发放？

调整退休人员基本养老金，是保障和改善民生水平的重要措施。通知要求各地高度重视，切实加强领导，精心组织实施，将调整增加额及时足额落实到位。

对中西部地区、老工业基地、新疆生产建设兵团、在京中央和国家机关及所属事业单位所需资金，中央财政予以适当补助。地方财政对本地调整企业退休人员基本养老金新增支出安排资金给予一定补助。

169. 两部门：推动降低群众电动自行车充电负担

6月20日，国家发展改革委办公厅、市场监管总局办公厅对外发布关于规范电动自行车充电收费行为的通知。通知提出，规范充电收费行为，引导充电服务收费标准合理形成，推动降低群众充电负担。

通知指出，电动自行车是群众日常出行重要交通工具。引导电动自行车户外充电，是消除安全隐患、保障用电安全的重要措施。但目前部分地区充电收费行为不规范、充电费用偏高，影响了群众户外充电积极性。

通知明确，电动自行车户外充电设施充电费用主要包括充电电费和服务费，充电电费和服务费应分别标示、分别计价。充电设施运营单位应按照明码标价有关规定，在充电场所、手机应用程序、微信公众号等醒目位置分别标示充电电价、服务费项目与收费标准，不得收取任何未予标明的费用。

电价政策方面，通知提出，居民住宅小区内的电动自行车充电设施用电，电网企业向充电设施运营单位、充电设施运营单位向用户，均应按居民合表用户电价计收充电电费。居民住宅小区以外的电动自行车充电设施用电，按其所在场所电价政策执行。

通知明确，充电服务费实行市场调节。充电设施运营单位应充分考虑户外充电设施的公共服务属性和民生属性，按照弥补成本、合理收益、诚实信用原则，结合市场供需状况，合理制定充电服务费标准。各地应鼓励市场竞争，不得以行政手段指定充电设施运营单位。同时，推动降低充电服务费。

此外，市场监管部门要结合相关投诉举报和人民群众反映，加大监督检查力度，依法查处不执行政府定价、不按规定明码标价等违法行为。

170. 居民电子健康档案首页标准来了

据新华社6月21日报道，个人健康标识、个人基本健康信息和卫生健康服务活动记录等情况，将规范地出现在居民电子健康档案首页上，为相关数据互通共享提供支撑。

国家卫生健康委 6 月 21 日公布《居民电子健康档案首页基本内容（试行）》。该文件按照"最小够用"原则，基于标准统一、分级管理、自动采集、跨域互联的技术要求，对居民电子健康档案首页的基本概念、基本内容和信息来源提出明确规定。

居民电子健康档案是关于居民个人健康状况的信息资源，由居民本人授权使用。居民电子健康档案首页，则是将重点信息依据统一标准、动态提取后形成的概要。

其中，个人健康标识包括妇幼人群、老年人群、慢病或重点疾病、法定传染病、体重状况及血型等标识类型，具有动态更新、不可随意更改及可追溯等特点；个人基本健康信息主要包括人口学和社会经济学信息以及医疗保障信息、基础健康信息等；卫生健康服务活动记录是居民既往医疗健康服务活动轨迹和基本情况的简要记录。

根据文件要求，居民电子健康档案的信息内容主要来源于各类卫生健康服务记录，可在医疗卫生机构的日常服务过程中实时产生、主动抓取，减轻基层医疗卫生机构工作负担。同时，文件要求强化信息安全管理，依法保障居民个人信息安全。

加强居民电子健康档案规范化建设，有望进一步推动各地医疗卫生机构信息互通共享。国家卫生健康委、国家中医药局、国家疾控局此前曾联合印发《"十四五"全民健康信息化规划》，要求强化基层信息化便民服务，规范居民电子健康档案首页，推进居民电子健康档案信息安全有序向个人开放。

171. 全国首批城市一刻钟便民生活圈试点经验发布推广

7 月 22 日，商务部等 12 部门办公厅（室）日前印发通知，推广全国首批城市一刻钟便民生活圈试点经验。通知及试点地区典型经验做法在商务部官网发布。

唐山、沈阳、大连等地实行书记或市长负责制，将便民生活圈纳入重要民生项目；济南、福州、南昌、贵阳等地通过"居民议事厅""幸福圆桌会""邻里茶叙室"等载体，广泛听取居民的"金点子""土办法"；苏州、南京等地针对社区商业发展不同形态，分类推进便民生活圈建设……

2021年10月，商务部等部门联合确定了30个全国首批城市一刻钟便民生活圈试点，目前取得阶段性成效，形成了5方面、22项可复制推广的典型经验做法。首批试点地区要按照"两年试点、三年推广"的部署要求，做好三年推广期工作，确保完成2024年"70%以上的地级市行动起来"的目标。

通知还要求开展第四批全国试点、首批全域推进先行区试点申报工作。截至2024年6月底，三批150个全国试点地区已建设3946个便民生活圈，涉及商业网点88.82万个，服务社区居民7676万人。

172. 19个新职业"入编"！ "数""智"成新标签

7月31日，人力资源社会保障部向社会发布：云网智能运维员、生成式人工智能系统应用员、用户增长运营师等19个新职业，以及直播招聘师等28个新工种纳入国家职业分类大典。

新职业不断涌现，折射了经济社会发展的新变化、新趋势，满足着生产和生活的新需要，也给劳动者带来更多就业选择。

这次发布的19个新职业，半数以上与新质生产力密切相关。如紧跟前沿技术的"数""智"职业：生成式人工智能系统应用员、智能网联汽车测试员、智能制造系统运维员、工业互联网运维员等；数字

半数以上新职业与新质生产力密切相关 "数""智"成新标签

经济孕育的全新岗位：网络主播、用户增长运营师等。

绿色，是新职业的一大"标签"。国家职业分类大典中标注的绿色职业已有 134 个，占职业总数的 8%。这一批"入编"的新职业，不少源于经济转型和绿色低碳发展的新需要，如脱胎于传统产业的氢基直接还原炼铁工、满足新兴产业发展的储能电站运维管理员、电能质量管理员等。

职业"上新"，见证着社会发展的新活力。文创产品策划运营师、口腔卫生技师、滑雪巡救员等新职业，生活服务体验员、老年助浴员、休闲露营地管家等新工种，都反映了人们生活需求的多元化和新变化。

什么样的职业能"入编"新职业？

人力资源社会保障部职业能力建设司副司长王晓君介绍："我们认定的新职业，不是新出现也不是新创设的，是指国家职业分类大典中未收录，但已有一定规模从业人员且具有相对独立成熟的专业和技能要求的职业。"

一个新的职业能否入选大典，需有关机构和单位申报建议，再进行层层筛选，经过专家评审论证、书面征求中央和国家机关有关部门意见、面向社会公开征求意见等环节，对这个职业的社会性、技术性、稳定性等方面进行评价。

自 2018 年启动新职业征集工作以来，各方面申报的新职业数量逐年增多。2022 年版国家职业分类大典已收录 168 个新职业。2023 年 10 月，人力资源社会保障部面向社会公开征集新一批新职业，共收到建议书 430 余份。

新职业的发布只是职业建设的开始。及时对新职业进行规范认证，有利于培育新的就业增长点，扩大求职者的职业发展路径。

173. 事关每一名参保人！我国首个基本医保参保长效机制正式公布

病有所医、医有所保，我国首个基本医保参保长效机制来了。

首次对连续参保给出激励政策、放开放宽参保户籍限制、进一步扩展职工医保个人账户共济范围……国务院办公厅印发的《关于健全基本医疗保险参保长效机制的指导意见》（以下简称意见）8 月 1 日公布。

参保长效机制有哪些"硬举措"？将给参保人带来哪些"医保红利"？国家医保局有关负责人介绍，此次新政可以概括为 3 项"两个"。

——"两个激励机制"

"连续参保有激励"，对连续参加居民医保满 4 年的群众，从第 5 年起每连续参保 1 年，提高大病保险最高支付限额至少 1000 元。

"医保基金零报销有激励"，对于当年没有使用医保基金的参保群众，第二年提高大病保险最高支付限额至少 1000 元。

各地可根据当地情况适当提高奖励额度，两项激励机制累计提高总额不超过所在统筹地区大病保险原封顶线的 20%。

"激励机制聚焦大病保险，兼顾了基本医保的公平和效率。"中国医学科学院医学信息研究所有关负责人认为，通过设立激励机制对大病等高费用负担进行补偿，促进公众连续参保。

——"两个放开放宽"

意见明确放开放宽参保户籍限制，提出推动外地户籍中小学生、学龄前儿童在常住地参加居民医保，确保儿童及时便捷参保。

此外，职工医保个人账户共济范围进一步扩展。根据意见，职工医保个账共济范围扩展到近亲属，即从此前的配偶、父母、子女拓展到兄弟姐妹、祖父母、外祖父母、孙子女、外孙子女；同时推动共济地域逐步扩大，探索跨省个账家庭共济。

——"两个等待期"

根据意见，除新生儿等特殊群体外，对非集中征缴期缴费参保人员、断缴人员再参保明确固定和变动待遇等待期规则，其中固定待遇等待期为 3 个月，变动待遇等待期则是每多断缴 1 年增加 1 个月。等待期里发生的医疗费用医保将不予报销。

国家医保局有关负责人表示，如果不采取必要的约束措施，在生病时才参保缴费并且马上享受待遇，这对其他参保群众来说是不公平的。

为了维护参保人利益，参保人员可以通过缴费方式修复变动待遇等待期，但不能修复固定待遇等待期。

值得注意的是，此次医保参保长效机制中的政策均是从 2024 年缴费参加 2025 年基本医保算起，不受此前参保缴费情况的影响。

让医保基金真正用于群众看病买药、减轻就医负担是医保政策的"最终靶点"，世界最大的基本医疗保障网正不断织牢织密。

174. 国新办发布会聚焦促进服务消费高质量发展

据新华社 8 月 9 日报道，国务院近日印发《国务院关于促进服务消费高质量发展的意见》（以下简称意见），这是我国首次专门就服务消费发展作出系统全面部署的政策文件。意见将对老百姓生活产生哪些影响？如何落实？国务院新闻办公室举行新闻发布会介绍有关情况。

意见围绕挖掘基础型消费潜力、激发改善型消费活力、培育壮大新型消费、增强服务消费动能、优化服务消费环境、强化政策保障等 6 个方面，提出了 20 项重点任务，支持餐饮住宿、家政服务、养老托育等服务消费重点领域高质量发展。

商务部表示，出台意见主要目的是通过优化和扩大服务供给，释放服务消费潜力，更好满足人民群众个性化、多样化、品质化服务消费需求。

着力培育餐饮消费热点

餐饮业与广大人民群众的日常生活紧密关联，同时也是社会消费品零售总额中占比最大的品类。国家统计局数据显示，2023 年全国餐饮收入 5.29 万亿元，规模创历史新高，同比增长 20.4%，对社会消费品零售总额增长的贡献率达 28.2%。2024 年上半年，我国餐饮业继续保持较快增长态势。

商务部服务贸易和商贸服务业司表示，接下来将从加快政策落实落地、着力激发消费活力和积极营造良好发展氛围三个方面促进餐饮消费高质量发展。

"提升餐饮服务品质，培育名菜、名小吃、名厨、名店""培育特色小吃产业集群""支持地方开展特色餐饮促消费活动"……意见对促进餐饮消费作出明确部署。王东堂说，商务部将会同有关部门着力培育餐饮消费热点，还将培育、认定一批中华美食街区，推动提升餐饮业数字化水平，积极优化餐饮业营商环境，规范行业经营秩序。

扩大养老托育、家政服务消费

2023 年年底，我国 60 周岁及以上老年人口达到 2.97 亿，占总人口比重达到 21.1%。大力发展银发经济，促进智慧健康养老产业发展，推进公共空间、消费场所等无障碍建设，提高家居适老化水平……意见对促进养老服务消费提出一系列要求。

民政部养老服务司负责人表示，下一步，民政部将重点围绕促进养老服务供需适配、培育养老服务消费新场景新业态、加强养老服务消费保障、优化养老服务营商和消费环境四方面抓好工作落实。

负责人说，将创新"智慧＋"养老新场景，运用智能技术为老年人提供更加精准的服务；发展"行业＋"养老新业态，推动养老服务与物业、家政、医疗、文化、旅游、体育、教育等行业融合发展；拓宽"平台＋"养老新渠道，借力平台经济优势，更好为老年群体提供便捷化、个性化养老服务。

意见提出支持家政服务消费。商务部表示将会同相关部门，深入推进家政兴农行动，鼓励更多农村转移就业人口从事家政服务。为家政服务员提供免费的线上培训。

此外，还将推动制定若干关于家政服务领域高质量发展的国家标准，例如正在制定《0—3岁婴幼儿居家照护服务规范》和《母婴护理服务质量规范》两项国家标准；加快推进家政服务信用体系建设，依托"家政信用查"平台，推进电子版居家上门服务证，方便消费者直观查验，更加放心地消费。

三方面举措促进文化和旅游消费

2024年以来，文旅消费领域精彩纷呈。意见还涉及文化和旅游多项重点任务。文化和旅游部产业发展司负责人马力说，文化和旅游部将从三个方面重点发力。

丰富消费惠民活动举措——持续开展全国文化和旅游消费促进活动，鼓励各地制定实施景区门票优惠、文旅消费券、满减优惠等多样化惠民举措。推进文旅融合及与促进餐饮、住宿、体育、数字、绿色、健康消费等产业一体推进。

提升文旅产品供给质量——扩大文化演出市场供给，推出更多精品演艺项目。加强非物质文化遗产保护传承，开发具有地域和民族特色的文化创意项目。实施美好生活度假休闲工程和乡村旅游提质增效行动。丰富数字文化产品供给，加快发展沉浸体验、剧本娱乐、数字艺术、线上演播、邮轮游艇、房车露营、低空飞行等新业态。推动文化产业赋能乡村振兴和城市发展。

优化文化和旅游消费环境——开展文化和旅游领域大规模设备更新工作，提升文化和旅游项目建设运营水平和消费体验。宣传用好免签政策，提升支付便利化水平，增加多层次、高品质的入境旅游产品和服务供给。

175. 民政部、财政部部署开展全国服务类社会救助试点

据新华社 8 月 14 日报道，民政部、财政部联合印发《全国服务类社会救助试点工作方案》（以下简称《方案》），部署在全国开展服务类社会救助试点，推动各地积极发展服务类社会救助，实现社会救助由单一物质救助向"物质＋服务"综合救助模式转变。

《方案》要求，试点工作要坚持以人为本、兜牢底线，聚焦困难群众急难愁盼问题，为有需要的低收入人口提供有针对性的照护服务、生活服务、关爱服务；坚持政府主导、社会参与，强化政府主体责任，引导社会力量积极参与；坚持需求导向、精准施策，准确评估低收入人口救助服务需求，精准对接各类政策和资源；坚持尽力而为、量力而行，立足各地实际，聚焦基本服务需求，合理确定服务类社会救助项目。

《方案》明确，试点任务包括建立服务类社会救助需求评估体系，常态化开展需求摸底排查；编制服务类社会救助清单，统筹兼顾已有基本公共服务政策和制度，合理确定服务项目和基本内容；构建救助服务网络，协同各方资源，丰富服务类社会救助供给；建设服务类社会救助工作阵地，为组织实施救助服务提供平台支撑；建立资金多渠道保障机制，推动服务类救助工作持续有序开展；健全监管机制，加强项目前期立项、中期实施、后期验收评估等全过程监管。

《方案》提出，试点地区要用一年左右时间建立"动态监测、需求评估、资源匹配、精准服务、监管有力"的服务类社会救助运行机制，健全覆盖城乡、多元供给、平台支撑、运行高效的救助服务网络，形成资源有效整合、供需精准匹配、流程标准规范、成效可感可及的服务类社会救助格局。

176. 我国开展失能老年人健康服务行动

据新华社 8 月 17 日报道，国家卫生健康委、国家中医药局近日印发通知，决定组织开展失能老年人健康服务行动（2024—2027 年），聚焦老年人在卫生健康领域"急难愁盼"问题，精准对接失能老年人健康服务需求。

通知明确，失能老年人健康服务行动的服务对象为辖区内提出申请的65 岁及以上居家失能老年人。服务主体为具备服务能力的医疗卫生机构，包括社区卫生服务中心、乡镇卫生院、二级及以下医院、护理院（中心、

站）、康复医疗机构、医养结合机构中的医疗机构等。

通知提出，失能老年人健康服务行动的服务内容包括开展健康服务、提供健康咨询、指导转诊转介等。其中明确，医疗卫生机构每年为失能老年人提供1次生活方式和健康状况评估、体格检查、中医体质辨识及保健指导等服务。各省份结合本地实际，为提出申请的老年人进行失能状况评估，上门为失能老年人提供血压测量、末梢血血糖检测、康复指导、护理技能指导、营养改善指导、心理支持等服务。

通知要求，医疗卫生机构应至少安排2名工作人员一同上门服务，并为工作人员提供必要的安全保障，根据需要购买人身意外伤害保险等。提供上门服务时，应有具备完全民事行为能力的失能老年人监护人、照护者或亲属等在场，依法保障失能老年人合法权益。

177. 人力资源市场管理新规出台，利好求职者

为切实保障劳动者和用人单位合法权益，人力资源社会保障部、中央网信办8月29日联合发布《关于进一步加强人力资源市场规范管理的通知》（以下简称《通知》），聚焦当前存在的虚假招聘、泄露求职者个人信息、就业歧视、违规收费等突出问题，针对性提出一系列新举措。

新规出台对求职者有何影响？未来通过网络招聘机构找工作将有哪些新变化？

变化一：切实保障招聘信息真实、合法

线上投简历、线下跑招聘，不时还看看直播带岗……面对各类岗位信息，求职者最担心碰上"李鬼"公司、皮包公司、虚假招聘。

"加强人力资源市场管理，维护劳动者合法权益，是促进高质量充分就业的重要举措。"人力资源社会保障部人力资源流动管理司负责人介绍，"针对求职者反映的难点问题，通知要求严格网络招聘服务监管。"

各地人社部门将严格招聘信息管理，督导网络招聘服务机构落实招聘信息审核责任，规范审核流程，加强审核人员管理，切实保障招聘信息真实、合法。

对近年来兴起的直播带岗、零工平台线上招聘等，通知强调规范管理，依法打击服务过程中虚假招聘等违法违规行为；对发布虚假招聘信息、泄露求职者个人信息等违规行为，人社部门会同网信等部门进行依法处置。

变化二：强化求职者个人信息保护

求职简历被倒卖、投简历后屡遭陌生来电骚扰，也是求职者面临的一

大痛点。为此，通知要求强化个人信息保护，有效防范泄密、泄露求职者个人信息等事件发生。

"各地人社部门将督导大型网络招聘服务机构完善技防、人防、制防一体化信息保护措施，引导接入国家网络身份认证公共服务平台，为用户提供安全、便捷的非明文身份登记和核验服务。"上述负责人表示。

"我们已于 7 月完成接入国家网络身份认证公共服务。用户通过认证后登录智联招聘 app，可选择匿名网络身份进行使用，无需再提交个人身份信息。这将大大降低用户账号被盗用、个人信息被泄露的风险。"智联招聘董事长、CEO 郭盛告诉记者，"公司也将严格规范业务流程以及产品，全力保障用户信息安全。"

变化三：加大就业歧视监管和惩处力度

就业歧视问题，困扰了不少求职者。对这一既伤害求职者信心、又有损就业公平的行为，通知明确要求加强监管。

按照通知，各地人社部门一方面将完善招聘信息管理制度，防止用人单位和人力资源服务机构发布含有性别、年龄、学历等方面歧视性内容的招聘信息；另一方面将加强监督检查和动态监测，对就业歧视有关关键词开展线上监测。

对发布含有歧视性内容招聘信息的人力资源服务机构，通知强调加大惩处力度，情节严重的依法吊销其人力资源服务许可证。

"我们将严格落实相关要求，并持续通过多种方式审查企业及发布职位是否含有歧视性内容。求职者如遇到招聘方的歧视行为，可通过企业职位信息、聊天沟通界面、企业点评等渠道进行举报，平台将第一时间跟进处理。"郭盛说。

变化四：进一步规范招聘市场服务收费

近两年，一些收费几千、上万元甚至几十万元的"内推"求职服务暗藏陷阱，"坑"了求职者。业内普遍认为，通知提出规范市场服务收费行为，健全人力资源服务收费监测机制，十分及时和必要。

通知要求，对经营性人力资源服务机构以"内部推荐"等为名收取高额费用、介绍挂靠"残疾人证"牟取不正当利益、诱导个人参与贷款、以培训等名目设置求职招聘陷阱骗取财物等违规行为，人社部门会同相关部门依法查处，探索实施"一线多查""一案多查"，健全案件移送、行刑衔接等机制，形成有力震慑。

截至 2023 年年末，我国已有人力资源服务机构近 7 万家，2023 年全年为 3.31 亿人次劳动者提供了就业、择业和流动服务。

"我们将坚持促进行业发展和实施有效监管并重，在对有关公众号、app、短视频、互联网群组等平台开展职业中介活动进行筛查、甄别的同时，还将探索加强求职者职业信用管理，对其身份、学历、经历等造假以及考试作弊、职业骗薪等行为实施信用约束。"上述负责人说。

178.《关于建立健全智慧化多点触发传染病监测预警体系的指导意见》发布

到 2030 年，建成多点触发、反应快速、科学高效的传染病监测预警体系，新发突发传染病、群体性不明原因疾病、重点传染病监测预警的灵敏性、准确性明显提升，疫情早期发现、科学研判和及时预警能力达到国际先进水平……8 月 30 日，国家疾控局等 9 部门联合发布《关于建立健全智慧化多点触发传染病监测预警体系的指导意见》（以下简称指导意见），明确了我国传染病监测预警体系建设的总体要求和目标。

传染病监测预警是防范和化解传染病疫情风险，保护人民健康、保障公共卫生安全、维护经济社会稳定的重要保障。

在健全监测预警体制机制方面，指导意见提出完善传染病监测、疫情风险评估、预警、疫情报告和信息公布制度；明确疾控部门、其他部门、疾控机构、医疗卫生机构的传染病监测预警职责；健全多部门、医防协同、平急转换等工作机制。

在开展多渠道传染病监测方面，指导意见提出巩固优化疫情报告管理系统，拓展临床症候群监测网络、病原微生物实验室监测网络、宿主动物和环境相关风险因素监测网络、全球传染病疫情信息监测等 8 类传染病监测渠道。

根据国家疾控局发布的政策解读，下一步，国家疾控局将会同有关部门强化协同配合，加强宣传解读、人员培训、组织实施，督促各地认真推动指导意见各项措施逐步贯彻落实。

179. 国家层面首个面向流动儿童群体的专门性关爱保护政策文件出台

据新华社 9 月 3 日报道，民政部等 21 个部门近日联合印发《加强流动儿童关爱保护行动方案》（以下简称方案）。方案是国家层面首个面向流动儿童群体专门制定的关爱保护政策文件。

国家层面首个面向流动儿童群体的专门性关爱保护政策文件出台

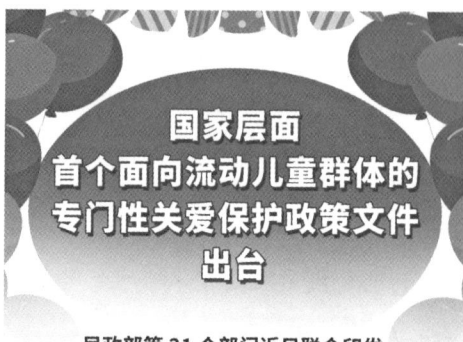

民政部等 21 个部门近日联合印发
《加强流动儿童关爱保护行动方案》

方案是国家层面首个面向流动儿童群体专门制定的关爱保护政策文件

流动儿童是伴随经济社会快速发展和人口流动性增大出现的一类儿童群体

流动儿童长期随同外出务工父母异地生活学习

与居住地儿童相比

在教育、医疗、生活保障等基本公共服务均等化方面容易遇到障碍

部分儿童面临监护能力不足、心理健康关爱不足、精神文化产品供给不足、城市和社区融入困难等问题

方案首次建立了《流动儿童在居住地享有关爱服务基础清单》

清单从
幼有所育 学有所教 病有所医 住有所居 弱有所扶
发展保障 等 6 个方面梳理了 19 项流动儿童关爱服务具体内容

并要求各地 对照基础清单制定并发布本地区流动儿童享有关爱服务清单,明确具体服务对象、项目、内容等

覆盖范围和实现程度不得低于基础清单要求

并根据当地经济社会发展水平、财政状况等因素进行动态调整,及时修订发布

此外,方案还首次部署开展流动儿童精准监测摸排工作

● 新华社发（梁晨 制图）

流动儿童是伴随经济社会快速发展和人口流动性增大出现的一类儿童群体。流动儿童长期随同外出务工父母异地生活学习,与居住地儿童相比,在教育、医疗、生活保障等基本公共服务均等化方面容易遇到障碍,部分儿童面临监护能力不足、心理健康关爱不足、精神文化产品供给不足、城市和社区融入困难等问题。

方案首次建立了《流动儿童在居住地享有关爱服务基础清单》(以下简称清单)。清单从幼有所育、学有所教、病有所医、住有所居、弱有所扶、发展保障等 6 个方面梳理了 19 项流动儿童关爱服务具体内容,并要求各地对照基础清单制定并发布本地区流动儿童享有关爱服务清单,明确具体服务对象、项目、内容等,覆盖范围和实现程度不得低于基础清单要求,并根据当地经济社会发展水平、财政状况等因素进行动态调整,及时修订发布。

此外,方案还首次部署开展流动儿童精准监测摸排工作。方案明确,将随父母或其他监护人双方或一方离开户籍地,跨县域异地居住或生活 6 个月以上、不满 16 周岁的未成年人纳入流动儿童监测摸排范围。对监测摸排发现存在家庭生活困难、自身残疾、监护缺失、流浪、心理和行为异常的流动儿童,以及主动提出救助帮扶需求的跨乡镇(街道)的流动儿童,建立重点关爱服务对象信息台账，定期走访探视，加强关爱保护，保障其合法权益。

民政部儿童福利司司长郭玉强介绍，下一步，各地民政部门要建立以市县级未成年人救助保护机构、乡镇（街道）未成年人保护工作站为主阵地的流动儿童关爱保护基层工作网络，着力推进未成年人救助保护机构实体化运行，选优配强儿童督导员和儿童主任，各地还将加强儿童公共服务设施建设谋划布局，在社区增加儿童服务场所和空间，夯实基层基础，推动方案落实见效。

180. 国家医保局加强医保基金社会监督员管理工作

据新华社 10 月 10 日报道，为强化社会监督作用，更好动员社会各界参与医疗保障基金监督，切实维护基金安全，国家医保局近日印发《国家医疗保障局关于加强医疗保障基金社会监督员管理工作的指导意见》（以下简称指导意见），进一步规范社会监督员管理，促进社会监督员履职，推动医保基金社会监督作用更好发挥。

指导意见明确，社会监督员主要从人大代表、政协委员、媒体代表、定点医药机构代表、有关领域专家学者、参保群众及其他热心医疗保障事业相关人士中选任。社会监督员应当学习了解医保基金监管相关法律法规、政策文件和医疗保障知识。对定点医药机构及参保人员使用医保基金情况进行监督，发现并及时反馈医保基金使用违法违规行为线索。对医疗保障部门及其工作人员依法依规履职等情况进行监督，提出完善医保政策、优化医保管理、强化基金监管等建议。

指导意见要求，健全社会监督员管理机制、加强社会监督员工作保障。社会监督员由选任单位进行组织管理，指定专门人员负责日常沟通和信息反馈工作。社会监督员提供欺诈骗保违法违规线索，经查证属实的，按照医疗保障部门举报奖励办法有关规定执行。探索健全社会监督激励机制，有显著成绩的，由医疗保障部门予以表扬。有条件的地方，可对社会监督员参与监督检查等工作予以经费保障。

根据指导意见，国家医保局负责统筹全国医疗保障基金社会监督员管理工作，各省级医疗保障部门负责统筹本地区医疗保障基金社会监督员管理工作。各级医疗保障部门要充分认识医疗保障基金社会监督工作的重要意义，加强组织领导，强化责任落实，推进社会监督常态化。

181. 我国新增"免陪照护服务"项目 收费有据可依

据新华社 10 月 26 日报道，国家医保局近日出台护理类立项指南（试行）和优化调整护理价格政策通知，新设"免陪照护服务"价格项目，实行政府指导价管理，2024 年底前各省份对接落实立项指南后，试点地区免陪照护服务收费将有据可依。

近年来，天津、浙江、福建等地陆续开展免陪护理或无陪护病房试点，即由医疗机构的专业医疗护理员，为住院患者提供 24 小时不间断的生活照护服务，不依赖患者家属亲自陪护，也不需要家属自聘护工。国家医保局吸收地方探索经验，在立项指南中单独设立"免陪照护服务"价格项目，实行政府指导价管理。

国家医保局有关负责人介绍，现阶段"免陪照护服务"仅适用于特级、Ⅰ级护理患者，且暂不纳入医保，患者或患者家属可自主选择由医疗机构提供的"免陪照护服务"，也可选择社会化、市场定价的护工服务。

此外，通过组织专家研究论证，系统梳理原有护理价格项目，国家医保局以临床需要为导向，在广泛听取医疗机构和医护人员意见建议基础上，将各省份目前名称和内涵不一致的护理价格项目统一分类，包括分级护理、专科护理、专项护理三大类，整合为 22 项价格项目，要求全国护理价格项目年内规范统一。

国家医保局还明确，统一指导各省份规范护理价格项目，逐步优化价格水平。同时，支持符合调价启动条件、医保基金运行平衡的统筹地区逐步调整优化护理服务价格，更好体现护理技术劳务价值，推动调价结果向护士薪酬水平传导。

"此举有助于吸引并稳定更多人才从事护理工作，引导医疗机构持续提高护理服务能力和水平，增进人民群众健康福祉。"国家医保局有关负责人说。

182.《家校社协同育人"教联体"工作方案》印发

据新华社 11 月 1 日报道，记者从教育部获悉，教育部等十七部门近日联合印发《家校社协同育人"教联体"工作方案》（以下简称方案），提出力争到 2025 年，50% 的县建立"教联体"，到 2027 年所有县全面建立"教联体"。

"教联体"是以中小学生健康快乐成长为目标、以学校为圆心、以区域为主体、以资源为纽带，促进家校社有效协同的一种工作方式。

方案明确了"教联体"各主体的职责任务。政府层面，加强对家校社协同育人工作统筹领导，建立家庭教育指导机构，调动各类社会育人资源。教育部门引导学校发挥主导作用和专业指导优势，强化与家庭、社会沟通协作。学校要做好家庭教育指导服务，听取家长、社会对学校的意见建议，丰富学校课堂和课后服务内容。各相关部门、街道社区、社会资源单位要利用社区家长学校开展家庭教育指导，创造条件为学生提供校外活动与锻炼空间、假期管护场所，结合自身资源特点，为开展教育实践活动创造有利条件。

183. 人力资源社会保障部等部门印发意见 进一步加强农民工服务保障

据新华社 11 月 22 日报道，人力资源社会保障部、国家发展改革委、教育部、公安部、民政部、司法部、住房城乡建设部、农业农村部、人民银行、全国总工会联合印发《关于进一步加强农民工服务保障工作的意见》（以下简称《意见》），进一步促进农民工高质量充分就业，推动农民工市民化高质量发展。

《意见》明确稳定和扩大农民工就业，坚持外出就业与就地就近就业并重，多措并举拓宽农民工就业渠道。优化场地、金融、税收等政策，支持农民工返乡创业。聚焦农民工求职意愿和技能培训需求，发挥行业企业、院校、公共实训基地等作用，加强农民工技能提升。健全就业帮扶长效机制，稳定脱贫人口就业。

《意见》强调维护农民工劳动保障权益，督促企业遵守劳动合同、劳务派遣、新就业形态劳动者权益保护等有关制度，规范企业用工管理。完善根治欠薪长效机制，加强农民工工资争议速裁庭、农民工法律援助"绿色通道"等建设，依法保障农民工劳动报酬等权益。推动农民工参加养老、医疗、失业、工伤等社会保险，维护其社保权益。

《意见》提出促进进城农民工均等享有城镇基本公共服务，进一步放开放宽城镇落户限制，推动有意愿的进城农民工在城镇落户，并保障进城落户农民工合法土地权益。开展新市民培训，加强随迁子女教育保障、住房保障，促进农民工就地就近享有基本公共服务，将符合条件的农业转移人口纳入社会救助范围，加强农民工关心关爱等，促进农民工融入城市，提升农民工市民化质量。

《意见》要求统筹多部门力量强化农民工服务保障，推行为农民工办实事清单制度，加强农民工党建引领，按规定对优秀农民工和在农民工工作中做出突出贡献的组织和个人给予表彰奖励。

加强农民工服务保障　　　　　　　　　　新华社发 徐骏 作

184. 我国进一步巩固分级诊疗格局　提升医疗服务连续性

据新华社 11 月 27 日报道，国家卫生健康委办公厅、国家中医药局综合司和国家疾控局综合司近日联合印发《关于加强首诊和转诊服务 提升医疗服务连续性的通知》（以下简称意见），旨在进一步巩固基层首诊、双向转诊、急慢分治、上下联动的分级诊疗格局，提高群众看病就医获得感。

加强首诊和转诊服务，提升医疗服务连续性，是促进分级诊疗体系建设的重要举措。通知从完善首诊负责制、明确转诊服务规则、加强医疗机构转诊服务和管理、落实双向转诊机制、依托信息平台提供转诊服务、促进医疗服务体系协同等 6 方面明确主要任务。

通知要求，接诊医师要按照临床诊疗指南、规范，为患者提供疾病诊疗服务。对于需要在机构内诊间转诊或病情超出本机构医疗服务能力或可在下级医疗机构接续治疗的患者，经患者知情同意后，接诊医师应将患者转诊需求上传至本机构负责患者转诊服务的职能部门，提供转诊服务。

通知还要求，推进医联体内住院服务一体化管理，上级医院主动为急性病恢复期、术后恢复期、急危重症稳定期、疾病康复期等患者提供下转服务，经患者知情同意后，转诊至有条件的成员单位接续治疗和康复，并通过定期联合查房、远程会诊等方式指导后续治疗。

根据通知，到2025年底，紧密型医联体（包括城市医疗集团和县域医共体）内建立顺畅的双向转诊制度；以地级市为单位，建立医疗机构间转诊制度，方便患者在市域内转诊。到2027年，在省域内建立医疗机构间顺畅的转诊制度，畅通患者省域内转诊。到2030年，分级诊疗体系发挥有效作用，为患者提供系统连续、公平可及的医疗服务，形成规范有序的就医格局。

185. 医药集采新规来了！优化考核方式不搞"一刀切"

12月10日，两部门发布《国家医保局 国家卫生健康委员会关于完善医药集中带量采购和执行工作机制的通知》（以下简称通知），在原有政策基础上进一步完善医药集中带量采购和执行工作机制，确保中选药品和耗材进院，同时明确优化考核方式，不搞"一刀切"。

通知明确，医疗机构完成约定采购量后，仍应按要求优先采购使用中选药品和耗材。未完成约定采购量或非中选药品和耗材采购比例超过规定要求的，相关品种视为考核不合格；同时，针对临床需求发生重大变化的药品、短缺药、急抢救药和季节性用药等特殊品种优化考核，不搞"一刀切"。

比如，因纳入国家和本省份重点监控合理用药药品目录、发生公共卫生事件、临床指南药物推荐级别变化等，导致临床需求发生重大变化、医疗机构未完成中选药品约定采购量的，可不考核相关中选药品约定采购量完成情况。

对于短缺药、急抢救药和季节性用药等特殊品种，在考核合理优先使用中选药品的同时，要把保障供应作为重要考量因素。

医疗机构采购备供企业的药品，以及价格低于中选药品且达到同等质量疗效的非中选药品或可替代药品，不纳入执行情况考核范围。

医疗机构反映中选药品出现供应问题的，经地方医保部门核实后，该医疗机构采购备供企业药品可直接视作采购中选药品，并享受医保资金结余留用政策；采购非中选药品的，相应的用量不计入集采执行情况考核范围。

让老百姓能买得到、用得上集采药品和耗材，是集采工作的"最后一公里"。通知要求，地方在各批次集采执行第3个月起开展排查梳理，督促医疗机构尽快完成进院工作。鼓励村卫生室、民营医疗机构、零售药店参加集采，方便群众就近购买中选药品。

186. 个人养老金制度2024年12月15日起全国施行

养老金，关乎老有所养，牵动每个人的切身利益。

12月12日，人力资源社会保障部等五部门发布《关于全面实施个人养老金制度的通知》（以下简称通知），自12月15日起，将个人养老金制度从36个先行城市（地区）推开至全国。通知进一步明确了相关支持政策，并就公众最为关注的投资产品、提前支取、风险管理等问题，作出了一系列调整。

产品货架"上新"，增加更多稳定收益品种

所谓个人养老金，就是个人自愿参加、市场化运营、国家政策支持的补充养老保险制度。个人自愿在特定账户存一笔钱，每年不超过12000元，在享受税收优惠的同时，还可通过购买相关金融产品获取收益。

那么，个人养老金货架上的品类是否丰富、能否有较多收益稳健的产品，直接关系到制度的吸引力。

通知要求优化产品供给，在现有理财产品、储蓄存款、商业养老保险、公募基金等金融产品基础上，将国债纳入个人养老金产品范围，将特定养老储蓄、指数基金纳入个人养老金产品目录。

"新增的3类均为低风险、收益稳的产品，也比较简单透明，将有利于个人养老金保值增值，为广大参加人特别是风险偏好较弱群体提供了更多选择。"中国社科院世界社保研究中心有关负责人说。

通知还提出，鼓励金融机构研究开发符合长期养老需求的个人养老储

蓄、中低波动型或绝对收益策略基金等产品。有关专家认为，这将为下一步提供更多有"利"产品打开空间。

购买程序简化，强化投资服务和风险提示

有了丰富的产品，还需简化流程。通知要求商业银行提高服务的便利化水平，取消了线上购买商业养老保险产品的"录音录像"要求。

"这将便于参加人'一站式'购买个人养老金产品，有助于提高老百姓投资的积极性。"中国人民大学教授董克用说，经过两年先行实施，个人养老金制度已吸引了7000多万人参加。如何留住客户、吸引资金，需要金融机构更多发挥专业水平，想办法帮助大家降低投资难度、稳定产品收益。

通知提出，金融机构根据个人投资风险偏好和年龄等特点，推荐适当的个人养老金产品。鼓励金融机构在与参加人协商一致的情况下，探索开展默认投资服务。

"对一些不知如何选择产品、希望获得专业服务的参加人，就可以通过投资咨询或默认投资的方式解决选择难的问题。这将考验金融机构的专业能力和风险管理水平。"董克用表示，"探索"二字意味着不会一下放开，将根据实际情况一步步走，守好百姓养老钱。

通知明确，金融机构要按照规定做好个人养老金产品资产配置公示和风险等级确定工作。个人养老金信息管理服务平台和金融行业平台根据风险等级，分类展示个人养老金产品，强化风险提示。

提前领取"扩围"，领取方式可变更

通知还增加了提前领取情形，除达到领取基本养老金年龄、完全丧失劳动能力、出国（境）定居等领取条件外，参加人患重大疾病、领取失业保险金达到一定条件或者正在领取最低生活保障金的，可以申请提前领取个人养老金。

领取方式也将更加灵活。参加人可以选择按月、分次或者一次性领取个人养老金，并可进行变更。

"适度提高制度在领取阶段的灵活性和包容度，将有助于减少参加人的后顾之忧。同时，在积累阶段也能让参与者更有积极性参与，有信心长期投资。"信安金融集团中国区专家说，个人养老金属于养老保障体系一部分，主要目标是帮助参与者积累更多养老资产，因此要求个人养老金账户的资金除特殊情况外，需封闭到退休后才能领取。

　　"实际上经过个人养老金两年探索实施，许多人已经接受了为自己增加养老储蓄的理念。济南不属于先行城市，但不断有客户来咨询什么时候能扩围。"中国农业银行济南银河支行营业部负责人告诉记者，"目前我们这个网点就有近 2000 户进行了开户预约。等 15 日全面实施后，我们将按要求做好服务，给客户带来实实在在的利好。"

第六编　年度大事

1月

1日 第五次全国经济普查登记工作于1月1日正式启动。全国约210万名普查指导员和普查员，将深入企业商户、走访大街小巷，在近4个月的时间里，实现对116万个普查小区的数据采集登记。

3日 2024年是中国加入《专利合作条约》（PCT）30周年。外交部发言人在例行记者会上应询介绍中方推进专利国际合作和知识产权全球治理相关举措时表示，中国高度重视国际专利合作和知识产权保护，已经成为名副其实的知识产权大国和世界创新版图的重要一极。

4日 中共中央政治局常务委员会召开会议，听取全国人大常委会、国务院、全国政协、最高人民法院、最高人民检察院党组工作汇报，听取中央书记处工作报告。中共中央总书记习近平主持会议并发表重要讲话。

5日 据国家卫生健康委消息，2024年我国全面启动危重孕产妇救治体系技术评估工作，按照属地化管理原则，分级开展危重孕产妇救治体系技术评估。到2027年，基本建立较为完善的危重孕产妇救治体系技术评估机制。

5日 2024年是国家森林城市创建活动开展20周年。截至目前，全国共建成国家森林城市219个，31个省（自治区、直辖市）和新疆生产建设兵团实现了国家森林城市创建的全覆盖。

6日 新华社报道，我国第三代自主超导量子计算机"本源悟空"于当日9时，在本源量子计算科技（合肥）股份有限公司上线运行。该量子计算机搭载72位自主超导量子芯片"悟空芯"，是目前先进的可编程、可交付超导量子计算机。

8日 新华社报道，历时6年多打造的上海博物馆东馆将于2024年全面建成开放。上博东馆为"十三五"时期上海市重大文化设施建设项目，位于浦东新区世纪大道。

10日 新华社报道，根据10个部门日前联合印发的一项文件，我国将从提升儿童重大疾病诊疗和急危重症救治能力；支持儿科领域前沿技术发展与转化；发挥中医药在保障儿童健康中的特色优势；推进家庭医生签约服务；改善就医感受，提升儿童患者体验；加强儿童心理健康和精神卫生服务；提供高质量的儿童疾病预防和健康管理服务等7个方面，提供优质化儿童医疗卫生服务。

11日 从国投集团雅砻江流域水电开发有限公司获悉，位于四川省甘孜藏族自治州道孚县的雅砻江道孚抽水蓄能电站正式开工建设。作为我国第三大水电开发基地雅砻江流域水风光一体化基地的重大项目，道孚抽水蓄能电站是四川省装机规模最大的抽水蓄能项目，建成后也将成为全球海拔最高的大型抽水蓄能电站。

14日 从2024年全国民政工作会议获悉，我国加快基本养老服务体系建设，所有省份均已出台实施方案和基本养老服务清单。

14日 新华社报道，2024年世界乒乓球职业大联盟（WTT）球星挑战赛多哈站收官，中国队当日斩获男单、女单、混双冠军，加上前一日的男、女双打冠军，国乒包揽该站赛事全部五冠。

16日 国家知识产权局有关负责人在国新办举行的新闻发布会上介绍，截至2023年年底，我国国内（不含港澳台）发明专利拥有量达到401.5万件，同比增长22.4%，成为世界上首个国内有效发明专利数量突破400万件的国家。

18日 我国科研人员在位于贵州荔波县的贵州茂兰国家级自然保护区发现一未知树种。经形态学和分子系统学研究证实，该树种为金丝桃属木本植物一新种，科研人员以发现地荔波县将其命名为"荔波金丝桃"。该新种于近日发表在国际植物分类学期刊《PhytoKeys》上。

19日 《乡村美丽庭院建设指南》国家标准在浙江省湖州市安吉县发布，这是我国首个针对美丽庭院建设的国家标准，使美丽庭院建设"有标可依"。

20日 新华社报道，由生物岛实验室领衔研制、拥有自主知识产权的首台国产场发射透射电子显微镜于20日在广州发布。这标志着我国已掌握透射电镜用的场发射电子枪等核心技术，并具备量产透射电镜整机产品的能力，将为我国在材料科学、生命科学、半导体工业等前沿科学及工业领域的高质量发展提供有力支撑。

22日 新华社报道，中共中央办公厅、国务院办公厅发布《浦东新区综合改革试点实施方案（2023—2027年）》，提出要在重点领域和关键环节改革上赋予浦东新区更大自主权，支持推进更深层次改革、更高水平开放，为浦东新区打造社会主义现代化建设引领区提供支撑，在全面建设社会主义现代化国家、推进中国式现代化中更好发挥示范引领作用。

23日 12时03分，力箭一号遥三商业运载火箭在我国酒泉卫星发射中心发射升空，将5颗卫星顺利送入预定轨道，飞行试验任务获得圆满成功。

24日 新华社报道，清华大学研究团队利用同种离子的双类型量子比特编码，在国际上首次实现无串扰的量子网络节点，对未来实现量子通讯和大规模量子计算具有重要意义。该研究成果近日发表于国际学术期刊《自然·通讯》。

24日 新华社报道，记者从青海冷湖天文观测基地获悉，世界首台"用于太阳磁场精确测量的中红外观测系统"（简称AIMS望远镜）已实现核心科学目标——将矢量磁场测量精度提高一个量级，实现了太阳磁场从"间接测量"到"直接测量"的跨越。

24日 新华社报道，记者从安徽大学获悉，该校生命科学学院张保卫教授课题组，此前在大别山地区的安徽省和河南省交界处发现了一种"喜欢咬人"的壁虎，基于分子系统学、形态学等研究结果证实其为新物种，将其命名为大别山壁虎。

25日 中华人民共和国政府和新加坡共和国政府代表在北京签署《中华人民共和国政府与新加坡共和国政府关于互免持普通护照人员签证协定》。协定将于2024年2月9日正式生效。

25日 据国家林草局发布的最新消息，我国大熊猫野外种群总量已从20世纪80年代的约1100只增长到近1900只。

26日 从西藏墨脱县林业和草原局

获悉，科研人员在墨脱县境内的雅鲁藏布大峡谷国家级自然保护区，通过红外相机在海拔 4415 米处拍摄到的金猫活动影像，刷新了此前那曲市嘉黎县海拔 4300 米的金猫活动纪录，成为迄今为止金猫在全球的最高分布海拔。

26 日 秦始皇帝陵 1 号陪葬墓出土了一辆遗迹保存较为完整的四轮独辀木车，为研究秦汉时期丧葬用车制度提供了新资料。

27 日 新华社报道，在 2024 澳大利亚网球公开赛女单决赛中，中国"金花"郑钦文获得本届澳网女单亚军。这也是她个人职业生涯首个大满贯单打亚军。郑钦文成为继 2014 年李娜澳网夺冠之后又一位闯入大满贯单打决赛的中国网协选手，也是第二位进入世界排名前十的中国网协选手。

29 日 在云阳举行的樟木牛和阿沛甲咂牛抢救性保护工作推进会上，西藏濒危牛种资源抢救性保护和种质特性评价项目组宣布，世界屋脊的濒危牛种——樟木牛和阿沛甲咂牛近日在重庆云阳成功克隆。这是世界上首次成功克隆雪域高原濒危牛种，也是我国西南地区第一次诞生克隆牛。

30 日 从江西省地质博物馆获悉，江西赣州发现命名了生活在距今 9000 多万年的蜥脚类恐龙的新属种——腔尾赣地巨龙，对于研究这类恐龙在白垩纪的演化和古地理分布具有重要意义。

2 月

1 日 新华社报道，世界最大跨度劲性骨架混凝土拱桥——南丹至天峨下老高速公路天峨龙滩特大桥建成通车。这是世界首座跨径超 600 米的拱桥。天峨龙滩特大桥建成通车标志着南天高速全线贯通，南丹县至天峨县行车时间由原来的 1.5 小时左右缩短至 40 分钟左右。

3 日 党的十八大以来第 12 个指导"三农"工作的中央一号文件由新华社受权发布，提出有力有效推进乡村全面振兴"路线图"。这份文件题为《中共中央 国务院关于学习运用"千村示范、万村整治"工程经验有力有效推进乡村全面振兴的意见》，全文共六个部分，包括：确保国家粮食安全、确保不发生规模性返贫、提升乡村产业发展水平、提升乡村建设水平、提升乡村治理水平、加强党对"三农"工作的全面领导。

3 日 新华社报道，11 时 06 分，我国太原卫星发射中心在广东阳江附近海域使用捷龙三号运载火箭，成功将 DRO-L 星、智星二号 A 星、东方慧眼高分 01 星、威海壹号 01-02 星、星时代 -18-20 星以及 NEXSAT-1 星等 9 颗卫星发射升空，卫星顺利进入预定轨道，发射任务获得圆满成功。本次发射是捷龙三号运载火箭首次承揽外国卫星搭载发射，标志着其迈出了国际化发射第一步。

4 日 新华社报道，2023 年度中国政府友谊奖颁奖仪式在北京隆重举行。中国政府友谊奖，是中国政府专门为表彰对中国改革发展作出重要贡献的来华工作外国专家设立的荣誉奖项，2023 年度共有 50 名外国专家获此殊荣。

4 日 中央组织部、中央宣传部发布"最美公务员"评选结果，孟二梅等 20 名同志被评选确定为"最美公务员"。

6日 文化和旅游部发布公告，确定北京（通州）大运河文化旅游景区等21家旅游景区为国家5A级旅游景区。据介绍，这21家旅游景区是依照中华人民共和国国家标准《旅游景区质量等级的划分与评定》与《旅游景区质量等级管理办法》，经有关省（区、市）文化和旅游行政部门推荐，文化和旅游部按程序组织综合评定并公示后确定的。

7日 南纬74度56分，东经163度42分，南极大陆的新地标——中国南极秦岭站开站。秦岭站是中国第五个南极考察站，将填补中国在南极罗斯海区域的考察空白。

10日 新华社报道，正在执行中国大洋83航次的"深海一号"，目前已抵达南大西洋热液区开展作业，本航次预计开展"蛟龙号"下潜46潜次，开展相关大洋生物环境调查。

12日 新华社报道，住房城乡建设部近日印发关于全面推进城市综合交通体系建设的指导意见，要求加快构建系统健全、功能完备、运行高效、智能绿色、安全韧性的城市综合交通体系，为打造宜居、韧性、智慧城市提供坚实支撑。

14日 联合国教科文组织发布新闻公报说，将中国南京、苏州等64个城市纳入该组织全球学习型城市网络，以表彰这些城市为助力居民实现终身学习所做的努力。此次新加入该网络的城市还包括法国里尔、泰国曼谷、塞内加尔达喀尔等。

15日 新华社报道，记者从中国科学院自动化研究所人工智能伦理与治理研究中心获悉，该中心与远期人工智能研究中心联合发起制定的AGILE全球人工智能治理评估指数于近日发布。该指数对首批14个国家开展的评估显示，我国位列第一梯队，人工智能发展水平总量处于领先地位。

19日 新华社报道，中共中央近日印发了《党史学习教育工作条例》，并发出通知，要求各地区各部门认真遵照执行。作为规范党史学习教育工作的基础主干党内法规，条例共六章、三十四条，包括"总则""领导体制和工作职责""党史学习教育的内容""党史学习教育的主要方式""保障和监督""附则"等内容。

23日 国际血液与骨髓移植研究中心向中国工程院院士、北京大学血液病研究所所长黄晓军教授颁发杰出服务奖，以表彰他创建半相合骨髓移植"北京方案"，为国际血液病学做出杰出贡献。

24日 经公开征集评选，中国载人月球探测任务新飞行器名称近日确定，新一代载人飞船命名为"梦舟"，月面着陆器命名为"揽月"。

26日 位于河南安阳的殷墟博物馆新馆正式开馆，这是首个全景式展现商文明的国家重大专题博物馆。殷墟博物馆新馆实行预约购票参观，观众可通过"殷墟博物馆"微信公众号、官方网站和"殷墟景区"微信公众号线上预约。

27日 人民法院案例库正式上线并向社会开放。据介绍，人民法院案例库收录经最高人民法院审核认为对类案具有参考示范价值的权威案例，包括指导性案例和参考案例，进一步提升案例的检索精度、认可程度、指导力度和应用广度，最大限度发挥案例的实用效能，更好服务司法审判、公众学法、学者科研、律师办案。

27日 由哈尔滨工业大学、中国航天科技集团联合建设的空间环境地面模拟装置在哈尔滨通过验收。这是我国航天领域首个国家重大科技基础设施。空间环境地面模拟装置被称为"地面空间站"，是"十二五"时期开始建设的国家重大科技基础设施之一。

28日 世界田联宣布，2027年世界田径锦标赛将在北京举行。这将是北京时隔12年再度承办这一田径盛宴。

29日 从来自中国和加拿大的研究团队获悉，此前在江西省会昌县发现的两件甲龙亚科标本为甲龙类新属种。研究人员将其命名为"达泰龙"，意为"通达、安泰"之意。达泰龙的发现是对晚白垩世早期甲龙亚科化石记录的重要补充。

3月

1日 作为中国实施高水平制度型开放的重大探索，横琴粤澳深度合作区3月1日零时正式实施封关运行，这标志着构建与澳门一体化高水平开放新体系迈出关键一步，有助于丰富"一国两制"实践探索，更好推动澳门融入国家发展大局。

1日 国际学术期刊《细胞》在线发表了由中国科学院分子植物科学卓越创新中心张余研究团队和华中农业大学周菲研究团队合作完成的这项研究论文，并作为封面文章，封面图片展现了叶绿体基因"转录机器"——叶绿体PEP极其复杂的构造。我国科学家成功解析叶绿体基因"转录机器"的构造，填补了"生命天书"中一项研究空白。

2日 13时32分，经过约8小时的出舱活动，神舟十七号航天员汤洪波、唐胜杰、江新林密切协同，在空间站机械臂和地面科研人员的配合支持下，完成全部既定任务，航天员汤洪波、江新林已安全返回问天实验舱，神十七航天员乘组第二次出舱活动取得圆满成功。

4日 中国人民政治协商会议第十四届全国委员会第二次会议在北京人民大会堂开幕。

5日 第十四届全国人民代表大会第二次会议在北京人民大会堂开幕。

5日 新华社报道，近日，中宣部命名第九批全国学雷锋活动示范点和岗位学雷锋标兵。此次命名的第九批全国学雷锋活动示范点和岗位学雷锋标兵各50个，主要来自企业、农村、机关、学校、社区、医院、部队等基层一线，覆盖了各行各业、各个领域、各条战线。

8日 中国海油宣布，在南海珠江口盆地发现我国首个深水深层大油田——开平南油田，探明油气地质储量1.02亿吨油当量。该油田是全球核杂岩型凹陷最大的商业发现。

9日 最高人民检察院举行新闻发布会，首次向社会发布2023年"四大检察"工作白皮书。白皮书按照刑事、民事、行政、公益诉讼检察四个条线，全方位呈现2023年检察工作新进展新成效。

10日 中国人民政治协商会议第

十四届全国委员会第二次会议圆满完成各项议程，在北京人民大会堂闭幕。会议通过了政协第十四届全国委员会第二次会议关于常务委员会工作报告的决议、政协第十四届全国委员会第二次会议关于政协十四届一次会议以来提案工作情况报告的决议、政协第十四届全国委员会提案委员会关于政协十四届二次会议提案审查情况的报告、政协第十四届全国委员会第二次会议政治决议。

10日 新华社报道，南京邮电大学科研团队开发出一种 DNA 纳米机器，它能够自动在血管里找到血栓，实现精准递药。相关研究论文近日在线发表于国际学术期刊《自然·材料》，有望为治疗心梗、脑中风等疾病提供新方案

11日 第十四届全国人民代表大会第二次会议在圆满完成各项议程后在北京人民大会堂闭幕。大会批准政府工作报告、全国人大常委会工作报告等。大会通过新修订的国务院组织法，国家主席习近平签署第21号主席令予以公布。

12日 在我国第46个植树节到来之际，全国绿化委员会办公室3月12日发布《2023年中国国土绿化状况公报》显示，全国全年完成造林399.8万公顷、种草改良437.9万公顷，国土绿化面积超800万公顷。此外，还治理沙化石漠化土地190.5万公顷。

12日 北京市西城区婚姻登记服务中心工作人员为视力障碍的张女士和王先生提供了一场特殊的无障碍婚姻登记服务。新人使用了由中国盲文出版社专门制作的盲文版、大字版无障碍格式的结婚登

记告知单和结婚誓言。这也是我国首次为视障人士提供结婚登记无障碍格式文件。

13日 新华社报道，近日，中共中央办公厅印发了《关于做好国家勋章和国家荣誉称号提名评选工作的通知》（以下简称《通知》）。《通知》指出，党中央决定，在庆祝中华人民共和国成立75周年之际，开展国家勋章和国家荣誉称号评选颁授，隆重表彰一批为中华人民共和国建设和发展作出杰出贡献的功勋模范人物。

14日 1列满载55个集装箱1300吨氨基酸的中欧班列从哈尔滨国际集装箱中心站启程，驶往荷兰蒂尔堡，标志着首条黑龙江至荷兰中欧班列线路成功开行。

15日 国家发展改革委对外发布《促进国家级新区高质量建设行动计划》，推动国家级新区努力打造高质量发展引领区、改革开放新高地、城市建设新标杆。

16日 新华社报道，华北电力大学科研团队在新型散热机制——薄液膜沸腾研究方面，成功实现了超过2000瓦/平方厘米的超高热流密度，刷新国内外目前已知的相关公开纪录，有望进一步提升器件设备散热效果。该成果近日在权威学术期刊《国际传热传质杂志》发表。

17日 新华社报道，"十四五"国家重点项目川渝1000千伏特高压交流工程重庆段线路工程日前已全线贯通，工程整体将于年内建成投运。

18日 中国海油宣布，我国渤海中北部海域再获亿吨级大发现——秦皇岛27-3油田，探明石油地质储量1.04亿吨，这是该海域时隔10年再次获得重大油气

发现，对进一步夯实我国海上油气资源储量具有重要意义。

19日 从教育部获悉，教育部日前公布了 2023 年度普通高等学校本科专业备案和审批结果，共新增备案专业点 1456 个、审批专业点 217 个，调整学位授予门类或修业年限专业点 46 个。

20日 国务院近日公布《节约用水条例》，自 2024 年 5 月 1 日起施行。这是我国首部节约用水行政法规。

22日 2023 年度全国十大考古新发现在北京揭晓。山东沂水跋山遗址群、福建平潭壳丘头遗址群、安徽郎溪磨盘山遗址、湖北荆门屈家岭遗址、河南永城王庄遗址、河南郑州商都书院街墓地、陕西清涧寨沟遗址、甘肃礼县四角坪遗址、山西霍州陈村瓷窑址、南海西北陆坡一号、二号沉船遗址（按年代早晚排列）入选。

24日 新华社报道，民航华东地区管理局近日向峰飞科技公司颁发 V2000CG 无人驾驶航空器系统型号合格证，这也是中国民航系统颁发的首个无人驾驶吨级电动垂直起降航空器型号合格证。

25日 国家体育总局等 12 部门印发《中国青少年足球改革发展实施意见》，旨在推动青少年足球健康持续高质量发展。

26日 新华社报道，为深入学习贯彻党的二十大和二十届二中全会精神，学习贯彻习近平文化思想，广泛汇集各方力量，推动城乡融合发展，推进乡村全面振兴不断取得实质性进展，中央宣传部、国家发展改革委、教育部、科技部、司法部、农业农村部、文化和旅游部、国家卫生健康委、广电总局、共青团中央、全国妇联、中国文联、中国科协日前印发通知，部署了 2024 年文化科技卫生"三下乡"活动。

27日 首次测定的全国 683 个城市城区面积正式公布，全国设市城市城区总面积 11.02 万平方千米，实际建设区域 7.80 万平方千米。

27日 联合国教科文组织执行局批准 18 处地质公园列入世界地质公园网络名录，其中包括中国的 6 个地质公园，分别是长白山世界地质公园、恩施大峡谷－腾龙洞世界地质公园、临夏世界地质公园、龙岩世界地质公园、武功山世界地质公园、兴义世界地质公园。

28日 中央军委晋升上将军衔仪式在北京八一大楼举行。中央军委主席习近平出席晋衔仪式。

28日 从南京大学获悉，该校物理学院杜灵杰教授率领的国际科研团队，在量子物理领域取得重大进展，首次观察到引力子在凝聚态物质中的"投影"。相关论文 3 月 28 日在线发表于国际学术期刊《自然》。

29日 新华社报道，国务院国资委近日按照"四新"（新赛道、新技术、新平台、新机制）标准，遴选确定了首批启航企业，加快新领域新赛道布局、培育发展新质生产力。此次遴选出的首批启航企业多数成立于 3 年以内，重点布局人工智能、量子信息、生物医药等新兴领域，企业核心技术骨干平均年龄 35 岁左右。

30日 中国散裂中子源二期工程启动建设，将为解决国家重大需求和产业发展关键问题提供更加坚实的支撑。

4 月

1 日 玛尔挡水电站首台 5 号机组实现并网发电，这个水电站是黄河流域在建海拔最高、装机最大的水电工程。这标志着黄河上游青海段首个千万千瓦级"水风光蓄"多能互补全清洁能源一体化项目的核心工程向全面投产迈出了关键一步。

2 日 新华社报道，湖北省地质科学研究院研究团队近日在对湖北省郧西县西北部开展地质调查时，发现了丰富典型的泥盆纪珊瑚化石，为佐证秦岭山脉曾发生海陆变迁事件提供了重要科学实物证据。

3 日 由中铁二十四局承建的西渝高铁重庆枢纽段首座隧道——枇杷岩一号隧道顺利贯通，标志着西渝高铁建设取得新进展。西渝高铁重庆枢纽段全长约 47 公里，包含 31 座桥梁、14 座隧道。此次贯通的枇杷岩一号隧道地处重庆市北碚区，为单洞单线隧道。

3 日 旅韩大熊猫"福宝"乘专机抵达成都双流国际机场。

7 日 中国人民银行宣布，设立科技创新和技术改造再贷款，额度 5000 亿元，利率 1.75%，旨在激励引导金融机构加大对科技型中小企业、重点领域技术改造和设备更新项目的金融支持力度。

8 日 从国家发展改革委了解到，国务院近日印发《新一轮千亿斤粮食产能提升行动方案（2024—2030 年）》，全面实施新一轮千亿斤粮食产能提升行动，全方位夯实国家粮食安全根基。

10 日 中共中央办公厅、国务院办公厅印发《关于加强社区工作者队伍建设的意见》，这是第一个专门关于加强社区工作者队伍建设的中央文件，对于打造一支政治坚定、素质优良、敬业奉献、结构合理、群众满意的社区工作者队伍，不断壮大城市基层治理骨干力量具有重要意义。

11 日 雄安新区产业政策"免申即享"新闻发布会召开，介绍了雄安新区产业政策"免申即享"工作举措，并公开发布首批 54 项"免申即享"政策清单。

12 日 新华社报道，国务院日前印发《关于加强监管防范风险推动资本市场高质量发展的若干意见》，该意见共 9 个部分。这是继 2004 年、2014 年两个"国九条"之后，国务院再次出台资本市场指导性文件。

13 日 中国海油宣布，我国首口自主设计实施的超深大位移井——恩平 21-4 油田 A1H 井在珠江口盆地海域顺利投产，测试日产原油超 700 吨。该井钻井深度 9508 米，水平位移 8689 米，成为我国海上第一深井，同时创下我国钻井水平长度纪录，标志着我国成功攻克万米级大位移井的技术瓶颈，海上超远超深钻井技术跨入世界前列。

13 日 全国消费品以旧换新行动——海南站暨海南国际消费季在海口市启动。海南站是全国消费品以旧换新行动启动的地方首站。此次海南站以旧换新行动将聚焦汽车换"能"、家电换"智"、家装厨卫"焕新"，持续扩大有潜能的消费，不断增强消费对经济发展的基础性作用，满足人民对美好生活的向往。

15 日 以"服务高质量发展、推进高水平开放"为主题，第135届中国进出口商品交易会（广交会）开幕。本届广交会总展览面积155万平方米，展位总数约7.4万个，参展企业2.9万家。

18日　民政部日前正式发布《社会组织基础术语》《行业协会商会自身建设指南》《学术类社会团体自身建设指南》《社会服务机构自身建设指南》等4项社会组织行业标准。这批标准是我国首批国家层面制定的社会组织管理服务领域行业标准，将于2024年5月1日起施行。

19日　中国人民解放军信息支援部队成立大会在北京八一大楼隆重举行。中共中央总书记、国家主席、中央军委主席习近平向信息支援部队授予军旗并致训词，代表党中央和中央军委向信息支援部队全体官兵致以热烈祝贺。他强调，要贯彻新时代强军思想，贯彻新时代军事战略方针，坚持政治建军、改革强军、科技强军、人才强军、依法治军，聚焦备战打仗，按照体系融合、全域支撑的战略要求，锐意进取，扎实工作，努力建设一支强大的现代化信息支援部队。

19日　中央宣传部牵头组织的"文化中国行"主题宣传活动，在江苏省苏州市苏州博物馆正式启动。此次主题宣传活动聚焦中华优秀传统文化传承发展，将围绕文物古迹发现、名城名镇古村古街保护、文化旅游发展、非遗保护传承、文明交流互鉴等内容，多维度立体式报道各地各部门推动文化传承发展的生动实践和创新经验。

20日　11时39分，朔黄铁路3万吨级重载列车55066次安全到达黄骅港站，标志着运行试验取得成功。这是我国目前编组最长、载重最大的重载组合列车。

20日　我国首艘深远海多功能科学考察及文物考古船在广州出坞。该船由我国自主设计和建造，它的建造出坞，标志着我国在冰区深海科考装备和船舶设计自主可控方面取得重要进展

20日　国产大型邮轮"2号船"进入中国船舶集团上海外高桥造船有限公司的2号船坞，这标志着我国邮轮建造批量化设计建造能力基本形成。

21日　中国正式发布世界首套高精度月球地质图集。这套图集由中国科研团队绘制，主要基于嫦娥工程科学探测数据，比例尺为1：250万，是目前精度最高的全月地质"写真集"。

22日　从云南铜壁关省级自然保护区管护局获悉，科研人员在云南省德宏州发现一植物新种"秉滔大花藤"，这一研究成果近日在国际学术期刊《*PhytoKeys*》上发表。

23日　联合国教科文组织在位于埃塞俄比亚首都亚的斯亚贝巴的联合国非洲经济委员会会议中心举行颁奖仪式，授予中国科学家乔杰等三人"联合国教科文组织—赤道几内亚国际生命科学研究奖"。

25日　北京时间4月25日20时59分，搭载神舟十八号载人飞船的长征二号F遥十八运载火箭在酒泉卫星发射中心点火发射，约10分钟后，神舟十八号载人飞船与火箭成功分离，进入预定轨道。

25日　工业和信息化部、科学技术部、北京市人民政府近日联合印发《中关村世界领先科技园区建设方案（2024—

2027年）》，明确中关村建设世界领先科技园区的总体要求，提出到2027年初步建成世界领先科技园区。

26日 3时32分，神舟十八号载人飞船成功对接于空间站天和核心舱径向端口，整个自主交会对接过程历时约6.5小时。5时04分，在轨执行任务的神舟十七号航天员乘组顺利打开"家门"，欢迎远道而来的神舟十八号航天员乘组入驻"天宫"。随后，两个航天员乘组拍下"全家福"，共同向牵挂他们的全国人民报平安。

26日 由我国自主设计建造的亚洲首艘圆筒型浮式生产储卸油装置（FPSO）"海葵一号"在山东青岛完工交付，标志着我国深水油气装备自主设计建造关键技术取得重大突破，对推动我国深水油气田经济高效开发具有重要意义。

29日 中国科学院紫金山天文台通报，我国综合性太阳探测专用卫星"夸父一号"（ASO-S）发射一年多以来，已经观测到100多例太阳白光耀斑。这一观测远超过此前对白光耀斑发生频率的预期，对进行空间天气预报等具有重要科学意义。

29日 新华社报道，位于长沙市芙蓉区的马王堆汉墓墓穴本体保护工程基本完成，现场遗址图片上已标明三座墓的位置，墓坑底部新增了等比例复原的棺椁等场景。该墓坑遗址于5月1日恢复对外开放。

29日 共青团中央、全国青联决定，授予王传超等30名同志第28届"中国青年五四奖章"，授予中铁四局雅万高铁项目部青年突击队等20个青年集体第28届

"中国青年五四奖章集体"。

30日 神舟十七号载人飞船返回舱在东风着陆场成功着陆，现场医监医保人员确认航天员汤洪波、唐胜杰、江新林身体状态良好，神舟十七号载人飞行任务取得圆满成功。

5月

3日 天津大学材料学院教授何春年团队近日研发出新型氧化物弥散强化铝合金，将铝合金的服役温度从350℃提高至500℃，攻克了铝合金难以在400℃以上高温环境应用的难题。相关研究成果以"超分散氧化物强化的耐热铝合金"为题发表于国际学术期刊《自然·材料》上。

3日 17时27分，嫦娥六号探测器由长征五号遥八运载火箭在中国文昌航天发射场成功发射，之后准确进入地月转移轨道，由此开启世界首次月背"挖宝"之旅。

5日 新华社报道，国家发展改革委、中国人民银行近日共同召开社会信用体系建设部际联席会议，提出要加快推进信用立法，尽快推动出台社会信用建设法，提升社会信用体系建设法治化水平。

6日 国家移民管理局正式实施便民利企出入境管理若干政策措施，首次实现内地居民换发补发出入境证件"一次都不跑"。

7日 从国家卫生健康委新闻发布会上获悉，我国已设置13个类别的国家医学中心，建设125个国家区域医疗中心、114个省级区域医疗中心。

8日　建设国家自然灾害综合风险基础数据库是第一次全国自然灾害综合风险普查的重要任务，目前这项任务已经基本完成。整个数据库由1个国家级综合库、10个国家级行业库和31个省级数据库构成，基本做到了"技术标准统一、分类分级管理、纵向横向联通、共建共享共用"。

8日　光子芯片是未来信息产业的重要基础，业界一直在寻找可规模制造光子芯片的优势材料。中国科学院上海微系统与信息技术研究所研究员欧欣领衔的团队在该领域取得突破性进展，他们开发出钽酸锂异质集成晶圆，并成功用其制作高性能光子芯片。该成果发表于国际学术期刊《自然》。

9日　从国家档案局获悉，在日前召开的联合国教科文组织世界记忆项目亚太地区委员会第十次全体会议上，由我国国家档案局申报的"成都老茶馆相关档案""徽州千年宗姓档案""德格印经院院藏雕版"三项档案文献，成功入选《世界记忆亚太地区名录》。

12日　贵州佛顶山国家级自然保护区管理局与贵州大学林学院植物调查组共同组成调查队，近日在佛顶山国家级自然保护区开展生物多样性科学考察期间，在保护区首次发现国家二级保护野生植物、极危物种"亮叶月季"。

13日　国际标准化组织文化遗产保护技术委员会成立大会在故宫博物院举行。该委员会由我国提出并于2024年3月正式获批，是国际标准化组织自成立以来在全球文化遗产保护领域设立的首个技术委员会，其秘书处落户故宫博物院。

14日　新华社报道，工业和信息化部近日印发通知，组织开展2024年"数字适老中国行"活动，活动时间为5月至12月。活动以"数字适老温'心'同行"为主题，包括政策宣贯、调查研究、服务升级、技能教学、技术共享、惠老专场等6项内容。

15日　国家移民管理局发布公告，经商外交部、国家发展和改革委员会、交通运输部、商务部、文化和旅游部、海关总署，并报国务院批准，国家移民管理局决定在中国沿海所有邮轮口岸全面实施外国旅游团乘坐邮轮入境免签政策。

16日　新华社报道，中央网信办秘书局、农业农村部办公厅、国家发展改革委办公厅、工业和信息化部办公厅、市场监管总局办公厅、国家数据局综合司近日联合印发《数字乡村建设指南2.0》，按照"建什么、怎么建、谁来建"的思路，从建设内容、建设方法和保障机制等方面构建了数字乡村建设框架。

16日　从中国科学院长春光学精密机械与物理研究所了解到，该所科研团队在高维度光场探测领域的研发取得突破性进展，有望在工业检测、宇宙天体观测、气象灾害预警等领域发挥作用。该成果在国际学术期刊《自然》刊发。

17日　超长期特别国债首发。根据财政部网站5月13日发布的《关于公布2024年一般国债、超长期特别国债发行有关安排的通知》，超长期特别国债期限包括20年期、30年期、50年期，都是按半年付息。根据安排，超长期特别国债到11月中旬发行完毕，共22次。其中，20年期、30年期和50年期的发行次数分别为7次、12次和3次。

17日 中国海油惠州26-6钻采平台上部组块与导管架对接成功，完成海上安装，这是我国首个智能海上钻采平台。

19日 中国科学院专家在北京介绍国内首次在轨水生生态研究项目进展情况。空间站小型受控生命生态实验组件由神舟十八号航天员转移至问天舱生命生态实验柜中开展实验后，目前在轨运行稳定、4条斑马鱼状态良好。

19日 中国科学院广西植物研究所技术团队近期在广西都安瑶族自治县开展西南岩溶国家公园创建区综合科学考察时，发现莎草科薹草属植物新种——都安薹草。这个新种的发现使薹草属植物的广西特有种从9种增加至10种，丰富了广西的植物多样性，为广西植物区系地理研究提供了新资料。

22日 我国更新发布了《中国生物多样性保护战略与行动计划（2023—2030年）》，正在编制《生物多样性保护重大工程实施方案》，支持国家战略与行动计划落地落实。

23日 第二十届中国（深圳）国际文化产业博览交易会开幕。本届文博会设8个展馆，共有超6000家政府组团、文化机构和企业参展，展出文化产品超过12万件，4000多个文化产业投融资项目在现场进行展示与交易。展会期间，还举办了会议、论坛、签约、创意大赛等配套活动。

24日 中国科学院地质与地球物理研究所吕厚远研究员科研团队与浙江省文

物考古研究所、临沂大学、浙江省浦江县上山遗址管理中心等全国13家单位的专家紧密合作，在上山文化的多个遗址联合开展水稻起源研究，揭示出一段长达10万年的水稻从野生到驯化的连续演化史。这进一步确认了中国是世界水稻的起源地，距今约1万年的上山文化在世界农业起源中具有重要地位。相关论文已于北京时间当日凌晨在国际学术期刊《科学》在线发表。

25日 在北京市石景山区首钢园11号馆举办的科技创新展览上，200多项优秀科技创新成果集中亮相，聚焦新一代信息技术、医药健康、能源科技、现代农业、智能制造等。

27日 中国社会科学院在北京举行"研究阐释中华民族现代文明"重大成果发布会，集中发布22项研究成果，其中包括著作类成果12项、论文类成果10项。

30日 新华社报道，清华大学类脑计算研究中心团队近日研制出了世界首款类脑互补视觉芯片"天眸芯"，相关成果作为封面文章，发表于国际学术期刊《自然》。

31日 第三届粤港澳大湾区（广东）算力产业大会暨第二届中国算力网大会在广东韶关举行。会上，中国算力网粤港澳大湾区算力服务平台正式上线。

6月

1日 最高人民法院联合最高人民检察院、教育部、公安部、民政部、司法部、国务院妇女儿童工作委员会办公室、共青团中央、全国妇联等单位共同建设的未成年人权益保护案事例库正式上线。

1日 由中国东方航空公司C919国产大飞机执飞的MU7192航班,自香港特区飞抵上海,顺利降落在虹桥机场,机上承运了从香港前往上海实习的百余名香港青年学子。这是C919首次执飞跨境商业包机。

4日 7时38分,嫦娥六号上升器携带月球样品自月球背面起飞,随后成功进入预定环月轨道。嫦娥六号完成世界首次月球背面采样和起飞。

4日 集宁经大同至原平高速铁路(集大原高铁)施工难度最大的控制性工程——恒山隧道实现胜利贯通。至此,集大原高铁全线桥隧建设告一段落,轨道铺设、接触网架设等工程将全面加速,力争年底具备通车条件。

5日 深圳市大疆创新科技有限公司宣布,该企业近期在其他机构的协助下,在珠穆朗玛峰尼泊尔一侧完成了首次民用无人机高海拔运输测试。这也是全球首次民用运载无人机在海拔5300米至6000米航线上的往返运输测试,创造了民用无人机最高海拔运输纪录。

6日 从国家卫生健康委获悉,国家卫生健康委、国家中医药局、国家疾控局日前联合印发《关于开展全民健康素养提升三年行动方案(2024—2027年)的通知》,提出的主要目标有:全国居民健康素养水平持续提升,平均每年提升2个百分点左右,中国公民中医药健康文化素养水平持续提升等。

6日 第六届长三角一体化发展高层论坛发布2024年度长三角一体化发展实事项目清单,这是长三角三省一市首次联合发布实事项目清单。

7日 从中国科学院动物研究所获悉,来自沈阳师范大学两栖爬行动物研究所、北京林业大学和中国科学院动物研究所等单位的科研人员,在云南省德宏傣族景颇族自治州盈江县发现一蛇类新种,并将其命名为"盈江烙铁头蛇"。这一研究成果已于近期正式刊发在国际期刊《动物学检索》(*ZooKeys*)上。

8日 人力资源社会保障部最新数据显示,党的十八大以来,我国社保待遇水平稳步提高。2023年,全国企业退休人员月平均基本养老金比2012年增加一倍,月平均失业保险金水平从2012年的707元提高到2023年的1814元,月平均工伤保险伤残津贴由1864元提高到4000元。

9日 从财政部获悉,财政部第一次续发行2024年超长期特别国债(一期)(30年期),发行总额达450亿元。

9日 中国科学院青藏高原研究所科研团队首次获取了青藏高原对流层大气廓线的连续3年观测数据,可为青藏高原天气过程和环境变化研究、恶劣天气临近预报等提供数据支撑。相关成果日前在学术期刊《大气科学进展》发表。

10日 中国海油发布消息,随着最后一根锚链锁紧固定,亚洲首艘圆筒型浮式生产储卸油装置"海葵一号"完成海上安装,在珠江口盆地流花油田精准就位,标志着我国深水油气田浮体设施系泊系统安装能力获得新突破,为我国首个深水油田二次开发项目年内投产奠定基础。

12日 由中国航空工业集团自主研

制的 HH-100 航空商用无人运输系统验证机在陕西西安成功完成首次飞行试验。试验过程中，飞机各系统设备工作正常，飞机姿态平稳，状态保持良好，完成了预定飞行科目。

14 日 新华社报道，南京大学与中国科学院云南天文台、中国航天科技集团有限公司第八研究院的科研人员通过分析我国首颗探日卫星"羲和号"的观测数据，精确绘制出国际首个太阳大气自转的三维图像。相关论文发表在国际学术期刊《自然·天文学》上。

15 日 新华社报道，近日在三峡集团所属金沙江向溪珍稀植物园，科研人员经过一年的努力，成功繁育出国家二级保护野生植物阴生桫椤孢子体幼苗，孢子克隆取得成功。

15 日 夕发朝至的京港、沪港高铁动卧列车正式开行，北京至香港的全程旅行时间从原来的 24 小时 31 分缩短至 12 小时 34 分，上海至香港的时间由 19 小时 34 分缩短至 11 小时 14 分。

16 日 中国海军"和平方舟"号医院船从浙江舟山某军港码头解缆起航，执行"和谐使命 -2024"任务。任务期间，该船将赴塞舌尔、坦桑尼亚、马达加斯加、莫桑比克、南非、安哥拉、刚果（布）、加蓬、喀麦隆、贝宁、毛里塔尼亚、吉布提、斯里兰卡等 13 国访问并提供医疗服务，顺访法国、希腊。

18 日 国务院新闻办公室举行新闻发布会介绍，截至目前，我国制定出台了网络领域立法 150 多部，形成了以宪法为根本，以法律法规为依托，以传统立法为基础，以网络专门立法为主干的网络法律体系，搭建了我国网络法治的"四梁八柱"，为网络强国建设提供了坚实的制度保障。

19 日 在 2024 陆家嘴论坛期间，中国证监会发布《关于深化科创板改革 服务科技创新和新质生产力发展的八条措施》，这标志着科创板改革再出发，将为资本市场服务新质生产力打开新空间。

19—23 日 第三十届北京国际图书博览会在北京国家会议中心举行。本届图博会以"深化文明互鉴，合作共赢未来"为主题，共吸引 71 个国家和地区的 1600 家展商参展，22 万种中外图书在图博会亮相。

19 日 新华社报道，科研人员在大熊猫国家公园荥经片区发现了一个凤仙花科凤仙花属植物新种，并根据发现地命名为"荥经凤仙花"。这一研究成果近日发表在国际植物分类学期刊《PhytoKeys》上。

20 日 新华社报道，我国配售型保障性住房扩面至全国各城市和县城，各市县将有序开展收购已建成存量商品房用作保障性住房工作。

20 日 新华社报道，位于内蒙古甘其毛都口岸的自动导向车（AGV）智能通关及集装箱监管场所通过呼和浩特海关近日验收，标志着我国首条跨境无人运输通道全线贯通。

22 日 15 时 00 分，西昌卫星发射中心，中法天文卫星（SVOM）在长征二号丙运载火箭的托举下升空，随后进入预定轨道，发射任务圆满成功，将开启探秘伽马暴的重要任务。这是中法两国在航天领域的又一重要合作成果。

22日 2024全国深化医改经验推广会暨中国卫生发展会议召开。会议指出，截至目前，我国已有序推进13个类别的国家医学中心和125个国家区域医疗中心建设项目落地实施，基本覆盖医疗资源薄弱省份。同时，着力提升地市和县级医疗水平，增强基层医疗服务能力，超75%的乡镇卫生院和社区卫生服务中心能力达到基本标准。

24日 国家发展改革委等部门制定的《关于打造消费新场景培育消费新增长点的措施》对外发布，提出了培育餐饮消费新场景、培育文旅体育消费新场景、培育购物消费新场景、培育大宗商品消费新场景、培育健康养老托育消费新场景、培育社区消费新场景等6个方面重点任务。

25日 新华社报道，北京大学研究人员通过技术创新成功研发一种高密度、高通道的神经探针，在国际上首次实现对猕猴大脑全深度、高通量神经元活动的记录。其单根探针上集成了1024个可同时记录的神经信号通道，达到国际领先水平。该成果日前在线发表于国际学术期刊《自然·神经科学》。

26日 新华社报道，科研人员在大理苍山发现一个鸢尾属植物新物种，命名为苍山鸢尾。该成果日前在国际学术期刊《北欧植物学杂志》上发表。

27日 新华社报道，全国首个超大单机容量的海上风电机组项目——三峡集团漳浦二期海上风电项目实现全容量并网发电。

28日 国家航天局在北京举行探月工程嫦娥六号任务月球样品交接仪式。经初步测算，嫦娥六号任务采集月球背面样品1935.3克。

29日 新华社报道，中国科学院地质与地球物理研究所等单位在内蒙古自治区包头市举办的铌钪新矿物发布会上宣布，科研人员在白云鄂博稀土矿床发现鄂博铌矿、翟钪闪石两种新矿物。

30日 举世瞩目的超级工程——深中通道，正式通车试运营。这是全球首个集"桥、岛、隧、水下互通"为一体的跨海集群工程，路线全长约24公里，深圳至中山的车程将从此前约2小时缩短至30分钟。

30日 新华社报道，在北京亦庄全域人工智能之城创新发布会上，北京经济技术开发区正式上线"亦智政务大模型服务平台"，成为全市首个政务领域的大模型服务平台。该平台将支撑北京经开区各部门应用大模型技术实现数字化转型，并在部门协同、科学决策等领域试点应用。

30日 新华社报道，海南商业航天发射场是我国首个商业航天发射场，经多方评估，该发射场现已具备执行发射能力，将于下半年迎来首次火箭发射任务，正式实现商业化运营。

7月

1日 新华社报道，交通运输部北海航海保障中心首次开通北极航线海上安全信息播发业务，该业务由天津海岸电台通过中高频单边带无线电话播发，内容包括北极航线重点海域的海冰实况监测和气象预报信息。

2日　新华社报道，中宣部主题出版重点出版物《中国共产党历史百科全书》已由中国大百科全书出版社出版。全书设有总论、重要事件、重要会议、重要文献、重要人物、重要组织机构6个分支，共265万字，对中国共产党百年历史做了全面梳理总结。

2日　新华社报道，国家数据局负责人在2024全球数字经济大会上表示，国家数据局今年将陆续推出数据产权、数据流通、收益分配、安全治理、公共数据开发利用、企业数据开发利用、数字经济高质量发展、数据基础设施建设指引等8项制度文件。

3日　神舟十八号航天员乘组圆满完成第二次出舱活动。神舟十八号乘组航天员叶光富、李聪、李广苏密切协同，在空间站机械臂和地面科研人员的配合支持下，为空间站舱外管路、电缆及关键设备安装了空间碎片防护装置，并完成了舱外巡检任务。出舱航天员叶光富、李聪已安全返回问天实验舱，出舱活动取得圆满成功。

4日　新华社报道，首届国际商会中国仲裁日活动在上海举行。本次活动以"全球领先的争议解决业务在中国同中国工商界相关的最新发展"为主题，旨在通过多角度的探讨和交流，推动国际仲裁和争议解决在中国的发展。

5日　新华社报道，6时49分，我国在太原卫星发射中心使用长征六号改运载火箭，成功将天绘五号02组卫星发射升空，卫星顺利进入预定轨道，发射任务获得圆满成功。

6日　新华社报道，根据中国科学院

新疆生态与地理研究所最新发布的消息，在第三次新疆综合科学考察期间，我国科研人员在沙漠极端环境中发现一种有望在火星存活的植物齿肋赤藓。

8日　新华社报道，就中方相关机构发布报告进一步揭露美方散播"伏特台风"虚假信息，外交部发言人说，中方强烈谴责美方不负责任的做法，敦促美方作出解释并立即停止对中国的诬蔑抹黑，以负责任态度维护网络空间和平与安全。

8日　新华社报道，南开大学生命科学学院教授贡红日和中国科学院院士饶子和团队研究揭示了治疗耐药结核病药物贝达喹啉（BDQ）及其衍生物 TBAJ-587 抑制结核分枝杆菌 ATP 合成酶的分子机理，同时揭示了它们与人源 ATP 合成酶之间的交叉反应机制，对于进一步提升贝达喹啉的安全性、有效性以及开发新一代安全有效的抗结核药物具有重要指导意义。

9日　黄河古贤水利枢纽工程导流洞支洞掘进施工，标志着这项国家重大水利工程正式进入建设阶段。这是继2001年小浪底水利枢纽工程建成以来，黄河干流上建设的又一控制性骨干工程。

14日　新华社报道，中俄"海上联合-2024"联合演习在广东湛江某军港开幕。这次演习设立联合指挥部，由中俄两国海军混合编组。

15—18日　中国共产党第二十届中央委员会第三次全体会议在北京举行。全会由中央政治局主持。中央委员会总书记习近平作了重要讲话。全会听取和讨论了习近平受中央政治局委托所作的工作报告，审议通过了《中共中央关于进一步全面深化改革、推进中国式现代化的决定》。习近平就《决定（讨论稿）》向全会作了说明。

16 日 从中国航天科技集团获悉，国产首颗全电推通信卫星——亚太 6E 卫星 15 日在香港圆满通过了卫星在轨技术验收评审和地面系统最终技术验收评审，标志其完成在轨测试，正式投入运营。

18 日 从复旦大学获悉，该校物理学系赵俊教授团队利用高压光学浮区技术成功生长了三层镍氧化物，证实了镍氧化物中具有压力诱导的体超导电性，其超导体积分数达到 86%，这意味着又一新型高温超导体被发现。该成果发表于国际学术期刊《自然》。

19 日 从住房城乡建设部了解到，截至目前，全国已实施城市更新项目超过 6.6 万个，累计完成投资 2.6 万亿元，城市更新行动实施带来的综合性成效正在逐步显现。

20 日 从中国海油天津分公司获悉，我国海上首个稠油热采油田——南堡 35-2 油田首次采用过热蒸汽吞吐工艺实施 6 井次调整井蒸汽吞吐作业，日产原油达 220 吨，标志着海上稠油开发技术体系进一步完善。

22 日 商务部等 12 部门办公厅（室）日前印发通知，推广全国首批城市一刻钟便民生活圈试点经验。通知及试点地区典型经验做法在商务部官网发布。

22—28 日 第八届中国—南亚博览会在云南昆明开幕。第八届南博会执委会召开新闻发布会介绍，本届南博会期间共促成投资合作总金额超 100 亿元，截至 7 月 27 日累计签署内外贸合同金额超 80 亿元，线上线下累计销售额超 5 亿元。

23 日 中共中央政治局委员、外交部长王毅在北京出席巴勒斯坦各派内部和解对话闭幕式，见证巴勒斯坦 14 个派别共同签署《关于结束分裂加强巴勒斯坦民族团结的北京宣言》。

23 日 新华社报道，从中国航天科技集团六院获悉，近日，新一代载人运载火箭三级液氢液氧发动机在我国新建成的垂直高空模拟试验台，完成了高空模拟环境长程试验，验证了我国最大喷管面积比液氢液氧发动机长程工作的可行性，试验取得圆满成功。

26—29 日 由国家新闻出版署主办，山东省人民政府和济南市人民政府承办的第三十二届全国图书交易博览会在山东济南举办，线上线下共展出各类出版物 70 余万种，面向读者免费开放。

26 日 第三十三届夏季奥林匹克运动会在法国巴黎开幕。中国体育代表团由 716 人组成，其中运动员 405 人，将参加 30 个大项、236 个小项的角逐，是境外参加的历届奥运会中参赛小项最多的一届。

27 日 在印度新德里召开的第 46 届世界遗产大会通过决议，将"北京中轴线——中国理想都城秩序的杰作"列入《世界遗产名录》。此前一天，巴丹吉林沙漠—沙山湖泊群同样申遗成功。至此，中国的世界遗产总数达到 59 项。

8 月

1 日 新华社报道，近日，我国自主研发的通用视频大模型 Vidu（www.vidu.studio）面向全球正式上线。据悉，这款视频大模型开放文生视频、图生视频两大核心功能，提供 4 秒和 8 秒两种时长选择，分辨率最高达 1080P，生成一段 4 秒的视频片段经实测仅需 30 秒。

2 日　国际学术期刊《科学》以研究论文的形式在线发表了中国科学院地球环境研究所安芷生院士团队联合国内外多位专家的研究成果，揭示了南极冰盖生长和相关的海冰扩张在触发中更新世气候转型中的关键作用，为深入理解中更新世以来北半球冰盖的快速扩张提供了重要机制。

2 日　光伏发电是全球绿色转型的生力军。北京理工大学等国内单位科研团队合作，成功突破钙钛矿/晶硅叠层太阳能电池制备技术难题，并开发出光电转换效率达 32.5%、具有长期运行稳定性的钙钛矿/晶硅叠层太阳能电池。相关成果在国际学术期刊《科学》发表。

5 日　新华社报道，记者从中国人民银行获悉，中国人民银行、金融监管总局、中国证监会、财政部、农业农村部决定联合开展学习运用"千万工程"经验加强金融支持乡村全面振兴专项行动。五部门当日发布的《关于开展学习运用"千万工程"经验 加强金融支持乡村全面振兴专项行动的通知》提出，将实施金融保障粮食安全专项行动、巩固拓展金融帮扶成效专项行动、金融服务乡村产业发展专项行动、金融支持乡村建设专项行动、金融赋能乡村治理专项行动。

5 日　西部陆海新通道物流和运营组织中心发布数据显示，5 年来，通道目的地已从全球 166 个港口拓展到 523 个港口。西部陆海新通道，一条具有澎湃活力的国际经济走廊，释放西部地区开放发展新动能，创造"一带一路"合作共赢新机遇。

5 日　作为国产大飞机 C919 全球首发航空公司，中国东方航空开始以 C919 执飞全新航线——西安咸阳往返北京大兴。这是东航 C919 继执飞上海虹桥—成都天府、上海虹桥—北京大兴、上海虹桥—西安咸阳、上海虹桥—广州白云航线之后的第 5 条商业定期航线。

6 日　新华社报道，记者从工业和信息化部获悉，工业和信息化部印发《关于创新信息通信行业管理 优化营商环境的意见》，从持续优化高效开放统一的准入环境、积极营造健康公平有序的竞争环境、进一步打造规范透明可预期的监管环境、着力构建便捷可靠优质的服务环境等四方面提出系列举措，优化行业管理制度、方式、手段，推动信息通信行业高质量发展。

6 日　新华社报道，记者从中国科学院空天信息创新研究院获悉，该研究院科研团队利用我国风云三号 D 星观测数据，并结合多源地基观测，精确量化了 2020 年至 2022 年间全球生物质燃烧碳排放，将为全球碳循环过程和机制研究等提供科学数据支撑。相关成果日前在国际学术期刊《地球系统科学数据》在线发表。

9 日　新华社报道，国务院近日印发《关于促进服务消费高质量发展的意见》，这是我国首次专门就服务消费发展作出系统全面部署的政策文件。出台意见主要目的是通过优化和扩大服务供给，释放服务消费潜力，更好满足人民群众个性化、多样化、品质化服务消费需求。

14日 新华社报道，记者从民政部获悉，民政部、财政部近日联合印发《全国服务类社会救助试点工作方案》，部署在全国开展服务类社会救助试点，推动实现社会救助由单一物质救助向"物质＋服务"综合救助模式转变。

15日 国家林草局发布我国集体林权制度改革的最新成果：截至目前，全国集体林森林面积达21.83亿亩，比林改前增长37%；森林蓄积量93.32亿立方米，集体林地亩均产出300元，均比林改前大幅增长。

15日 国家税务总局发布《关于进一步便利纳税人跨区迁移服务全国统一大市场建设的通知》，从"优化事前提醒""提速事中办理""完善事后服务"全环节推出系列举措，进一步便利纳税人跨区迁移。据了解，该通知自9月1日起执行。

16日 15时35分，我国在西昌卫星发射中心使用长征四号乙运载火箭，成功将遥感四十三号01组卫星发射升空，卫星顺利进入预定轨道，发射任务获得圆满成功。遥感四十三号01组卫星主要用于开展低轨星座系统新技术试验。这次任务是长征系列运载火箭的第531次飞行。

17日 新华社报道，国家卫生健康委、国家中医药局近日印发通知，决定组织开展失能老年人健康服务行动（2024—2027年），聚焦老年人在卫生健康领域"急难愁盼"问题，精准对接失能老年人健康服务需求。

19日 新华社报道，我国自主研发的海底隧道盾构机"深江1号"完成掘进任务，顺利抵达海平面下106米，这也标志着中国大盾构创下水下掘进新纪录。

19—22日 "2024·石窟寺保护国际论坛"在甘肃省敦煌市举办，来自16个国家的400多位专家学者在论坛上交流探讨了世界多地石窟寺保护的技术、经验、理念。国家文物局副局长关强介绍，经过70多年的努力，中国重要石窟寺重大险情基本消除，石窟寺本体保护修缮、载体加固与环境治理、数字化保存与监测等方面的探索实践卓有成效。

22日 新华社报道，记者从最高人民检察院获悉，最高检、自然资源部日前联合发布了一批土地执法查处领域违法建（构）筑物没收处置行政非诉执行监督典型案例，旨在以"长牙齿"的硬措施保护耕地，进一步加强土地执法查处领域行政检察与行政执法衔接工作，充分发挥典型案例示范、引领和指导作用。

27日 中国人民银行网站公布的信息显示，近日，中国人民银行联合国家发展改革委、工业和信息化部、财政部、生态环境部、金融监管总局、中国证监会和国家外汇局制定印发了《关于进一步做好金融支持长江经济带绿色低碳高质量发展的指导意见》。

27日 主跨近千米的G3铜陵长江公铁大桥主桥顺利合龙，标志着由铜陵市综合交通投资集团有限公司投资建设、中铁大桥院设计、中铁大桥局施工的我国首座双层斜拉—悬索协作体系大桥主体完工。

27—28日 中共中央政治局委员、

中央外办主任王毅在北京同美国总统国家安全事务助理沙利文举行新一轮战略沟通，进行了坦诚、实质性、建设性讨论。

28日 中国国际航空公司和中国南方航空公司在中国商飞总装制造中心浦东基地同时接收首架C919飞机。这标志着C919飞机即将开启多用户运营新阶段。

29日 为切实保障劳动者和用人单位合法权益，人力资源社会保障部、中央网信办联合发布《关于进一步加强人力资源市场规范管理的通知》，聚焦当前存在的虚假招聘、泄露求职者个人信息、就业歧视、违规收费等突出问题，针对性提出一系列新举措。

30日 国家疾控局等9部门联合发布《关于建立健全智慧化多点触发传染病监测预警体系的指导意见》，明确了我国传染病监测预警体系建设的总体要求和目标。

31日 新华社报道，记者从中国海油获悉，中国海油高效完成海南岛南部海域某区块探井钻井作业，其中在8月20日的单日最高进尺高达2138米，创造了国内海上油气井单井日进尺新纪录。这标志着我国海洋油气井钻井提速技术取得了新突破。

9月

1日 国歌标准演奏曲谱和国歌官方录音版本正式发布，此次发布了三个版本演奏曲谱和四个版本官方录音，能够涵盖国歌使用的主要奏唱形式和使用场景，将更有利于国歌奏唱的严肃性和规范性，有利于党和国家的礼仪制度、礼乐制度的建设，更好维护国家尊严。

1—2日 新华社报道，在四川宜宾举行的2024世界动力电池大会上，创新、安全、回收等成为嘉宾们讨论的关键词，也折射出动力电池行业的最新发展动向。动力电池是新能源汽车的"心脏"，也是汽车产业实现绿色低碳转型和可持续发展的关键。

2日 新华社报道，国务院办公厅日前印发《关于以高水平开放推动服务贸易高质量发展的意见》（以下简称《意见》）。《意见》提出5方面20项重点任务。《意见》要求各地区、各有关部门充分认识大力发展服务贸易的重要意义，依靠扩大开放和创新驱动激发服务贸易发展新动能，抓好贯彻落实，积极营造扩大开放、鼓励创新、公平竞争、规范有序的服务贸易发展环境。

3日 新华社报道，民政部等21个部门近日联合印发《加强流动儿童关爱保护行动方案》。方案是国家层面首个面向流动儿童群体专门制定的关爱保护政策文件。

3日 新华社报道，记者从中国科学院在南京举办的新闻发布会上获悉，国际地质科学联合会日前发布第二批100个世界地质遗产地名录，我国有3个地质遗产地入选，分别为：乌达二叠纪植被化石产地、自贡大山铺恐龙化石群遗址和桂林喀斯特。

4日 新华社报道，记者从工业和信息化部获悉，工业和信息化部、中央网信办等十一部门联合印发通知，从全国统筹布局、跨区域协调、跨网络协调、跨行业协调、发展与绿色协调、发展与安全协调、跨部门政策协调等方面明确具体举措，推动新型信息基础设施协调发展。

4—6日 2024年中非合作论坛峰会在北京举行。5日上午，国家主席习近平在北京人民大会堂出席中非合作论坛北京峰会开幕式并发表主旨讲话。习近平宣布，中国同所有非洲建交国的双边关系提升到战略关系层面，中非关系整体定位提升至新时代全天候中非命运共同体，将实施中非携手推进现代化十大伙伴行动。

6日 新华社报道，我国在酒泉卫星发射中心成功发射的可重复使用试验航天器，在轨飞行268天后，成功返回预定着陆场。此次试验的圆满成功，标志着我国可重复使用航天器技术渐趋成熟，后续可为和平利用太空提供更加便捷、廉价的往返方式。

7日 新华社报道，住房城乡建设部负责人表示，我国城市发展进入城市更新的重要时期，将通过进一步全面深化改革，推动建立城市规划建设治理新机制。由中国城市规划学会主办的2024中国城市规划年会在安徽省合肥市召开，住房城乡建设部表示，将深化城市规划设计制度改革，以国土空间规划为基础，编制实施专项规划，解决相关领域问题。

7日 新华社报道，近日，国务院公布《法规规章备案审查条例》，自2024年11月1日起施行。司法部有关负责人和专家表示，法规规章备案审查是维护国家法治统一的重要制度，此次出台的条例适应和满足新时代备案审查工作需要，对于保障宪法法律实施具有重要意义。

10日 中国航天科技集团六院165所铜川试验中心亚洲最大高空模拟试验台考台圆满成功，标志着我国载人登月工程落月主减速发动机高空模拟试验关键技术取得重大突破。

11日 我国自主研发的朱雀三号VTVL-1可重复使用垂直起降回收试验箭，在酒泉卫星发射中心完成10公里级垂直起降返回飞行试验，标志着我国商业航天在可重复使用运载火箭技术上取得突破，为将来实现大运力、低成本、高频次、可重复使用的航天发射迈出关键。

12日 2024年中国国际服务贸易交易会在北京开幕，主题为"全球服务 互惠共享"。本届服贸会有85个国家和国际组织设展办会，450余家世界500强和行业龙头企业线下参展，举行上百场活动，200余项融合创新成果发布。

12日 新华社报道，记者从国新办举行的"推动高质量发展"系列主题新闻发布会获悉，我国正布局建设15个国家区域公共卫生中心；开展15种常见呼吸道病原体综合监测，实现"多病种同监测、一样本多检测"等，持续推动疾控事业高质量发展，取得积极成效。

14日 上午11时30分，G8491次列车从梅州西站驶出，龙岩至龙川高铁梅州西至龙川西段正式开通运营。自此，中国铁路运营里程突破16万公里，我国铁路发展迈上新台阶。

15日 新疆塔什库尔干塔吉克自治县星地激光通信地面站正式建成并开始常态化运行，这是我国首个业务化运行的星地激光通信地面站。

16日 新华社报道，第47届世界技能大赛9月15日晚在法国里昂闭幕，中国代表团在本次大赛中表现出色，在全部59个项目中，共获得36枚金牌、9枚银牌、4枚铜牌和8个优胜奖，位居金牌榜、奖牌榜和团体总分首位。

17日 昆明海关发布数据显示，自2021年12月3日中老铁路通车运营以来，截至2024年9月16日，已累计监管验放经中老铁路进出口货物1000.2万吨，货值407.7亿元。中国制造的机电产品、农产品以及老挝、泰国的天然橡胶、热带水果等通过中老铁路“双向奔赴”，有力促进了沿线经贸往来。

21日 第十四届中国国际数字出版博览会在海南海口开幕。中国新闻出版研究院发布的《2023—2024中国数字出版产业年度报告》显示，我国数字出版产业持续推进高质量发展，展现出数字化“赋能”、精品化“点睛”、国际范“十足”的新活力。

22日 中国科学院合肥物质科学研究院强磁场科学中心自主研制的水冷磁体产生了42.02万高斯的稳态磁场，打破了2017年由美国国家强磁场实验室水冷磁体产生的41.4万高斯的世界纪录。

22日 新华社报道，海关总署、国家发展改革委、工信部等九部门日前联合公布《关于智慧口岸建设的指导意见》，明确要加快口岸数字化转型和智能化升级，推进智慧口岸建设，服务高水平对外开放和高质量发展。

25日 “中国天眼”迎来落成启用8周年纪念日。在距离“中国天眼”不到3公里的一处山头上，一台40米级的射电望远镜（核心阵试验样机）正在进行吊装。中国科学院国家天文台副台长姜鹏说，计划利用“中国天眼”周围5公里内优异的电磁波环境，建设24台40米口径射电望远镜与FAST组成核心阵。

25日 国际学术期刊《自然》在线发表了西北农林科技大学青年科学家岳超领衔的团队题为《极端森林大火放大火后地表升温》的研究成果。文章认为，在北方温带和寒带森林中，极端大火不仅会让夏季地表温度升温幅度更大，而且对夏季地表升温的放大效应可以持续数十年之久。不过，这种效应会随着阔叶树的增加而减少，为减缓大火带来的气候风险，可适当增加阔叶树的比例。

27日 从国家航天局获悉，18时30分，我国在酒泉卫星发射中心采用长征二号丁运载火箭，成功发射首颗可重复使用返回式技术试验卫星——实践十九号卫星，卫星顺利进入预定轨道。

27日 从农业农村部、人力资源社会保障部在重庆召开的脱贫人口就业帮扶工作会议获悉，今年以来各级各相关部门深入开展防止返贫就业攻坚行动，截至8月底，全国脱贫人口务工就业总规模达到3295.3万人，超年度目标任务276.1万人，为巩固拓展脱贫攻坚成果提供了有力支撑。

28日 为期5天的第21届中国—东盟博览会、中国—东盟商务与投资峰会闭幕。展会期间，中国与东盟携手共谋绿色低碳未来，推动区域经济社会与生态环境协调发展成为热议话题。

28—29日　新华社记者从在浙江杭州市召开的2024年全国国土空间规划年会上获悉，我国将进一步深化"多规合一"改革，健全城市规划体系，凝聚行业共识，推动国土空间治理体系和治理能力现代化。

10月

9日　中共中央办公厅、国务院办公厅印发的《关于加快公共数据资源开发利用的意见》发布，这是中央层面首次对公共数据资源开发利用进行系统部署。意见围绕深化数据要素配置改革，扩大公共数据资源供给；加强资源管理，规范公共数据授权运营；鼓励应用创新，推动数据产业健康发展；统筹发展和安全，营造开发利用良好环境4个方面，部署加快推进公共数据资源开发利用工作。

9日　国家知识产权局发布《2024年全国知识产权服务业统计调查报告》显示，截至2023年底，我国提供知识产权服务的机构数量约8.9万家，同比增长约2.9%。2023年我国知识产权服务业市场规模稳步增长，新业态新模式不断涌现，服务供给结构和行业环境持续优化。

11日　从国家航天局获悉，10时39分，我国在东风着陆场成功回收首颗可重复使用返回式技术试验卫星——实践十九号卫星，搭载的植物及微生物育种载荷、自主可控和新技术验证试验载荷、空间科学实验载荷、社会公益和文化创意载荷等回收类载荷已全部顺利回收。

11日　从中国科学院高能物理研究所了解到，我国重大科技基础设施——江门中微子实验建设进入收官阶段，探测器主体装置基本建成，预计11月底完成全部安装任务并启动超纯水、液体闪烁体的灌装，2025年8月正式运行取数。

13日　国家税务总局发布的增值税发票数据显示，今年前三季度，我国新质生产力加快发展，全国统一大市场建设稳步推进，绿色低碳转型提速，在工业运行、新动能产业、设备更新和消费品以旧换新等领域呈现亮点

14日　以"人工智能与媒体变革"为主题的第六届世界媒体峰会上午在乌鲁木齐开幕。与会代表围绕媒体发展中人工智能的运用、数字化时代新闻媒体的共同使命、中国新疆高水平开放和高质量发展等议题展开研讨，共商如何更好讲好世界现代化建设的故事，推动全球共同发展。

15—20日　第76届法兰克福书展在德国法兰克福会展中心举办，书展上，中国图书进出口（集团）有限公司组织近70家国内出版机构参展，中国联合展台参展面积580平方米，展示3500多种图书，重点展示版贸图书1000多种，类型覆盖中国传统文化、社会科学、教育、生活休闲、儿童读物等。书展期间，多家中国出版机构举行外文版新书发布会、签约仪式、版权输出签约仪式等活动。

15日　以"服务高质量发展，推进高水平开放"为主题的第136届广交会拉开帷幕。本届广交会线下参展企业超3万家、展出新品115万件，新企业、新产品、新技术、新业态大量涌现，吸引14.7万名

境外采购商预注册。

17 日　我国智能网联汽车产业体系基本形成，建成涵盖基础芯片、传感器、计算平台、底盘控制、网联云控等在内的完整产业体系，人机交互等技术全球领先，线控转向、主动悬架等技术加快突破。

17 日　由中国海警梅山舰、秀山舰组成的舰艇编队圆满完成"太平洋巡航——2024"中俄海警联演联巡，顺利返港。编队于 9 月 13 日从舟山起航，途经日本海、鄂霍次克海、白令海、楚科奇海进入北冰洋，10 月 17 日返航舟山，历时 35 天，两舰总航程 17000 余海里，累计航行 1200 余小时。

18 日　国新办举行新闻发布会，介绍 2024 年前三季度国民经济运行情况。国家统计局有关负责人表示，推动经济企稳回升的有利条件在增加，实现全年经济增长 5% 左右预期目标的信心在增强。初步核算，前三季度中国国内生产总值（GDP）949746 亿元，按不变价格计算，同比增长 4.8%，国民经济运行稳中有进，向好因素累积增多。

18 日　税务总局、财政部、国铁集团联合对外发布公告，自 2024 年 11 月 1 日起，在我国铁路客运领域推广使用全面数字化的电子发票——电子发票（铁路电子客票）。

19 日　2024 年中国罕见病大会开幕，截至目前，全国罕见病诊疗协作网医院总数达到 419 家，涵盖全国所有省份，显著提升了罕见病的管理与诊疗水平。

21 日　我国建造的液化天然气（LNG）双燃料 1.6 万标箱集装箱船"玛利亚克里斯蒂娜"轮在大连交付。该轮配备 1.3 万立方米 B 型 LNG 燃料舱，与传统 LNG 燃料舱相比容量更大、利用率更高，传统燃料消耗更少。

22 日　据中国载人航天工程办公室介绍，神舟十九号载人飞船与长征二号 F 遥十九运载火箭组合体已转运至发射区。目前，发射场设施设备状态良好，后续将按计划开展发射前的各项功能检查、联合测试等工作，计划近日择机实施发射。

23 日　工业和信息化部有关负责人在国新办发布会上表示，将探索建立通感一体的低空经济网络设施。此外，工业和信息化部还将通过加强顶层谋划、加强多场景应用牵引等，推动低空产业发展。通感一体即通信感知一体化，能够实现飞行器信息的实时传输和共享，提升低空通信的效率和可靠性，满足低空飞行器对高质量通信的需求。

23 日　新华社报道，我国建成了具备国际竞争优势的新能源全产业链体系，为全球贡献了 80% 以上的光伏组件和 70% 的风电装备。

22—24 日　新华社报道，金砖国家领导人第十六次会晤在俄罗斯喀山举行。中国国家主席习近平发表题为《登高望远，穿云破雾推动"大金砖合作"高质量发展》的重要讲话，强调要把金砖打造成促进"全球南方"团结合作的主要渠道、推动全球治理变革的先锋力量，倡议各方携手建设"和平金砖""创新金砖""绿色金砖""公正金砖""人文金砖"，为在新的起点上推动金砖国家合作擘画蓝图、指明方向。

26日 《中共中央 国务院关于深化产业工人队伍建设改革的意见》印发，对加强产业工人队伍建设改革作出战略性、全局性决策部署。围绕产业工人队伍建设，意见从强化思想政治引领、保障主人翁地位、完善技能形成体系、健全职业发展体系、维护劳动经济权益、搭建建功立业平台、壮大队伍等7个方面，进一步明确党委和政府、企业、工会的职责任务。

26日 从国家医保局获悉，国家医保局近日出台护理类立项指南（试行）和优化调整护理价格政策通知，新设"免陪照护服务"价格项目，实行政府指导价管理，2024年底前各省份对接落实立项指南后，试点地区免陪照护服务收费将有据可依。

26日 在滁州至合肥至周口高速公路合肥段上跨铁路工程施工现场，随着最后一座长184米的转体桥逆时针旋转81.7度，与之前就位的三座转体桥实现精准对接，国内"公跨铁"最长连续转体桥群完成转体，为滁合周高速公路全线建成通车奠定坚实基础。

28日 新华社报道，国务院办公厅日前印发《关于加快完善生育支持政策体系推动建设生育友好型社会的若干措施》，《若干措施》以习近平新时代中国特色社会主义思想为指导，全面贯彻党的二十大和二十届二中、三中全会精神，坚持以人民为中心的发展思想，认识、适应、引领人口发展新常态，完善生育支持政策体系和激励机制，健全覆盖全人群、全生命周期的人口服务体系，有效降低生育、养

育、教育成本，营造全社会尊重生育、支持生育的良好氛围，为推动实现适度生育水平、促进人口高质量发展提供有力支撑。

29日 继2024年9月30日我国科学家宣布探明位于西藏那曲市双湖县境内的普若岗日冰原是青藏高原上最厚的冰川，科考现场又传来新进展：我国科学家打破世界纪录，在此钻取了全球中低纬度冰川最长的冰芯，长达324米。

30日 从工业和信息化部获悉，工业和信息化部等三部门近日联合印发《新材料大数据中心总体建设方案》，计划到2027年，搭建形成"1＋N"（1个中心主平台、N个数据资源节点）的新材料大数据中心架构体系；到2035年，新材料大数据中心体系全面建成并稳定运行，数据规模进入国际第一梯队。

30日 北京时间2024年10月30日12时51分，在轨执行任务的神舟十八号航天员乘组顺利打开"家门"，欢迎远道而来的神舟十九号航天员乘组入驻中国空间站，"70后""80后""90后"航天员齐聚"天宫"，完成中国航天史上第5次"太空会师"。

30日 海油工程天津智能制造基地二期工程在天津滨海新区正式投产，标志着国内首个海洋油气装备"智能工厂"全面建成。

31日 国家统计局发布第三次全国时间利用调查公报。调查结果显示，随着我国数字化、信息化水平不断提高，我国居民时间利用分配和生产生活方式发生了较大变化，生活品质不断提升。

31日　农业银行、中国银行、建设银行等多家商业银行发布公告，自11月1日起，陆续对商业性个人住房贷款利率实行新定价机制，这意味着，未来借贷双方可基于市场化原则自主协商、动态调整存量房贷利率。房贷利率重定价周期最短为一年的限制被取消，借贷双方可重新约定重定价周期，使房贷利率及时反映定价基准的变化。

11月

1日　从教育部获悉，教育部等十七部门近日联合印发《家校社协同育人"教联体"工作方案》，提出力争到2025年，50%的县建立"教联体"，到2027年所有县全面建立"教联体"。"教联体"是以中小学生健康快乐成长为目标、以学校为圆心、以区域为主体、以资源为纽带，促进家校社有效协同的一种工作方式。

4日　从中国科学院空间应用工程与技术中心获悉，中国空间站第七批空间科学实验样品随神舟十八号载人飞船返回舱顺利返回。

4日　科学技术普及法修订草案首次提请全国人大常委会会议审议，这是科学技术普及法自2002年公布施行以来的首次修订。修订草案聚焦科普发展中的突出问题，优化创新制度，完善体制机制，新增"科普活动"和"科普人员"两章，从现行的6章34条增加到8章60条，主要包括明确科普的总体要求和目标方向、强化科普社会责任、促进科普活动、加强科普队伍建设、强化保障措施等内容。

5日　从国家知识产权局了解到，该局办公室会同国家市场监督管理总局办公厅近日联合印发《关于做好知识产权领域信用监管工作的通知》，旨在做好知识产权领域信用监管工作，推进知识产权领域诚信体系建设，加强知识产权保护，促进经济高质量发展。

5—10日　第七届中国国际进口博览会在上海举行。本届进博会共有129个国家和地区的3496家展商参加，国别（地区）数和企业数都超过了上届，参展的世界500强和行业龙头企业达到297家，创历史新高。

6日　新华社报道，生态环境部日前发布《中国应对气候变化的政策与行动2024年度报告》，年度报告全面展示2023年以来各领域各部门应对气候变化政策、措施和重点工作的进展和成效，以数据和事实体现我国重信守诺、聚焦落实的理念，体现了我国积极应对气候变化的负责任态度。

6日　首届世界古典学大会在北京举行，主题为"古典文明与现代世界"，由中国社会科学院、中国教育部、中国文化和旅游部、希腊文化部、希腊雅典科学院共同主办。大会广泛邀请世界各国及相关国际组织代表、国内外知名专家学者、文化名家、媒体人士、智库专家、青年代表等，围绕古典文明相关议题深入研讨对话，提供交流思想、凝聚共识的重要平台。

7日　北京理工大学张军院士团队自主研制出百通道百万像素的高光谱实时成像器件，可高效率、智能化探测"三原色"之外的更多"原色"。相关成果在国

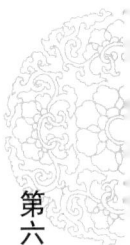

际学术期刊《自然》发表。

8日 从国家金融监督管理总局获悉，金融监管总局近日联合中国人民银行、中国证监会在北京召开第一次金融消费者和投资者保护监管联席会议，标志着金融消费者和投资者保护工作协调机制正式建立。

11日 午间，力箭一号遥五运载火箭在东风商业航天创新试验区发射升空，将搭载的15颗卫星顺利送入预定轨道，飞行试验任务获得圆满成功。

12日 中国科学技术大学彭新华教授、江敏副教授等人利用量子精密测量技术探测暗物质诱导的自旋相关相互作用，将此前国际上的探测界限提升50倍以上。国际知名学术期刊《物理评论快报》日前刊发了该成果。

14日 海关总署发布数据显示，2016年至2023年，8年间，中秘贸易年均增速高达14.6%。今年前10个月，双边贸易继续快速增长，中国对秘鲁进出口2546.9亿元，同比增长16.8%。

14日 从中核集团获悉，由中核汇能西藏公司投资建设的中核萨迦30万千瓦风光储一体化项目全容量并网成功，其中风电场区最高海拔为5194米，是目前全球超高海拔地区单体容量最大的风电项目。

15日 上午10时20分，随着X8083次中欧班列（重庆—杜伊斯堡）驶出重庆团结村中心站，中欧班列累计开行突破10万列。

16日 新华社报道，北京师范大学、广东省智能科学与技术研究院、中国科学院生物物理研究所等单位科研人员合作，

揭示出感觉神经元发育机制，并基于此构建了人类背根结节类器官，有望为慢性疼痛等疾病提供新型药物筛选工具。研究成果近日在国际学术期刊《细胞》上发表。

16日 当地时间上午，亚太经合组织第三十一次领导人非正式会议在秘鲁利马开幕。国家主席习近平出席会议并发表题为《共担时代责任 共促亚太发展》的重要讲话。

17日 第十五届中国国际航空航天博览会在广东珠海落幕，本次航展共签订总值约2856亿元人民币合作协议，成交各种型号飞机1195架。据组委会统计，在为期六天的展览中，共有来自47个国家和地区的1022家企业参展，参展飞机261架、地面装备248型，举办会议论坛、签约仪式、商务洽谈等活动247场，吸引近59万人参观。

18—19日 二十国集团（G20）领导人第十九次峰会在巴西里约热内卢举行，与会领导人围绕"构建公正的世界和可持续的星球"主题，共商发展合作大计，共绘全球治理蓝图。国家主席习近平分别围绕"抗击饥饿与贫困"议题和"全球治理机构改革"议题发表重要讲话。

19—22日 2024年世界互联网大会乌镇峰会在浙江桐乡举行，主题为"拥抱以人为本、智能向善的数字未来——携手构建网络空间命运共同体"。

20日 从中国航天科技集团一院获悉，该院抓总研制的长征十号系列运载火箭近日成功完成整流罩分离试验。

21日 中国载人航天工程总设计师周建平在深圳召开的第六届载人航天学术

中国国情读本

大会上表示，我国载人月球探测工程载人登月任务已经完成了前期的关键技术攻关和深化论证，目前全面进入了初样研制阶段。

22日 新华社记者从人力资源社会保障部获悉，人力资源社会保障部、国家发展改革委、教育部等10部门近日联合印发《关于进一步加强农民工服务保障工作的意见》，从稳定和扩大农民工就业、维护农民工劳动保障权益、促进进城农民工均等享有城镇基本公共服务等方面，推动农民工就业增收、更好融入城市。

24日 新华社记者从司法部获悉，司法部日前召开专题会议，立足司法行政工作职责，研究部署进一步加强矛盾纠纷化解、维护社会安全稳定的具体措施。

24日 国家税务总局对外发布公告称，自2024年12月1日起，在全国正式推广应用数电发票。数电发票是将发票的票面要素全面数字化、号码全国统一赋予、开票额度智能授予、信息通过税务数字账户等方式在征纳主体之间自动流转的新型发票。数电发票与纸质发票具有同等法律效力。

25日 由文化和旅游部、国家文物局和浙江省人民政府共同主办的第二届"良渚论坛"在浙江省杭州市开幕。来自60余个国家和地区的考古学家、作家、音乐家等300余名中外嘉宾围绕"交流互鉴与人类文明新形态"的主题开展研讨，共商文明交流互鉴。

26日 中国石油集团宣布，我国首个国家级陆相页岩油示范区——新疆吉木萨尔国家级陆相页岩油示范区2024年累计产量突破100万吨，成为我国首个年产突破百万吨的国家级陆相页岩油示范区。

26—30日 以"链接世界，共创未来"为主题的第二届中国国际供应链促进博览会在北京中国国际展览中心举办。新华社记者从闭幕新闻发布会上获悉，据不完全统计，本届链博会共签署合作协议、意向协议210多项，涉及金额1520多亿元人民币。

27日 新华社报道，中共中央办公厅、国务院办公厅近日印发《有效降低全社会物流成本行动方案》。行动方案明确了5方面20项重点任务，包括深化体制机制改革、促进产业链供应链融合发展、健全国家物流枢纽与通道网络、加强创新驱动和提质增效、加大政策支持引导力度等。行动方案还提出，到2027年，社会物流总费用与国内生产总值的比率力争降至13.5%左右。

27日 从国家卫生健康委了解到，国家卫生健康委办公厅、国家中医药局综合司和国家疾控局综合司近日联合印发《关于加强首诊和转诊服务 提升医疗服务连续性的通知》，旨在进一步巩固基层首诊、双向转诊、急慢分治、上下联动的分级诊疗格局，提高群众看病就医获得感。

27日 中国科学技术大学特任教授谈鹏团队发现，通过改变锂离子浓度，调控传输与成核动力学之间的匹配程度，可以显著提升锂氧气电池的放电容量。该研究为实现高能量密度锂空气电池提供了理论指导。

11月28日—12月1日 由农业农村部主办的第二十一届中国国际农产品

交易会在广州市举行。本届农交会以"加快发展现代农业 推进乡村全面振兴"为主题,重点聚焦展示成就、推动交流、培育品牌、促进贸易等四方面内容,展览面积超 10 万平方米,近 3000 家企业携 2 万余种展品参展,有近 5 万名采购商到会参观采购,观展人数超 10 万人次。据不完全统计,展会达成签约意向 539 笔,贸易签约额达 236 亿元。

30 日 中国互联网络信息中心在第五届中国互联网基础资源大会上发布《生成式人工智能应用发展报告(2024)》。报告显示,截至 2024 年 6 月,我国生成式人工智能产品的用户规模达 2.3 亿人。各行各业正在积极拥抱生成式人工智能带来的智能化升级浪潮。

12 月

2 日 国务院国资委发布的信息显示,近日,国务院国资委、国家发展改革委联合出台政策措施,推动中央企业创业投资基金高质量发展,支持中央企业发起设立创业投资基金。

2 日 从国家知识产权局获悉,近日,国家知识产权局同意宁夏回族自治区开展国家级知识产权保护中心建设,未来将面向新材料和高端装备制造产业开展知识产权快速协同保护工作。至此,全国 29 个省(自治区、直辖市)已建设国家级知识产权保护中心达 75 家。

3 日 商务部等 9 部门近日印发的《关于完善现代商贸流通体系推动批发零售业高质量发展的行动计划》对外发布。

计划提出,到 2027 年,基本建成联通内外、贯通城乡、对接产销、高效顺畅的现代商贸流通体系。

3 日 从交通运输部专题新闻发布会上获悉,今年以来,我国航空货运发展形势良好,国际航空货运保持快速增长趋势,航空货运规模达到历史最好水平。

4 日 新华社报道,记者从中国国家铁路集团有限公司获悉,今年 1 至 11 月份,全国铁路累计发送旅客 40.08 亿人次,年度旅客发送量首次突破 40 亿人次大关,创历史新高。我国铁路客运量、客运周转量等主要旅客运输指标稳居世界首位。

6 日 新华社报道,国家卫生健康委成立了科技创新领导小组,已出台 50 条促进卫生健康科技创新的政策举措,围绕构建科技创新工作体系、凝练攻关任务、遴选攻关团队、健全项目管理、优化资源布局、营造政策环境、推进平台建设、完善评估评价、促进高质量发展、健全专业服务 10 个方面,对卫生健康科技创新工作进行部署。

6 日 国家市场监督管理总局对外发布《防范外卖餐饮浪费规范营销行为指引》,进一步规范外卖商家营销行为,落实网络餐饮平台主体责任,防范外卖餐饮浪费,营造厉行节约、反对浪费的社会风尚。

7 日 新华社报道,外资金融机构近期密集发声,认为 9 月下旬以来中国政府发布的一揽子增量政策,叠加大规模设备更新和消费品以旧换新等存量政策,有力提振了市场信心、稳定了市场预期。随着政策"组合拳"密集出台,一系列经济指标出现改善迹象,瑞银、高盛、野村、摩根大通等机构纷纷上调2024年中国经济增速预测。

9日 新华社报道，中国期货业协会日前发布实施《期货公司"保险＋期货"业务规则（试行）》。这是"保险＋期货"业务领域的首份行业自律规范性文件，核心就是牢牢守住业务风险底线，更好赋能"三农"大市场。

9日 中共中央政治局召开会议，分析研究2025年经济工作。会议总结分析今年经济工作，全面客观研判当前经济发展形势，对明年经济工作作出一系列部署，必将进一步坚定各方发展信心，积极主动应对困难挑战，巩固增强经济回升向好态势，为实现"十五五"良好开局打牢基础。

10日 联合国环境规划署线上公布2024年"地球卫士奖"得主，中国科学家卢琦因助力中国扭转土地退化趋势、减少沙化面积，获得"地球卫士奖"中的"科学与创新奖"，这也是中国人首次在该类别获奖。

10日 中国在超高海拔地区风力发电领域取得重大突破。截至8时，全球海拔最高的风电项目——位于西藏昌都的八宿10万千瓦保障性并网风电项目累计发电2242万千瓦时。这座由大唐西藏能源开发有限公司、昌都市康电清洁能源投资发展集团有限公司投资建设的风电场年发电量达2.23亿千瓦时，可满足约23万人全年生活用电。

11日 人力资源社会保障部等五部门印发的《关于加强人力资源服务助力制造业高质量发展的意见》对外公布，提出加强制造业招聘用工保障。意见提出，要聚焦制造业招聘用工需求，加快推进专业性行业性人才市场建设，分领域搭建人力资源供需对接平台。聚焦制造业急需紧缺职业（工种），创新推广直播带岗、定向招聘，引导劳动力向紧缺领域集聚。

12日 人力资源社会保障部等五部门发布《关于全面实施个人养老金制度的通知》，自12月15日起，将个人养老金制度从36个先行城市（地区）推开至全国。通知进一步明确了相关支持政策，并就公众最为关注的投资产品、提前支取、风险管理等问题，作出了一系列调整。

13日 从工业和信息化部获悉，工业和信息化部等四部门日前联合印发《中小企业数字化赋能专项行动方案（2025—2027年）》，由点及面、由表及里、体系化推进中小企业数字化转型。

14日 从中国药科大学获悉，该校多靶标天然药物全国重点实验室肖易倍教授团队近日揭示了细菌通过代谢抵抗噬菌体感染的免疫新机制，为今后开发相关药物提供了思路。相关研究成果12月13日发表于国际学术期刊《科学》。

16日 18时00分，我国在文昌航天发射场使用长征五号乙运载火箭／远征二号上面级，成功将卫星互联网低轨01组卫星发射升空，卫星顺利进入预定轨道，发射任务获得圆满成功。

17日 国家移民管理局宣布，即日起将过境免签外国人在境内停留时间由原72小时和144小时均延长为240小时（10天），新增21个口岸至60个为过境免签人员入出境口岸，过境免签的外国人可以在 24 个省（区、市）允许停留活动区域内跨省域旅行。

19 日　18 时 18 分，我国太原卫星发射中心在山东附近海域成功发射谷神星一号海射型遥四运载火箭，搭载发射的天启星座 33-36 星顺利进入预定轨道，飞行试验任务获得圆满成功。

20 日　庆祝澳门回归祖国 25 周年大会暨澳门特别行政区第六届政府就职典礼在澳门东亚运动会体育馆隆重举行。中共中央总书记、国家主席、中央军委主席习近平出席并发表重要讲话。他指出，澳门回归祖国 25 年来，具有澳门特色的"一国两制"实践取得巨大成功，澳门发生翻天覆地的变化，国际影响力大幅提升。他希望，新一届澳门特别行政区政府团结带领社会各界，抢抓机遇、锐意改革、担当作为，更好发挥"一国两制"制度优势，不断开创"一国两制"事业高质量发展新局面。

21 日　第二十六届哈尔滨冰雪大世界正式开园。本届冰雪大世界以"冰雪同梦 亚洲同心"为主题，园区整体面积近 100 万平方米，总用冰用雪 30 万立方米。园区设计和建设充分融入亚冬会元素，打造一座更加气势恢宏、美轮美奂的冰雪主题乐园。

22 日　《国务院关于 2023 年度中央预算执行和其他财政收支审计查出问题整改情况的报告》显示，截至 2024 年 9 月底，对于 2023 年度审计工作报告揭示的问题，有关地方、部门和单位通过优化财政支出结构、追回不当获利、强化受贿行

贿一起查等方式制定完善规章制度 1300 多项、追责问责 2800 多人。

23 日　从交通运输部召开的 2025 年全国交通运输工作会议上获悉，2024 年我国跨区域人员流动量预计约 645 亿人次，同比增长 5.2% 左右。

23 日　工业和信息化部公布的数据显示，截至 11 月末，我国 5G 移动电话用户达 10.02 亿户，占移动电话用户的 56%，占比较上年末提高 9.4 个百分点。我国 5G、千兆光网、物联网等网络基础设施建设深入推进，连接用户规模持续扩大，移动互联网接入流量较快增长。截至 11 月末，5G 基站总数达 419.1 万个，比上年末净增 81.5 万个。

25 日　新华社报道，工业和信息化部近日发布《新能源汽车废旧动力电池综合利用行业规范条件（2024 年本）》，这是对规范条件（2019 年本）进行的修订，更好适应技术水平提升、技术指标提高的行业发展趋势，引导企业有序投资、有序发展，进一步加强新能源汽车废旧动力电池综合利用行业管理。

26 日　新华社报道，依据我国国内生产总值（GDP）核算制度和第五次全国经济普查结果，国家统计局对 2023 年 GDP 初步核算数进行了修订。主要结果为：2023 年 GDP 为 129.4 万亿元，比初步核算数增加 3.4 万亿元。

26 日　商务部新闻发言人在例行新闻发布会上表示，加快内外贸一体化发展是构建新发展格局、推动高质量发展的内在要求。下一步，商务部将加快内外贸一体化改革，打通堵点卡点，优化发展环

境，助力企业在国内国际两个市场顺畅切换。

27日 随着沪蓉线新井口嘉陵江特大桥T梁稳稳落在新建门式墩钢连梁支座上，新建成渝中线下穿沪蓉线顺利完成"托梁换柱"施工作业。此项工作技术难度大，科技含量高，在全国高铁建设领域尚属首例。

27日 国家发展改革委低空经济发展司正式亮相。根据国家发展改革委官网，低空经济发展司是负责拟订并组织实施低空经济发展战略、中长期发展规划，提出有关政策建议，协调有关重大问题等的职能司局。

29日 我国自主设计建造的首艘深远海"科考＋考古"船"探索三号"在海南三亚入列，中国载人深潜能力将从全海深拓展到全海域。